Aufbruch in eine andere Gesellschaft

Die Autoren
Karl-Werner Brand, Dr. rer. pol., ist Akademischer Rat a. Z. am
Lehrstuhl für politische Wissenschaften der Technischen Universität München. Veröffentlichung u. a.: Neue soziale Bewegungen, 1982. Detlef Büsser ist Doktorand. Dieter Rucht, Dr. rer. pol.,
lehrt und forscht z. Zt. an der Harvard University und veröffentlichte u. a.: Von Wyhl nach Gorleben. Bürger gegen Atomprogramm und nukleare Entsorgung, 1980 und: Planung und Partizipation. Bürgerinitiativen als Reaktion und Herausforderung
politisch-administrativer Planung, 1982.

Karl-Werner Brand, Detlef Büsser, Dieter Rucht

Aufbruch in eine andere Gesellschaft

Neue soziale Bewegungen in der Bundesrepublik

Campus Verlag
Frankfurt/New York

CIP-Kurztitelaufnahme der Deutschen Bibliothek

Brand, Karl-Werner:
Aufbruch in eine andere Gesellschaft : neue
soziale Bewegungen in d. Bundesrepublik / Karl-
Werner Brand ; Detlef Büsser ; Dieter Rucht. –
Frankfurt am Main ; New York : Campus Verlag,
1983.
   ISBN 3-593-33238-8

NE: Büsser, Detlef:; Rucht, Dieter:

Copyright © 1983 bei Campus Verlag GmbH, Frankfurt/Main
Umschlaggestaltung: Eckard Warminski, Frankfurt/Main
Satz: Composer-Satz-Studio H. Breynk, Kirchweiler
Druck und Bindung: Beltz Offsetdruck, Hemsbach
Printed in Germany

Inhalt

Kapitel 4
Bilanz und Perspektiven der neuen sozialen Bewegungen 241

Vorwort

Ende der 70er, Anfang der 80er Jahre wurde die von den Auseinandersetzungen um die Kernenergie, von den Projekten der Alternativ- und der Frauenbewegung und den Anfangserfolgen der grünen und alternativen Listen geprägte Szene des politischen und gegenkulturellen Protests in der Bundesrepublik durch eine Welle von Jugendprotesten und Hausbesetzungen sowie durch eine rasch anschwellende Friedensbewegung überlagert. Bei Engagierten und Betroffenen verbreitete sich das Bewußtsein, Teil einer umfassenden *neuen Bewegung,* einer sich herausformenden „Zweiten Kultur" zu sein, die sich nicht mehr auf den subkulturellen Kern des alternativen Milieus begrenzen läßt. Über die rasch wechselnden thematischen Brennpunkte des Widerstands begann die Bewegung langsam einen Begriff von sich selbst zu bilden. In engagierten sozialwissenschaftlichen Analysen bürgerte sich die Rede von „neuen sozialen Bewegungen" ein, ohne daß im einzelnen bereits klar erkennbar wäre, was denn, über die Aktualität des Protests hinaus, das Eigentümliche an diesen „neuen" Bewegungen ist.

Die vorliegende Arbeit versucht diese Frage anhand einer historisch gerichteten Falldarstellung der neuen sozialen Bewegungen und ihrer Vorläufer seit den 50er Jahren zu beantworten. Natürlich bleibt auch diese Anwort vorläufig; das kann angesichts der inmitten eines Gärungsprozesses befindlichen Bewegungen auch gar nicht anders sein. Ein derartiges Gesamtbild vermag aber doch eine gewisse Distanz gegenüber aktuellen, oft nur allzu kurzfristigen Stimmungslagen und Bewegungskonjunkturen herzustellen und kann damit auch den Blick für das Neue schärfen.

Vielen Freunden und Bekannten sind wir für Ermunterung und hilfreiche Kritik bei der Diskussion der einzelnen Manuskriptteile zu Dank verpflichtet, darunter besonders Helmut Dubiel, Birgit Meyer, Christa Kickbusch, Roland Roth, Herbert Kitschelt und Wolfgang Bonß. Adalbert Hepp schließlich hat sich als Lektor für unser Manuskript unverhältnismäßig viel Zeit genommen und durch weitreichende Korrektur- und Kürzungsvorschläge vieles überhaupt erst in eine lesbare Form gebracht. Einige Bedenken hegen wir allerdings gegen den vom Verlag gewählten Titel. Zumindest hätten wir den behaupteten „Aufbruch in eine andere Gesellschaft" mit einem Fragezeichen versehen.

München, im April 1983

Einleitung

I.

Sind wir Zeugen eines gesellschaftlichen Umbruchs, etwa des Übergangs von der Moderne zur Post-Moderne, von der Industriegesellschaft zur nachindustriellen Gesellschaft? Haben die bislang prägenden Wertmuster und das Gefüge der etablierten politischen Institutionen ausgedient? Oder stehen wir lediglich vor Anpassungsproblemen, die aus der Rückschau künftiger Generationen als ein unbedeutender historischer Wellenschlag erscheinen, kaum wert, in den Geschichtsbüchern verzeichnet zu werden?

Die Auguren deuten in alle Richtungen und verstärken die Ratlosigkeit. Die Grenzen der Institutionen „Markt" und „Staat", verkörpert durch den Liberalismus auf der einen, den „realen Sozialismus" auf der anderen Seite, sind überdeutlich. Doch auch die Mischformen wie die sozialdemokratische Politik bzw. die Konzepte des Neokonservatismus versprechen keine Lösung der gegenwärtigen Steuerungsprobleme, geschweige denn der vielbeschworenen Sinnkrise. Die bloße Fortschreibung des gegenwärtigen Krisenmanagements scheint in eine spiralförmige Abwärtsbewegung in ökonomischer, politischer und sozio-kultureller Hinsicht zu münden. No future also?

Bei den Protestgruppen der 70er und 80er Jahre mischen sich Katastrophenängste, unsichere Suchbewegungen und Aufbruchstimmungen. Einigkeit herrscht vor allem in einem Punkt: So wie bisher kann und darf es nicht weitergehen. Stark ins Wanken gekommen ist der traditionelle Glaube an den Fortschritt, denn in dessen Gefolge wuchsen die Zerstörung der natürlichen Lebensgrundlagen, Hunger und Elend in der Dritten Welt, stieg die Wahrscheinlichkeit einer atomaren Apokalypse, mehrten sich Gefühlskälte und soziale Entfremdung, politische Ohnmacht und bürokratische Reglementierung. Das Vertrauen in die technisch-instrumentelle Vernunft ist gebrochen. Die neuen sozialen Bewegungen sind Ausdruck und Katalysatoren dieses Bruchs.

Doch wo liegen die Auswege und wo die Irrwege? Wo sind die politisch-strategischen Ansatzpunkte für eine Abkehr vom bisherigen Kurs? Welche Errungenschaften gilt es zu wahren? Gibt es Beifall von der falschen Seite oder überflüssige Kämpfe auf falschem Terrain? Ernsthafte Suche, notwendige Experimente, Lernbereitschaft und soziale Phantasie, aber auch politische Naivität, Sektierertum und Dogmatismus liegen dicht beieinander.

Inzwischen haben das schnell anwachsende Potential einiger dieser Bewegungen, die Radikalität und Reichweite ihrer Kritik und das Hineinragen einiger ihrer Symbolfiguren und Problemstellungen in das etablierte Parteiensystem Wissenschaftler, Journalisten und Politiker gleichermaßen alarmiert. Durch Kongresse, Meinungsumfragen, Expertenkommissionen und nicht zuletzt durch den „Dialog mit der Jugend" versucht man bislang Unbegriffenes theoretisch und politisch wieder in den Griff zu bekommen, Integrierbares von Ausgrenzbarem zu scheiden. Die Rede von der „ausgebliebenen Legitimationskrise" dürfte jedenfalls etwas zu vorschnell gewesen sein.

Doch die hektische Betriebsamkeit, die in den politischen Arenen entsteht, wenn gewisse Selektionsfilter und Aufmerksamkeitsschwellen durch „unkonventionelle" politische und soziale Bewegungen durchbrochen werden, aber auch die einschlägige Themenkonjunktur im Medien- und Wissenschaftsbetrieb sind kaum mehr als ein Indiz für die tatsächliche Relevanz, Überlebensfähigkeit und Zukunftsträchtigkeit der neuen sozialen Bewegungen. Manches kann — medienverstärkt und durch geschickte Selbstdarstellung — überrepräsentativ wahrgenommen werden und den schnellebigen Modezyklen sowohl der Sub- und Gegenkultur als auch der „offiziellen" Vermarktungsstrategien unterworfen sein.

II.

Publizistische und populärwissenschaftliche Deutungen der neuen Protestbewegungen sind inzwischen ins Kraut geschossen. Dabei mangelt es nicht an vorschnellen Urteilen, unzulässigen Verallgemeinerungen, Diffamierungen oder unkritischen Überhöhungen der Protestbewegungen. Manche Interpreten sehen durchaus die Dimension des Problems, neigen jedoch dazu, die Seismographen politischer und kultureller Verwerfungen mit den Ursachen zu verwechseln. Anspruchsvollere und seriösere Untersuchungen konzentrieren sich bislang aus guten Gründen auf Einzelbewegungen oder Einzelaspekte, fällt es doch schwer, die breite und schillernde Protestszene zu überschauen. Was fehlt, ist eine umgreifende Darstellung und Interpretation.

Unser Interesse gilt deshalb einer breit angelegten sozialwissenschaftlichen Analyse der neuen Protestbewegungen in der Bundes-

republik, insbesondere ihrer allgemeinen und speziellen Entstehungsbedingungen, ihrer Vorläufer, ihrer Entwicklungsdynamik, ihrer so-
zialstrukturellen Verankerung, ihrer Ziele und schließlich ihrer politischen und sozialen Bedeutung im gesamtgesellschaftlichen Kontext. Ausgangspunkt ist die Hypothese, daß die neuen sozialen Bewegungen als Ausdruck einer *Krise der Modernität* zu verstehen sind.
In diesem gemeinsamen − wenn auch nicht immer bewußt wahrgenommenen − Problemhintergrund liegt auch die Möglichkeit der
zunehmenden Verknüpfung der verschiedenen Einzelbewegungen
bis hin zur Ausbildung eines gegenkulturellen Kerns, der den herkömmlichen Wertorientierungen, Politikinhalten, Politikformen und
alltagspraktischen Lebensstilen diametral entgegensteht.

Gemäß der Einsicht, daß sich das Neue im Schoße des Alten
entfaltet, gehen wir freilich davon aus, daß die Wurzeln der neuen
sozialen Bewegungen weit zurückreichen. Art und Umfang des Protests wären kaum denkbar ohne die Protestbewegungen und den gegenkulturellen ,,Untergrund" der 50er und 60er Jahre. Hierbei
kommt der Studentenbewegung eine Schlüsselrolle zu. Spiegelte sie
einerseits noch die Topoi der bürgerlichen Revolution und des Klassenkampfes, so barg sie andererseits doch schon die Elemente des
,,Neuen": die Skepsis gegenüber der technisch-instrumentellen Vernunft, die Ablehnung des bürgerlichen Tugend- und Leistungsethos,
die Kritik des ,,Konsumerismus", die Verbreitung hedonistisch-ge-
genkultureller Wertmuster und den Versuch einer ,,Politisierung
des Alltags". Die Studentenbewegung ihrerseits fußt wiederum auf
vorangegangenen Entwicklungen, die heute − etwa im Rahmen der
Friedensbewegung − erst wieder in das historische Bewußtsein ge-
holt werden. Voraussetzung für das Verständnis der neuen sozialen
Bewegungen ist also die Kenntnis der sich über drei Jahrzehnte er-
streckenden Protestgeschichte der Bundesrepublik.

III.

Der Versuch, sich über die Entstehungsursachen, die Möglichkeiten
und Grenzen des antimodernistischen Protests Klarheit zu verschaffen, ist mühsam und voraussetzungsvoll. Es bedarf einer möglichst
genauen Kenntnis, aber auch einer Distanz zum ,,Gegenstand", um
nicht die Selbstdefinitionen der Protestbewegungen unkritisch zu
übernehmen; es bedarf der historischen Informiertheit, um das
Neue vom Alten zu scheiden; es bedarf der methodischen und theoretischen Reflexion, um den Gesamtzusammenhang zwischen Mikro-
und Makrophänomenen im Blick zu behalten und eine sozialwissen-

schaftlich angemessene Kategorienwahl treffen zu können; schließlich bedarf es der Offenlegung der eigenen Maßstäbe, um die Bewertungen und Schlußfolgerungen nachvollziehbar und kritisierbar zu machen. Die besonderen Schwierigkeiten einer angemessenen Analyse liegen nicht nur darin, daß das Spektrum der Protestszene unsere herkömmliche politische Begrifflichkeit durcheinanderbringt. Vielmehr verhalten sich auch die damit verbundenen Krisenpotentiale und Konfliktlinien eigentümlich „kontra-theoretisch". Claus Offe verdeutlicht dies treffend: „Der überkommenen Krisentheorie mangelt es an empirischen Anhaltspunkten, während umgekehrt den tatsächlichen Krisenprozessen eine adäquate Theorie fehlt." (1980: 29)

Wenn man freilich davon ausgeht, daß zwischen objektiven Problemlagen, realen sozialen Bewegungen sowie deren theoretischer Selbstreflexion (soweit vorhanden) überhaupt ein angebbarer Zusammenhang besteht, kann man sich nicht damit begnügen, die Phänomenologie der bewegten „Szene" mit impressionistisch aufgelesenen Krisensymptomen locker zu verknüpfen oder idealistisch die Krise nur noch als die Krise des Bewußtseins ihrer Akteure und Protagonisten zu behandeln. (Erklärungsbedürftig wäre viel eher, warum sich angesichts einiger „Jahrhundertfragen" erst jetzt und bei anderen Systemproblemen kaum oder überhaupt keine sozialen Bewegungen und politischen Protestpotentiale gebildet haben.) Wir versuchen deshalb, über eine historisch-systematische Bestandsaufnahme hinausgehend, die Entfaltung der neuen sozialen Bewegungen auf dem Hintergrund einer Krise der industriell-technokratischen Wachstumsgesellschaft zu interpretieren. Hierbei glauben wir jedoch nicht, einer monokausalen Erklärungsperspektive folgen zu können. Vielmehr bemühen wir uns, partielle Analysen und Befunde zu einem zumindest plausiblen Gesamtbild zu verbinden.

Um nicht über die bestehenden empirischen Differenzierungen leichtfertig hinwegzugehen, bedarf es einerseits gesonderter und relativ detaillierter Analysen der verschiedenen Einzelbewegungen. Andererseits muß unser Untersuchungsrahmen abstrakt genug angesetzt werden, um in einer Längs- und Querschnittsbetrachtung die historische Kontinuität und Diskontinuität sowie die gemeinsamen Bezugspunkte der einzelnen neuen sozialen Bewegungen in den Blick zu bekommen. Dieser Zugang mag die Leser enttäuschen, die in erster Linie an einer theoretischen Diskussion oder aber an einer Fülle empirischer Details interessiert sind. Für die erste Gruppe verweisen wir auf die Arbeit von Brand (1982), in der die wichtigsten Erklärungsansätze dargestellt und diskutiert werden; die zweite Gruppe mag sich der ausufernden, hier oft im Hintergrund bleibenden Spezialliteratur über die Einzelbewegungen zuwenden.

14

IV.

Die Tatsache, daß sich im Verlauf der 70er Jahre in nahezu allen westlichen Ländern neue Protestbewegungen ausgebreitet haben (wenn auch in sehr unterschiedlichen Formen und Intensitätsgraden), legt die Frage nach einem inneren Problemzusammenhang und nach einer historischen Zäsur nahe, die oberhalb der nationalspezifischen Bedingungen gesucht werden muß. Eine allzu enge Fixierung auf die äußerlich sehr disparaten Protestbewegungen in der Bundesrepublik würde möglicherweise die Sicht auf eine allgemeinere Problemdimension versperren, die wir als Krise der Modernität identifizieren. Gegenstand des *ersten Kapitels* ist somit der Aufweis der objektiven und subjektiven Ausdrucksformen dieser Krise, die in den neuen sozialen Bewegungen einen prägnanten Niederschlag findet. Dieses Vorhaben schließt entsprechende begriffliche Präzisierungen und die Präsentation eines Erklärungskonzepts ein, das freilich einen sehr vorläufigen und hypothetischen Status besitzt.

Das *zweite Kapitel* konzentriert sich auf die Entstehungsbedingungen und Ausdrucksformen der sozialen Protestbewegungen in der Bundesrepublik der 50er und 60er Jahre, insbesondere die Anti-Atomkampagnen, die Ausbildung gegenkultureller Milieus und schließlich die Studentenbewegung. Scheinen bei diesen frühen Protestformen bereits Elemente der neuen sozialen Bewegungen auf, so kommen diese erst in den 70er Jahren durch teils neue, teils durch sich verschärfende „alte" Problemlagen zur Entfaltung.

Das *dritte Kapitel*, der Kernteil unserer Arbeit, behandelt nach einem weitgehend identischen Gliederungsraster Bedingungen, Dynamik, Rekrutierung, politisch-ideologisches Spektrum und Perspektiven der relevantesten Protestgruppen: Bürgerinitiativ- und Ökologiebewegung, Frauenbewegung, Alternativbewegung, Jugendrevolten und Friedensbewegung.

Erst auf dieser doch relativ materialreichen Basis versuchen wir in einem abschließenden *vierten Kapitel* die Beantwortung einiger theoretisch wie politisch brisanter Fragen: Was ist das „Neue" an den neuen sozialen Bewegungen? Wo liegen die entscheidenden Gemeinsamkeiten und Differenzen? Wie lassen sich die Kontinuitäten und Diskontinuitäten des sozialen und politischen Protests im Lichte unserer eingangs entworfenen Erklärungsskizze deuten? Welche prinzipielle und welche wahrscheinliche Zukunft haben die neuen sozialen Bewegungen im Rahmen des gesamtgesellschaftlichen Wandels und im Rahmen spezifischer politischer Optionen? Gerade bei der zuletzt genannten Frage kommt unvermeidlich ein spekulatives Moment ins Spiel, das wir jedoch durch eine vorsichtige Einschätzung der objektiven Problemlagen, der erwartbaren Kräftekon-

15

stellationen und der bislang angelegten immanenten Entwicklungen der neuen sozialen Bewegungen in Grenzen halten wollen.

Wir erheben nicht den Anspruch, über ein Thema, das uns selbst bewegt, unbefangen, „objektiv" und ausgewogen zu schreiben. Unser Interesse an den neuen sozialen Bewegungen ist also nicht rein akademischer Natur. Die gemeinsame Auseinandersetzung mit den hier aufgeworfenen Fragen trug zur Klärung, wenn auch nicht immer zur Angleichung unserer Standpunkte bei. Das vorliegende Ergebnis mag seinerseits den Beobachtern wie den Aktivisten der neuen sozialen Bewegungen einen Anstoß zur Standortbestimmung bieten.

Kapitel 1
Neue soziale Bewegungen und die Krise der modernen Zivilisation

Je nach Standort werden die außerparlamentarischen Protestgruppen als Ursache, Symptom oder Lösungspotential der Krise der modernen Zivilisation gedeutet, für gut befunden, nicht für voll genommen oder heftig befehdet. Die einen stufen jede neue soziale Bewegung lediglich als Modeerscheinung ein oder sehen in ihr nur das ohnmächtige, letztlich antiquierte Aufbegehren unangepaßter Minderheiten gegen die unentrinnbare Dynamik des „Fortschritts". Andere betrachten sie als Fortsetzung uneingelöster sozialdemokratischer Reformprogrammatik mit anderen Mitteln und billigen ihnen zumindest die Funktionen von „Hoffnungsträgern" und „Frühwarnsystemen" zu. Im übrigen setzt man in diesem Meinungsspektrum meistens auf die allmähliche Integration und den Einbau des größten Teils der neuen Bewegungen in eine sozial-ökologisch angepaßtere Modernisierungsstrategie. Wieder andere — und das können ebenso Protagonisten wie Antagonisten der neuen Bewegungen sein — betonen deren radikale Unvereinbarkeit mit dem bisherigen Zivilisationsmodell und sehen ohne sie beziehungsweise wegen ihnen Ende oder Wende der Menschheit voraus.

Was bewegt sich also wirklich? Gibt es überhaupt eine echte Krise, gar einen Bruch der Modernität oder befinden wir uns nur in einer (vorübergehenden) Anpassungskrise des Modernisierungsprozesses?

1. Phänomenologie der Krise

Die Unsicherheit über solche Fragen geht weit über die neuen sozialen Bewegungen hinaus und erzeugt ein allgemeines Klima von diffusen Ängsten und Befürchtungen. Zum einen gilt, daß über die Mobilisierung von Ängsten und Befürchtungen die Teilnahme der Menschen am kollektiven Schicksal erst motiviert und so letztlich sozialer Wandel eingeleitet wird. Zum anderen gibt es in der Tat objektive Gründe für die gegenwärtige Ungewißheit in einer Umbruchsituation: Weniger denn je lassen sich technologisch-industrielle Entwicklungspfade samt ihrer Fernwirkungen abschätzen (als Beispiele seien hier nur die Mikroelektronik und die Gentechnologie genannt), und weniger denn je läßt sich in einer soziokulturell und sozialstrukturell zunehmend differenzierten und inhomogenen Gesellschaft die Anpassungsbereitschaft bzw. Widerborstigkeit des „menschlichen Faktors" bestimmen. Da die Eule der Minerva bekanntlich erst in der Dämmerung ihren Flug beginnt, werden wir uns hier nicht zu Auguren aufschwingen, die mit quasi geschichtsteleologischer Gewißheit das Ende des Fortschritts oder den Fortschritt ohne Ende voraussagen. Dies vorausgeschickt, sind wir gleichwohl der Meinung, daß die Stücke und Dramen, die von den einzelnen Bewegungen derzeit auf der politischen und kulturellen Bühne inszeniert werden, kein absurdes Theater sind, sondern ihren gemeinsamen Bezugs- und Angriffspunkt in einer Krise des industriellen Entwicklungsmodells haben und nur vor diesem Hintergrund verständlich werden.

Die moderne Zivilisation, bislang sich selbst als Fortschritt interpretierend, gerät offensichtlich in eine Phase des radikalen Selbstzweifels und der Ernüchterung. Dabei geht es nicht nur um ein (politisch folgenloses) „Unbehagen in der Modernität" (Berger u.a. 1975), um ein linkes oder rechtes kulturpessimistisches Lamento oder einen nostalgisch gewendeten Anti-Modernismus bzw. Neoromantizismus[1], vielmehr werden die Kosten und „Nebenfolgen" des ursprünglich nur westlichen, heute bereits weltgesellschaftlichen Modernisierungsprozesses sichtbar und spürbar, der in historisch beispielloser Radikalität und Geschwindigkeit unsere Welt verändert hat.

Gründe und Motive für ein diffuses „Unbehagen in der Modernität" gab und gibt es natürlich immer genug. Zur Mobilisierung von Protestbewegungen kann sich das erst verdichten, wenn die Erfahrung der sozialen, kulturellen und ökologischen Kosten nicht mehr von der allgemeinen Hintergrunderwartung gemildert wird, letztlich doch in einer alternativlosen, zukunftsträchtigen und legitimen Ordnung zu leben, sondern umschlägt in die dumpfe Gewißheit, daß der Zug, solange er auf derselben Schiene fährt, in den Abgrund rollt. Während früher nämlich — und in den Entwicklungsländern läuft dieser Prozeß heute erst auf Hochtouren — die unendlichen Opfer und Geburtswehen der Modernisierung mit den glaubhaften Verheißungen einer konsumeristischen Überflußgesellschaft gerechtfertigt und in Kauf genommen wurden, läßt sich heute — jedenfalls dort, wo man diesem angeblichen Paradies einigermaßen nahe gekommen ist — weder die alte Opferbereitschaft künstlich wiederbeleben, noch die Zukunfts- und Sinnfrage dieser Art von „Fortschritt" befriedigend beantworten. Das löst zunächst eine Bewußtseinskrise aus, deren Reaktionsmuster von rigider Verdrängung bei gleichzeitiger Reideologisierung alter Problemlösungsrezepte bis zum radikalen Ausstieg aus dem okzidentalen Rationalismus und dem „Projekt der Moderne" (Habermas) reichen. Selbst liberale Modernitätsapologeten sind zunehmend ratlos:

„Es gibt Situationen in der Geschichte menschlicher Gesellschaften, in denen bestehende und weithin akzeptierte Strukturen Probleme nicht nur lösen, sondern auch schaffen. Diese Probleme lassen sich von einem bestimmten Punkt an mit den Instrumenten der bestehenden Strukturen nicht mehr bewältigen. Wir versuchen noch zu sagen, daß ein bißchen mehr Wirtschaftswachstum zur Beseitigung der Arbeitslosigkeit führen wird, aber wir spüren schon, daß das nicht mehr, mindestens nicht mehr ganz, stimmt. Zugleich wächst, als Idee und Vermutung zunächst, das Potential ganz andersartiger, neuer Lösungen. Es kommt nicht zum Zuge: denn die bestehenden Strukturen verhärten sich desto mehr, je stärker sie unter Druck geraten. Die Erfindung des Neuen ist geradezu tabu, sie wird verlacht, abgetan. Aber das ändert nichts daran, daß ein Potential des Neuen sich allmählich aufstaut, daß ein neues Thema – nicht ein Gegenthema, sondern ein anderes Thema, nicht nicht a, sondern b – sich ankündigt." (Dahrendorf 1980: 10)

Dahrendorf kann und will dieses neue Thema nicht an- bzw. vorgeben; er spricht lediglich von den „Tendenzwendlern", Systemgegnern und Grünen als „Vorboten des Wandels", der sich in einer allmählichen Ab- und Auflösung des „sozialdemokratischen Konsensus" ankündige, dessen wichtigste Grundzüge er in der spezifisch modernen Kombination von Wirtschaftswachstum, Staatsbürgergleichheit, politischer Teilhabe und Wissenschaftsglaube verkörpert sieht (Dahrendorf 1980: 20 f.; 1979: 154 ff.). Dieses Syndrom der Modernität, dessen zeitgenössischen Ausdruck er als parteiübergreifenden „sozialdemokratischen Konsens" charakterisiert und der nach seiner Schätzung von gut drei Vierteln der Wähler in den meisten OECD-Ländern (z.Zt. noch) unterstützt werde, befindet sich – seiner Meinung nach – in einer Art „Verfinsterung".

Vielleicht gehen ja tatsächlich die Lichter aus. Jedenfalls bilden eschatologische Endzeiterwartungen, „no-future"-Stimmungen einer neuen „lost generation", rückwärtsgewandte politische Romantik sowie mystischer Eskapismus einerseits und nüchterne Kosten-Nutzen-Bilanzierung des „modern way of life" andererseits eine eigentümliche modernitätskritische Masse, die man zumindest als Krisensymptom ernst nehmen sollte. Gewiß, der soziale Protest entzündet sich wie eh und je an konkreten Mißständen, punktuellen Anlässen und relativ schnell wechselnden Themen. Doch dahinter bzw. darüber artikuliert sich unübersehbar eine umfassende Zivilisationskritik, die den (oberflächlich gesehen) höchst heterogenen Erscheinungen von gutbürgerlichen Natur- und Umweltschutzinitiativen, alternativen Landkommunen, großstädtischer Hausbesetzerszene und bürgerkriegsähnlichen Konflikten bei den Großsymbolen der industriell-technokratischen Wachstumsgesellschaft erst ihren — zumindest impliziten — ideologischen Zusammenhang sichert und ihnen eine gewisse politische Breitenwirkung verleiht.

Natürlich ist damit zu rechnen, daß in dieser Art mehr oder weniger intellektueller Selbstthematisierung neuer sozialer Bewegungen eine ideologische Überhöhung zum Ausdruck kommt, die der eigentlichen Problemlage theoretisch wie praktisch unangemessen sein kann. So ist es mitunter z.b. schwer auszumachen, ob die Ablehnung pauschal der ganzen Zivilisation gilt — also auch allen ihren Angeboten und Optionen — oder nur dem Preis, der dafür zu zahlen ist. Auf jeden Fall geht es nicht mehr nur um relativ traditionelle Konfliktthemen wie soziale und ökonomische Disparitäten, um Reformen und Modifikationen der formal-demokratischen Spielregeln oder die Diskrepanz zwischen Verfassungsnormen und Verfassungswirklichkeit. Angesichts der systematischen Verletzung lebensweltlicher Bedürfnisse und der Bedrohung der existenziellen Interessen jetziger und zukünftiger Generationen durch den biogenetischen, militärischen und wirtschaftlich-technischen ,,Fortschritt'' steht nicht nur das *Wie*, sondern auch das *Ob* solcher Entwicklungen[2], stehen nicht nur Entscheidungen, sondern Entscheidungs*prämissen* zur Disposition. Der Industrialismus selbst samt seinem arbeitsplatzvernichtenden und umweltzerstörenden Produktivitätswachstum, seinem mechanistischen Fortschrittsbegriff und seinem bürokratischen Gehäuse werden in den neuen sozialen Bewegungen grundsätzlich in Frage gestellt.

Doch wie wirklich ist die Wirklichkeit von Krisen? Während dem einen die Welt, so wie er sie sieht, noch völlig in Ordnung erscheint, blickt der andere bereits in apokalyptische Abgründe. Ist die Wahrnehmung und Definition von Krisen eine Sache der Experten, eine Frage des ,,Grundkonsens'' der schweigenden Mehrheit oder gar eine Frage des geschickten Drehens an der ,,Schweigespirale'' (E. Noelle-Neumann) durch lautstarke Minderheiten und ihrer intellektuellen Feuermelder?

Der Begriff ,,Krise'' verweist (sozialwissenschaftlich) auf eine, auch subjektiv empfundene, objektive Bestandsbedrohung (vgl. dazu Habermas 1973, S. 9 ff.). Doch ob tatsächlich der Bestand eines Systems in Frage gestellt ist, weiß man meistens erst hinterher. Hinzu kommt, daß im Falle des Ausbleibens der vorausgesagten Krisenfolgen zwei Erklärungsmöglichkeiten offenstehen: entweder hat es nur in den Köpfen ihrer Propagandisten ,,gekriselt'' oder aber gerade die Art des Krisenbewußtseins hat der tatsächlich vorhandenen Krisensituation so gegengesteuert, daß man noch einmal davonkommt. Die Unsicherheit wird heute auch dadurch verstärkt, daß wir mit völlig neuartigen Gefahren konfrontiert werden, die nach

Art, Umfang und Qualität unserer persönlichen wie historischen Erfahrung unzugänglich sind und nur hypothetisch abgeschätzt werden können.[3] Gerade deshalb kann hinsichtlich ihrer Virulenz, Aktualität und Relevanz ein erheblicher Dissens bestehen. Eine Mehrzahl von Leuten fühlt sich beispielsweise allein durch die Tatsache, daß man hier die letzten dreißig Jahre auch mit der Atombombe ganz gut leben konnte oder daß ein sogenannter „GAU" (= größter anzunehmender Unfall) eines Atomkraftwerks wahrscheinlichkeitsmathematisch als „Restrisiko" gilt, subjektiv durchaus nicht bedroht, während andere – meist Minderheiten – die Antizipation möglicher und irreversibler Folgeschäden zum Anlaß nehmen, bereits das Hier und Jetzt völlig anders wahrzunehmen und zu bewerten als die sogenannte schweigende Mehrheit und ihre politischen Repräsentanten. Empirisch läßt sich der Dissens schwerlich auflösen, denn das Heimtückische an Bestands- bzw. Überlebensproblemen ist ja gerade, daß der „Ernstfall" nicht eintreten darf. Um das bekannte Eiger-Nordwand-Beispiel zu bemühen: das Problem besteht weniger darin, welche Sicherheitsvorkehrungen wir betreiben, wenn wir bereits in der Steilwand drinhängen, sondern vielmehr in der prinzipiellen Entscheidung, ob wir derartige Sturzhöhen überhaupt kollektiv verantworten können und wollen. Man sieht, die „Krise der Modernität" ist eine abgründige Angelegenheit, zumal es ja nicht nur um technologische Sicherheitsrisiken, sondern gleichfalls um soziale und politische Krisenherde sowie um einen allgemeinen Wertwandel geht.

Doch bevor wir die Krisenpotentiale und Selbstblockierungstendenzen der modernen Industriegesellschaft genauer unter die Lupe nehmen, wollen wir kurz ihre allgemeinen Strukturprinzipien charakterisieren.

2. Strukturprinzipien der modernen Industriegesellschaft

Die moderne Zivilisation, die sich historisch als kapitalistisch organisierte Marktgesellschaft gegen vormoderne Subsistenzformen durchgesetzt hat, ist auf der *Strukturebene* vor allen durch die Ausdifferenzierung von relativ eigenständigen gesellschaftlichen Teilsystemen gekennzeichnet: (Markt-)Wirtschaft, Staat, Technik und Wissenschaft, Recht, Kunst usw. Die Auslagerung von moralisch-praktischen Fragen in Bereiche wie Religion oder Lebenswelt entlastete diese Subsysteme von „systemfremden", dysfunktionalen Interessen und Bedürfnissen.

Spätestens mit der industriellen Revolution kam der *Ökonomie* die gesellschaftliche Leitfunktion zu. Eine Voraussetzung für die zweckrationale Entfaltung der Wirtschaft war nicht nur die Abkehr von allen Formen einer „moralischen Ökonomie" (Thompson 1980), sondern auch die Trennung von Produktion und Konsum[4] und die damit verbundene Institutionalisierung von Lohnarbeit.

Mit der Säkularisierung und dem Auseinanderfallen von Politik und Moral wurde zunächst der Wissenschaft die Aufgabe der Sinngebung und Glücksverheißung zugemutet (vgl. Tenbruck 1976). In dem Maße, wie dieser Anspruch preisgegeben wurde, war der Weg frei für den Siegeszug der technisch-instrumentellen Vernunft. Die Folgen dieser Umwälzungen hielten sich freilich in Grenzen, solange diese Vernunft in ihren unterschiedlichsten Anwendungsbereichen noch durch traditionelle Bindungen und Restbestände gehemmt, solange ihre technischen Möglichkeiten noch nicht ausgeschöpft und perfektioniert waren.

Mit der Entfaltung zweckrationaler Prinzipien in allen Anwendungsbereichen, vornehmlich jedoch in der kapitalistischen Ökonomie, vergrößerten sich aber auch die Schattenseiten. Erhoffte sich die liberalistische Ideologie des Frühkapitalismus noch allein vom „freien Spiel der Kräfte" des Marktes die Verwirklichung des „Reichtums der Nationen" (A. Smith), so erwies sich dieses wahrlich utopische Gesellschaftsexperiment bald als selbstzerstörerisch (vgl. Polanyi 1978). Die sozialen Folgen in Form von Ausbeutung, Existenzangst, Elend und Hunger riefen zwangsläufig – schon aus einem Selbsterhaltungsinteresse des Systems – den *Staat* auf den Plan, dem nun außer seiner Aufgabe der Sicherung der bürgerlich-liberalen Ordnung zwei wesentlich neue Funktionen zuwuchsen: die Sozialpolitik (Sozialstaatsfunktion) und die wirtschaftspolitische Steuerungsfunktion. Einerseits mußte der Staat für die Reproduktion derjenigen sorgen, die durch periodisch wiederkehrende Wirtschaftskrisen, Krankheit oder Alter aus dem Zyklus von Lohnarbeit-Einkommen-Konsum herausfielen. Andererseits wurde er immer mehr in die Rolle eines „ideellen Gesamtkapitalisten" gedrängt, der (bei Anerkennung der privaten Investitionsfreiheit) über Bürgschaften, Subventionen, Infrastruktur-Maßnahmen, Bildung, Wissenschafts- und Technologieförderung usw. das (marktvermittelte) Wirtschaftswachstum flankierend abzustützen versucht. Da der Staat als Steuerstaat im Kapitalismus, auf dem Boden der zunehmend von Monopolen und transnational organisierten Konzernen überwucherten (Markt-)Wirtschaft wächst, besteht ein prekäres Abhängigkeitsverhältnis des Sozialstaats vom Wirtschaftswachstum, das besonders in Zeiten einer Stagnation oder Rezession schmerzlich spürbar wird.

Östliche Wirtschaftssysteme, in denen der Staat als „realer Gesamtplaner" des Gesellschaftsprozesses auftritt, huldigen nicht nur aus Gründen ihres eigenen Fortschrittsbegriffs, sondern auch wegen der globalen Systemkonkurrenz und der Notwendigkeit, interne Legitimationsprobleme durch die Verbesserung der materiellen Güterversorgung zu kompensieren, dem industriell-technokratischen Wachstums-Imperativ. Unter diesem Leitaspekt schrumpfen selbst weitgehende ideologische, politische und kulturelle Gegensätze tendenziell zu einem Streit um die effizienteren Ankurbelungsmethoden der Wirtschaft:

„Unsere Dramaturgie, östlich wie westlich der Elbe, ist ökonomistisch-industrialistisch. Heil und Unheil werden mit dem Zollstock des Bruttosozialprodukts gemessen, ohne daß die Indexziffern, aus denen es errechnet wird, auf einer Seite wesentlich anders festgelegt werden als auf der anderen. Heil beziehungsweise Heillosigkeit ist dann gegeben, wenn folgende Aufgaben befriedigend oder unbefriedigend gelöst werden: ständige Ausweitung der materiellen Produktion, sinnvolle Disposition und Reinvestition der aus der Produktion sich ergebenden Überschüsse, 'Rationalisierung' im weitesten Sinne, das heißt Unterwerfung immer weiterer Bereiche der Produktion und Reproduktion unter das rationale Kalkül, Transparenz immer größerer wirtschaftlicher, politischer, gesellschaftlicher Gebilde und, dementsprechend, immer weiter ausgreifende Zentralisierung." (Amery 1982: 14)

Nicht qualitative Zwecke wie die Verwirklichung kollektiver Lebensqualität und individuelle Zufriedenheit bestimmen die Auswahl der Mittel, sondern das rein formal definierte „Wirtschaftswachstum", dem sich Werte, Institutionen, Lebens- und Umwelt auch dann zu unterwerfen haben, wenn die realen Folgen sowohl gesellschaftliche Substanz wie natürliche Umwelt bedrohen. Das Festhalten an diesem Problemlösungsmuster wird heute zumeist auch nicht mehr mit positiven Utopien begründet, sondern nur noch mit „Sachzwängen" wie „internationale Konkurrenz", „Arbeitsplätze" etc. gerechtfertigt.

Diesen strukturellen Entwicklungen entsprechen bestimmte Veränderungen auf der *Wertebene*. Waren traditionale Gesellschaften in allen Lebenssphären gleichsam „durchtränkt" von religiös-moralischen Orientierungs- und Deutungsmustern, so sind an deren Stelle in der modernen Industriegesellschaft entweder abstrakte Formprinzipien oder aber privatistische Werte getreten: im Bereich der kapitalistischen Ökonomie der Besitzindividualismus, im Bereich des Staates die Bindungskraft des formaldemokratischen Regelwerks (Mehrheitsprinzip, Pluralismus, repräsentative Verfahren), im Bereich von Bürokratie und Recht das formale Legalitätsprinzip, im Wissenschaftsbereich das Wertfreiheitspostulat.

Die unabdingbare Vermittlung zwischen den auseinandergetretenen Erfordernissen der Strukturebene und den subjektiv verankerten Werten und Motiven leisten systemspezifische *Steuerungsmedien* wie Geld (im Bereich der Ökonomie), Macht (im Bereich der Politik), Gesetze (im Bereich des Rechts und der Bürokratie). Diese Steuerungsmedien (vgl. dazu Luhmann 1970) sind nicht nur Regulativ und „Zahlungsmittel" (auch im übertragenen Sinn) für die Austauschbeziehungen innerhalb des jeweiligen Systems, wie es sich z.b. an der Rolle des Geldes für den Verkehr zwischen formalen (Wirtschafts-)Einheiten wie Betrieben, Banken, Finanzämtern usw. verdeutlichen ließe. Solche Steuerungsmedien haben auch die Funktion, Individuen in Systeme einzubinden – und zwar in der Weise, daß spontane Bedürfnisse, persönliche Ansichten und Wertorientierungen gleichsam „draußen vor der Tür" bleiben, zumindest aber den Systemimperativen nachgeordnet werden. In diesem Sinne forderte z.B. Max Weber die „Entmenschlichung" der Bürokratie.

Doch individuelle Motive und Orientierungen lassen sich nur dann erfolgreich neutralisieren oder funktionalisieren, wenn materielle und/oder ideologische Substitute angeboten werden können. Verleugnete Bedürfnisse, verlorengegangener Sinn und verdrängte praktische Vernunft müssen durch systemkonforme Mittel, durch Geld, Macht, formale Qualifikation, Karriere, Reputation usw. ersetzt werden. Erst wenn derartige Gratifikationen attraktiv genug sind, um das individuelle Handeln anzuleiten, kann der Brückenschlag von der Handlungsrationalität zur Systemrationalität gelingen. Abstrakter formuliert: Steuerungsmedien sind Mechanismen, welche die durch Individuen verkörperte Handlungsrationalität in eine subjektlose Systemrationalität „übersetzen".

So gesehen bedeutet Modernisierung nichts anderes als das Vordringen der Systemrationalität und der damit verbundenen Steuerungsmedien. Ökonomie, Politik, Bürokratie, Recht und Wissenschaft, einmal von den Fesseln der Handlungsrationalität befreit, entfalten eine usurpatorische Dynamik[5] und greifen zugleich immer stärker ineinander. Tendenziell alle sozialen Räume werden ökonomisiert, politisiert, verrechtlicht, verwissenschaftlicht. Allerdings: Sinn und Motive lassen sich nicht beliebig substituieren, verdrängen und verformen; die psychische und soziale Natur des Menschen kann nicht schrankenlos für die Systemfunktionen der modernen Industriegesellschaft zugerichtet werden; die Steuerungsmedien finden nicht bedingungslose Anerkennung. Der heute nur dürftig überbrückte oder offen zutage tretende Widerspruch zwischen Systemfunktionen und praktischer Sinngebung, zwischen Organisationszwecken und individuellen Motiven, führt zunächst zu starken Rückzugs- und Privatisierungstendenzen. In dem Maße jedoch, wie auch diese vermeintlich oder tatsächlich heilen Refugien immer stärker durch die „Kolonialisierung der Lebenswelt" (Habermas) bedroht werden, wie soziale und individuelle Pathologien in ihrem systembedingten Verursachungszusammenhang erkannt werden, kommt es auch zu vielfältigen Abwehrreaktionen. Von dem Befund der „Störungen der symbolischen Reproduktion der Lebenswelt" ausgehend, verortet Habermas die Entstehung neuer Konfliktherde und Protestpotentiale „an den Nahtstellen zwischen System und Lebenswelt." (1981: 452, 581) Der Widerstand richtet sich nun gleichermaßen gegen systembedingte Formaspekte (Monetarisierung, Bürokratisierung, Verrechtlichung, Zentralisierung, Großtechnik) wie gegen die Geltung der abstrakten und formalen Wertsurrogate (Wirtschaftswachstum, Formaldemokratie, Rechtspositivismus, Wertfreiheit). Damit stehen grundlegende Prinzipien der Modernität in Frage.

3. Der industrielle Modernisierungsprozeß der Nachkriegszeit

Diese strukturell in der modernen Industriegesellschaft angelegte Spannung zwischen Systemerfordernissen und subjektiven, lebensweltlichen Bedürfnissen wurde zunächst jedoch, in den ersten Nachkriegsjahrzehnten, durch die Faszination eines tiefgreifenden und umfassenden Modernisierungsprozesses überdeckt, der das allgemeine Wohlstandsniveau wesentlich anhob und nicht zuletzt deshalb als Inbegriff gesellschaftlichen Fortschritts erschien. Die rasche Massenmotorisierung, die Technisierung der Haushalte (Kühlschränke, Waschmaschinen), die Entwicklung und Verbreitung elektronischer Massen- und Kommunikationsmedien (Fernsehen, Telefon), billige, auf schnellen Verschleiß produzierte Kunststoffe u.a.m. veränderten das alltägliche Leben tiefgreifend. Tradierte Orientierungs- und Verhaltensmuster verloren rapide an Geltung. Lokale und regionale Besonderheiten, überkommene Lebensformen, Anschauungen und Gebräuche wurden in raschem Tempo eingeebnet, nur noch als kommerzielle Konserve, als Folklore, als Heimat- und Traditionstümelei bewahrt. Damit lösten sich zugleich die klassenspezifisch abgegrenzten sozialen und kulturellen Milieus auf, die hegemoniale Kultur der bürgerlichen Klassen ebenso wie die Gegenkultur des proletarischen Milieus. Damit verbunden war eine fortschreitende Individualisierung des gesellschaftlichen Lebens in ihrer janusköpfigen Gestalt der zunehmenden Vereinzelung, der Verstärkung privatistischer Orientierungen im familiären und beruflichen Bereich und der gleichzeitigen Freisetzung von den traditionellen Zwängen sozialer Kontrolle, der Eröffnung individueller Emanzipationschancen.

In *technischer* Hinsicht ist dieser rasche Industrialisierungsprozeß mit einer beschleunigten Mechanisierung und Automatisierung der Produktion verbunden. Dabei verändert sich auch die Rolle der Wissenschaft. Sie wird nicht nur im Rahmen der Entwicklung neuer Großtechnologien (Nutzung der Atomenergie, Raumfahrttechnik, Computerentwicklung etc.), sondern auch im betrieblichen Management und im Bereich der politischen Steuerung und Intervention (vor allem in der Wirtschaftspolitik) zur unmittelbaren Grundlage und Voraussetzung des industriellen Fortschritts. Die direkte politische und ökonomische Steuerung der wissenschaftlich-technologischen Entwicklung erlangt damit eine verstärkte Bedeutung.

Dem technologischen Wandel entspricht nicht nur eine rasche Veränderung der Qualifikationsstruktur, die Entwertung der traditionellen Handwerks- oder Facharbeiterqualifikation, die Polarisierung in intellektuell anspruchsvolle und in monotone Routinearbeiten; er führt, über die Veränderung des Bildungswesens, auch zu einer — mit den Erfordernissen des Beschäftigungssystems nicht immer kongruenten — Erhöhung der allgemeinen Bildungsqualifikationen.

In *sozialstruktureller* Hinsicht schlägt sich dieser Prozeß in einer Umschichtung der Beschäftigungs- und Produktionsstruktur nieder: im starken Rückgang der Beschäftigten in Land- und Forstwirtschaft; in der Stagnation der im produzierenden Gewerbe Tätigen; und in einem starken Anstieg der im Dienstleistungssektor Beschäftigten. Während der alte Mittelstand immer mehr an Umfang und wirtschaftlicher Bedeutung verliert, die Arbeiterschaft — als zunächst noch stärkste Berufsgruppe — bei rasch steigender Arbeitsproduktivität deutlich schrumpft, wächst die Gruppe der Angestellten und Beamten, der „neue Mittelstand", stark an.

Letzterem liegt u.a. der enorme Bedeutungszuwachs des Staates für die Sicherung des gesellschaftlichen Reproduktionsprozesses zugrunde. Das betrifft die beiden Seiten: die Übernahme steuernder und kompensatorischer Aufgaben im Rahmen des industriellen Modernisierungs- und Wachstumsprozesses und die Übernahme der Verantwortung für dessen Folgen, für die Garantie sozialer Sicherheit und sozialen Friedens. Zu diesem Zweck wurde in allen westlichen Industriegesellschaften, in den meisten Fällen bereits als Folge der Weltwirtschaftskrise Ende der 20er Jahre, die Eigendynamik des kapitalistischen Akkumulationsprozesses durch die Entwicklung wirtschaftspolitischer Planungs- und Steuerungsinstrumente, durch die Verbreitung der staatskapitalistisch organisierten Wirtschaftssektoren oder durch die Übernahme korporatistischer Formen der Konfliktregulierung (Wirtschafts- und Sozialpartnerschaft etc.) eingeschränkt; die verbleibenden Risiken und materiellen Ungleichheiten wurden durch verbesserte sozialstaatliche Versorgungsleistungen abgemildert.

26

Zwar vollzog sich die Durchsetzung einer sozialstaatlich modifizierten Marktwirtschaft mit national unterschiedlicher Akzentuierung, als Resultat ergab sich jedoch eine weithin gelungene Entschärfung und Kanalisierung des Klassenkonflikts in mehr oder weniger geregelte Verteilungskämpfe.

Seine äußere machtpolitische Klammer fand dieser industrielle Nivellierungs- und Integrationsprozeß in der Einbindung der westlichen Industriegesellschaften in das von den USA dominierte militärische Bündnis (NATO). Wurde dieses Bündnis, seinem propagierten Selbstverständnis nach, als Garant der freiheitlichdemokratischen Gesellschaftordnung verstanden, so hatte dies auch nach innen einen ideologisch stark normierenden und disziplinierenden Effekt. Zum einen geriet das angelsächsische Modell repräsentativer Demokratie zum Maßstab demokratischer Ordnung schlechthin, zum anderen wurde die antikommunistische Gesinnung, die Polarisierung in Freund und Feind, nicht nur zum innerstaatlichen Legitimationskitt, sondern, insbesondere in den Jahren des Kalten Krieges, auch zum disziplinierenden Knüppel gegenüber jeglicher Form gesellschaftlicher Kritik.

Insgesamt erhöhten diese Wandlungsprozesse der Nachkriegsjahrzehnte die allgemeine Akzeptanz sowohl der parlamentarisch-repräsentativen Staatsordnung wie des zugrundeliegenden industriellen Modernisierungsmodells. Auch dort, wo größere kommunistische Gewerkschaften oder Parteien vom status quo abweichende Zielvorstellungen vertraten, führte die praktische Beteiligung an den Spielregeln des parlamentarischen Systems und des „pluralistischen" Interessenausgleichs zur sozialen und kulturellen Einbindung in den gesellschaftlichen Industralisierungsprozeß, wie er sich unter „westlichen" Vorzeichen vollzog.

4. Folgeprobleme der industriellen Modernisierung

Fragt man genauer nach den Faktoren, die die Geltung des herrschenden Fortschrittsparadigmas in weiten Teilen der Bevölkerung erschüttert und zu seiner praktisch-politischen Infragestellung durch neue soziale Bewegungen geführt haben, so geraten eine Reihe von Folgeproblemen der industriellen Modernisierung ins Blickfeld, die sich — in der öffentlichen Wahrnehmung — in den 70er Jahren zu unzumutbaren Bedrohungen und Belastungen verdichtet haben, ohne daß die konventionellen Problemlösungsstrategien hier noch Abhilfe versprachen. In welcher Weise dabei das Zusammenwirken subjektiver und objektiver Momente, die Verschärfung der Problemlagen und die Veränderung oder Sensibilisierung der öffentlichen Problemwahrnehmung zur Herausbildung dieser neuen Krisenerfahrung geführt haben, soll hier nicht im einzelnen diskutiert werden. Entgegen weitverbreiteter Verharmlosungstendenzen — Probleme gebe es immer, aber deshalb habe man noch keine Krise; oder andersherum: Krisen- und Weltuntergangsstimmungen gab und gebe es zu jeder Zeit, also auch heute — unterstellen wir jedoch auch eine neue objektive Qualität der (z.T. sicher alten) Probleme. Dazu zählen:

a) die Gefährdung der natürlichen Lebensgrundlagen durch fortschreitende weltweite Umweltzerstörung und -vergiftung (ökologische Problematik);
b) die Gefährdung des menschlichen Lebens durch einen wahrscheinlicher werdenden atomaren Konflikt (Sicherheitsproblematik);
c) die beschleunigte Zersetzung gewachsener Sozialzusammenhänge, die rasche Auflösung tradierter sowie die konflikthafte Freisetzung neuer Orientierungs-, Wert- und Handlungsmuster durch die fortschreitende Industrialisierung des gesamten Lebens (Lebenswelt- und Sinnproblematik);
d) die drastische Verschärfung des Elends in weiten Teilen der „Dritten" und „Vierten Welt" als Folge weltmarktabhängiger industrieller Modernisierungsstrategien (Nord-Süd-Problematik).

Zu a) Die Verschmutzung der Gewässer und der Luft war bereits Ende der 60er Jahre Anlaß vereinzelter Bürgeraktionen und politischer Intervention. Zum ökologischen Krisenszenario weitete sich die Wahrnehmung der Umweltprobleme aber erst, als der Club of Rome mit seinem Bericht über die „Grenzen des Wachstums" (1972) und dann, in rascher Folge, Autoren wie Commoner (1973), Gruhl (1975) Eppler (1975) u.a. die globale Dimension der Umweltzerstörung und der Ressourcenerschöpfung vor Augen führten.

Politisch am stärksten vorangetrieben wurde das ökologische Bewußtsein zweifelsohne von der gesellschaftlichen Polarisierung um die Frage der zivilen Nutzung der Atomenergie, bei der nicht nur Umweltprobleme und technische Sicherheit, sondern inzwischen auch militärische Aspekte und gesellschaftspolitische Gefahren („Atomstaat") im Brennpunkt stehen. Neu an dieser Problemfront ist schlicht und einfach die wissenschaftlich informierte Einsicht, daß ein „Fortschritt" auf *derselben* Wachstumsschiene unvermeidlich ökologische Katastrophen zur Folge haben würde und deshalb andere Weichenstellungen möglichst bald erfolgen müssen.

„Zum ersten Male in der Menschheitsgeschichte ist damit die soziale und kulturelle Evolution des Menschen als Gattung mit den biologischen und physikalischen Entwicklungsbedingungen des Ökosystems Erde unmittelbar verknüpft, d.h. buchstäblich das Überleben der Gattung Mensch ist zum tagespolitischen Thema geworden." (P. Menke-Glückert 1981:140)

Zu b) Die atomare Bedrohung besteht seit über dreißig Jahren in Form eines immer größer werdenden „Atomclubs", der freilich immer noch durch die Dominanz des Ost-West Konflikts als militärstrategischem Duopol geprägt wird, in dem nur die jeweils andere Hegemonialmacht die eigene Existenz militärisch ernsthaft gefährden kann. Diese Situation ist historisch gesehen einerseits geradezu „klassisch", da der Hegemonialkonflikt zweier konkurrierender Großraummächte an sich nichts Neues darstellt (wenngleich er historisch-empirisch immer wieder zum Krieg geführt hat; vgl. Weizsäcker 1976). Andererseits aber ist diese Konstellation als *atomare* historisch beispiellos durch die Tatsache, daß der mögliche (und wahrscheinliche, so können wir mit C.F.v. Weizsäcker hinzufügen) „Ausscheidungskampf" um die absolute Hegemonie eben auch gleichzeitig die Voraussetzung jeglicher Zivilisation und menschlicher Geschichte überhaupt bedroht. Krisenverschärfend wirken in dieser „Endzeit"-Situation (G. Anders) vor allem das durch Rüstungskontrollversuche und Abrüstungsverhandlungen bislang ungebrochene Wettrüsten, die technologische Verfeinerung und Entwicklung neuer Waffensysteme und „Waffengenerationen" (die z.B. aufgrund ihrer extrem hohen Treffgenauigkeit sowie ihrer extrem kurzen Vorwarnzeiten die Möglichkeit zu selektiven, dem Gegner zuvorkommenden Nuklearoptionen eröffnen und gleichzeitig die Grenzziehung zwischen konventioneller und atomarer Ebene der Kriegsführung verwischen) und schließlich die damit einhergehende Erosion des Abschreckungssystems i.S. nuklearer Parität der Supermächte.

Zu c) Die Entwicklungsdynamik moderner Industriegesellschaften gefährdet nicht nur die biologische Existenz der Menschheit, sie erzeugt auch vielfältige Formen der sozialen, kulturellen und psychischen Belastung.

Probleme der Lebenswelt haben heute einen qualitativ anderen Charakter als etwa noch zur Zeit des 19. Jahrhunderts. Es geht nicht mehr so sehr um die Entwurzelung und Zerstörung vormoderner Lebensformen und Sinnwelten, um die gewiß schmerzhaften Anpassungsprozesse an eine kapitalistisch organisierte industrielle Arbeitswelt, um Hunger und Elend. Vielmehr treten gerade wegen des — zumindest bis in die 70er Jahre — erfolgreichen marktwirtschaftlich-sozialstaatlichen Wachstumsmodells völlig neuartige soziale und kulturelle Mangellagen in den Vordergrund. Im Unterschied zu den bisher gleichsam nur als Spitze des Eisbergs sichtbar gewordenen ökologischen Grenzen des Wachstums sind die „sozialen Grenzen des Wachstums" (Hirsch 1980) heutzutage für jedermann erfahrbar. Entgegen den Verheißungen des ökonomischen Liberalismus, Knappheit sukzessive durch Wirtschaftswachstum aufzuheben und den Lebensstandard der jeweils Wohlhabenden allmählich nach unten sickern zu lassen, wird offensichtlich, daß in einer Marktgesellschaft erstens gewisse Güter kaum oder nur im Negativ-Summenspiel „demokratisiert" werden können, weil sie absolut knapp sind (z.b. Spitzenpositionen oder die private Verfügung über Seegrundstücke), und zweitens der erhöhte Massenkonsum bestimmter Güter zu Flaschenhalseffekten, zu sozialen Verstopfungen im weitesten Sinne führt (z.b. Auto-Verkehrs-Staus, Zersiedlung schöner Landschaften, massentouristische Erschließung abgelegener Gegenden etc.). Der Anstieg der Konsumgüterproduktion verbessert also nicht notwendig die individuellen Lebenschancen und die kollektive Lebensqualität, sondern hat ab einem bestimmten Niveau Bedürfnisfrustrationen und gesellschaftliche Verschwendung zur Folge.

Dazu kommen einschneidende Veränderungen der sozio-kulturellen Lebenswelt durch administrative Rationalisierungs- und Kommerzialisierungsprozesse, in deren Verlauf bislang traditional organisierte Lebensbereiche umfassend industrialisiert werden. Das hat nicht nur die Auflösung gewachsener sozialer Milieus zur Folge, sondern auch die Erosion tradierter Deutungs- und Wertsysteme (vgl. dazu Habermas 1981, bes. Bd. II, S. 452 und 577 ff.) Die vielbeklagte Sinn- und Wertkrise, massive Entfremdungserfahrungen, mißlingende Sozialisations- und Integrationsprozesse haben darin ihren Nährboden.

Andererseits unterminiert der kapitalistische Vergesellschaftungsprozeß — aber auch dessen sozialstaatliche Abfederung — in widersprüchlicher Weise die eigene Wert- und Motivbasis, die für den ökonomischen Produktionsprozeß, für hochformalisierte Arbeitsprozesse generell notwendigen Tugenden der Selbstdisziplin, der Pflicht- und Leistungsbereitschaft. Die von der „Konsumgesellschaft" stimulierten Bedürfnisse treten in fühlbaren Widerspruch zur geforderten Selbstabstraktion in Büro und Fabrik. Die Aufwertung von Freizeit und Konsum, aber auch die sozialstaatlichen Versprechungen und Garantien befördern die Ausbildung hedonistischer Werte und die Entwicklung von Bedürfnis- und Affektstrukturen, die in deutlichem Gegensatz zum bürgerlich-puritanischen Leistungsethos, zur Tugend des Verzichts und des Gehorsams stehen.

So diagnostiziert Daniel Bell eine Aufweichung der ehemals gut internalisierten bürgerlichen Leistungs- und Arbeitsethik durch eine konsumeristische, hedonistisch-orientierte Kultur- und Freizeitethik und sieht dadurch das bedroht, was die Sozialstruktur der westlichen Welt — seiner Meinung nach — in ihrem Innersten zusammenhält: „funktionale Rationalität, technokratische Entscheidungsfindung und meritokratische Entlohnung" (Bell 1976: 103). Als manifeste Motivationskrise wird dies zunehmend in der Betriebs- und Organisationspraxis wahrgenommen und bearbeitet, während an der ideologischen Front im Kampf um die Werte von neokonservativer Seite die alten Tugenden und Erziehungsideale wieder eifrig beschworen werden.

Eine andere Seite des dramatischen Veränderungsschubs in den Wertmustern und Motivlagen wird unter dem Stichwort des „Wertwandels" diskutiert. So konstatiert Inglehart in einer empirischen Untersuchung (1977) bei der jüngeren, unter den Bedingungen materieller Sicherheit großgewordenen Generation, insbesondere in den Kreisen mit hohem formalem Bildungsniveau, eine starke Betonung „postmaterialistischer" Werte (wie das Streben nach Selbstverwirklichung, Partizipation, die Betonung ästhetischer Bedürfnisse), die die gesellschaftlich vorherrschenden materiellen Sicherheits- und Ordnungswerte in den Hintergrund treten lassen.

Die aus diesem Wertwandel resultierende Neubewertung der politischen Prioritäten, die Forderung nach einer „neuen Politik" (Hildebrandt/Dalton 1977) stößt jedoch auf verfestigte Strukturen eines politischen Systems, dessen „institutionelle Fantasie (...) bei Strukturen ausgesetzt hat, die vor nunmehr fast 200 Jahren entwickelt wurden" (Kaase 1979: 343) und dessen inhaltliche Politikmuster durch die „Sachzwänge" der Wachstums- und Verteilungspolitik festgezurrt sind.

Zu d) Anders als die unmittelbare Betroffenheit durch Umweltzerstörung, atomare Gefährdung und lebensweltliche Belastungen wirkt der Nord-Süd-Konflikt in westlichen Industriegesellschaften eher als Gegenstand moralischer Empörung und als diffuser Verstärker industrialismus- und modernitätskritischer Haltungen. Hinter dem Schlagwort „Nord-Süd-Konflikt" verbirgt sich das nackte Überlebensproblem für weite Teile der „Dritten" und „Vierten Welt". Diese Verelendungsprozesse sind ursächlich nicht etwa auf die „Bevölkerungsexplosion" zurückzuführen, der man dann mit westlichen Verhütungstechniken einerseits, mit der sogenannten „grünen Revolution" in Form neu gezüchteter Pflanzen sowie einer beschleunigten kapitalistischen Industrialisierung andererseits Herr zu werden versucht. Ursache ist vielmehr der kapitalistische Modernisierungsprozeß selbst, der die Länder dieser Weltregionen in eine fast totale Weltmarktabhängigkeit und in gigantische Verschuldungsprozesse getrieben und zu ökologisch katastrophalen Bewirtschaftungsmethoden in Form von Monokulturen, zur Zerstörung sozialer und ökonomisch autarker Lebensformen, zu Landflucht und Verslumung geführt hat.

Die *konventionellen Problemlösungsmuster* bieten für diese Problemlagen keine Abhilfe mehr, sondern verschärfen sie eher. Das betrifft gleichermaßen industrielle, durch die Imperative des Marktes gesteuerte wie staatlich-bürokratische Problemlösungsstrategien.

— Die Gesamteffizienz des industriellen Systems verringert sich in zunehmendem Maße: während die industrielle Güterproduktion immer höhere ökologische, physische, psychische und soziale Kosten verursacht, bringt sie — auf einem relativ hohen Versorgungsniveau — immer weniger Nutzen; auch gesamtwirtschaftlich muß ein immer größerer Teil des Sozialprodukts zur Beseitigung der Folgeschäden des industriellen Wachstums aufgewendet werden.

— Die konventionelle Form der staatlich-industriellen Problembearbeitung setzt nicht an den Problemursachen, sondern an den Symptomen an. Dabei führt die Verflechtung von wirtschaftlichen Wachstums- und staatlichen Finanzierungsinteressen (Sicherung und Ausweitung des Etats) zur Ausbildung neuer „Sozialindustrien" (Umwelt, Gesundheit, Bildung, innere Sicherheit etc.), mit der Folge, daß das bürokratisch-industrielle System „von seinen Mißständen profitiert" (Jänicke 1979) — sie also auch perpetuiert.

— Die Bürokratisierung und Professionalisierung sozialer Dienstleistungen im sozialen, medizinischen und schulischen Bereich verstärkt eine allgemeine Tendenz der „Entmündigung durch Experten" (Illich 1979); die Fähigkeit zur Selbsttätigkeit und zur kollektiven Selbsthilfe wird dadurch systematisch untergraben.

— Die aufwendige „technokratische Symptombehandlung" (Jänicke) und der wachsende Bedarf an sozialstaatlichen, arbeitsmarkt- und wirtschaftspolitischen Interventionen übersteigt jedoch zunehmend die staatlichen Finanzierungsmöglichkeiten wegen der generellen Abhängigkeit des Steuerstaats vom Wirtschaftswachstum. Mit abknickenden Wachstumsraten verschärfen sich aber auch die alten Verteilungskämpfe und Konfliktfronten zwischen Kapital und Arbeit.

Claus Offe spricht von einer Tendenz zur „Selbstblockierung des Systems", das sich in einer „dreiseitigen Zwickmühle" befinde, „da es einerseits Wachstum braucht, um das bisher gewohnte Maß von Stabilität weiter genießen zu können, andererseits Wachstum nicht herstellen kann, einfach weil die herkömmlichen Mittel der ökonomischen Steuerung dazu nicht ausreichen, drittens aber weiteres Wachstum gar nicht wünschen kann, weil die Folgen weiterer industriellen Wachstums schlicht unerträglich wären und Konflikte einer Art heraufbeschwören würden, die sich mit den Mitteln herkömmlicher staatlicher Politik nicht unter dem Deckel halten lassen." (Offe 1981: 810)

Alles zusammengenommen, entsteht bei vielen Leuten ein Krisenbewußtsein, das die Leitideen der modernen Industrie- und Wachstumsgesellschaft grundlegend erschüttert. Die Kosten des industriellen Modernisierungsprozesses werden von den jeweils Betroffenen nicht mehr ohne weiteres als notwendig akzeptiert. Die technisch-industrielle Entwicklung, die ökologischen, sozialen und politischen Folgen neuer Technologien, das Verhältnis von fremdbestimmter Arbeit und selbstbestimmter Zeit, das Verhältnis zur Natur und zum eigenen Körper, die Form des Politischen, die Art und Weise des zukünftigen Lebens insgesamt werden damit Gegenstand gesellschaftlich-politischer Auseinandersetzungen.

5. Wachstums- und industriekritische Protestpotentiale

Zwei Bevölkerungsgruppen scheinen nun in besonderem Maße disponiert zu sein, eine entsprechende Protestbereitschaft zu entwickeln und sich in den „neuen sozialen Bewegungen" zu engagieren. Das ist zum einen die Gruppe der von den Folgeproblemen des Modernisierungsprozesses Betroffenen, zum anderen die Gruppe derer, die aufgrund von generellen Wert- und Bedürfnisverschiebungen ein besonderes Maß an Sensibilität gegenüber diesen Folgeproblemen entwickelt haben (vgl. Rucht 1982c). Die Gruppe der unmittelbar Betroffenen läßt sich, anders als in den Fällen sozialer Benachteiligung, nicht an klaren Klassen- und Schichtkategorien festmachen. Das hat zum einen mit der spezifischen Art der Probleme zu tun. Die Gefährdungen, die von Atomkraftwerken, Wiederaufbereitungsanlagen oder chemischen Fabriken ausgehen, die Zerstörung urbaner Lebenswelten durch den Bau von Ring- und Schnellstraßen oder durch Sanierungs-Kahlschlag, die Vernichtung ländlicher Erholungsräume durch großtechnische Projekte (z.B. durch den Bau von Flughäfen) u.ä.m., schaffen lokale und regionale Betroffenheiten, ungeachtet der konkreten Lebenslage einzelner Bevölkerungsgruppen. Das hat zum anderen mit der unterschiedlichen kollektiven Reaktion auf diese objektive Betroffenheit zu tun. Ökonomische Vor- und Nachteile, die von der Ansiedlung neuer Fabriken oder der Durchführung großtechnischer Projekte auf lokaler Ebene zu erwarten sind, verteilen sich sehr ungleich. Auch der individuelle Stellenwert der Beeinträchtigung von Lebenschancen durch Umweltbelastungen, gesundheitliche Gefährdungen etc. ist sehr unterschiedlich — je nach Art der sonstigen Belastungen am Arbeitsplatz, der Möglichkeit, Freizeit- und Erholungschancen überhaupt wahrzunehmen, oder der Konstellation, die sich aus einander z.T. widersprechenden Interessenlagen ergibt.

Bauern, Winzer, Fischer, aber auch andere Kleingewerbetreibende werden durch risikoreiche großtechnische Projekte oder durch die Industrialisierung ländlicher Regionen vielfach in ihrer ökonomischen Existenz bedroht. Arbeiter versprechen sich davon wiederum neue Arbeitsplätze; auch hier ist die Chance für qualifizierte und unqualifizierte Kräfte, auch branchenspezifisch wiederum sehr unterschiedlich. Der neue Mittelstand sieht die Lebensqualität seiner Wohnumwelt beeinträchtigt, wird allerdings, vor Ort, oft durch großzügige finanzielle Angebote geködert, die eine Verbesserung der lokalen Infrastruktur ermöglichen. Arbeiter in chemischen Fabriken sind oft hohen gesundheitlichen Belastungen ausgesetzt; die Sorge um den Arbeitsplatz erstickt jedoch jeden Widerstand dagegen. Als Eltern müssen sie gleichzeitig gesundheitliche Schäden ihrer Kinder durch Giftstoffemissionen ihrer Fabrik befürchten; von der zusätzlichen Belastung als Konsumenten ganz zu schweigen.

So setzt sich die objektive Betroffenheit nur in vielfach geschichteter Weise, zunehmend quer zu den alten Klassengrenzen, in subjektive Betroffenheit um. Inwieweit der von diesen heterogenen Gruppen artikulierte Protest nur auf die Verteidigung partikularer Interessen oder, nach dem Sankt-Florians-Prinzip, auf die Abwendung persönlicher Belastungen zielt; inwieweit er populistischen Charakter annimmt und gegen „die da oben" die Interessen der „Bevölkerung", der betroffenen Region mobilisiert; inwieweit er staatliche Wachstums- oder Sozialstaatsgarantien einfordert oder eine antimodernistische, kapitalismus- und bürokratiekritische Stoßrichtung annimmt, ist abhängig von den jeweils konkreten Bedingungen und Verlaufsformen des Protests, von regionalen und nationalen Konflikttraditionen.

Zur zweiten Kategorie besonders Sensibilisierter zählt zum einen — hinsichtlich der ökologischen Probleme — die Gruppe der herkömmlichen „Naturschützer", die sich gerade in Deutschland auf eine lange, emotional tief verankerte Tradition des romantischen Naturbezugs stützen kann. Dazu zählen zum anderen, für die neuen sozialen Bewegungen sicher von zentraler Bedeutung, die bildungsmäßig hochqualifizierte, „postmaterialistisch" orientierte Teilgruppe der Nachkriegsgeneration (Inglehart 1977). Die sozialtypischen Sozialisationsbedingungen dieser Gruppe sind einerseits durch die für die frühen Lebensjahre bestimmende Erfahrung der materiellen Sicherheit, andererseits durch das durch den Besuch weiterführender Schulen geschaffene „psycho-soziale Moratorium" (Erikson 1971) geprägt, das eine erhöhte Sensibilität für ästhetisch-humanistische Bedürfnisse und für Sinn-Fragen schafft. Beides trifft insbesondere für die aus der Oberschicht und den neuen Mittelschichten stammende Nachkriegsgeneration zu.

Die sozialstrukturelle Verankerung dieser „postmaterialistischen" Potentiale läßt sich auch berufsspezifisch konkretisieren. Nach einschlägigen empirischen Untersuchungen sind es vor allem Beschäftigte im sozialen Dienstleistungsbereich, Sozialarbeiter, Lehrer, Pfarrer, Ärzte, künstlerische Berufe, Journalisten, sozialwissenschaftliche Intelligenz etc..

Aus dieser zweiten Gruppe rekrutiert sich nicht nur der größte Teil der neuen sozialen Bewegungen; sie stellt ein ihrer sozialen Herkunft, ihren Interessen, ihren Wertorientierungen und Bedürfnislagen nach wesentlich konsistenteres Protestpotential dar als die erste Gruppe unmittelbar Betroffener. Unsere These ist, daß die neuen sozialen Bewegungen ihre progressive Dynamik aus den universalistischen Wert- und Bedürfnismustern dieser Gruppe, aus der Radikalisierung der humanistisch-emanzipativen Werte der Moderne und den daraus gewonnenen gesellschaftlichen Entwürfen und Zielvorstellungen gewinnen.

6. Exkurs: Soziale Bewegung

Bevor wir uns nun im einzelnen der historischen Entwicklung und der konkreten Gestalt der neuen sozialen Bewegungen in der Bundesrepublik zuwenden, erscheint es uns sinnvoll, in einem kurzen Exkurs zu klären, was im Rahmen dieser Arbeit unter dem Begriff „Protestbewegung" bzw. „soziale Bewegung" überhaupt verstanden werden soll. Wir wollen uns dabei nicht auf die breite sozialwissenschaftliche Diskussion dieser Konzepte einlassen, die sich in den siebziger Jahren, insbesondere in den USA, im Gefolge der Bürgerrechts- und Armutsbewegungen, der Anti-Vietnam-, der Studenten-, der Frauen- und Ökologiebewegung entwickelt hat (vgl. Oberschall 1973; Gamson 1975; Piven/Cloward 1977; Tilly 1978; Rammstedt 1978; Zimmermann 1981; Tarrow 1982). Für unsere Zwecke genügt es, das Verständnis des Begriffs „soziale Bewegung" soweit zu präzisieren, daß wir eine Antwort etwa auf folgende Fragen geben können: Stellt die rasche Verbreitung von Bürgerinitiativen anfang der 70er Jahre bereits eine soziale Bewegung dar? Ist das Selbstverständnis von Protestgruppen als „Bewegung" (z.B. der Hausbesetzer im

Sommer/Herbst 1981) schon hinreichend, um sie als soziale Bewegung zu verstehen? Was ist der Unterschied zwischen Revolten, Unruhen etc. und sozialen Bewegungen? Ab wann und bis zu welchem Zeit- bzw. Entwicklungspunkt läßt sich überhaupt von der Existenz einer sozialen Bewegung sprechen?

Folgende dem Alltagsverständnis angelehnten Merkmale scheinen uns eine derartige begriffliche Abgrenzung zu ermöglichen:

1. Soziale Bewegungen zielen auf die Veränderung sozialer und politischer Verhältnisse, die von größeren gesellschaftlichen Gruppen als krisenhafte Belastung, als unzumutbar und ungerecht erfahren werden. Die angestrebte Veränderung kann radikal oder reformistisch sein, sie kann die Aufhebung politischer und ökonomischer Machtstrukturen, den Austausch von Eliten oder die radikale Umgestaltung der sozialen und kulturellen Lebensweise zum Gegenstand haben.

2. Soziale Bewegungen besitzen zumindest ein Minimum an organisatorischer Struktur, die ihnen Bestand verleiht, und eine bestimmte Führungsstruktur, die ihnen strategisches Handeln ermöglicht. Sie unterscheiden sich dadurch auf der einen Seite von sporadisch aufflackernden Unruhen und Revolten, auf der anderen Seite von stärker institutionalisierten Verbänden, Interessengruppen und Parteien. Gegenüber stärker formalisierten Organisationen besitzt das gemeinschaftliche Handeln in sozialen Bewegungen einen wesentlich höheren Stellenwert; damit ist auch die für soziale Bewegungen typische Koppelung von subjektiven Motiven und Bewegungszweck verbunden (vgl. Rammstedt 1978: 179ff).

3. Soziale Bewegungen werden von bestimmten, sozialstrukturell identifizierbaren Gruppen (Angehörigen bestimmter Schichten, Klassen, ethnischer Minderheiten etc.) getragen. Sie haben jedoch die Mobilisierung eines wachsenden Kreises potentiell „Betroffener" zum Ziel.

4. Sofern und solange der institutionelle Weg blockiert ist, versuchen soziale Bewegungen ihr Anliegen durch direkte (gewaltfreie oder gewaltsame) Aktionen zu verwirklichen. Gewöhnlich ist für soziale Bewegungen die Parallelität institutioneller und außerinstitutioneller, direkter Aktionsformen typisch.

5. Soziale Bewegungen müssen in „Bewegung" bleiben. Diese Notwendigkeit ergibt sich zum einen aus dem geringen Institutionalisierungsgrad, der durch kollektive Aktionen gleichsam kompensiert werden muß, zum anderen aus der immanenten Entwicklungslogik sozialer Bewegungen, die eine immer umfassendere Mobili-

sierung der betroffenen Bevölkerungsgruppen und eine weitere Eskalation des Konflikts erfordert, solange der Erfolg aussteht. Die Dynamik dieser Entwicklung ergibt sich dabei aus dem Wechselverhältnis von Proteststrategien und gesellschaftlich-politischen Reaktionen.

6. Soziale Bewegungen haben einen Anfang und ein Ende. Von einer sozialen Bewegung läßt sich sprechen, sobald protestierende Gruppen a) durch die Herausbildung einer gemeinsamen Deutung der Problemlage und durch gemeinsame Zielvorstellungen, b) durch ein Minimum an organisatorischem Zusammenhang eine kollektive Identität entwickelt haben und über eine breite mobilisierbare Basis verfügen. Ihr Ende können soziale Bewegungen auf verschiedene Art und Weise finden: wenn sie ihr Ziel erreicht haben (Beseitigung der Krisenursache durch Reform oder Revolution); wenn die Konfliktbeziehung institutionalisiert und damit gesellschaftlich anerkannt wird; wenn die Bewegung zur formalen Organisation wird (Interessengruppe, Partei); wenn sie aufgrund von Spaltungen, Mißerfolgen etc. in verschiedene Einzelgruppen zerfällt; wenn das Thema an öffentlicher Aufmerksamkeit und Brisanz verliert und damit auch seine Mobilisierungsfähigkeit einbüßt; oder wenn die Bewegung durch staatliche Repression zerschlagen wird.

7. Einzelne soziale Bewegungen sind meist in einen umfassenderen Protestzyklus eingebunden. Darunter verstehen wir einen Zusammenhang dicht aufeinander folgender oder gleichzeitig an verschiedenen Problembereichen und verschiedenen gesellschaftlichen Orten ausbrechender Protestaktionen und Einzelbewegungen. In einem derartigen Zyklus entwickeln und verbreiten sich neue Techniken, neue Mobilisierungs- und Organisationsformen des Protests; er ermöglicht darüberhinaus eine rasche inhaltliche und soziale Generalisierung des Protests. Der Höhepunkt dieses Protestzyklus ist jeweils durch eine breite Massenmobilisierung, durch eine weitgehende Verunsicherung der herrschenden Eliten und durch eine scheinbar unwiderstehliche Woge optimistischer Erfolgs- und Veränderungserwartungen charakterisiert. Für den Erfolg von Einzelbewegungen ist deshalb die Nicht- bzw. Einbettung in einen derartigen Protestzyklus von wesentlicher Bedeutung.

Wir werden im Schlußkapitel, wenn auch nicht systematisch, auf diese verschiedenen Bewegungs-Aspekte zurückgreifen, wenn es darum geht, den Erfolg und die weiteren Perspektiven der neuen sozialen Bewegungen in der Bundesrepublik abzuschätzen.

Kapitel 2
Protestbewegungen in der Bundes-
republik in den 50er und 60er Jahren

In einer auf die Alltagserfahrung abgestellten Betrachtungsweise erscheint der Bruch und die Kontinuität deutscher Geschichte nach dem 2. Weltkrieg anders als in der herkömmlichen Geschichtsschreibung oder in marxistisch orientierten Analysen. Wird in der ersteren der politischen Konstitution der Bundesrepublik das höchste Gewicht beigemessen, so erscheint die Entwicklung der BRD in den letzteren als Rekonstruktion des (alten) Kapitalismus, als Folge von Rückschritten, halbherzigen Neuanfängen und versäumten Chancen, von Manipulation und Gefährdung der Demokratie. „An die gleichen Jahrzehnte knüpfen viele Menschen anders gefärbte, weniger mutlose Erinnerungen: Assoziationen an die wenn auch nur begrenzt erreichbaren Möglichkeiten, gut zu leben, besser als jemals zuvor seit Entstehung der Arbeiterschaft als soziale Klasse. Die Geschichte der Bundesrepublik erscheint ihnen nicht als der dornenreiche und unentschiedene Weg der bürgerlichen Demokratie, gegen den sich sozialistische Vorschläge immer wieder in aussichtsloser Minderheitenposition befanden, sondern als Zeit einer dramatischen Verbesserung der Lebensmöglichkeiten, neuer Hoffnungen auf Aufstieg im Beruf, auf private Freiheiten, auf Auswahlmöglichkeiten beim Essen und Trinken." (W. Fuchs, in: Rupp 1980: 142f)

In der individuellen Biographie kommen die mit der politischen und wirtschaftlichen Weichenstellung der Nachkriegsjahre eröffneten bzw. abgeschnittenen Entwicklungschancen allerdings nur sehr vermittelt zum Tragen; die Weichenstellungen selbst, die damit geschaffenen strukturellen Entwicklungsbedingungen, lassen sich aus lebensgeschichtlicher Perspektive nur schwer erfassen. Auch wenn wir, gerade für die Erklärung sozialen und politischen Protests, die Ebene der Alltagserfahrung, der lebensgeschichtlichen Betroffenheit, im Blick behalten müssen, so ist es dennoch notwendig, nach den strukturellen Merkmalen der Nachkriegsentwicklung zu fragen, nach den Bedingungen, die nicht nur das „Wirtschaftswunder" ermöglichten, sondern auch die Folgeprobleme schufen, die in den Krisenherden und Protestpotentialen der 50er und 60er Jahre virulent wurden.

1. Besonderheiten der westdeutschen Nachkriegsentwicklung

Die Nachkriegsentwicklung Deutschlands stand im Schatten der zunehmenden Blockkonfrontation der Siegermächte des 2. Weltkriegs. Im Sog dieser Polarisierung wurden die in der unmittelbaren Nachkriegszeit bei fast allen politischen und gesellschaftlichen Kräften vorherrschenden antifaschistischen, antimilitaristischen und antikapitalistischen Impulse eingeschmolzen und den Ordnungsvorstellungen der jeweiligen Besatzungsmächte — nicht ohne entsprechenden Druck — angepaßt. Im Fall der Bundesrepublik wurde diese Politik der Westintegration, zumindest seit 1949, zwar von den politisch herrschenden Kräften, von Adenauer und den Unionsparteien, sehr nachhaltig betrieben. Aber das geschah doch unter Rücknahme der in breiten Kreisen der Öffentlichkeit gehegten Erwartung einer grundlegenden demokratischen Neuordnung des Gemeinwesens — nicht nur im politischen, sondern auch im sozialen und wirtschaftlichen Bereich.

Das betrifft Vorstellungen einer „gemeinwirtschaftlichen" Umgestaltung der Eigentumsverhältnisse, einer umfassenden Verwirklichung wirtschaftlicher Mitbestimmung und Selbstverwaltung, Ziele, die durch eine generell auf die Verhinderung von Sozialisierungsbestrebungen gerichteten Politik der amerikanischen Besatzungsbehörden weitgehend blockiert wurden (vgl. Rupp 1978: 65). Das betrifft aber auch die insbesondere von kirchlichen und gewerkschaftlichen Kreisen getragenen Hoffnungen auf einen radikal-humanistischen Neubeginn; Hoffnungen, denen durch die außen- und sicherheitspolitischen Weichenstellungen anfang der 50er Jahre schnell der Boden entzogen wurde.

Antifaschismus wiederum wurde im Gefolge des beginnenden Kalten Krieges, in der doppelten Frontstellung gegen Nationalsozialismus und Stalinismus, in Anti-Totalitarismus umdefiniert und prägte in dieser — inhaltlich um seine konkrete Bestimmung verkürzten — Variante das Demokratieverständnis der Verfassungsväter. Die antifaschistische Stoßrichtung des Grundgesetzes kam so zum einen in dem Wunsch zum Ausdruck, „die Grundrechte als in ihren Grundsätzen unveränderlich festzulegen und die Gesetzgebung, die vollziehende Gewalt und die Rechtsprechung unmittelbar an sie zu binden; zum anderen in dem Versuch, eine 'wehrhafte Demokratie' zu errichten, und zwar über sehr rigide Verfassungs- und Staatsschutzbestimmungen ..." (Rupp 1980: 12). Orientiert an vermeintlichen Schwächen der Weimarer Verfassung versuchte man darüberhinaus durch eine Reihe institutioneller Regelungen die Stabilität der Demokratie abzusichern: durch die entschiedene Zurückdrängung des plebiszitären Elements (Beseitigung der Direktwahl des Reichs- bzw. Bundespräsidenten; Ausschließlichkeit des repräsentativen Prinzips), durch die Verringerung der Machtbefugnisse des Bundespräsidenten und die Stärkung der Position des Kanzlers (konstruktives Mißtrauensvotum). Demselben Zweck der Stabilitätssicherung, der Verhinderung der für die Weimarer Republik als verhängnisvoll erachteten Parteienzersplitterung, dient die allerdings erst 1957 eingeführte 5 %-Klausel.

Somit war ein bestimmtes Verständnis des Faschismus in der politischen Ordnung der Bundesrepublik konstitutionell festgeschrieben, das den Zusammenhang des Nationalsozialismus mit sozialen und wirtschaftlichen Krisenphänomenen des Kapitalismus ebenso ausblendete wie den Zusammenhang mit spezifisch deutschen Traditionen der gesellschaftlichen und politisch-kulturellen Entwicklung. Die 'Vergangenheitsbewältigung' konnte so einerseits auf ein moralisches Problem, auf die Frage der persönlichen Schuld reduziert, zum anderen in die Bahnen des Anti-Kommunismus, der Abwehr des hier und heute drohenden Totalitarismus gelenkt werden. Dieser Anti-Kommunismus bestimmte das politische Leben der Bundesrepublik in den 50er Jahren um so rigider, als sich in ihm nicht nur bruchlos an den vom Nationalsozialismus geschürten Antibolschewismus anknüpfen, sondern auch die Auseinandersetzung mit der eigenen Vergangenheit trefflich verdrängen ließ.

In diesen drei Dimensionen der Verwässerung oder Rücknahme ursprünglicher Hoffnungen auf einen radikalen Neubeginn — der Blockierung einer „wirtschaftsdemokratischen" Umgestaltung der kapitalistischen Produktionsverhältnisse, der Rücknahme des entschiedenen Anti-Militarismus und der verkürzten, letztendlich auf einen rigiden Anti-Kommunismus reduzierten Form der „Vergangenheitsbewältigung" — liegen die spezifischen Krisen- und Delegitimationspotentiale, die im Verlauf der 50er und 60er Jahre den Nährboden außerparlamentarischer Protestbewegungen abgeben. Diese aus dem ökonomisch-politischen System der Bundesrepublik im Verlauf seiner historischen Konstitution ausgegrenzten, gleichsam aufgestauten Erwartungen bedurften freilich besonderer Anlässe, um politisch virulent zu werden. Die Auseinandersetzung um die betriebliche Mitbestimmung, um die Wiederaufrüstung sowie um die Atombewaffnung der Bundeswehr und schließlich um die Notstandsgesetzgebung stellten derartige Anlässe dar.

Die Art und Weise, in der dieser Protest zum Ausdruck kam, seine jeweilige Verbreitung und Wirksamkeit, hing nun allerdings mit den besonderen Merkmalen der gesellschaftlichen und ökonomischen Entwicklung der Bundesrepublik in diesen ersten beiden Nachkriegsjahrzehnten zusammen. Stichwortartig lassen sie sich folgendermaßen zusammenfassen:

41

1. In *wirtschaftlicher* Hinsicht vollzieht sich, im ordnungspoliti-
schen Rahmen der „sozialen Marktwirtschaft", ein rasches und
langgestrecktes Wachstum, das erst in der Krise von 1966/67 ins
Stocken gerät. Im einzelnen lassen sich im Zeitraum von 1945
bis Ende der 60er Jahre *drei Phasen* der wirtschaftlichen Entwicklung unterscheiden:

a) Die „Phase der Kapitalbildung", die unmittelbar nach dem 2.
Weltkrieg einsetzt und durch eine aktive wirtschaftspolitische
Förderung der Kapitalakkumulation unterstützt wird (Währungs-
reform; degressive Abschreibung; gezielte Investitionsförderung;
Marshall-Plan).

b) Die „Phase des Wirtschaftswunders", die von der Mitte der 50er
Jahre bis zur Krise 1966/67 reicht. Die rasche Kapitalakkumulation führt zu Vollbeschäftigung. Die Arbeitskraft wird knapp, ihre
Stellung am Arbeitsmarkt verbessert sich, was sich in stärkeren
Lohnsteigerungen und verbesserten sozialen Absicherungen niederschlägt. Der Arbeitsmarkt wird für ausländische Arbeitskräfte ge-
öffnet. Die vergleichsweise immer noch niedrigen Löhne und die
hohe Arbeitsproduktivität ermöglichen eine Exportoffensive des
deutschen Kapitals, unterstützt durch die systematische Unterbe-
wertung der D-Mark. Die Wirtschaftspolitik beschränkt sich weitgehend auf ordnungs- und sozialpolitische Korrekturen (Kartell-
gesetz, Vermögensbildung, Rentenreform) und versucht durch die
Sicherung der Preisstabilität günstige monetäre Rahmenbedingungen für das wirtschaftliche Wachstum zu schaffen.

c) Die Phase der „neokeynesianischen" Globalsteuerung. Mit dem
Sturz Erhardts und der Bildung der großen Koalition kommt das
Konzept einer makroökonomischen Steuerung des marktwirtschaftlichen Geschehens durch eine mittelfristig geplante, die Ausgaben
von Bund und Ländern koordinierende, antizyklisch gerichtete
staatliche Fiskalpolitik zum Tragen. Das wird im „Stabilitätsge-
setz" (1966) festgeschrieben; flankiert wird diese Schillersche „Globalsteuerung" durch die „Konzertierte Aktion". Durch einen gezielten Ausbau der Forschungs- und Technologiepolitik soll der
technologische Rückstand des westdeutschen Kapitals behoben
werden. Der „Aufschwung nach Maß" stellt sich ab 1968 ein; Vollbeschäftigung ist schnell wieder erreicht; die Gewinne explodieren,
bei zunächst starker Zurückhaltung der Lohnforderungen. Die
Machbarkeit der Konjunktur scheint erwiesen.

Ingesamt betrachtet, scheint die *sozioökonomische* Entwicklung der Bundesrepublik in den ersten 20 Jahren ihres Bestehens
durch folgende Charakteristika geprägt:

— durch eine außerordentlich rasche Expansion der Wirtschaft (Wachstumsraten von 1950-60 durchschnittlich 8 %, von 1960-70 durchschnittlich 4,9 %), die die Bundesrepublik von einer „Mangelgesellschaft" der unmittelbaren Nachkriegszeit in eine „Überflußgesellschaft" verwandelt. Dieser Überfluß ist jedoch nach wie vor sehr ungleich verteilt. Mit der raschen Kapitalkonzentration in den 50er und 60er Jahren — der Anteil der 50 größten Unternehmen am Gesamtumsatz der Wirtschaft beträgt 1954 25,4 %, 1969 bereits 44,8 % — geht eine entsprechende Vermögenskonzentration einher. Das im Zeitraum von 1950 bis 1966 neu gebildete private Vermögen z.B. entfiel zu 74,6 % auf die Haushalte der „Selbständigen", nur zu 25,4 % auf die Haushalte der „Arbeitnehmer", die insgesamt aber 85 % aller Haushalte ausmachen.

— Das rasche wirtschaftliche Wachstum ist, wie in allen westlichen Industriegesellschaften, von einem Wandel der Produktionsstruktur begleitet, von einer starken Reduzierung der im „primären" Sektor Beschäftigten und einer erheblichen Ausdehnung des „tertiären" Sektors, Tendenzen, die sich in den siebziger Jahren fortsetzen.

Erwerbstätige nach Wirtschaftssektoren
(in v.H. der gesamten Erwerbstätigen)

Jahr	Primärer Sektor	Sekundärer Sektor	Tertiärer Sektor
1950	23,1	42,5	34,4
1960	13,7	47,9	38,4
1970	8,5	48,8	42,7
1975	7,1	45,7	47,2

(Kommission für wirtschaftlichen und sozialen Wandel 1977: 60)

— Der allgemeine Industrialisierungsprozeß schlägt sich auch in der Veränderung der regionalen Struktur nieder. Auf der einen Seite setzt sich der generelle Verstädterungsprozeß des Landes weiter fort. Lebten 1871 noch 63,9 % der Bevölkerung des Deutschen Reichs in Landgemeinden unter 2.000 Einwohner, 1925 noch 35,6 %, so schrumpft dieser Prozentsatz in der Nachkriegszeit weiter auf 20,7 % im Jahr 1957 und 18,7 % im Jahr 1970 (im Gebiet der Bundesrepublik). Während sich im Zuge dieses Prozesses die Unterschiede von städtischer und ländlicher Lebensweise zunehmend einebnen, verschärft sich auf der anderen Seite der Stadt-Land-Gegensatz durch die Polarisierung der räumlichen Entwicklung in ökonomisch potente, meist großstädtische Verdichtungsräume und ökonomisch unterentwickelte, periphere Räume.

2. In *politischer* Hinsicht sind für die Entwicklung der Bundesrepublik, wie bereits erwähnt, zunächst die äußeren Determinanten von entscheidender Bedeutung: die Integration des westdeutschen Teilstaats in die wirtschaftlichen und militärischen Bündnisse der westlichen bzw. europäischen Gemeinschaft; die als Krisenherd stets virulente Deutschland- und Berlinfrage, die zu einer besonderen ideologischen Verhärtung der bundesdeutschen Ostpolitik führte. Um diese Fragen und die damit verbundenen Probleme der Wiederaufrüstung und der Atombewaffnung entwickeln sich die zentralen innenpolitischen Kontroversen der 50er Jahre. Als sich die SPD ein Jahr nach dem in Bad Godesberg (1959) vollzogenen Kurswechsel mit einer aufsehenerregenden Rede Herbert Wehners zur Politik der Westintegration bekannte, verlor diese Kontroverse ihre grundsätzliche Dimension; innerparlamentarisch umstritten war nunmehr nur noch die Starrheit, mit der die Unionsregierung am Alleinvertretungsanspruch der Bundesrepublik (Hallstein-Doktrin) festhielt und damit eine flexiblere, der generellen Entspannungstendenz angemessenere Ostpolitik blockierte.

Innenpolitisch war es die dominierende Rolle Adenauers, die das politische Geschehen bis Anfang der sechziger Jahre beherrschte. Getragen vom „Wirtschaftswunder" entwickelte sich die Bundesrepublik in einer bemerkenswerten sozialen und politischen Stabilität. Die fast ausschließliche Konzentration auf den Aufbau der eigenen und der familiären Existenz leistete einem ausgeprägten materiellen Sicherheitsdenken Vorschub, das jede innenpolitische Kritik und Verunsicherung mit dem Knüppel des Kommunismusverdachts abzuwehren versuchte.

Diese Stabilität wurde abgestützt durch die gelungene Einbindung der Gewerkschaften in die „soziale Marktwirtschaft" und durch die Herausbildung eines stabilen Drei- bzw. Zweieinhalb-Parteiensystems, das sich seiner inneren Struktur nach zunehmend am Typus der „Volkspartei" orientierte.

Die Integration der Arbeiterschaft konnte um so reibungsloser gelingen, als die organisierte Arbeiterbewegung durch den Nationalsozialismus weitgehend zerschlagen war. Die dadurch ausgelösten Zersetzungstendenzen des proletarischen Milieus als eines eigenständigen gegenkulturellen Lebenszusammenhangs setzten sich nach dem Ende des 2. Weltkrieges ungebrochen fort; die durch Kriegsschäden und Aussiedlung verursachte hohe Mobilität, der rasche Strukturwandel der Wirtschaft, die Auflösung alter städtischer Arbeiterviertel durch Kahlschlag und Sanierungsmaßnahmen, die rasche Steigerung des materiellen Lebensstandards seit Mitte der 50er Jahre, vor allem aber die individualisierenden Effekte der Industrialisierung und Kommerzialisierung des alltäglichen Lebens beschleunigten diesen Prozeß. Wurde damit einer machtvollen, radikalen Gewerkschaftspolitik zunehmend die soziokulturelle Basis entzogen, so wurde ihre reformistisch-sozialstaatliche Ausrichtung auch organisatorisch durch ihre Neubegründung in der Form von Einheitsgewerkschaften und durch die Mitbestimmungsregelungen von 1951/52 gestützt.

Die starke Konzentration des Parteiensystems ist zum einen im „wehrhaften" Demokratieverständnis des Grundgesetzes, in der verfassungsrechtlichen Ausgrenzung jeder fundamentalpolitischen Opposition (SRP-Verbot [1952], KPD-Verbot [1956]) angelegt. Gefördert wurde sie zweifelsohne aber auch durch die vorherrschende politische Kultur: durch eine Mischung von politischer Apathie und staatsbürgerlichem Pflichtbewußtsein, die einem kritischen öffentlichen Engagement wenig Nahrung gab, und durch harmonistische Politik- und Gemeinwohlvorstellungen, die sich an der räumlichen Ausgrenzung des innerstaatlichen Feindes („Ostzone") negativ stabilisierten. Aktiv vorangetrieben wurde dieser Konzentrationsprozeß durch die Einführung der 5%-Klausel (1957) und durch den Kurswechsel der SPD, die sich aufgrund der enttäuschenden Wahlergebnisse von 1953 und 1957 (absolute Mehrheit der CDU/CSU) auf dem Godesberger Parteitag 1959 von ihrer Tradition als „Klassenpartei" löste und sich die programmatische Gestalt einer reformistischen, für alle Bevölkerungskreise wählbaren „Volkspartei" gab. Damit war zugleich eine pragmatische Anpassung an die von der Adenauerschen Politik geschaffenen außen- und innenpolitischen Fakten verbunden. Die Unterschiede zwischen SPD und CDU/CSU reduzierten sich auf eine „Frage der Nuancen und des Nachdrucks", so der SPD-Politiker Fritz Erler.

Die zunehmende Formierung der parlamentarisch vertretenen Positionen auf dem Boden des mehrheitlich vorherrschenden antikommunistisch-marktwirtschaftlichen Konsenses, ein enges, von den bürgerlichen Tugenden des Fleißes, des materiellen Erwerbs, der Ordnung und der moralischen Sauberkeit beherrschtes Milieu, überlagert vom Pathos der westlichen Demokratie: das ergab den spezifischen psycho-sozialen Hintergrund, vor dem sich Widerstand und Protest der 50er und 60er Jahre entwickelten. Das geschah zunächst als Einforderung der von den Erfahrungen der Katastrophe und von ethischer Verantwortung getragenen Hoffnung auf einen radikalen humanistisch-demokratischen Neubeginn. Dem wurde durch die Entwicklung selbst, durch die Integration der oppositionellen SPD und der Gewerkschaften in den von Adenauer und Erhardt geprägten Kurs, die soziale Basis entzogen. In den 60er Jahren speiste sich der Widerstand dann zunehmend aus den Erfahrungen einer neuen Generation, die die importierten Ideale der westlichen Demokratie kritisch beim Wort nahm und die „Eindimensionalität" einer auf materiellen Wohlstand fixierten Gesellschaft als Blockierung ihrer Bedürfnisse und Wertvorstellungen erfuhr. Dieser gegen- und subkulturell motivierte Protest verband sich mit dem politisch heimatlos gewordenen Protest der traditionellen Linken, der Antifaschisten und Radikaldemokraten der älteren Generation und verhalf ihm zu einer Schubkraft, die das politisch-kulturelle Leben der Bundesrepublik innerhalb weniger Jahre nachhaltig verändern sollte.

2. Politischer Protest in der Aufbauphase der Bundesrepublik

Der gewerkschaftliche Kampf um Mitbestimmung (1950-52)

Zwischen den Alliierten, den Gewerkschaften, den Parteien und Kirchen bestand nach dem Krieg eine breite Übereinstimmung, die übermäßige Machtzusammenballung der Wirtschaft − als eine der Ursachen für Faschismus und Krieg − durch Entflechtung der großen Konzerne aufzubrechen und ihre Eigengesetzlichkeit dem Gemeinwohl, der „Bedarfsdeckung des Volkes" unterzuordnen. Wenn die Vorstellungen über die Realisierung der geforderten „gemeinwirtschaftlichen" Ordnung zwischen Kommunisten ('staatliche Planung und Lenkung'), Christdemokraten ('wirtschaftliche Selbstverwaltung mit gleichberechtigter Teilnahme der Produzenten und Konsumenten', Ahlener Programm 1947) und Sozialdemokraten ('Wirtschaftsdemokratie' statt Privatkapitalismus und staatlicher Planwirtschaft) auch auseinandergingen, so waren in den ersten Nachkriegsjahren in fast allen verfassunggebenden Landesversammlungen und Landtagen im Gebiet der späteren Bundesrepublik doch Mehrheiten „für das Prinzip der gesamtgesellschaftlichen Planung, für die Überführung bestimmter Wirtschaftszweige in Gemeineigentum sowie für die gesetzliche Verankerung der betrieblichen und überbetrieblichen Mitbestimmung" (Rupp 1978:64) zu gewinnen.

Von diesen Vorstellungen konnte nur wenig realisiert werden; die Sozialisierung des Kohlebergbaus, der Eisen- und Stahlindustrie wurde von den Alliierten, auf Druck der US-Regierung, bis zur endgültigen Regelung der Eigentumsfrage durch eine neu etablierte Bundesregierung blockiert. Im Frankfurter Wirtschaftsrat wurden mit der Wahl Ludwig Erhardts zum Wirtschaftsdirektor

1948 endgültig die Weichen zugunsten einer Reorganisation der marktwirtschaftlichen Ordnung gestellt; die Währungsreform am 20. Juni 1948 und die schrittweise Aufhebung der Bewirtschaftungsmaßnahmen schufen die Rahmenbedingungen dafür. Das hatte unmittelbar zwar eine enorme Ausweitung der Produktion zur Folge, ging jedoch mit Preissteigerungen und steigender Arbeitslosigkeit einher, was im Spätsommer und Herbst zu einer großen Zahl von Demonstrationen und Arbeitsniederlegungen der Arbeiterschaft führte.

Der Gewerkschaftsrat des Vereinigten Wirtschaftsgebiets rief für den 12. November 1948 zu einem ganztägigen Generalstreik auf, der die Wiederherstellung der staatlichen Bewirtschaftung im Ernährungssektor, die Überführung der Grundstoffindustrien in Gemeinwirtschaft und die Realisierung wirtschaftsdemokratischer Postulate zum Ziel hatte. An diesem Streik „nahmen von 11,7 Millionen Beschäftigten des Vereinigten Wirtschaftsgebietes nach Berechnungen der Gewerkschaften ca. 80 % teil, nach Berechnungen der Arbeitgeber lagen von 3000 Betrieben 2100 völlig still, allein in 10 Prozent der Betriebe sei wie sonst gearbeitet worden." (Rupp 1978:70) Diese beeindruckende gewerkschaftliche Machtdemonstration löste jedoch keine Richtungskorrekturen mehr aus. Die Verschärfung des Kalten Krieges (Berlin-Blockade 1948) und das Anlaufen der Marshallplanhilfe wendete die Einstellung breiter Bevölkerungskreise gegenüber dem amerikanischen Kapitalismus zunehmend ins Positive. Nach dem für die SPD und die Gewerkschaften enttäuschenden Ausgang der ersten Bundestagswahlen wurde die kapitalistische Wirtschaftsordnung nicht mehr grundsätzlich in Frage gestellt.

Mußten die Gewerkschaften ihre Hoffnungen auf eine Demokratisierung der Wirtschaft im überbetrieblichen Bereich schnell fallen lassen, so hielten sie umso entschiedener an den in der Nachkriegszeit erreichten betrieblichen Mitbestimmungsregelungen fest. Große Unternehmen der Kohle-, Eisen- und Stahlindustrie boten Anfang 1947 von sich aus die paritätische Mitbestimmung an, um die Gewerkschaften für eine gemeinsame Abwehr von Demontage und allzu starken Entflechtungen zu gewinnen. Die Gewerkschaften akzeptierten dies als ersten Schritt auf dem Weg zu einer weitergehenden Demokratisierung der Wirtschaft. Die Bemühungen, die paritätische Mitbestimmung im neuen Bundesparlament gesetzlich zu verankern, stießen trotz einer entgegenkommenden Haltung Adenauers jedoch schnell auf verhärtete Fronten. Als sich die Gewerkschaften in den vorklärenden „Hattenheimer Gesprächen" im Frühjahr 1950 mit einer kategorischen Ablehnung der Arbeitgeber konfrontiert sahen und auch Verhandlungen zwischen dem DGB-Vorsitzenden Böckler und Adenauer ohne Ergebnis blieben, verbreitete sich Unruhe in der Arbeitnehmerschaft.

In einer Urabstimmung Ende November 1950 bekundeten 95,9 % der Metall-arbeiter ihre Bereitschaft, „für Erhalt und Ausbau der Mitbestimmung zu streiken. Mitte Januar schlossen sich die Bergarbeiter mit 92,8 Prozent von 485 273 Stimmen an. Am 1. Februar sollte gestreikt werden; zum 31. Januar kündigten die Metallarbeiter demonstrativ und kollektiv ihre Arbeitsverträge.

Währenddessen wurde in Bonn, mal mit, mal ohne Bundeskanzler, pau-senlos verhandelt....

Einen Tag vor dem Streik, am 31. Januar, fielen die Würfel: Die Regierung sicherte in einem Gesetzentwurf die paritätische Mitbestimmung in der Eisen-und Stahlindustrie und im Bergbau und einen vom Vertrauen der Arbeit-nehmer abhängigen Arbeitsdirektor zu. (...)

Schon zeitgenössische politische Beobachter erklärten dieses Zugeständnis Adenauers damit, daß er 'Ruhe an der Arbeitsfront' gebraucht habe, um rei-bungslos die 'Westintegration' voranzutreiben." (W.G. Brügmann in: FR vom 13.1.82)

Der Versuch, diese Mitbestimmungsregelung in der nachfolgenden Zeit auf den gesamten Wirtschaftsbereich auszuweiten, blieb jedoch erfolglos. Die 1950/51 vorgelegten Gesetzesentwürfe der CDU und der Regierung sahen allerdings von den Gewerkschaften unab-hängige und der „Friedenspflicht" unterworfene Betriebsräte vor, eine für die Gewerkschaften nicht akzeptable Regelung.

„In den Gewerkschaften wußte man ... jedoch nicht so recht weiter. Einig war man sich, daß in einer Sache von so weitreichender Bedeutung das Parlament entscheiden müsse. Die IG Metall setzte sich mit ihrer Auffassung durch, daß deshalb die bloße Wiederholung von Maximalforderungen nicht sinnvoll sei. Man müsse die Forderungen zurückschrauben, um zu 'retten, was noch zu retten ist'. Angst, im Fall einer Niederlage bei den Arbeitnehmern zuviel Ver-trauen zu verlieren, beherrschte die Gewerkschaften. Der Zwang der Gewerk-schaften zum Erfolg bevorteilte überdies die Regierung. Wie bei der Sicherung der Mitbestimmung bei Eisen und Stahl und im Bergbau wollten die Gewerk-schaften schließlich doch mit außerparlamentarischem Druck ein besseres Gesetz durchsetzen: Ein zweitägiger Streik bei den Tageszeitungen war der Höhepunkt zahlloser Protestaktionen." (FR vom 13.1.82)

Der Wind der öffentlichen Meinung hatte sich inzwischen aber gedreht. Zumindest die veröffentlichte Meinung sah in Überein-stimmung mit Bundesregierung und Besatzungsmächten in der Mitbestimmungsforderung der Gewerkschaften eine Bedrohung der staatlichen Ordnung; die Kampfmaßnahmen wurden als poli-tischer Streik gegen das Parlament und damit gegen die „staat-liche Grundordnung" (Adenauer) verstanden und diskreditierend mit entsprechenden Forderungen „aus der Sowjetzone" in Ver-bindung gebracht. Unter der Voraussetzung, daß die Gewerkschaften alle Kampfmaßnahmen einstellen, erklärte sich die Regierung im Sommer 1952 wieder zu Verhandlungen bereit, benutzte die „Kampfpause" allerdings dazu, das „Betriebsverfassungsgesetz" noch vor der Sommerpause unverändert zu verabschieden. Damit war die institutionelle Integration der Arbeiterschaft in die „soziale Marktwirtschaft" vollzogen. Nachfolgende Arbeitskämpfe und Streiks betrafen nicht mehr die Wirtschaftsordnung als solche.

Der Kampf gegen die Wiederbewaffnung (1951-1955)

Die zweite Frage, an der sich eine breite Widerstandsbewegung gegen die von den Westmächten und der Bundesregierung betriebene Politik entzündete, war die mit der Westintegration verbundene Wiederbewaffnung der Bundesrepublik. Diese war nach langwierigen, zunächst am Einspruch Frankreichs gescheiterten Verhandlungen über die Bildung einer „Europäischen Verteidigungsgemeinschaft" mit den „Pariser Verträgen" von 1954 (und ihrer endgültigen Ratifizierung 1955) möglich geworden. Damit wurde die Bundesrepublik nicht nur in eine − begrenzte − Souveränität entlassen, sondern auch Mitglied der NATO.

Die entsprechenden Vereinbarungen sahen die Unterstellung einer neu aufgebauten, auf 500 000 Mann begrenzten deutschen Armee unter das Nato-Kommando vor, darüberhinaus ein Verbot der Herstellung von ABC-Waffen und einen Stationierungsvorbehalt der Alliierten. Mit der Verabschiedung des „Freiwilligengesetzes" (1955) durch den Bundestag und der Einführung der allgemeinen Wehrpflicht (1956) wurden in raschem Tempo die Grundlagen für den Aufbau dieser Streitkräfte geschaffen.

Diese Entwicklung stieß in weiten Kreisen der Bevölkerung, trotz des vorherrschenden Antikommunismus, auf eine sehr distanzierte „Ohne-mich"-Haltung, die vor dem Hinergrund des verlorenen Krieges, des noch drastisch vor Augen stehenden Elends der Kriegs- und Nachkriegsjahre, angesichts auch der Verurteilung der ehemaligen deutschen Führungseliten als Kriegsverbrecher und der Zuweisung einer allgemeinen Kollektivschuld an den Verbrechen des Nationalsozialismus unmittelbar verständlich wird.

Aktiven Widerstand gegen die Politik der Aufrüstung entwickelten z.T. aus prinzipiellen, z.T. sicher auch aus wahltaktischen Erwägungen die Oppositionsparteien SPD und KPD. Die SPD hatte sich unter der Führung von Kurt Schumacher allerdings nur für eine bedingte Ablehnung der deutschen Wiederbewaffnung entschieden, da sie, in der vorgesehenen Form, die Chancen für eine Wiedervereinigung zunichte mache. Entsprechend ambivalent war auch ihre

Rolle im Rahmen des Kampfs gegen die „Remilitarisierung" und später, gegen Ende der 50er Jahre, gegen die Atombewaffnung der Bundeswehr. Zunächst versuchte sie, in den Jahren von 1950 bis 1952, angesichts der Bedeutung der Wehrfrage in publikumswirksamer Weise auf Neuwahlen zu dringen und — ohne Erfolg — vor dem Bundesverfassungsgericht die Unvereinbarkeit eines deutschen Wehrbeitrags mit dem Grundgesetz festellen zu lassen. Die ersten Wahlkämpfe zu den Landtagswahlen führte die SPD ganz im Zeichen dieser Frage. Sie mußte in der zweiten Bundestagswahl 1953 jedoch feststellen, daß die nach wie vor fehlende Wehrbereitschaft bei der Mehrheit der Bevölkerung nicht mehr das entscheidende Wahlkriterium darstellte.

Auf eine breitere Mobilisierung der Bevölkerung zielte die im Frühjahr 1951 unter maßgeblicher kommunistischer Beteiligung gestartete „Volksbefragungs"-Aktion. Unter Berufung auf eine entsprechende Forderung des hessischen Kirchenpräsidenten Martin Niemöller wurde die Bevölkerung zur Abstimmung über die folgende Frage aufgerufen: „Sind Sie gegen die Remilitarisierung Deutschlands und für den Abschluß eines Friedensvertrags mit Deutschland im Jahre 1951?" (Rupp 1970:52) Obwohl bereits ein Monat später alle „Volksbefragungs"-Vereinigungen von der Bundesregierung — als „Angriff auf die verfassungsmäßige Ordnung" — verboten wurden, entfaltete der „Hauptausschuß" auch weiterhin rege Aktivität: Am 16 Mai 1952 gab das erweiterte Präsidium des Ausschusses bekannt, daß bis zu diesem Zeitpunkt „bei 71.712 Aktionen in Betrieben und Wohngebieten 6.267.312 Westdeutsche befragt wurden, von denen 5.917.683 mit „Ja"... gestimmt haben"; zugleich wurden „8.781 Polizeieinsätze gegen die Befragungsaktion, 7.331 Festnahmen und die Einleitung von über 1000 Gerichtsverfahren registriert." (K. Otto, in Rupp 1980: 183) Das Verbot dieser Vereinigungen schob allerdings, wie Rupp betont, „die Frage einer kommunistischen Gefahr ganz in den Vordergrund" und hatte so eher zur Folge, „die nicht-kommunistische Opposition gegen die Wiederbewaffnung zu diskreditieren" (Rupp 1970:53).

Diese Opposition wurde von einem breiten Spektrum von prominenten Einzelpersonen, Verbänden und Organisationen getragen, das von pazifistischen und neutralistisch-rechtsradikalen Gruppen, über Gewerkschaften, sozialistische und kirchliche Jugendverbände bis hin zu einzelnen protestantischen Landeskirchen reichte. Die größte Bedeutung kam dabei ohne Zweifel dem oppositionellen Engagement großer Teile der evangelischen Kirche zu, an deren Spitze die führenden Vertreter der „Bekennenden Kirche", insbesondere der hessische Kirchenpräsident Martin Niemöller standen.

Zu ihnen zählte auch der Bundesinnenminister Heinemann, damals Präses der Gesamtdeutschen Synode der EKD, der im Herbst 1950 aus Protest gegen die Wiederaufrüstungspläne Adenauers von seinem Amt zurückgetreten war. Zusammenschlüsse der verschiedensten Art, wie z.B. die von Heinemann Ende 1951 mit Repräsentanten protestantischer, katholischer und pazifistischer Gruppen initiierte „Notgemeinschaft für den Frieden Europas", aus der dann im November 1952 die „Gesamtdeutsche Volkspartei" hervorging, blieben im Endeffekt jedoch folgenlos. (Die GVP erhielt in der Bundestagswahl 1953 1,1 % Zweitstimmen.) Das mag seinen Grund darin haben, daß sich die Vertreter der Kirche in den Unionsparteien fast durchweg für die außenpolitische Linie des Bundeskanzlers entschieden und damit den kirchlich-humanistischen Protest oppositioneller Gruppen neutralisierten; in erster Linie lag es wohl aber in der zunehmenden Anerkennung, die die Politik Adenauers im Gefolge des wirtschaftlichen Wiederaufschwungs in der breiten Öffentlichkeit fand.

Der Deutsche Gewerkschaftsbund hielt sich zunächst in der Frage der Wiederaufrüstung zurück und wurde erst durch den Druck der Mitgliederbasis vor der Bundestagswahl 1953 zu einer Kurskorrektur genötigt; so lehnte beispielsweise eine hierzu beantragte außerordentliche Landesbezirkskonferenz des DGB Bayern entgegen der Befürwortung durch die DGB-Führung mit nur einer Stimmenthaltung „jeden deutschen Wehrbeitrag" ab (Rupp 1978: 89). Die einzige größere außerparlamentarische Aktion, die von den Gewerkschaften mitgetragen wurde, war die „Paulskirchenbewegung" gegen die Ratifizierung der Pariser Verträge.

Auftakt der „Bewegung" war eine Kundgebung in der Frankfurter Paulskirche am 29. Januar 1955, die zum ersten- und zugleich letztenmal alle gegen die Wiederaufrüstung opponierenden Kräfte der Bundesrepublik zusammenfaßte. In einem von der Versammlung angenommenen „Deutschen Manifest" wurde „zu entschlossenem Widerstand" gegen die Pariser Militärverträge aufgerufen, da man in ihnen die Chance auf Wiedervereinigung in endgültiger Weise vernichtet sah. „Gleichzeitig wurde von der Sozialdemokratie und den Gewerkschaften im Ruhrgebiet und anderen Industriezentren eine Kundgebungswelle organisiert, in Hamburger und Dortmunder Stadtteilen und in kleineren Gemeinden verschiedener Bundesländer von der SPD zum „Deutschen Manifest" Unterschriftensammlungen durchgeführt." (Rupp 1970:50) Insgesamt waren an die 6000 Kundgebungen geplant.

Daß die Paulskirchen-Bewegung nach der Ratifizierung der Verträge (27.2.55), auf die sie, wegen der bestehenden Mehrheitsverhältnisse im Bundestag, keinen nachhaltigen Einfluß mehr hatte, in kurzer Zeit verebbte, war nicht zuletzt der Organisations*form* dieser Bewegung zuzuschreiben: der unter Führung von SPD und DGB erfolgenden Mobilisierung von oben, die nicht der Logik und der Eigendynamik von Basisbewegungen, sondern dem strategischen Kalkül ihrer Organisatoren folgte. Ottos Vermutung, daß die Paulskirchenbewegung wohl vor allem die Funktion hatte, die SPD angesichts der durchaus ambivalenten Haltung der Bevölkerung „bei der geplanten Ablehnung der Militärverträge im Bundestag vom Legitimationsdruck zu entlasten" (K. Otto, in Rupp 1980:184), ist nicht von der Hand zu weisen. Sie wird vielmehr durch die neue Strategie von SPD und Gewerkschaften, beim Aufbau der Bundeswehr nicht abseits zu stehen, sondern positiv darauf Einfluß nehmen, gestützt.

Diese Merkmale einer „paradoxen Mobilisierung" (Offe), die der Basis als Beifall spendende oder protestierende Masse zwar bedarf, die autonome Vertretung ihrer Interessen aber blockiert, wird noch deutlicher an der Rolle, die die SPD und der DGB im Kampf gegen die Atombewaffnung der Bundeswehr 1957/ 58 spielten.

Der Kampf gegen die atomare Bewaffnung der Bundeswehr (1957/58)

Die Entscheidung für den Aufbau der Bundeswehr warf zugleich die Frage nach ihrer Ausstattung mit den, wie es hieß, „modernsten" Waffen, d.h. mit Kernwaffen auf. Für diese Option versuchte sich die Bundesregierung gegenüber der Öffentlichkeit seit 1956 stark zu machen; ein entsprechendes Angebot der USA, die europäischen Verbündeten mit taktischen Atomwaffen auszurüsten (Dezember 1956) bzw. auf ihrem Territorium Atomraketen unter amerikanischem Verschluß zu lagern (Dezember 1957), schuf die Voraussetzungen dafür. Dagegen formierte sich seit 1956 zunächst gegen die atomare Verseuchung durch Kernwaffenversuche, gegen die „Atomgefahren" generell, ein Widerstand pazifistischer und gewerkschaftlicher Kreise, der mit der Erklärung der „Göttinger Achtzehn" am 12. April 1957 eine bis dahin beispiellose Resonanz erhielt. Dieser Appell, der mit dem Hinweis auf die vernichtenden Wirkungen von taktischen und strategischen Atomwaffen die Verharmlosungsstrategie der Bundesregierung — taktische Atomwaffen seien „nichts weiter als die Weiterentwicklung der Artillerie" (Adenauer) — unterlief, löste eine Welle von Reaktionen aus, „die auf Kirchen, Stadträte, Hochschulen, Gewerkschaften, Studentenvertretungen, Frauenverbände, Lehrerverbände, Künstler und Schriftsteller übergriff" (Otto 1977:57). Daß dieser Widerstand bereits zu diesem Zeitpunkt eine wesentlich breitere Öffentliche Basis besaß als der Kampf gegen die Wiederbewaffnung, zeigt sich in Umfragen, in denen sich zeitweise mehr als zwei Drittel der Bevölkerung gegen die Ausrüstung der Bundeswehr mit Atomwaffen aussprachen (Rupp 1970:89). Der Beschluß der NATO-Konferenz vom Dezember 1957, die europäischen Mitgliedstaaten mit Atomwaffen-Depots auszustatten, verschärfte die Situation und führte zu vielfältigen Protesten von Professoren, Gewerkschaften und betroffenen Gemeinden.

Die SPD, die sich zögernd erst 1957 zu einer Ablehnung der atomaren Bewaffnung der Bundesrepublik durchgerungen hatte, stand „vor dem Risiko, daß sich der entfaltende Protest über sie hinweg entwickeln könnte" (Otto 1977:59). Sie ergriff deshalb die Initiative zur Bildung eines vom DGB, von evangelischen Kreisen und Vertretern der FDP mitgetragenen zentralen Arbeitsausschusses „Kampf dem Atomtod", der zur Gründung von regionalen und lokalen Ausschüssen aufrief.

„Die organisierende Tätigkeit der Ausschüsse erstreckte sich auf die Vorbereitung und Durchführung von Kundgebungen, Demonstrationen, Mahnwachen und Plakataktionen, auf die Herstellung und Verbreitung von Flugblättern, die Durchführung von Befragungen und Unterschriftensammlungen... Unter dem Einfluß des 'Arbeitsausschusses' verschärfte sich im Zusammenhang mit dem Zustimmungsbeschluß des Bundestages zur atomaren Rüstung im März 1958 der Konflikt bis zur Entfachung einer Massenbewegung. Eine Welle von Kundgebungen und Demonstrationen erfaßte die Bundesrepublik. Belegschaftsversammlungen, Betriebsräte und Gewerkschaftsorganisationen verlangten in Resolutionen Streiks und Generalstreiks gegen die atomare Rüstung. Gleichzeitig erfolgten spontane Arbeitsniederlegungen von Zehntausenden Arbeitern und Angestellten." (Otto, in Rupp 1980:185)

Die wiederholten Rufe nach einem Generalstreik wurden allerdings weder vom DGB-Vorstand noch von der SPD aufgegriffen; Fritz Erler und Herbert Wehner sprachen sich bereits Mitte April gegen Streikaktionen aus. „Die Führungsgremien von DGB und SPD lenkten die ganze Kampagne ... erkennbar auf eine allgemeine Volksbefragung hin, die dann am 30. Juli 1958 durch das Bundesverfassungsgericht verboten wurde. Damit hatte die Bewegung, an deren Kundgebungen sich im Einzelfall bis zu 150.000 Menschen (Hamburg am 17.4.58) beteiligt hatten, ihren Kulminationspunkt erreicht, noch ehe ihre Durchorganisation abgeschlossen war. Von den ursprünglich vorhandenen Orts- und Kreisausschüssen 'Kampf dem Atomtod' arbeiteten schon Mitte 1958 nur noch etwa 20 %" (Otto, in Rupp 1980:186). Von den für Herbst 1958 angekündigten Kundgebungen in Großstädten fand keine einzige mehr statt; die für den Fall des Verbots der Volksbefragung ebenfalls angekündigte Mitgliederbefragung im DGB wurde auf unbestimmte Zeit verschoben.

Der unmittelbare Anlaß für das Einfrieren der Kampagne war einerseits der „Schock" der Landtagswahl von Nordrhein-

Westfalen am 6. Juli 1958, der der SPD zwar einen Stimmenzuwachs, der CDU aber die absolute Mehrheit beschert hatte; andererseits der „zunehmende Druck von Verdächtigungen, die 'Kampf dem Atomtod'-Kampagne kollaboriere mit dem 'kommunistischen Feind' und gefährde die Sicherheit der Bundesrepublik" (Otto 1977:62). Rupp und Otto vermuten deshalb, daß das Verbot der Volksbefragung von der SPD „eher als Befreiung aus einer unangenehmen Situation empfunden wurde" (Rupp 1970:203), die die bereits länger geplante, 1959 am Godesberger Parteitag vollzogene „Öffnung der Partei" zur Mitte ohne großen Gesichtsverlust ermöglichte.[6] Diese Wandlung zur Volkspartei sollte in der demonstrierten „Wehrbereitschaft" sichtbar und glaubwürdig werden. Ein Jahr später zog die SPD auch ihren Deutschlandplan zurück, „der u.a. die Bildung einer Entspannungszone mit verdünnter Rüstung in Europa sowie die Räumung von Fremdtruppen und von Atom- und Wasserstoffwaffen vorsah" (Otto 1977:64). Damit hatte der Kampf gegen die atomare Bewaffnung der Bundeswehr endgültig seine parlamentarische Unterstützung verloren. Die Protestbewegung, die eine bis dahin beispiellose Mobilisierung breitester Bevölkerungskreise erreicht hatte — so befürworteten im April 1958 52 % der erwachsenen Bevölkerung Westdeutschlands und Westberlins sogar einen Streik zu Verhinderung der Atomausrüstung der Bundeswehr —, zerfiel. Die erfolgreiche Kanalisierung des Protests im Rahmen der 'Kampf dem Atomtod'-Kampagne ließ den Widerstand in dem Moment auflaufen und verpuffen, in dem ihr die Führungen von SPD und DGB aus Gründen der eigenen Parteiraison ihre organisatorische Basis und ihre mobilisierenden Kräfte entzogen.

Bis zum Ende der 50er Jahre waren somit nicht nur die Grundentscheidungen über die gesellschaftliche Ordnung und die außenpolitische Entwicklung der Bundesrepublik gefallen, sie wurden nunmehr auch von einem breiten Grundkonsens aller parlamentarischen Kräfte getragen. Fundamentaloppositionelle Standpunkte konnten sich — soweit sie in der Bevölkerung überhaupt noch auf Resonanz stießen — nur noch als „außerparlamentarische Opposition" Gehör verschaffen.

3. Außerparlamentarische Opposition (APO) und antiautoritärer Protest in den 60er Jahren

Was in den 60er Jahren an Protestpotentialen akkumuliert und an seinem Höhepunkt 1967/68 in der APO und der Studentenbewegung zu einem explosiven Ausbruch kommt, besitzt gegenüber dem Protest der 50er Jahre eine grundlegend neue Qualität. Das betrifft den Inhalt, die Träger und die Form dieses Protests. Zwar sind es immer noch die Defizite einer mangelnden Demokratisierung der Gesellschaft — autoritäre Formierung; Vorrang der Kapitalinteressen; Neoimperialismus —, die den Protest speisen. Aber die Kritik an der Blockierung gesellschaftlich-humaner Entwicklungsmöglichkeiten sprengt nun den nationalen Erfahrungshorizont; sie weitet sich zur Kritik an den „Sachzwängen" und Herrschaftsinteressen kapitalistischer Industriegesellschaften schlechthin aus.

Es ist im wesentlichen der Protest einer neuen Generation, die in das „Wirtschaftswunder" hineingewachsen ist und für die die Glücksversprechungen des Marktes, der Werbung und des Konsums zunächst ebenso real waren wie das in den Schulen, in der seriösen Presse und den Sonntagsreden der Politiker verbreitete Pathos westlicher Demokratie. (Letzteres galt sicher mehr für die Jugendlichen der Ober- und Mittelschichten, die die weiterführenden Schulen und die Universität besuchten.) Beide Dimensionen prägten den Erwartungshorizont der Nachkriegsgeneration, ihre Wunschbilder und Ideale, und beide Dimensionen kontrastierten in auffallender Weise mit der gesellschaftlichen Realität, mit Leistungs- und Konkurrenzzwängen, mit autoritären Strukturen in Familie, Schule und Betrieb, mit rassischer Diskriminierung und der militärischen Unterdrückung nationaler Selbstbestimmung. Diese Widerspruchserfahrungen sind für den Protest der 60er Jahre in allen westlichen Industriegesellschaften gleichermaßen bestimmend.

Der gegenkulturelle Protest

Die Herausbildung des gegenkulturellen Protests gegen die industrielle Leistungs- und Konsumgesellschaft ist an einen immanenten Widerspruch kapitalistischer Vergesellschaftung gebunden: sie ist einerseits von Selbstdisziplin, Pflichtbewußtsein und Leistungsbereitschaft abhängig, untergräbt andererseits — in beschleunigtem Maße seit den 50er Jahren — die soziokulturelle Basis dieser traditionell-bürgerlichen Tugenden. Das liegt zum einen darin begründet, daß sie im Maß der fortschreitenden Industrialisierung der gesellschaftlichen Verhältnisse die überkommenen Lebensformen, Moral- und Glaubensvorstellungen umwälzt und in ihrer Geltung erschüttert; das liegt zum anderen an der mit der Mechanisierung und Automatisierung der Produktion verbundenen Sinnentleerung der Arbeit, mehr noch und komplementär dazu an der

Aufwertung des Konsums. Die von der „Konsumgesellschaft", von der Werbung stimulierten Bedürfnisse nach Liebe, Zärtlichkeit, Sexualität, Anerkennung, Freiheit, Abenteuer treten in sichtbaren und fühlbaren Widerspruch zur langweilig-spießbürgerlichen Routine von Arbeit und Familie, zum „puritanischen" Pflicht- und Leistungsethos, zur moralinsauren Tugend des Verzichts und des Gehorsams.

Ihren ersten und unmittelbarsten Austausch fand diese widersprüchliche Erfahrungs- und Sozialisationslage im Rock'n Roll, in der neuen Musik der Elvis, Beatles, Rolling Stones und einer ganzen schnellebigen Generation von Rock-Stars und Rockbands. „Der Rock'n Roll bezeichnete den Beginn der Revolution" (Jerry Rubin) — was für England und die USA sicher unmittelbarer gilt als für die Bundesrepublik. Die Beatles stehen dabei nur für *eine* Variante der Rebellion.

„Es war gerade das Wichtigste an den Beatles, daß sie unpolitisch waren. Im Rahmen der englischen Klassenstruktur bedeuteten die 'Mods' eine wirkliche Revolte gegen die Elterngeneration. Für die Abkömmlinge des Slums war es damals noch ungeheuer revolutionär, durch bloßes Klimpern auf der Gitarre Millionen zu machen, denn die speziellen Auslesetests des Systems verwehrten ihnen von vornherein jeden Zugang zu irgendeiner anderen Karriere mit höherer Schulbildung.
In ihren Anfängen hatten die Beatles es nicht nötig, das System offen anzugreifen: allein ihr Erfolg war Kritik. Sich zu isolieren und 'unpolitisch' zu sein, bedeutete eine Absage an die Wertvorstellungen der älteren Generation.
Die Beatles waren mehr als eine Rock-Band. Sie boten ihr ganzes Leben als eine Art Unterhaltung an und forderten alle Jugendlichen auf, es ihnen gleichzutun: Sei frei, pfeif auf den ganzen Mist, man muß sich nicht nach den Spielregeln der Gesellschaft richten, um es zu etwas zu bringen.
Aber mit der Zeit stellte sich heraus, daß die Revolte, so vielversprechend sie schien, letzten Endes nur eindimensional blieb: Die Bankangestellten und Bürolehrlinge blieben unverändert Bankangestellte und Bürolehrlinge." (Salzinger 1982: 98 f)

Es gab auch „härtere" Varianten des subkulturellen Protests. Aber diese den Werten des Arbeitermilieus — aggressive Männlichkeit, Härte, körperliche Direktheit — verpflichteten Subkulturen, so vor allem die Rocker, konnten relativ leicht kriminalisiert werden und blieben damit politisch gleichermaßen folgenlos. Helmut Salzingers vorsichtigem Resüme läßt sich wohl zustimmen:

„Rockmusik kann politische Realitäten nicht direkt verändern. Aber sie kann vielleicht beitragen, die Voraussetzungen dafür zu schaffen. Ein Gitarrensolo von Keith Richard oder Ron Wood vermag ein Maß an Trauer und Aggression, Dynamik und Melancholie im Hörer freizusetzen, das mehr bewirken kann als jeder noch so aktivistische Text. Rockmusik kann gesellschaftliche Zwänge nicht aufheben, aber sie zumindest bewußt machen. Sie kann ein Klima schaffen, in dem Befreiung eher möglich wird." (Salzinger 1982: 117)

Gegen Mitte der 60er Jahre nahm die Gegenkultur einen radikaleren Charakter an. Das hing zum einen mit der politischen Desillusionierung der idealistischen Erwartungen der amerikanischen Bürgerrechtsbewegung der 50er und frühen 60er Jahre zusammen. Der moralische Appell an die verfassungsmäßig garantierten Rechte der Schwarzen und Farbigen wich der Militanz der Black Panther; die Kampagne gegen den Vietnam-Krieg radikalisierte sich zum Kampf um die Veränderung der Gesellschaft. Die Rockmusik verlor den Charakter des naiven Protests, wie er in den Liedern von Joan Baez, Woody Guthrie, Peter Seeger u.a. zum Ausdruck gekommen war („This land is your land, this land is my land, ..."). Zum anderen schwoll die drop-out Bewegung der Mittelschicht-Jugendlichen um diese Zeit in rapidem Maße an.

Bereits in den 50er Jahren hatten die Exponenten der „beatgeneration" (Kerouac, Ginsberg u.a.) mit moralischem Rigorismus und Ekel zugleich die Abwendung von dem „american way of life" demonstriert. An die Stelle des erstickenden Konsums und der technischen Zerstörung des Lebens — symbolisiert in der drohenden atomaren Apokalypse — traten die Werte der Ungebundenheit und Freiheit, der Euphorie, der Ekstase, des Rauschs. Ihre Erben, die „Gammler", gehörten seit 1964 zum alltäglichen Bild der europäischen Metropolen.

„Die Gammler waren in Haltung und Kleidung lebendiger Protest. Ungepflegt und teilweise heruntergekommen, störten sie das bürgerliche Sauberkeitsempfinden entschieden: ihr langes Haar attackierte das Image vom männlichen Mann mit Familie, Haus, Besitz und Erfolg... Der Gammler provozierte Bürger und Bürgerlichkeit, indem er einfach als ihr Gegenbild existierte: ohne Arbeit und Autorität, bettelnd und parasitär, von den Abfällen der kritisierten Leistungsgesellschaft lebend, faul, unsauber, unordentlich, ohne feste Bleibe und klare Richtung." (Hollstein 1979: 27)

Dennoch blieb dieser Protest solipsistisch; der Gammler wollte schlichtweg frei sein und leben. Was die drop-out Bewegung der Hippies davon unterscheidet, ist der missionarische Eifer, „alle willigen Menschen zu gleichem Tun zu bewegen, und der Wille, der negativen Welt ein positives Gegenbild vorzuführen" (Hollstein 1979: 43). In einer Welt, in der nur noch äußerliche, materielle Dinge wie Geld und Status-Symbole zu zählen scheinen, sucht der Hippie das „Authentische" des Menschen, sein Selbst, seine Identität. An der Spitze seiner Werthierarchie stand die Liebe. „Dieser Begriff der Liebe war nicht egozentrisch ausgerichtet, sondern zielte auf eine antiautoritäre und enthierarchisierte Welt- und Wertordnung ohne Klassenunterschiede, Leistungsnormen, Unterdrückung, Grausamkeit und Krieg." (Ebd. 51)

1966/67 war der Höhepunkt der Hippie-Bewegung. Auch „Europa blieb von der amerikanischen Massenbewegung nicht verschont: In London, Stockholm, Amsterdam, Kopenhagen, München und Brüssel konstituierten sich kleinere und größere Außenposten der Hippies. Mehr als 100.000 Anhänger der neuen Dissidenten begingen enthusiasmiert die 'be-ins' und 'love-ins' in San Francisco. 1967, im Sommer der Liebe, sollen nach Schätzungen amerikanischer Soziologen und Journalisten mehr als 500.000 Hippies die Zentren und Schauplätze der Bewegung bevölkert haben." (Ebd. 44)

Der Traum der Blumenkinder stieß schnell an die Grenzen der Wirklichkeit. Wo sie Gewaltlosigkeit demonstrierten, reagierte das System mit Gewalt, mit Prügel und Verhaftung. Die Bewegung litt auch nach innen an Erstickung, konnte ihrer eigenen Quantität nicht mehr Herr werden und drohte in Hunger, Krankheit, Drogen, Kriminalität und Chaos zu versinken. Hinzu kam die rasche Kommerzialisierung der Gegenwelt der Hippies. Ihres Protests entschärft, auf Blumen, bunte Kleider, Poster, psychodelische Musik reduziert, begann auch die bürgerliche Öffentlichkeit Sympathie für die Szene zu entwickeln. Bereits im Oktober 1967 trugen sich die Hippies in San Francisco symbolisch zu Grabe. Aber sie lebten weiter, nur in unterschiedlichen Formen. Die einen in radikalisierter Weise auf dem Weg nach innen, der Selbstfindung, der Bewußtseinserweiterung; Drogen bekommen einen zentralen Stellenwert. Die „psychodelische Revolution" sollte die Menschen zu neuen Ufern der Selbsterkenntnis, zu einem neuen Leben führen (Timothy Leary). Andere werden erdnäher: gründen Projekte, Gegen-Institutionen (Landkommunen, Schulen, Kindergärten, Theater, Handwerkskollektive, Food-Coops), organisieren ein weitmaschiges Netz selbstverwalteter, gegenkultureller Gemeinschaften, den „Underground". Eine dritte Gruppe wird politisch, anarchistisch. Die Yippies — von YIP (Youth Intentional Party) — verstehen sich nicht als Partei im traditionellen Sinne, „sondern als Ereignis voller Aktion, Handlung, Dynamik; Politik sollte auf die Straße und Tanz, Gesang, Aufklärung, Agitation und Guerilla-Theater bedeuten... Ihr Grund- und Lehrsatz heißt: Revolution ist immer, wir müssen nur beginnen, sie zu leben." (Hollstein 1979: 56 f)

In ähnlicher Weise hatten bereits seit Anfang der 60er Jahre die holländischen Provos durch subversive Phantasie, durch Happenings, Teach-ins, Straßentheater mit nicht unerheblichem Erfolg die Rituale der Macht entlarvt, Tabus und autoritäre Strukturen aufgebrochen. Die Provos wurden nicht nur ins Amsterdamer Stadtparlament gewählt; sie wurden weit über die holländischen Grenzen hinaus durch ihre „weißen Pläne" bekannt. Amsterdam sollte „Spielstadt", die Autos aus dem Zentrum verbannt werden, „Fahrräder wurden weiß gestrichen und der Bevölkerung zur freien Benutzung und schnelleren Beförderung offeriert. ... (Die Aktion) 'Weißer Schornsteinplan' wollte die Industrie zwingen, Maßnahmen wider die Luftverschmutzung zu ergreifen. Überdies sah ein 'Weißer Polizistenplan' Instruktionskurse für Polizisten vor, die von Wachtmeistern zu Sozialarbeitern umerzogen werden sollten. Ein 'Weißer Wohnungsplan' wurde geschaffen, um die Wohnungsnot in Amsterdam zu bekämpfen, ein 'Weißer Frauenplan' entstand, der die Eröffnung von Büros für sexuelle Aufklärung und Beratung vorsah." (Hollstein 1979: 38). Provogruppen verbreiteten sich über ganz Europa.

Das alles kommt in der Bundesrepublik nur in abgeschwächter Form zur Geltung. Ordnung, Sauberkeit und Fleiß, die deutschen Generaltugenden, ein ängstliches Sich-Klammern an die neuerworbenen Symbole kleinbürgerlichen Wohlstands, alt überkommene Obrigkeitsorientierung, die Enge des geistigen und räumlichen Milieus, vor allem ein stets gegenwärtiger Kommunismusverdacht lassen die Ansätze kulturrevolutionären Protests nur sehr zögerlich, mit geringer Breitenwirkung zur Entfaltung kommen. Aber eben doch! Beat- und Rockmusik, nicht zu vergessen die Pille, setzen auch hierzulande eine kulturelle und sexuelle Revolution in Gang. Die traditionellen Geschlechtsrollen verwischen sich, nicht nur bei den Jugendlichen der Mittelschicht. Der Kampf um die langen Haare, um Jeans- und Gammellook wird zum Vehikel der Emanzipation von autoritärer Kontrolle in Familie, Schule, Betrieb und Öffentlichkeit. Hedonistische Werte treten in den Vordergrund, verstärkt durch einen Freizeit- und Konsummarkt, der sich die Jugendlichen, über die Kommerzialisierung jugend-spezifischer Attribute und Stile, in zunehmendem Maße als Käuferschicht erschließt.

Die „Schwabinger Krawalle" (1962) setzen ein erstes Signal für den subkulturellen Protest gegen Ordnung, Spießbürgerlichkeit und Autorität; in den Exzessen prügelnder Polizisten aber auch ein sichtbares Zeichen der repressiven staatlichen Reaktion. Über die „Subversive Aktion", künstlerisch-anarchistische Kreise um Dieter Kunzelmann in München, mit stärker politischen Akzenten um Dutschke und Rabehl in Berlin, gelangten Momente eines ästhetisierten, spontaneistischen Politikverständnisses — Politik als Happening, als symbolische Provokation, als Versinnlichung gesellschaftlicher Widersprüche — in den SDS. Die Gründung der Kommune I und II, stark beeinflußt von den Provos, demonstrierte dieses neue Politikverständnis in radikaler Weise. Was in der amerikanischen und holländischen Bewegung der 60er Jahre an gegenkulturellen Momenten bereits entfaltet war und in unmittelbarer Weise die Form der politischen Auseinandersetzung bestimmte, war hierzulande zunächst allerdings in die politische Dynamik der APO und der Studentenbewegung eingebunden, die in stärkerem Maße noch von einem traditionell linken Politikverständnis geprägt waren.

APO und Studentenbewegung

Die Formeln, mit denen der CDU-Staat die gesellschaftlichen Verhältnisse der Nachkriegszeit nachhaltig geprägt hat — Wohlstand und Sicherheit durch Entfaltung der freien Marktwirtschaft; durch die „Politik der Stärke" (NATO und Kalter Krieg) zur Wiedervereinigung — gerieten Anfang der 60er Jahre in Erstarrung, leierten aus. Die sogenannte „Bildungskatastrophe", der wachsende Bedarf an qualifizierten Arbeitskräften, die „technologische Lücke" waren ein erstes innenpolitisches Signal. Gegen Mitte der sechziger Jahre zeigte sich immer deutlicher, daß neue wirtschaftspolitische Instrumente erforderlich waren, um den sich abzeichnenden Wachstums- und Strukturkrisen (Landwirtschaft, Kohle- und Stahlindustrie) entgegenzusteuern. 1964 wurde der „Bildungsrat" geschaffen, um zusammen mit dem quantitativen Ausbau von Schulen und Universitäten die Ausbildung zu straffen und ihre Effizienz zu erhöhen. „Für die wirtschaftspolitische Beratung und Prognose wurde (1964 durch Bundesgesetz geschaffen) der Sachverständigenrat ins Leben gerufen. Überhaupt läßt sich erkennen, daß Anfang und Mitte der 60er Jahre nahezu alle Planungsinitiativen von der Raumordnung über die Städtebauförderung bis hin zu neuen Formen der Krisenbekämpfung konzipiert oder schon in Gang gesetzt worden sind." (Narr 1979: 20) Hinzu kam das Tauwetter in der internationalen Politik; Einflußsphären wurden abgesteckt und wechselseitig anerkannt (Treffen zwischen Kennedy und Chrustschow in Wien 1963).
Angesichts dieser für den ideologischen Basiskonsens des CDU-Staats bedrohlichen Entwicklung propagierte der Adenauer-Nachfolger Erhardt (1963) die neue Formel der „Formierten Gesellschaft". So schnell diese auch ins Kreuzfeuer der öffentlichen Kritik geriet und deshalb wieder aus dem Verkehr gezogen wurde, so symptomatisch war dieses Konzept doch für die Art und Weise der nachfolgenden Krisenbewältigung 1966/67. „Nicht nur wurde in der 'Großen Koalition' und der damit geleisteten Formierung des Grundgesetzes" — der Erweiterung der exekutivischen Eingriffsrechte durch Stabilitäts- und Notstandsgesetzgebung — „ein Teil der Verheißungen der Formierten Gesellschaft erfüllt und aufge-

hoben. Vielmehr behalten Konzept und Elemente eines staatlich überformten Neokoporativismus, der ungleiche Vierklang aus Staatsapparat, Unternehmen, Gewerkschaften und Wissenschaft, behält eine totalisierte Sozialpartnerideologie aktuelle Bedeutung und vor allem zukünftigen Richtungscharakter." (Narr 1979: 19 f) Verbreitete sich so mit dem Häutungsprozeß des CDU-Staats, verstärkt seit der Großen Koalition, auch ein allgemeines Innovationsklima, eine „reformerische Attitüde bis tief in die bundesdeutsche Bürokratie, ja bis in die Redaktionsstuben der Frankfurter Allgemeinen Zeitung", so doch nur als Bereitschaft zur technokratischen Reform von oben, zur etatistischen Innovation; das Ziel war: „anpassen, nachholen, stromlinienförmig machen, technisch ausrüsten, größer, deshalb besser, professionalisieren, verwissenschaftlichen und technisieren. Die 'moderne Zeit' brach an." (Narr 1979: 22 f)

Dem anschwellenden gesellschaftlichen und politischen Protest gab diese Entwicklung in mehrfacher Hinsicht Auftrieb. Die Krise 1966/67 zerstörte den durch das „Wirtschaftswunder" genährten Heiligenschein der freien Marktwirtschaft; dem herrschenden Antikommunismus wurde so nicht nur durch die internationalen Entspannungstendenzen, sondern gleichsam auch sinnlich-materiell der Boden ein Stück weit entzogen. Kurz, der alles erstickende Nebel des Antikommunismus begann aufzureißen; ein allgemeines Klima der Veränderungs- und Innovationsbereitschaft beschleunigte diesen Prozeß. Damit wuchs die Sensibilität auch liberaler Kreise für die Widersprüche der bürgerlichen Gesellschaft: für den Widerspruch zwischen dem durch Reeducation geprägten idealisierten Demokratie- und Amerikabild auf der einen, Rassendiskriminierung, neokolonialistische Interventionen (CIA) und Vietnamkrieg auf der anderen Seite; zwischen einem idealisierten Parlamentarismusverständnis und der beschleunigten autoritären Formierung des politischen Prozesses; zwischen hehren Freiheitspostulaten und der innerstaatlichen Repression oppositioneller Kritik (besonders sichtbar geworden an der „SPIEGEL-Affäre"). Zugleich erhielt der antifaschistische Protest, die moralische Empörung über die erfolgreiche kollektive Verdrängung der nationalsozialistischen Vergangenheit im herrschenden Antikommunismus, neue Brisanz. Organisatorischer Träger der sich gegen Mitte der 60er Jahre zur „außerparlamentarischen Opposition" formierenden Protestpotentiale war auf der einen Seite die aus der Ostermarschbewegung hervorgegangene „Kampagne für Abrüstung" (KfA), auf der anderen Seite, mehr noch Avantgarde als organisatorische Basis des studentischen Protests, der „Sozialistische Deutsche Studentenbund" (SDS).

Die *„Ostermarsch"-Bewegung* war eines der Zerfallsprodukte der 'Kampf dem Atomtod'-Kampagne, die 1960, nach dem Vorbild der zwei Jahre vorher in Großbritannien gegründeten „Campaign for Nuclear Disarmament" (CND), ins Leben gerufen wurde. Sie wurde zunächst von ethisch-pazifistisch orientierten Gruppen im norddeutschen Raum getragen, die unter großem individuellen Einsatz und unter Verpflichtung auf die Methoden des „gewaltfreien Widerstands" (in der Tradition Mahatma Gandhis) zu militärischen Anlagen und Stützpunkten marschierten, um „Deutschland und der Welt ein Zeichen" zu setzen. Für die Entwicklung der „Ostermarsch"-Bewegung war entscheidend, daß ihr Ursprung, „als spontane Bewegung von *unten*, ... außerhalb des Herrschafts- und Integrationszusammenhangs der Parteien und staatlichen Institutionen lag. Damit hingen die Politisierungsmöglichkeiten der 'Ostermarsch'-Bewegung unmittelbar von den Kräften selbst ab, die sich an ihr beteiligten" (Otto 1977:100).

Organisatorisch war die Form dieser Basismobilisierung durch das spannungsreiche Verhältnis von zentralistischer Bindung der örtlichen und regionalen Ausschüsse an die Grundsatzentscheidungen des „Zentralen Ausschusses" einerseits, durch die gleichzeitige Betonung der selbstverantwortlichen Eigeninitiative andererseits, vorgezeichnet. Inhaltlich vollzog sich mit der Verbreiterung des sozialen und ideologischen Spektrums der Bewegung, insbesondere im Zuge der Zusammenarbeit mit befreundeten sozialistischen Jugendorganisationen (Falken, Naturfreundejugend, Deutsche Friedensgesellschaft [DFG], SDS), eine Politisierung der Bewegung, die zur Konkretisierung allgemein gehaltener ethischer Forderungen, zu einer gezielten Kritik an der Rüstungspolitik der Bundesregierung und zu konkreten Alternativvorschlägen führte. Die „Kampagne für Abrüstung", wie sie sich seit 1962 nannte, wurde zur „Ein-Punkt-Bewegung", die sich den verschiedensten oppositionellen Kräften auf der Basis eines antimilitaristischen Minimalkonsenses öffnete. Die breite soziale Verankerung dieser Bewegung läßt sich nicht nur an der wachsenden Zahl der Marsch- und Kundgebungsteilnehmer an den jährlichen Ostermärschen (von 1000 im Jahr 1960 über 50.000 im Jahr 1963 auf 150.000 im Jahr 1967) ablesen, sondern auch an der schicht- und altersspezifischen Zusammensetzung der regionalen Organisationsausschüsse. Von den Mitgliedern von vier befragten Ausschüssen waren 1965: unter 25 Jahren 19 %, zwischen 25 und 50 Jahren 76 %, über 50 Jahre 5 %; Arbeiter 11 %, Angestellte 34 %, Beamte 13 %, Hausfrauen 8 %, Freiberuflich Tätige 15 %, Akademiker 22%, Studenten 11 % (Otto 1977:90).

Da die „Kampagne für Abrüstung" auf kein bestehendes Organisationsgefüge zurückgreifen konnte, somit Organisationsstrukturen, Verhaltensformen und Aktionsmethoden ständig aufs Neue überprüfen mußte, da auch die Heterogenität der politischen und sozialen Herkunft der Teilnehmergruppen einen Druck in Richtung auf Infragestellung der eigenen Vorurteile ausübte, war die Offenheit der Bewegung, ihr Selbstverständnis als „Lernprozeß, ... Bedingung der Möglichkeit ihrer politischen Fortführung und Ausweitung" (Otto 1977:183). Unter den besonderen Bedingungen der

Bundesrepublik seit Beginn der 60er Jahre, dem Fehlen jeglicher parlamentarischer Repräsentanz fundamentaloppositioneller Positionen und der gleichzeitigen Erosion der ideologischen Integrationsformeln des CDU-Staats, konnte die „Kampagne" so zur organisatorischen Basis der „Außerparlamentarischen Opposition" werden.

In dem Maße, in dem der Kampf gegen die Verabschiedung der Notstandsgesetzgebung, gegen die „Formierung" der Gesellschaft in der Großen Koalition und gegen den Vietnamkrieg in den Vordergrund trat, rückten die polit-ökonomischen Ursachen von Rüstung und Militarisierung ins Blickfeld, weitete sich die inhaltliche Stoßrichtung der „Kampagne" zur Kritik an den strukturellen Defiziten des parlamentarischen Systems, zur Kritik am autoritären Staat. Die mit dem Konflikt um die Notstandsgesetze, mit der Gründung des Kuratoriums „Notstand der Demokratie" (1966) in Gang gesetzten Massenproteste entwickelten nach der Erschießung von Benno Ohnesorg am 2. Juni 1967 in Berlin jedoch schlagartig eine Dynamik, die den inhaltlichen und organisatorischen Rahmen der KfA sprengte. Die weitere Entwicklung bis Ende 1968, dem Zeitpunkt des Zerfalls der „Kampagne", war im wesentlichen durch den Verlauf der Studentenbewegung bestimmt, durch die Verschmelzung von gegenkulturell motivierten antiautoritären Protestpotentialen mit den Versuchen, eine neue revolutionäre sozialistische Bewegung zu formieren. Motor dieses Prozesses war der Sozialistische Deutsche Studentenbund.

Der SDS hatte sich seit seinem Ausschluß aus der SPD 1961 von einem Rekrutierungsverein karrierebewußter Nachwuchspolitiker zu einer sozialistischen Avantgardeorganisation entwickelt, die mit dem Ausbau von autonomen Arbeitskreisen an fast allen Universitäten eine Neuaneigung der Texte des Marxismus und der Kritischen Theorie in Gang setzte. Unter Anknüpfung an die authentischen Gehalte sozialistischer Zielvorstellungen sollte ein neues, der gegenwärtigen Situation angemessenes Verständnis sozialistischer Theorie und Praxis, und zwar in Distanz sowohl zu traditionalistischen KPD- als auch zu pragmatistischen SPD-Positionen, entwickelt werden. In der Theorie des „autoritären Staats" (Horkheimer) und der „eindimensionalen Gesellschaft" (Marcuse) schienen die Erfahrungen der 50er und frühen 60er Jahre, die Tendenzen einer sich „formierenden", etatistisch integrierten spätkapitalistischen Gesellschaft auf den Begriff gebracht. Damit war zugleich das neue revolutionäre Subjekt vorgezeichnet: die Randgruppen der Gesellschaft, die Befreiungsbewegungen der Dritten Welt und die zur befreienden Aktion bereite sozialistische Intelligenz als revolutionäre Avantgarde.

Vermutlich die entscheidende katalysatorische Funktion für die praktische Entfaltung dieser Kritik zu einer breiten Protestbewegung spielten auf der einen Seite der Vietnamkrieg (und damit in Zusammenhang die Befreiungsbewegungen der Dritten Welt insgesamt), auf der anderen Seite die innenpolitischen Vorbereitungen zur Notstandsgesetzgebung und die Bildung der Großen Koalition, die der Deutung der gesellschaftlichen Entwicklung als eines sich verschärfenden autoritären Formierungsprozesses reichlich Nahrung bot. Abscheu vor einer Politik, die im Namen demokratischer Freiheitsrechte vietnamesische Dörfer mit Napalmbomben überzog, und Protest gegen eine Elterngeneration, die dazu ebenso schwieg, wie sie zu den NS-Verbrechen geschwiegen hatte, gaben der Kritik an den autoritären Strukturen der Hochschule, der Gesellschaft und des Staates insgesamt ihre Schubkraft. In dem Maße, wie das idealisierte Amerikabild zerbrach, ging auch der Glaube an die funktionierende bürgerliche Demokratie verloren. Die Spielregeln der „formalen Demokratie" wurden als manipulative Integrationsmechanismen begriffen. Nur noch außer- und antiparlamentarische Strategien, der Rückgriff auf rätedemokratische Modelle der 20er Jahre, provokative Regelverletzungen, vor allem massenhafte Mobilisierung und politische Aufklärung versprachen eine Möglichkeit der fundamentalen Veränderung, einer wirklichen Demokratisierung der gesellschaftlichen Verhältnisse.

Dabei kamen im Rahmen des SDS zwei unterschiedliche Strategien zum Tragen: die Linie des Berliner Landesverbands und die des Bundesverbands. Der letztere strebte ein breites Bündnis radikaldemokratischer Kräfte an, das im Rahmen einer straff durchorganisierten Kongreßpolitik mobilisiert werden sollte.

So wurde Ende Mai 1965, nachdem sich am 21.5.65 die Fraktionsvorsitzenden der im Bundestag vertretenen Parteien über die Grundgesetzänderung zum Notstandsrecht geeinigt hatten, gemeinsam mit anderen Hochschulgruppen, mit Professoren und Gewerkschaftern ein Kongreß „Demokratie vor dem Notstand" veranstaltet, der mit dem Anspruch antrat, durch eine fundierte wissenschaftliche Analyse und Kritik der geplanten Gesetzgebung die fehlende demokratische Öffentlichkeit herzustellen. Unter dem Eindruck einer massiven 14-tägigen Mobilisierungskampagne an vielen Hochschulorten, beschloß denn auch die SPD, daß sie den Grundgesetzänderungen in dieser Legislaturperiode nicht mehr zustimmen werde. Ein Jahr später, im Mai 1966, veranstaltete der SDS in der Frankfurter Universität einen in verschiedenen Arbeitskreisen lang vorbereiteten Kongreß „Vietnam — Analyse eines Exempels", an dem eine repräsentative Auswahl der europäischen linken Intelligenz, insgesamt über 2000 Studenten, Professoren und Gewerkschafter teilnahmen. Das Hauptreferat hielt Herbert Marcuse. Erklärtes Ziel war es, über humanitäre und unmittelbar politische Argumentation hinaus eine fundierte marxistische Analyse des Vietnamkriegs zu entwickeln. Höhepunkt dieser Kongreßpolitik war der von IG-Metall finanzierte und dem Bundesvorsitzenden des SDS, Helmut Schauer, organisierte Kongreß „Notstand der Demokratie" am 30. Oktober 1966 in Frankfurt, auf dem in sechs Foren mehr als 5000 Gewerkschafter, SPD-Parteimitglieder, Studenten, Assistenten und Professoren diskutierten.

Ohne diese vorbereitenden Kongresse, auf denen eine entschieden sozialistische Analyse des Vietnamkriegs und der autoritären Formierung im eigenen Lande entwickelt wurde, hätte sich die nachfolgende sprunghafte Ausweitung der Protestbewegung kaum auf derart griffige, in ihrer radikaldemokratischen und revolutionären Stoßrichtung mobilisierende Formeln der Kritik stützen können. Die Avantgarde-Funktion für den weiteren Verlauf besaß aber der Berliner SDS; Berliner Ereignisse bestimmten den Rhythmus und die Dynamik der antiautoritären Revolte der Jahre 1967/68.

Die Situation der Berliner FU („Freie Universität") unterschied sich von der anderer deutscher Metropolen durch eine Reihe besonderer Merkmale: durch die satzungsmäßige Verankerung der Mitbestimmungsrechte der Studenten in den akademischen Gremien; durch den unmittelbaren Kontakt zu Kommilitonen der Ostberliner Humboldt-Universität und die Möglichkeit, sich politische Literatur aus der DDR zu beschaffen; durch das Fehlen der allgemeinen Wehrpflicht; aber auch durch die Frontstadtatmosphäre Berlins, durch eine „Bevölkerung, die durch Weltwirtschaftskrise, NS-Terror, Bombennächte im Keller, Demontage, Spaltung der Stadt und Mauerbau eine Durchhalte-Mentalität entwickelt hatte... (die) jede Kritik im Innern als abweichendes Verhalten bestrafte." (Fichter/Lönnendonker 1977:88) Berlin galt als „Bollwerk der Freiheit", als „Schaufenster des Westens". Hier war die Identifikation mit den USA größer als anderswo. Unmittelbarer und sensibler reagierte aber auch die kritische Intelligenz auf die Widersprüche der amerikanischen Innen- und Außenpolitik. Das ergab eine recht explosive Mischung, die zu einer raschen Polarisierung und Radikalisierung der Positionen führte. Schon auf die erste Resolution im Rahmen eines vom SDS veranstalteten Vietnam-Semesters 1965/66 reagierten alle acht Berliner Tageszeitungen mit dem Aufruf zu einer „Spendenaktion zum Weihnachtsfest, mit dem dem ganzen amerikanischen Volk symbolisch gezeigt werden sollte, wo Berlin stehe. Alle amerikanischen Familien, die einen Angehörigen im Vietnam-Krieg verloren hatten, erhielten eine Nachbildung der Freiheitsglocke, hergestellt von der Königlichen Porzellan Manufaktur" (Fichter/Lönnendonker 1977:90 f). Als am 5. Februar 1966 im Rahmen einer vom SDS und anderen Hochschulverbänden veranstalteten Vietnam-Demonstration Teilnehmer erstmalig durch einen Sitzstreik auf dem Kurfürstendamm den Verkehr für 20 Minuten blockierten, als, schlimmer noch, fünf Eier an der Fassade des Amerikahauses zu Bruch gingen, reagierte die Berliner Presse panikartig („Die Narren von West-Berlin", „... eine Schande für unser Berlin", „Beschämend! Undenkbar!"). Hans-Joachim Lieber, der Rektor der FU, verfaßte ebenso wie Willy Brandt, der Regierende Bürgermeister von Berlin, ein devotes Entschuldigungsschreiben an den amerikanischen Stadtkommandanten.

Die Strategie der „direkten Akionen", die der Berliner Landesverband entschiedener als andere SDS-Gruppierungen vertrat, war zum einen durch das Vorbild der amerikanischen Studentenunruhen in Berkeley (Ende 1964) geprägt, zum anderen durch den Eintritt von Rudi Dutschke und Bernd Rabehl, Mitgliedern der Berliner Sektion der „Subversiven Aktion", in den SDS Anfang

1965. Die Betonung neuer unkonventioneller Demonstrationstechniken und Mobilisierungsformen (teach-ins, sit-ins, Happenings), in denen sich immer unverkennbarer politischer mit gegenkulturellem Protest verband, verstärkte sich noch, als die (späteren) Mitglieder der Kommune I & II gegen Ende des Jahres 1966 vermehrten Einfluß auf den SDS gewannen. Wenn das Intermezzo der Kommunarden im Landesverband des Berliner SDS auch von kurzer Dauer war — schon am 3. Mai 1967 wurde die Kommune I wegen „falscher Unmittelbarkeit" (Dieter Kunzelmann: „Was geht mich Vietnam an — ich habe Orgasmusschwierigkeiten") und eines die Hochschularbeit des SDS unterminierenden anarchistischen Aktionismus aus dem Berliner und dem Bundesverband ausgeschlossen —, so übten die Aktionsformen der Kommunarden: Happenings, phantastische Verkleidungen, Vermeidung von physischer Gewalt, um gleichzeitig die Polizei der Lächerlichkeit preiszugeben, doch einen großen Einfluß auf den weiteren Verlauf der Protestbewegung aus.

Inzwischen, Anfang 1967, war die Bürgerrechts- und Anti-Vietnam-Bewegung in den USA zu einer breiten Protestwelle angeschwollen; Negeraufstände in den Gettos der amerikanischen Großstädte hatten die Militanz der Auseinandersetzung erhöht. Die chinesische Kulturrevolution und Che Guevara hatten begonnen, die junge Linke in Europa zu faszinieren. In der Bundesrepublik waren es hochschulpolitische Anlässe, Ostermärsche, Wahlveranstaltungen und Parteitage der NPD, die Tausende von Demonstranten auf die Straße brachten. Zur eigentlichen Massenbewegung wurde dieser Protest aber erst, als nach der Erschießung von Benno Ohnesorg am 2. Juni 67 (auf einer Demonstration gegen den Besuch des Schah in Berlin) der Funke der Rebellion auf die Universitäten der Bundesrepublik übersprang. Der Verlauf und die weitere Eskalation der Auseinandersetzung sei hier nur in Stichworten[7] erinnert:

— Nach dem Tod Ohnesorgs werden massive Versuche unternommen, über Flugblätter und öffentliche Agitation eine „aufklärende Gegenöffentlichkeit" herzustellen; das zeitigt (zumindest scheinbare) Erfolge: im Herbst 1967 treten der Regierende Bürgermeister von Berlin, Albertz, und sein Polizeichef Duensing zurück. Auf dem SDS Kongreß im September 67 ruft Dutschke zu einer Anti-Springer-Kampagne auf, die Anfang 68 anläuft. Den gleichen Zweck der kritischen Aufklärung, der Herstellung einer „Gegenmacht" gegen den herrschenden Wissenschaftsbetrieb, verfolgte die Gründung der „Kritischen Universität" am 1. Nov. in der FU Berlin.

— Im Januar 68 bringen Schüler die geplante Erhöhung der Verkehrstarife durch Demonstrationen und Blockaden zu Fall; das wird zum Modell

für ähnliche Aktionen, die das ganze Frühjahr über in verschiedenen Städten der BRD stattfinden.
- Im Februar 68 findet in Berlin vor ca. 5.000 Teilnehmern aus fast allen europäischen Staaten der „Internationale Vietnam-Kongreß" statt. Auf die zunächst vom Senat verbotene, durch ein Verwaltungsgerichtsurteil jedoch zugelassene Abschlußdemonstration reagierte der Berliner Senat drei Tage später mit der Organisation einer Gegenkundgebung unter dem Motto „Berlin darf nicht Saigon werden". Die von den Springer-Zeitungen angeheizte Pogromstimmung gegenüber Studenten, Langhaarigen, Intellektuellen usw. kommt dabei voll zum Ausbruch.
März 68: Beginn des Prager Frühlings. Anfang April: Frankfurter Kaufhausbrand als Protest gegen die Morde in Vietnam.
- Am 11.4.68 wird Rudi Dutschke niedergeschossen. Eine Welle von Demonstrationen gegen den Springer-Konzern (dessen systematische Hetze für den Anschlag verantwortlich gemacht wird) und von Versuchen, die Auslieferung der Springer-Zeitungen zu blockieren, prägt in vielen Städten der Bundesrepublik das Bild der folgenden Karwoche und der Ostertage. Es kommt zu den bisher schwersten Straßenschlachten in der Geschichte der Bundesrepublik, bei der (in München) zwei Menschen ums Leben kommen.
- Mairevolte in Paris. In der Bundesrepublik konzentrieren sich die Aktionen der außerparlamentarischen Opposition auf die Verhinderung der Notstandsgesetzgebung. An dem vom Kuratorium „Notstand der Demokratie" organisierten Sternmarsch auf Bonn am 11.5.68 beteiligen sich ca. 60.000 Demonstranten. Während der 2. und der 3. Lesung der Notstandsgesetze findet eine Kette von Instituts- und Universitätsbesetzungen statt. Für den 27. Mai ruft der SDS gemeinsam mit dem (von der IG Metall unterstützten) Kuratorium „Notstand der Demokratie" und der „Kampagne für Demokratie und Abrüstung" zu einem politischen Generalstreik in den Betrieben und an allen Universitäten auf. Trotz einer breiten Resonanz dieses Aufrufs an den Universitäten — so durchzog eine Welle von Universitäts- und Schulstreiks Westberlin und die ganze Bundesrepublik — einer Vielzahl lokaler Aktionen (z.B. Theaterbesetzungen) und einer Reihe von Warnstreiks in den Betrieben, werden die Notstandsgesetze am 30. Mai verabschiedet.

Damit war der Höhepunkt einer treibhausartigen Mobilisierung der kritischen Studentenschaft und der außeruniversitären Opposition erreicht. Eine Reihe von Faktoren bewirkte nunmehr den raschen Niedergang sowohl der APO als auch der antiautoritären Studentenbewegung.

Zerfall der APO und der Studentenbewegung

Die für den Zerfall der APO entscheidenden Ereignisse vom Sommer 1968 waren zum einen das Scheitern der Anti-Notstands-Kampagne, zum anderen der Einmarsch der Truppen des Warschauer Pakts im August 68 in die CSSR. Die euphorisierende Erfahrung der Instituts- und Universitätsbesetzungen, die Massenmobilisierung von Gewerkschaftern, Jugendlichen und linker Intelligenz, die enorme Politisierung durch diese Aktionen, stieß nach der Sommerpause gleichsam ins Leere. Sie konnte durch keine neue Kampagne mehr aufgefangen werden. Das Kuratorium „Notstand der Demokratie" hatte seine Funktion verloren und wurde aufgelöst. Die militärische Niederschlagung des Prager Reformmodells hatte ihrerseits unmittelbare Folgen für den Weiterbestand der „Kampagne für Demokratie und Abrüstung". Durch die demonstrative Parteinahme der im September 68 neu gegründeten DKP für den Einmarsch der Warschauer Paktstaaten zerbrach der Minimalkonsens der in der „Kampagne" kooperierenden Gruppierungen; sie verlor damit den Charakter einer Sammlungsbewegung. Seit dem Frühling 1970 war die „Kampagne" im ursprünglichen Sinn nicht mehr arbeitsfähig.

Die nachhaltigsten Folgen für die APO hatte jedoch die Radikalisierung des antiautoritären studentischen Protests, die den Rahmen einer auf demokratische Aufklärung, auf die Einforderung nicht realisierter demokratischer Werte verpflichteten Oppositionstrategie sprengte. Mit der Eskalierung der gewaltsamen Auseinandersetzungen nach dem Mordanschlag auf Rudi Dutschke, mit den schubartig beschleunigten kollektiven Emanzipations- und Lernprozessen, die sich im Rahmen von Instituts- und Universitätsbesetzungen vollzogen und das euphorische Gefühl revolutionärer Veränderung erzeugten, brachen die Gegensätze zwischen APO und Studentenbewegung — insbesondere in der Frage der Gewaltanwendung gegen Sachen (Springer-Blockaden etc.) — in aller Schärfe auf. Auf der Osterkundgebung der „Kampagne für Demokratie und Abrüstung" in Frankfurt 1969 kam es zum Eklat. Während dem SDS „blinder Aktionismus, masochistische Prügeleien mit der Polizei, Alleinvertretungsanspruch für politischen Widerstand" etc. vorgeworfen wurde, sah dieser eine Alternative nur noch in einer Bewegung, „die in 'direkten Aktionen' gegen die Politik und die Institutionen repressiver Macht und in Gegenmodellen 'direkter Demokratie' den Kapitalismus physisch angreift. Nach dem Muster der Guerilla müsse eine Politik der 'befreiten Gebiete' in den Institutionen Inseln räte-demokratischer Gegenmacht schaffen, die von der Phase der 'Doppelherrschaft' überleiten soll zur Abschaffung jeder Herrschaft. Um den notwendigen Bewußtseinswandel zu ermöglichen, müsse die Manipulation des Spätkapitalismus aufgebrochen werden, indem man durch Provokationen den 'latenten Faschismus' in 'manifesten Faschismus' umschlagen lasse und so für die Massen durchschaubar mache." (Otto 1977: 174f) Diese revolutionäre Emphase, der, außer in den Köpfen und der Erfahrungswelt der rebellierenden Studenten, keine gesellschaftlich revolutionäre Situation entsprach, führte nun allerdings auch die Studentenbewegung rasch zu einer Wegscheide, an der neue Strategien entwickelt werden mußten, um dem revolutionären Impuls Bestand zu verleihen. Das setzte einen Dissoziationsprozeß der verschiedenen Protestelemente in Gang, die in der antiautoritären Revolte der Jahre 67/68 zur Entfaltung gekommen waren, in diesen Jahren der Massenmobilisierung aber in einen Prozeß der umfassenden Politisierung eingebunden blieben, in dem sich Politik und Alltag, Gesellschafts- und Selbstveränderung verschränkten. Nicht nur diese beiden Pole drohten nun auseinanderzufallen und sich wechselseitig zu verselbständigen. Die Dezentralisierung der Aktionen, die bereits Ende 68 einsetzenden Diadochenkämpfe regionaler SDS-Fürsten, die 1969 sich verschärfenden inhaltlichen Fraktionierungen, schließlich die Selbstliquidierung des SDS im Namen autonomer Basis- und Projektgruppen 1969/70, führten zum raschen Zerfall der Studentenbewegung. Die großen Aktionen von 1967 und 1968 hatten, wie Andreas Buro diesen Prozeß resümiert, die Grenze der außerparlamentarischen Bewegung nur verdeckt: „Es war weder eine gemeinsame Basis noch eine dominierende Kraft, weder eine hinreichende Theorie der spätkapitalistischen Gesellschaft noch eine überzeugende Strategie vorhanden, um weitere Schritte des Prozesses (der gesellschaftlichen Veränderung, d.Verf.) angeben und damit die heterogenen Kräfte zusammenhalten zu können." (A. Buro, in Otto 1977: 191)

Bereits auf der letzten ordentlichen Delegiertenkonferenz des SDS im Herbst 1968 in Frankfurt antwortet Helke Sander im Namen eines „Aktionsrats zur Befreiung der Frauen" auf die Fraktionsquerelen der SDS-Autoritäten mit der Forderung, endlich die Interessen der Frauen, insbesondere der Mütter und ihrer Kinder zur Kenntnis zu nehmen. Da die Unterdrückung der Frauen im SDS, ebenso wie in allen anderen gesellschaftlichen Bereichen, durch die Trennung von Privatleben und gesellschaftlichem Leben tabuisiert werde, müsse über die Neuverteilung der Rollen, auch über die Gründung von Kinderläden, die den Müttern eine gleichberechtigte Mitarbeit im SDS erst ermögliche, diskutiert werden. Als der nächste Redner, Hans-Jürgen Krahl, darauf nicht eingeht, trifft ihn die Tomate einer erbosten Genossin. Das ist das Startsignal einer neuen Frauenbewegung, die in der Gründung von „Weiberräten" im SDS ihren ersten organisatorischen Niederschlag findet. In unmittelbar praktischer Weise kommen die stark von der Lektüre Herbert Marcuses und Wilhelm Reichs geprägten Forderungen der SDS-Frauen in der Kinderladenbewegung zum Ausdruck, die sich seit 1968 in raschem Tempo von Berlin aus über die Universitätsstädte der Bundesrepublik verbreitet.

Die Fraktionskämpfe der „Neuen Linken" kreisten um die Frage, wie sich der immer militanter gewordene Kampf mit dem Staatsapparat nach dem Abflauen der großen Kampagnen eine neue Massenbasis verschaffen könne. Diese Frage wurde überwiegend — nicht zuletzt unter dem Eindruck der wilden Streiks im September 1969

— durch die Rückbesinnung auf das Industrieproletariat als revolutionäre Klasse beantwortet. Durch den Aufbau von Kaderorganisationen, durch Betriebs- und Schulungsarbeit sollten ein entsprechendes Klassenbewußtsein vermittelt und die Voraussetzungen für den Aufbau einer proletarischen Massenorganisation geschaffen werden. Während in den verschiedenen straff hierarchisch organisierten Kaderparteien (z.B. in der bereits 1970 gegründeten KPD, damals noch KPD/Aufbau Organisation) die Frage der persönlichen Emanzipation, der individuellen Bedürfnisse, aus der politischen Arbeit strikt ausgegrenzt wurde, flossen in andere Formen der Betriebsarbeit stärker spontaneistische Elemente der antiautoritären Bewegung ein; so in den Organisationen „Proletarische Linke/Parteiinitiative" (Berlin), „Revolutionärer Kampf" (Frankfurt), „Arbeitersache" (München), die sich an rätekommunistischen Vorstellungen der 20er Jahre, an der chinesischen Kulturrevolution oder am „autonomen" Ansatz der italienischen Arbeitskämpfe bei Fiat und Pirelli orientierten. Aus dem Scheitern derartiger Mobilisierungskonzepte resultierte, in besonders ausgeprägter Weise in den 70er Jahren in Frankfurt, der Aufbau eines spontaneistisch geprägten „Gegenmilieus", einer autonomen Infrastruktur alternativer Projekte (Kneipen, Cafes, Filmtheater, Reperaturwerkstätten, Stadtzeitungen etc.).

Andere setzten stärker auf das Konzept der Randgruppen-Strategie. Stadtteilgruppen wurden gegründet, erste Hausbesetzungen (Frankfurt) fanden statt. Obdachlosen- und Gefangenenprojekte, erste Ansätze einer autonomen Jugendarbeit (woraus sich Anfang der 70er Jahre die Jugendzentrums-Bewegung entwickelte) sollten gesellschaftliche Randgruppen politisieren. Die Vorstellung einer „revolutionären Berufspraxis" verbreitete sich unter Sozialarbeitern.

In Abgrenzung sowohl vom Organisationsfetischismus kommunistischer Kaderparteien als auch vom blinden Spontaneitätsfetischismus anarchistischer Gruppen versuchte das 1969 gegründete „Sozialistische Büro" (SB) der großen Zahl unabhängig arbeitender sozialistischer Gruppen eine Plattform zur Kommunikation und Koordination zur Verfügung zu stellen. Die Strategie, die das SB dabei verfolgte, zielte darauf, durch „Basisarbeit" in Betrieben, in sozialen Berufsfeldern, im Wohnbereich und in den Hochschulen Lernprozesse in Gang zu setzen, die es ermöglichen, den Anspruch der antiautoritären Protestbewegung — Prozesse der Selbstveränderung mit denen gesellschaftlicher Veränderung zu koppeln — konsequent weiter zu verfolgen. Durch die in vielen Städten gegründeten „Sozialistischen Zentren", durch seine Diskussionsforen „links" und „express" sowie durch die Fortführung der alten Kongreßpolitik des SDS erfüllte das SB in den 70er Jahren eine wesentliche Integrationsfunktion für die undogmatische, libertär ausgerichtete Neue Linke. Aufgrund seiner Orientierung an den Prinzipien der „Selbstbestimmung" und der „Selbstorganisation" Betroffener konnte sich das SB Ende der 70er Jahre ohne große Schwierigkeiten den Themen der neuen sozialen Bewegungen öffnen und sich in deren Organisationsformen einfügen.

Einige wenige versuchten an der Strategie des revolutionären Guerillakampfes festzuhalten (RAF, Bewegung 2. Juni). Das war unter den gegebenen Bedingungen ein verzweifeltes Desperadounterfangen, das die Linke durch die Erwartung genereller Solidarität nicht nur moralisch immer wieder erpreßte und damit in ihrer Handlungsfähigkeit lähmte, sondern auch den Anlaß zum massiven Ausbau der staatlichen Überwachungs- und Kontrollapparate seit Mitte der 70er Jahre gab.

Ein nicht unbeträchtlicher Teil der Protestimpulse wurde jedoch durch die neue „Reformregierung" Brandt/Scheel in institutionelle Kanäle gelenkt. Der SPD gelang es in der Bundestagswahl von 1969 nicht nur, einen Großteil der Jungwähler für sich zu mobilisieren; in der Zeit von 1969-73 traten überdies rund 100.000 junge Erwachsene, meist Studenten und Jungakademiker, den Jungsozialisten bei. Während die Kaderorganisationen der Neuen Linken immer mehr zu reinen Sekten verkamen, formierten sich in Schulen und Hochschulen, in Betrieben und Wohnbereichen die Versuche, in einer Art „Doppelstrategie" — der institutionellen Arbeit in Parteien, Gewerkschaften, Kirchen und der gleichzeitigen außerinstitutionellen Mobilisierung der „Basis" — „antikapitalistische Strukturreformen" durchzusetzen, Ausbildungs- und Berufsbereiche, kommunale und staatliche Entscheidungsprozesse zu demokratisieren.

4. Folgen der Protestbewegung der 60er Jahre

In welcher Weise hat die Protestbewegung der 60er Jahre die gesellschaftliche und politische Landschaft der Bundesrepublik verändert? Fragen wir zunächst, mit der dabei gebotenen Vorsicht, nach der *objektiven* Bedeutung der Protestbewegung für die Entwicklung der westdeutschen Nachkriegsgesellschaft, so scheint ihre — im kulturrevolutionären Sinn — modernisierende Funktion unverkennbar. In ihren beiden Strängen, dem gegenkulturellen und dem politischen Protest, hat sie den gegen Mitte der 60er Jahre aufgestauten gesellschaftlichen Innovationsbedürfnissen gegen den Widerstand überkommener hierarchisch-autoritärer Strukturen und traditionell geprägter Orientierungs- und Verhaltensmuster zum Durchbruch verholfen. Sie hat in dieser Hinsicht wesentlich dazu beigetragen, die dysfunktional gewordenen Überhänge einer vor- und frühbürgerlichen Gesellschaft, die die deutsche Entwicklung bis in die Mitte dieses Jahrhunderts noch entscheidend geprägt haben, zu beseitigen und die Anpassung der *institutionellen*, vor allem aber der *subjektiven* Handlungsbedingungen an die Erfordernisse der modernen Industriegesellschaft voranzutreiben. Bildungsreform, erhöhte soziale Durchlässigkeit, verstärkte Integration der Frauen ins Berufsleben, Abbau patriarchalisch-autoritärer Sozialisations- und Herrschaftsstrukturen in Familien, Schulen und Betrieben, Verwaltungsreform, Ausbau der politischen Planungs- und Steuerungsinstrumente, neue (realistischere) Ostpolitik etc. bezeichnen diese Anpassungsprozesse auf der institutionellen Ebene. Auf der subjektiven Ebene zeigt sich das in der Liberalisierung der Sexualmoral, in der verstärkten Orientierung an Konsum und Freizeit und der entsprechenden Auflösung asketischer pflicht- und arbeitsorientierter Wertmuster, in einer generellen Flexibilisierung des Verhaltens, in der Verbreitung partnerschaftlicher Rollenbeziehungen usw. Dieser Modernisierungsprozeß zersetzt aber auch die in den 50er und 60er Jahren vorherrschenden ideologischen Orientierungsmuster: obrigkeitsstaatliche Pflichtorientierung und Gehorsamsbereitschaft verlieren an Bedeutung; revanchistischen Kalte-Kriegs-Parolen und militantem Antikommunismus wird die gesellschaftliche Erfahrungsbasis und — vor allem in der nachwachsenden Generation — auch der psychische Resonanzboden entzogen.

Neben diesen eher funktionalen („kulturrevolutionären") Modernisierungseffekten setzt die Protestbewegung der 60er Jahre aber auch widersprüchliche und überschießende Handlungspotentiale frei, die im gesellschaftlichen und politischen Leben der Bundesrepublik nachhaltige Spuren hinterlassen. Das ist mit der Entwicklung der außerparlamentarischen Bewegung als kollektivem Lernprozeß, mit der von ihr verstärkten allgemeinen Sensibilität für die Folgeprobleme des kapitalistischen Industrialisierungsprozesses und mit der von ihr veränderten politischen Kräftekonstellation verbunden.

Die außerparlamentarische Opposition war, da sie sich auf die etablierten Institutionen der Parteien und Verbände nicht stützen konnte, zur Entwicklung neuer Organisations- und Aktionsformen gezwungen. In den Ostermärschen schaffte sie sich eine erste selbständige Organisationsstruktur, in der die für die Bürgerinitiativen und Basisorganisationen der 70er Jahre kennzeichnende Form der Selbstorganisation bereits vorgezeichnet war. Die Unabhängigkeit der Bewegung von der Bevormundung großer Organisationen, von ihren taktischen Rücksichtnahmen und Zwängen, ermöglichte einen beschleunigten politischen Lernprozeß. Das implizierte auch die Herstellung einer neuen „Gegenöffentlichkeit", die nicht nur durch die Öffentlichkeit der Straße, sondern auch durch eigene Zeitungen, Schriftenreihen und Vertriebssysteme abgestützt wurde.

Damit hat sich nicht nur bei den in diesen kollektiven Lernprozeß unmittelbar einbezogenen Gruppen, sondern im weiten Umfeld einer ganzen Generation von Intellektuellen, Studenten, Schülern und Lehrlingen, in einer durch den Kampf gegen Notstandsgesetzgebung und Vietnamkrieg, gegen Meinungs- und Bedürfnismanipulation sensibilisierten liberalen Öffentlichkeit, ein neues bürgerschaftliches Selbstbewußtsein verbreitet; die Bereitschaft zum politischen Engagement, zur autonomen Vertretung eigener Interessen gewann eine neue Selbstverständlichkeit. Durch die Reformprogrammatik der Regierung Brandt/Scheel („Mehr Demokratie wagen"!) erhielt dieses partizipationsorientierte Demokratieverständnis zusätzliche Schubkraft. Mit der im Gefolge der ersten Reformwelle sich ausweitenden Repräsentanz radikaldemokratischer und linker Positionen in Schulen und Universitäten, in Volkshochschulen und gewerkschaftlichen Bildungseinrichtungen, in Massenmedien und Verlagen konnte sich dieser Demokratisierungsimpuls auch institutionell verankern. Ohne diese nachhaltige Verschiebung der Akzente in der politischen Kultur der Bundesrepublik wären die rasche Verbreitung von Bürgerinitiativen und Selbsthilfegruppen, die Entstehung von autonomen, in breiten Bevölkerungskreisen verankerten ökologischen Widerstandspotentialen gegen Atomkraftwerke, Flughäfen u.a. großtechnische Projekte, auch die Entstehung einer autonomen Friedensbewegung Anfang der 80er Jahre wohl kaum zu verstehen.

In unmittelbarster Weise haben die im Zerfall der Studentenbewegung freigesetzten und verselbständigten Momente des antiautoritären Protests die Gestalt der neuen sozialen Bewegungen geprägt. Das betrifft z.T. die personelle Kontinuität; das betrifft auch die Übernahme der Aktionsformen, der symbolischen Provokation, der begrenzten „gewaltfreien" Regelverletzung, der Ästhetisierung des Protests in Happenings, Straßentheater usw. Auf einzelne Entwicklungsstränge wurde oben bereits verwiesen. Während die Versuche, sich mithilfe von Kaderorganisationen diverser Art aus der Tradition der Arbeiterbewegung oder durch die Anlehnung an antiimperialistische Befreiungskämpfe eine neue revolutionäre Identität zu erborgen, in den 70er Jahren zur Bedeutungslosigkeit verkamen, z.T. auch in bunten und alternativen Listen aufgingen, erlangten die Versuche, an der von der antiautoritären Bewegung postulierten Identität von Selbst- und Gesellschaftsveränderung festzuhalten, eine weit nachhaltigere Bedeutung. Dieses neue Politikverständnis impliziert nicht nur den Versuch, möglich erscheinende gesellschaftliche Veränderungen, den Abbau von Herrschaft und Entfremdung, bereits hier und jetzt, in der Veränderung der eigenen Lebensweise unmittelbar praktisch werden zu lassen; es zielt auch auf die Neubestimmung des Verhältnisses zur äußeren und inneren Natur, des Verhältnisses von Sinnlichkeit und Rationalität. Das ergibt in den 70er Jahren eine „Experimentierbaustelle" (A. Buro) verschiedenster gegenkultureller Ansätze und Projekte: neue Frauenbewegung, Kinderladen-, Kommune- und Psychobewegung, Spontis, neue Spiritualität, Alternativbewegung. Wie es in diesen Versuchen auch immer gelang, die Vorstellung eines „sanften", selbstbestimmten, solidarischen Lebens in die Praxis umzusetzen — der gegenkulturelle Anspruch und Impuls stellt in jedem Fall ein entscheidendes Ferment der neuen sozialen Bewegungen in den 70er und 80er Jahren dar.

Kapitel 3
Neue soziale Bewegungen in der Bundesrepublik

1. Die Bundesrepublik in den 70er und beginnenden 80er Jahren

Schlaglichtartig läßt sich die bundesrepublikanische Entwicklung im vergangenen Jahrzehnt kennzeichnen durch eine Ablösung der Aufbruch- und Reformstimmung durch ein vielschichtiges Krisenbewußtsein (bis hin zu Katastrophenszenarien). Kaum ein Indikator belegt diesen tiefgreifenden Wandel eindrucksvoller als ein Vergleich der jeweiligen Rückblicke und Zukunftserwartungen an der Schwelle zu den 70er bzw. zu den 80er Jahren.

Die Aussagen der aufblühenden Zunft der Futurologen in den 60er Jahren orientierten sich an den damaligen technologischen und wirtschaftlichen Errungenschaften: Weltraumforschung und Mondlandung, Computertechnik und Elektronik, Atomindustrie und erste Herztransplantation prägten den Erwartungshorizont für die kommenden Jahrzehnte. Aus der Sicht der europäischen Industrienationen galt es, „die amerikanische Herausforderung" (Servan-Schreiber) anzunehmen und eine „technologische Lücke" zu schließen. Die Phase der Bildungsexpansion wurde eingeläutet. Mit einiger Verspätung machte sich auch die Bundesrepublik an die langfristige Planung der Zukunft. Die sozialliberale Koalition ab 1969 versprach eine Ära der „inneren Reformen" und insbesondere der gesamtgesellschaftlichen Demokratisierung.

Dagegen waren die Bilanzen und Perspektiven am Ende der 70er Jahre nüchtern und pessimistisch: „Der 'Zukunftsrummel' des letzten Jahrzehnts ist vorüber, die Zeit der Futurologen läuft ab... Wie sich die Zukunftsforscher täuschten." So lautet der Befund des Wissenschaftsjournalisten Thomas von Randow (in: Die Zeit v. 28.12. 1979). Eine wissenschaftskritische Grundstimmung kam auf. Die Skepsis beschränkte sich nicht auf die Möglichkeiten der Wissenschaften, sondern war umfassenderer Natur. Der Anspruch der Politik reichte kaum mehr über ein Krisenmanagement hinaus. Nicht die Erreichung anspruchsvoller Ziele, sondern die Wahrung des Bestandes, die Abwehr von möglichen Katastrophen standen nun im Vordergrund. Es gab wenig Anlaß zu Optimismus. Diese Stimmung spiegelte sich am dramatischsten bei den jugendlichen Subkulturen: „no future" heißt die Parole, „Abwärts" der Name einer Hamburger Punk-Band. Kaum anders klingt es bei den Philosophen, die den Dimensionen des technologischen Wandels auf den Grund zu gehen suchen: „Die Zerstörung der Zukunft" lautet die These von Günther Anders. Und Hans Jonas hofft, „daß kleine Katastrophen zeitig genug eintreten, um den Grad an Klugheit in den Menschen zu erzeugen, welcher zur Verhinderung der ganz großen Katastrophe erforderlich ist" (1981: 272). Über die jugendliche Resignation und die philosophische Kontemplation hinausgehend entfaltete sich in den 70er Jahren der politische Protest neuer sozialer Bewegungen.

Welche strukturellen Bedingungen und welche Ereignisse förderten das Aufkommen des modernismuskritischen Protests? Neben dem bereits dargelegten Wandel (s.S. 25-33) ist für die beginnenden 70er Jahre charakteristisch, daß die extensive Phase der Kapitalisierung Westdeutschlands unter dem Druck der verschärften Weltmarktkonkurrenz durch eine intensive Phase abgelöst wird. Die sich beschleunigende Durchkapitalisierung und Rationalisierung wurde durch eine breite Palette staatlicher Maßnahmen gefördert und abgesichert. Zahlreiche politisch-administrative Planungssysteme, eine auf großtechnische Entwicklungen orientierte Forschungs- und Technologiepolitik, der Ausbau der Regional- und Strukturpolitik, die stärkere Ausrichtung des Bildungssystems auf den Arbeitsmarkt usw. sorgten für eine enge Verzahnung von Staat und Ökonomie, die in neokorporatistischen Formierungstendenzen zum Ausdruck kam.

Die Ausweitung des Dienstleistungssektors, insbesondere des Bereichs der Humandienstleistungen, die Verlängerung der Ausbildungsphase (und damit der Adoleszenz), die Öffnung von Bildungseinrichtungen usw. begünstigten zugleich einen Wertwandel in Richtung postmaterieller Orientierungen und eine erhöhte Sensibilität gegenüber Sinnproblemen und Fragen der Lebensqualität.

Ergab sich also auf der einen Seite ein erhöhtes Anspruchsniveau, so drohten sich infolge des verschärften ökonomischen Drucks und der strukturellen Wirtschafts- und Finanzkrise ab Mitte der 70er Jahre die Lebensbedingungen auf längere Sicht zu verschlechtern. In dem Maße jedoch, wie sich das politisch-administrative System zu einer immer bedeutsameren Regulationsinstanz entwickelt hatte, konnte es auch für soziale Mißstände, Planungslücken und unerfüllte Erwartungen gleichsam haftbar gemacht werden. Während sich also die konkreten Handlungsspielräume des politisch-administrativen Systems verengten, erhöhte sich zugleich die Möglichkeit einer gezielten und immer fundamentaleren Kritik. Doch zunächst, nach dem Auslaufen der Studentenbewegung 1969/70, schien es für einen radikalen Protest wenig Anlaß zu geben.

Die bereits einleitend angedeutete Aufbruchstimmung an der Schwelle zu den 70er Jahren hatte mehrere Grundlagen:

a) das Vertrauen in die wirtschaftliche Prosperität dank eines verfeinerten neokeynesianischen Steuerungsinstrumentariums;

b) Die Erwartung eines politischen Innovationsschubs durch die Reformversprechen der sozialliberalen Koalition;

c) die weitgehend gelungene Integration gesellschaftskritischer Potentiale, insbesondere großer Teile der Studentenbewegung;

d) die hochgespannten Erwartungen in die neue Ostpolitik als Ausdruck einer Entschärfung des Ost-West-Konflikts.

a) Die Wirtschaftskrise von 1966/67 war unerwartet rasch überwunden worden. Bereits 1969 konnte wieder eine Wachstumsrate des Bruttosozialprodukts von über 8 % verzeichnet werden. Die neugeschaffenen konjunkturpolitischen Instrumente wie das Gesetz zur Förderung von Stabilität und Wachstum, Konzertierte Aktion, mittelfristige Finanzplanung und Konjunkturrat sollten künftige wirtschaftliche Einbrüche verhindern oder zumindest erheblich abschwächen. Die Wirtschaftslage bot Anlaß zu Optimismus. Rückblickend erschien die letzte Rezession als ein in Zukunft vermeidbares Steuerungsdefizit. Zwar gingen die Wachstumsraten zwischen 1970 und 1972 zurück, doch schien ein erneuter Anstieg im Jahr 1973 die Wirksamkeit des antizyklischen Instrumentariums zu bestätigen.

b) Auf dieser vermeintlich soliden materiellen Basis wurde das Programm „innere Reformen" in Angriff genommen. Grundsätzlich sollte die Politik sich nicht länger auf reaktive Maßnahmen und punktuelle Korrekturen beschränken, sondern in eine langfristige und in sich abgestimmte politische Planung eingebettet werden. Der damit verbundene Kompetenzzuwachs des Staats erschien insofern unproblematisch, als er durch das Versprechen, mehr Demokratie zu wagen, gleichsam neutralisiert werden sollte. Die Reformmaßnahmen umfaßten zahlreiche gesellschaftliche Bereiche, darunter betriebliche Mitbestimmung und Betriebsverfassung, Berufsausbildung, Bodenrecht, Rentenerhöhung, flexible Altersgrenze, Steuerreformen, Erweiterung des Versicherungsschutzes, Senkung des Wahlrechtsalters usw.

Mit diesen Vorhaben und zahlreichen Fachplanungen der Einzelressorts korrespondierte ein Reformprogramm, das sich unmittelbar auf die Staatsorganisation bezog. In diesen Zusammenhang gehört die Einsetzung einer „Projektgruppe Regierungs- und Verwaltungsreform beim Bundesminister des Inneren", die Entwicklung von Planungs- und Informationssystemen im Bundeskanzleramt, die „Studienkommission für die Reform des öffentlichen Dienstrechts", die „Enquête-Kommission Verfassungsreform des Deutschen Bundestages" sowie der generelle Ausbau der wissenschaftlichen Politikberatung in Form von ständigen Sachverständigenräten oder ad hoc eingesetzten Expertengremien wie z.B. die „Kommission für wirtschaftlichen und sozialen Wandel".

Das gemeinsame Ziel all dieser Bemühungen bestand darin, die Gesamtpolitik auf eine rationale, kalkulierbare Basis zu stellen und die informatorischen, organisatorischen und finanziellen Ressourcen zu optimieren. Diesen Anspruch spiegelten auch die programmatischen Entwürfe der Sozialdemokratie. Ausgehend von den 1968 entworfenen „Perspektiven" sozialdemokratischer Politik für die siebziger Jahre sollte ein konkretes und quantifizierbares Langzeitprogramm entworfen werden, das sich 1972 in einem ersten Entwurf des „Orientierungsrahmens" und schließlich in dem 1975 verabschiedeten „Orientierungsrahmen '85" niederschlug.

c) Das relativ gute Abschneiden der Koalitionsregierung bei der Bundestagswahl von 1972 konnte als Bestätigung des eingeschlagenen Reformkurses verstanden werden. Den Regierungsparteien, insbesondere ihren Jugendorganisationen, war es in wenigen Jahren gelungen, große Teile der außeruniversitären gesellschaftskritischen Strömungen im Gefolge der Studentenbewegung zu integrieren, zumindest aber zu befrieden und zu kanalisieren. Die Protestpotentiale, die sich in den verschiedensten kommunistischen Zirkeln und Parteien organisiert hatten, waren gesamtgesellschaftlich zur Bedeutungslosigkeit herabgesunken. Gleiches galt für die Nationaldemokratische Partei, die nach einer expansiven Phase während der Großen Koalition einen totalen Einbruch zu verzeichnen hatte.

d) Die neue Ostpolitik war sicher nur von sehr indirekter Bedeutung für bestehende Protestgruppen. Doch sie war zugleich Ausdruck einer inneren Entspannung, der Aufweichung des rigiden Anti-Kommunismus und einer schrittweisen Versöhnung mit der Vergangenheit.

Das Verhältnis der Koalitionsparteien zu den zahlreichen Bürgerinitiativen und Selbsthilfegruppen, die sich in diesen Jahren herausgebildet hatten, war weniger von Konfrontation, sondern vielmehr durch eine Art Aufgabenteilung bestimmt, wie sie in der von den Jungsozialisten proklamierten „Doppelstrategie" vorgezeichnet worden war. Kinderläden, Selbsthilfegruppen, selbstverwaltete Jugendzentren, die Frauenaktionen zum § 218, Stadtteilgruppen, Randgruppenarbeit usw. entsprachen weitgehend der offiziellen Reformprogrammatik. Allerdings zeigten sich hier sehr bald die Grenzen einer „Politisierung des Alltags". Zahlreiche Projekte waren nicht nur im Ansatz allzu naiv angelegt, sondern stießen auch auf politischen und administrativen Widerstand, sobald sie den Rahmen der karitativen Hilfe verließen, das Politikmonopol der Parteien in Frage stellten oder an institutionellen Grundlagen (z.B. Repräsentationsprinzip, Bodenrecht) rührten.

Nach dem Ausklingen der Studentenrevolte gab es zunächst keine kompakte außerparlamentarische Bewegung, sondern eher eine Vielzahl punktueller Initiativen und Aktionen. Das weitgehende Vertrauen in die Reformfähigkeit der Politik nahm oppositionellen Strömungen den Wind aus den Segeln. Massive Regelverletzungen außerhalb terroristischer Gruppen, etwa die Hausbesetzungen im Frankfurter Westend im Herbst 1970, blieben eher Ausnahmeerscheinungen. Dagegen schien die offizielle Politik partiell dem allgemeinen Problembewußtsein vorauszueilen. Das Umweltprogramm der Bundesregierung und auch die vor allem von Erhard Eppler propagierte und auf dem IG-Metall-Kongreß von 1972 aufgegriffene Forderung nach mehr „Lebensqualität" hatte eher den Charakter eines Reformversuchs von „oben". Freilich standen neben engagierten Reformbemühungen auch bloß deklamatorische Forderungen, verliefen viele Entwicklungen als bloße Fortschreibung früherer Weichenstellung.

Die Phase der Ernüchterung

In den Jahren, in denen die letzten Produkte aus der Phase des Planungsbooms (z.B. der Bildungsgesamtplan von 1973 oder der Orientierungsrahmen '85 der SPD von 1975) zur Verabschiedung gelangten, begannen sich die Prämissen dieser Programme bereits grundlegend zu wandeln. Die Reformeuphorie wurde zunehmend gedämpft. In Zeitdiagnosen war von einer „Tendenzwende" die Rede. Ernüchterung machte sich breit. In der Regierungspolitik wich der programmatische Eifer dem Pragmatismus, wie ihn die Ablösung von Willy Brandt durch Helmut Schmidt sinnfällig zum Ausdruck brachte.

a) Das wohl gravierendste Ereignis für einen öffentlichen Bewußtseinswandel in den Jahren 1973 bis 1975 war die sog. Ölkrise vom Herbst 1973. Die leergefegten Straßen an den autofreien Sonntagen führten plötzlich jedermann die labile Basis des industriellen Wachstums vor Augen. Auch wenn sich die „Krise" nachträglich lediglich als politische Preiskorrektur in Verbindung mit einer künstlichen Angebotsverknappung durch die Mineralölkonzerne entpuppte, so änderte dies nichts an der Schockwirkung dieser Monate. Erst in Verbindung mit diesem Ereignis gewannen die Warnrufe des Club of Rome über die „Grenzen des Wachstums" ihr besonderes Gewicht. Die ökologische Debatte, in den USA bereits in vollem Gange, setzte nun auf breiter Front ein. Bislang diffuse oder vielfach verdrängte Erfahrungen von der Verwundbarkeit der hochdifferenzierten, industriell-technokratischen Wachstumsgesellschaft und von ihren kontraproduktiven Folgen wurden hiermit für viele erstmals auf einen systematischen und ernstzunehmenden Nenner gebracht. Nun konnte die alltägliche, partikulare Erfahrung von den Kehrseiten des vielgepriesenen Fortschritts objektiviert und mit einer globalen und langfristigen Perspektive verknüpft werden. Dem Wachstumsprogramm, das als die Grundlage allen gesellschaftlichen Fortschritts ausgegeben worden war, wurde nun ein „Überlebensprogramm" (Vester 1972) gegenübergestellt, das in eben diesem Wachstum den Ausgangspunkt einer fundamentalen Bedrohung sah. In dichter Folge erschienen nun die wachstumskritischen Schriften von Ivan Illich, Ernst F. Schumacher, Robert Jungk usw. Erhard Epplers Buch „Ende oder Wende" (1975) und Herbert Gruhls „Ein Planet wird geplündert" (1975) signalisierten nicht nur, daß ökologische Krisenszenarios auch von Politikern rezipiert und verbreitet wurden, sondern daß sich die Wachstums- und Ökologiedebatte quer zu den herkömmlichen politischen Fronten zu entwickeln begann.

Die massenhafte Besetzung des Bauplatzes für das geplante Atomkraftwerk in Wyhl bedeutete schließlich das Signal für die Verschärfung der energiepolitischen Auseinandersetzung und den Aufbruch einer außerparlamentarischen Bewegung, die eine ungleich größere Breite und Beharrlichkeit als die Studentenrevolte zu entfalten vermochte.

b) Ein weiterer Grund für das Anwachsen des außerparlamentarischen Protests war — neben der Sensibilisierung für Fragen der Umwelt und der Lebensqualität — die Tatsache, daß der politisch-administrative Reformanspruch auf breiter Front zurückgenommen werden mußte. Die Gründe hierfür sind vielschichtiger Art.

Zahlreiche qualitative Reformpläne mußten im Zuge ihrer politischen Aushandlung Zug um Zug reduziert werden, da auf nahezu allen Ebenen Veto-Positionen erfolgreich geltend gemacht wurden. Die Planungskonzeptionen des Bundeskanzleramtes als dem genuinen Koordinationszentrum der Fachpolitiken scheiterten schon 1972/73 nicht zuletzt am Widerstand und der subtilen Obstruktionspolitik der Fachministerien. Das Herzstück der Programm- und Strukturplanung, die „Projektgruppe Regierungs- und Verwaltungsreform", wurde nach anfänglichen Erfolgen und einer Phase des Siechtums schließlich Ende 1975 sang- und klanglos aufgelöst. Die organisierte Beamtenschaft wußte die Dienstrechtsreform zu Fall zu bringen. Andere Reformvorhaben scheiterten im Dickicht der föderalistischen Politikverflechtung. Ohnehin wurde mit den veränderten Mehrheitsverhältnissen im Bundesrat eine zusätzliche Hürde für die Durchsetzung bundespolitischer Initiativen etabliert. Schließlich erwies sich auch das strukturelle Beharrungsvermögen des gesamten administrativen Apparats als ein Hemmschuh für allzu kühne Reformvorhaben. In vielen Bereichen etablierten sich gegenreformerische Kräfte. Weitergehende Vorschläge zur betrieblichen Mitbestimmung, zur Reform des Bildungssystems, des Strafrechts (§ 218) und zum Umweltschutz (Bundesnaturschutzgesetz) fielen der parteipolitischen Kompromißmaschinerie, mehr noch dem Druck der sich durch zahlreiche informelle Kanäle in den politischen Entscheidungsprozeß vermittelnden Wirtschaftslobby zum Opfer.

Zu diesen politischen Hürden für die Realisierung der Reformprogramme gesellten sich unerwartete ökonomische Schwierigkeiten. Kostenintensiven Reformvorhaben fehlte mit der 1974 beginnenden und durch den erhöhten Ölpreis verstärkten Rezession die finanzielle Grundlage. Die Wachstumsraten, die zahlreichen Plänen zugrundelagen und die damit auch die mittel- und langfristige Finanzierungsbasis bilden sollten, erwiesen sich als illusorisch. Das gleichzeitige Auftreten von Stagnation des Wirtschaftswachstums sowie relativ hoher Preissteigerung und Arbeitslosigkeit („Stagflation") bedeutete eine historisch neue Situation, die das politische wie auch das wirtschaftswissenschaftliche Repertoire nicht vorgesehen hatte. Zunehmend machte sich die Einsicht breit, daß es sich nicht mehr um ein bloß konjunkturelles Tief, sondern um eine langfristige Strukturkrise handelte, der mit der konventionellen antizyklischen Haushalts- und Finanzpolitik nicht mehr beizukommen war. Das „Programm stabilitätsgerechter Aufschwung" vom Dezember 1974 erwies sich als Fehlschlag. Ebensowenig vermochte das ein Jahr später verabschiedete Haushaltsstrukturgesetz seinen Zweck, den Abbau struktureller Haushaltsdefizite, zu erfüllen. Bereits 1975 hatte sich die Arbeitslosenrate gegenüber dem Vorjahr mehr als verdoppelt. Teile der öffentlichen Gelder, die die Wirtschaft ankurbeln sollten, wurden von den Unternehmen für Rationalisierungsinvestitionen verwendet und verstärkten damit die bereits bestehende Arbeitslosigkeit.

Ab 1975 machte das Schlagwort von der „Unregierbarkeit" die Runde. Die Politik konzentrierte sich mehr und mehr auf das Krisenmanagement. Große Teile der kritischen Potentiale, die von den Reformhoffnungen beflügelt worden waren, wandten sich enttäuscht von der sozialliberalen Koalition, von der Gesamtheit der Parteien oder sogar von der Politik insgesamt ab. Die Bürgerinitiativbewegung nahm einen ungeahnten Aufschwung. Die Frauenbewegung, die sich bislang weitgehend auf die Kampagne gegen den § 218 konzentriert hatte, erfuhr einen großen Zulauf, verbreiterte ihre Ansatzpunkte und entwickelte eine eigene Infrastruktur. Jugendliche Subkulturen, Drogenszene und Jugendsekten breiteten sich aus. Es mehrten sich die terroristischen Gewaltakte, gefolgt von einem Ausbau des staatlichen Sicherheits- und Überwachungsapparats. Die Legitimationsprobleme, die noch vor ein oder zwei Jahren zu einem intellektuellen Hirngespinst erklärt worden waren, begannen nun manifest zu werden.

Destabilisierung und Krisenstimmung

Die anhaltende ökonomische Krise war der wichtigste Bestimmungsfaktor für eine dritte Phase ab 1976/77, die gegenüber der vorangegangenen Phase keine grundsätzlich neue Qualität beinhaltet, sondern in der sich lediglich die bereits angelegten Trends wechselseitig verstärkten und damit Anlaß für eine verbreitete Krisenstimmung boten. Paradoxerweise blieb diese Stimmung bei den Hauptbetroffenen, den Angehörigen der unteren sozialen Schichten, eher diffus, während sich bei Teilen der Mittelschicht manifeste Reaktionsweisen abzeichneten: zunehmende Rückzugs- und Verweigerungstendenzen bei Jugendlichen (hier noch am ehesten unter Einschluß proletarischer Schichten), das Anwachsen außerparlamentarischer Protestaktionen, die Verbreiterung bestehender und das Aufkommen neuer sozialer Bewegungen, schließlich die Profilierung einer politischen Gegenkultur, die die Inhalte und Formen der herkömmlichen Politik nachhaltig in Frage stellte.

a) Die bereits 1974/75 einsetzende strukturelle Wirtschaftskrise fand ihren gravierendsten Ausdruck in der zunehmenden Arbeitslosigkeit. Immanente Ursachen der ökonomischen Krise (z.B. Sättigungstendenzen auf den Konsumgütermärkten), weltwirtschaftliche Faktoren (hohes Zinsniveau, Verschärfung der Weltmarktkonkurrenz, insbesondere durch die Produkte aus „Billiglohnländern") und technologische Umbrüche (vor allem durch die Mikroelektronik) führen zu grundlegenden Umstrukturierungen und erhöhen den Rationalisierungsdruck, der in erster Linie die ökonomisch Schwachen trifft. So überschritt die Arbeitslosenziffer auch in der Bundesrepublik 1981 und 1982 zeitweise die Zwei-Millionen-Grenze und lag im März 1983 bereits bei über 2,5 Millionen. Ungeachtet dieser bislang in der Bundesrepublik unerreichten Zahl von Arbeitslosen blieben doch die unmittelbar an dieses Faktum anknüpfenden Proteste und Arbeitskämpfe relativ moderat und führten zwar zu Spannungen, aber zu keinen grundlegenden Differenzen zwischen der alten Bundesregierung und den Gewerkschaften. Das „Modell Deutschland" (Helmut Schmidt), ausgezeichnet durch einen breiten und stabilen gesellschaftlichen Konsens, hatte seinen Glanz verloren. Manche sahen nur den Lack blättern und wollten sich an kleine Reparaturen machen. Andere identifizierten es eher mit einem abgewirtschafteten Unternehmen, dessen Führungseliten sich krampfhaft an die Schalthebel klammerten und unbeirrt auf die einst erfolgreichen Rezepte vertrauten.

Doch auch die durch den Bonner Regierungswechsel eingeläutete „Wende" dürfte schon allein aufgrund der indirekten Auswirkungen der Wirtschaftslage und in Verbindung mit den stark an die 50er Jahre erinnernden konservativen Rezepten mehr Probleme erzeugen als beseitigen. Hierzu gehören die Rücknahme infrastruktureller und sozialstaatlicher Leistungen, ein verschärfter Selektionsdruck in Ausbildung und Beruf, die Vergrößerung sozialer Ungleichheit, wachsende Aggression gegenüber Ausländern und Randgruppen, fortschreitende Zerstörung der natürlichen Lebensgrundlagen usw.

b) Erst auf diesem Problemhintergrund der vergangenen Jahre, insbesondere einer Verschlechterung der objektiven Lebensbedingungen und einer — auch durch die politisch-administrative Konzeptionslosigkeit verstärkten — Verdrossenheit (bis hin zur Zukunftsangst), konnten konkrete Konfliktstoffe wie die Nutzung der Atomenergie, Wohnungspolitik und Hausbesetzungen, Startbahn West des Frankfurter Flughafens oder NATO-Doppelbeschluß ihre Brisanz gewinnen.

In den Jahren 1976/77 verschärfte sich parallel zu der wirtschaftlichen Krise der Streit um Fragen des Wachstums, des Umweltschutzes und der Atomprogramme und entwickelte sich — neben der Zunahme terroristischer Aktionen — zum dominierenden innenpolitischen Thema. Es kam zu spektakulären Massendemonstrationen in Brokdorf, Grohnde und Kalkar. In dem Maße, wie die Bürgerinitiativen im Umweltschutzbereich an Boden gewannen, formierten sich auch starke Gegenkräfte in den Parteien und Gewerkschaften, nachdem sich innerhalb der SPD und der F.D.P. eine kritische Minderheit herausgebildet hatte, die mehr oder weniger mit den außerparlamentarischen Gruppen sympathisierte. Nur durch Hinhaltetaktiken und vage Kompromißformeln gelang es, die inner- und außerparteiliche Kritik halbwegs im Zaum zu halten. Auf den Parteitagen der SPD und der F.D.P. im Herbst 1977 konnte sich der „Wachstumsflügel" durchsetzen und nicht zuletzt dank der Scheinalternative „Umweltschutz *oder* Arbeitsplätze" eine politische Kurskorrektur verhindern.

Die wechselseitige Eskalation terroristischer Gewaltakte und des Ausbaus des „Sicherheitsstaates" (Hirsch), die im „Deutschen

Herbst" ihren Höhepunkt fand, wirkte sich auf die politische Linke in der Bundesrepublik lähmend aus. Parallel dazu führten die differenzierten staatlichen Reaktionen gegenüber dem ökologischen Protest, insbesondere aber die paramilitärischen Spektakel an den Bauzäunen einiger geplanter Atomkraftwerke, zu einer gewissen Desorientierung.

Bei Bürgerinitiativen, Ökologiebewegung, Frauenbewegung und der sich entfaltenden subkulturellen Alternativszene begann nun eine intensive Phase des Suchens, der Selbstreflexion, des Experimentierens, der Projektbildungen und der gegenseitigen Annäherung. Die Bildung von grünen Parteien und bunten/alternativen Listen ab 1978 war ebenfalls ein Ausdruck dieser Entwicklung, zeitigte jedoch ambivalente Wirkungen. Einerseits führten Konkurrenzkämpfe, wechselseitige Abgrenzungen, Spaltungen und der mit Wahlkampagnen verbundene Kräfteverschleiß zur vermehrten Kritik am parlamentarischen Weg und zur Verstärkung des Anti-Parteien-Affekts. Andererseits jedoch trug dieser Prozeß zur Klärung der Standpunkte bei und schien − vor allem nach den spektakulären Anfangserfolgen − den Oppositionsbewegungen mehr politisches Gewicht und eine erhöhte öffentliche Aufmerksamkeit zu verleihen.

Der Berliner Tunix-Kongreß vom Januar 1978 verdeutlichte − überraschend auch für die Organisatoren − die Breite des subkulturellen Protests, den massenhaft und offensiv artikulierten Wunsch nach Ausstieg und Verweigerung.

Die Konflikte um das geplante atomare Entsorgungszentrum in Gorleben und um die projektierte Startbahn West des Frankfurter Flughafens erlangten rasch einen symbolischen Stellenwert für nahezu das gesamte Spektrum der Protestbewegungen und führten, allen ideologischen und strategischen Differenzen zum Trotz, immer wieder zu gemeinsamen Aktionen.

Mit dem Protest gegen Wohnungsmisere und Spekulantentum im Zuge der Hausbesetzungen und vor allem mit dem Streit um den NATO-Doppelbeschluß und die fortschreitende Aufrüstungspolitik rückten zwei konfliktträchtige und weithin generalisierungsfähige Themen in den Vordergrund. Die Existenz wie die Behandlung dieser Probleme war dazu angetan, die Skepsis gegenüber der Lösungskompetenz der etablierten Parteien und der politischen Administration zu schüren und nicht nur neue Potentiale den Protestbewegungen hinzuzuführen, sondern auch für zusätzlichen Konfliktstoff zu sorgen.

Verschiedene Verwaltungs- und Umweltskandale, das Debakel um die Finanzierung der Parteien und die Affaire um die Geschäftspraktiken der gewerkschaftseigenen „Neuen Heimat" verstärkten das Mißtrauen in die etablierte Politik. Insbesondere die Sozialdemokratie verlor zunehmend an Profil und Überzeugungskraft. Ihre Parteitage von 1979 und 1982 waren weitgehend nur noch defensiv, auf die Pazifizierung innerer wie äußerer Kritik angelegt. Erst mit der Oppositionsrolle auf Bundesebene könnte sich dieser Trend wieder umkehren.

Gerade in der Geschichte der Sozialdemokratie seit 1969 zeigten sich wie in einem Brennspiegel die dominierenden innenpolitischen Probleme und Konflikte, die allmähliche Ablösung einer Aufbruchstimmung durch Ernüchterung und schließlich Desorientierung. In einer Zeit, die mehr denn je in der Nachkriegsgeschichte durch Sinnverlust und Katastrophenszenarien geprägt wird, gibt es jedoch auch Gewinner: Auf der einen Seite die Neokonservativen, die zumindest vorläufig großen Teilen der Bevölkerung den ökonomischen Aufschwung und die „geistig-moralische Erneuerung" glaubhaft machen können; auf der anderen Seite die neuen sozialen Bewegungen und die GRÜNEN als ihr wichtigster parteipolitischer Ableger — ein inzwischen gekräftigtes Pflänzchen, das mit dem Einzug in den Bundestag seine ersten großen Erfolge vorzuweisen hat, damit aber auch seine fundamentaloppositionelle Unschuld zu verlieren droht.

Wie sich die Genese sozialer Bewegungen im einzelnen vollzogen hat und welche besondere Entwicklungsdynamik, Struktur und Perspektive ihnen zugesprochen werden kann, ist Gegenstand der folgenden Abschnitte.

2. Die Bürgerinitiativ- und Ökologiebewegung

In den 50er und 60er Jahren wurde zuweilen das moralisch angeleitete Engagement von Privatpersonen im Dienste der Allgemeinheit oder sozial benachteiligter Gruppen als „Bürgerinitiative" (Singular!) bezeichnet. Der Begriff stand somit primär für eine staatsbürgerliche Tugend und weniger für eine kollektive Form der Selbstorganisation (in Abgrenzung gegenüber den etablierten Parteien und Verbänden). In den sozialdemokratischen „Wählerinitiativen", meist getragen von Intellektuellen und Künstlern, flossen freilich beide Elemente zusammen. Sie verbanden das Ethos des staatsbürgerlichen Engagements mit dem für die späteren Bürgerinitiativen charakteristischen Formprinzip. Deren Aufschwung begann in den späten 60er Jahren, in der Phase des großen parlamentarischen Konsens und der außerparlamentarischen Revolte. Theodor Ebert zufolge setzte sich der Begriff Bürgerinitiativen „erst etwa 1969 durch, populär gemacht durch Journalisten, die davon berichteten, daß diese Initiativen überall 'wie Pilze aus dem Boden sprießen'" (1977: 64).

Inzwischen werden Bürgerinitiativen zu einem festen Bestandteil unserer politischen Kultur gerechnet. Für die Mehrzahl ihrer Träger verkörpern sie mehr als ein bloßes Instrument der Interessenwahrnehmung. Bürgerinitiativen verstehen sich vielfach als praktizierter Ausdruck eines basisorientierten, partizipatorischen Demokratieverständnisses, ja als Vorschein einer neuen Lebensform, deren Wertekatalog sich allerdings weithin mit dem Ethos der bürgerlichen Aufklärung deckt.

Dieses gemeinsame Verständnis ist eine der Klammern, die die Mehrzahl der lokalen, thematisch oft weit auseinanderliegenden Bürgerinitiativen zusammenhält, die ihnen das Bewußtsein verleiht, einer sozialen Bewegung zuzugehören. Doch die Form der Bürgerinitiative blieb nicht nur auf die mit diesem Namen verbundene Bewegung beschränkt, sondern erlangte auch eine Modellfunktion für die Frauenbewegung und die erst junge Friedensbewegung. Obgleich sich große Teile dieser Bewegungen gleichfalls aus Initiativgruppen zusammensetzen, halten wir doch — im Einklang mit der allgemeinen Sprachregelung und dem Selbstverständnis der Aktivisten — daran fest, eine genuine Bürgerinitiativbewegung von anderen sozialen Bewegungen zu unterscheiden. Diese geht jedoch, ihrer inneren Logik folgend, etwa ab 1976/77 zu weiten Teilen in eine thematisch und ideologisch kohärentere Ökologiebewegung auf. Die Verknüpfung von Bürgerinitiativ- *und* Ökologiebewegung meint somit kein Nebeneinander, sondern eine historische Überlagerung, die sich in der schrittweisen Veränderung von Positionen, Forderungen und Ideologien nachzeichnen läßt. Die Ökologiebewegung kann u.E. als qualitativ neue Stufe der Bürgerinitiativbewegung aufgefaßt werden. Dagegen treten die ursprünglichen Aktivitätsschwerpunkte der Bürgerinitiativen in den Hintergrund oder werden — wie etwa die Verkehrsproblematik — in die ökologische Debatte einbezogen. Unter diesem Gesichtspunkt erscheint uns eine schematische, in zwei analogen Gliederungssystemen zum Ausdruck kommende Gegenüberstellung beider Bewegungen sachlich unangemessen.

2.1 Entstehungsbedingungen

Die ersten Bürgerinitiativen entstanden in der Phase der Großen Koalition, charakterisiert durch die Schwäche eines ausgelaugten, weitgehend konzeptions- und führungslos gewordenen politischen Konservatismus, eine reformschwangere, zukunftsorientierte, aber durch das Bündnis mit den Konservativen gebundene Sozialdemokratie und schließlich die Vehemenz des außerparlamentarischen Protests der Studentenbewegung (vgl. dazu Kapitel 2,1 und 3,1).

Doch die Studentenbewegung, kopflastig und aktionistisch orientiert, den kritischen Blick gleichermaßen auf Ordinarienherrschaft, Formaldemokratie und Vietnamkrieg gerichtet, war gerade den Alltagsproblemen entrückt, an denen die Bürgerinitiativen anknüpften. Das ,,deutsche Wirtschaftswunder" begann allmählich seine Kehrseiten zu offenbaren. Über die Rezession von 1966/67 hinaus, die als nur vorübergehender, prinzipiell vermeidbarer Einbruch erschien, traten bislang verdrängte Probleme der gesellschaftlichen Entwicklung ins Bewußtsein. Auf der Grundlage einer weitgehenden Sättigung primärer Bedürfnisse wuchs die Sensibilität für qualitative Fragen jenseits der Maximierung des Bruttosozialprodukts und der Konsumchancen. Viele Entwicklungen, die sich gleichsam naturwüchsig vollzogen hatten, erscheinen nun als *politische* Versäumnisse, wenn nicht gar als zwangsläufige Resultate einer weithin ungebremsten Kapitalverwertung, welche ihre Folgen der Allgemeinheit und insbesondere den sozial Schwachen überantwortete. Die ,,Unwirtlichkeit der Städte" (Mitscherlich), die Ungleichheit der Bildungschancen, die Benachteiligung von Randgruppen, all dies waren nun öffentlich verhandelte Probleme, für die sich eine Minderheit von kritischen und artikulationsfähigen Angehörigen der neuen Mittelschicht verantwortlich zeigte. Während die Studentenbewegung eine Maximallösung, die Aufhebung kapitalistischer Verhältnisse mit dem Nebeneffekt einer planvollen Gestaltung auch der Reproduktionsbedingungen forderte, vertrauten viele ,,Bürger" — schon vom Status und Verhaltensstil weit von den studentischen Aktivisten entfernt — auf die sozialstaatliche Reformfähigkeit. Die Studentenbewegung hatte gezeigt, welcher Druck von unkonventionellen, direkten Aktionen ausgehen konnte. Die Fixierung auf die institutionelle Politik, ja das tiefer verankerte autoritäre Syndrom der Nachkriegsgesellschaft war durchbrochen. Die gesamte Politik schien plötzlich veränderbar, sofern man nur genügend Druck erzeugte und Initiative ergriff.

Diesem Veränderungswillen kam die Enttabuisierung der politischen Planung entgegen. Die reaktive, kurzatmige und in Einzelsektoren zerstückelte Politik sollte weitsichtigen, aufeinander abgestimmten Planungskonzepten weichen. Die offizielle Politik erklärte sich nicht nur in ihren Programmen für allzuständig, sondern vertraute auch auf ihr bereitgehaltenes Instrumentarium. Es bedurfte aus dieser Sicht nur des entsprechenden Inputs, d.h. eines Machtwechsels zugunsten der reformwilligen und experimentierfreudigeren Parteien (SPD und FDP) und einer kritisch-solidarischen Öffentlichkeit, um den Reformwillen ,,von oben" wie ,,von unten" zusammenfließen zu lassen. Gerade die Tatsache jedoch, daß die sozialdemokratische Programmatik noch im Entwurfsstadium steckte und konkrete Reformen durch die Konstellation der Großen Koalition auf Bundesebene blockiert waren, verlieh den bürgerlichen Aktivitäten in einzelnen Politikfeldern und vor allem im lokalen Bereich ein besonderes Gewicht. Hier wurden Mißstände unmittelbar erfahren, hier war die politische Verantwortlichkeit am ehesten zurechenbar, hier versprach auch das eigene Engagement einen sichtbaren Erfolg. Somit entstanden etwa ab 1966/67 auf dem Hintergrund eines gewachsenen Problemdrucks und eines damit einhergehenden Problembewußtseins, einer Veränderung politischer Formen und Stile durch die Studentenbewegung und schließlich der vorerst blockierten gesamtpolitischen Reformmaßnahmen zahlreiche lokale Bürgerinitiativen, die konkrete Mißstände hier und jetzt zu beseitigen suchten. Diese Gruppen verstanden sich weitgehend als Vorreiter einer staatlichen Reformpolitik. Sie standen zu dieser vor allem in einem komplementären und nicht in einem oppositionellen Verhältnis.

2.2 Entwicklungsdynamik

Die bislang vorliegenden Phasenkonzepte zur Verlaufsform der Bürgerinitiativbewegung können schon deshalb nicht zur Deckung kommen, weil sie aus unterschiedlichen Perspektiven auch unterschiedliche Kriterienraster anlegen.[8] Die hier im Anschluß an Rucht (1982a) vorgenommene Zuordnung von drei Entwicklungsstufen bleibt ein grober Systematisierungsversuch, der lediglich allgemeine Trends bezeichnen will. Hinzu kommt, daß verschiedene Stränge innerhalb der Bürgerinitiativbewegung (Gruppen in den Bereichen Erziehung/Bildung, Verkehr/Stadtentwicklung, Umwelt- und Anti-Atomkraftinitiativen usw.) sich nicht völlig parallel zueinander entfalten. Einzelne Initiativen durchlaufen diese Stufenfolge sehr rasch und nehmen Lernprozesse der Gesamtbewegung vorweg. Später gebildete Initiativen knüpfen meist bald am Bewußtseins- und Diskussionsstand der Bewegung an. Schließlich verharren manche Gruppen, unbeeindruckt vom allgemeinen Entwicklungsprozeß, auf dem Niveau der Ein-Punkt-Aktion oder wollen sich auch nicht der Bürgerinitiativbewegung zurechnen. Nur unter diesen Einschränkungen, die teilweise noch in den jeweiligen Zusammenhängen näher erläutert werden, ist das nachstehende Phasenkonzept zu betrachten.

Die Bürgerinitiativen der späten 60er und der frühen 70er Jahre standen noch weithin unter dem Eindruck der Studentenbewegung und der durch die Sozialliberalen verkörperten Aufbruchstimmung. Die Studentenbewegung wies den Weg für spontane, unkalkulierbare und respektlose Aktionen. Der programmatische Eifer und das themenzentrierte Engagement der Sozialliberalen, insbesondere ihrer Jugendorganisationen, flossen in die Arbeit der Bürgerinitiativen ein. Die proklamierte „Doppelstrategie" sollte die örtliche und themenspezifische Basisarbeit mit dem Engagement in der Partei verknüpfen und einer gesamtpolitischen Reform den Weg weisen. Nach dem Zerbröckeln der Studentenbewegung wandten sich Teile der Neuen Linken, die dem „reformistischen Kurs" der Sozialdemokratie ohnehin fernstanden, verstärkt den Stadtteil-, Randgruppen- und psychosozialen Initiativen zu, während orthodoxe K-Gruppen vergeblich das Proletariat zu agitieren suchten und sich ersatzweise mit den Befreiungsbewegungen in der Dritten Welt identifizierten.

Die Mehrzahl der Mitglieder von Bürgerinitiativen in dieser Phase verfolgte allerdings wohl keine weitreichenden Ziele, hatte keinen langfristigen Horizont und schon gar nicht eine revolutionäre Veränderung vor Augen. Sie richtete sich vielmehr gegen ganz konkrete, täglich erfahrbare Mißstände vor Ort, insbesondere in den städtischen Ballungsräumen. Hier war das Nebeneinander von Planungslücken und Planungsfehlern am offenkundigsten. Hier schufen Kahlschlagsanierungen, Schneisen für Ring- und Schnellstraßen, die Verdrängung sozial Schwächerer durch Bodenspekulation, Mieterhöhungen und einzelne Großprojekte eine breite Betroffenheit. Hier hatten Lärm und Luftverschmutzung spürbar zugenommen. Die Sensibilität gegenüber technokratisch-funktionalistischen Planungskonzepten war gestiegen. Die Forderung nach „mehr Lebensqualität" wurde laut; soziale Bedürfnisse rückten in den Vordergrund. Neben dem Engagement in eigener Sache, sei es gegen eine drohende Sanierungsmaßnahme oder gegen die Ansiedlung einer chemischen Fabrik, standen die advokatorische Interessenvertretung für unterprivilegierte Gruppen (Behinderte, psychisch Kranke, Gastarbeiter, Mieterberatung, Obdachlose usw.) wie auch konstruktive Selbsthilfeaktionen (z.B. Einrichtung von Kinderläden, Bau von Spielplätzen, selbstverwaltete Jugendzentren). Diese Initiativen stießen meist sehr schnell an externe Grenzen, gesetzt durch bürokratische Hemmnisse, politisch-administrative Widerstände und handfeste ökonomische Interessen.

Fanden dezidiert unpolitische Aktivitäten — meist sozialer und karitativer Art — das Wohlwollen politischer Entscheidungsträger und auch vielfach finanzielle Unterstützung, so war das Verhältnis der Mehrzahl der übrigen Bürgerinitiativen zu politisch-administrativen Instanzen durch konflikthafte Auseinandersetzungen gekennzeichnet. Rodenstein hat folgende Einstellungen von Bürgerinitiativen gegenüber „dem Staat" unterschieden:

„1. Selbsthilfeaktionen, die unserer Meinung nach auf der Überzeugung von der höheren Effizienz des privaten Einsatzes beruhen, hinter dem sich entweder die Ablehnung des Sozialstaates oder die Überzeugung von seiner Schwäche, zumindest aber eine kritische Distanz zu ihm verbirgt.

2. Abwehrreaktionen gegen Übergriffe des Staates in bisher als privat erachtete Bereiche, die ein liberales Rechtsstaatsbewußtsein vermuten lassen.

3. Initiativen, die die Durchführung von Maßnahmen vom Staat fordern. Bei ihnen ist ein der sozialstaatlichen Legitimationsform adäquates Bewußtsein zu vermuten." (Rodenstein 1978: 213)

Über die Verteilung dieser einzelnen Typen lassen sich kaum Aussagen treffen, zumal sich derartige Einstellungen innerhalb einer Initiative mischen oder auch zeitlich ablösen können. Jedenfalls ist die vielfach vorgenommene Gleichsetzung von Bürgerinitiativen mit Obstruktionspolitik irreführend. Es mangelt weder an unbequemen Gruppen, die vehement *für* ein Projekt oder eine Maßnahme eintreten (z.B. die „Aktion kleine Klasse"), noch an politisch willkommeneren Initiativen, die der Öffentlichkeit als beispielgebend empfohlen werden. Hierzu zählen z.B. die von der Organisation „Die Mitarbeit", einer „Stiftung für staatsbürgerliche Mitverantwortung", unterstützten Gruppen, die sich auf humanitäre und soziale Dienste beschränken und ihre Förderungswürdigkeit wohl in erster Linie ihrem unpolitischen Charakter verdanken.

Seit 1972 wurde eine ganze Reihe von Befragungen von und über Bürgerinitiativen durchgeführt, die inzwischen auch sekundäranalytisch zusammengefaßt und ausgewertet wurden (vgl. dazu Kempf 1978; Rüdig 1980; Karl 1981; Müller 1983), Obwohl deren Ergebnisse nur mit großer Skepsis zu behandeln sind, wird doch deutlich, daß

— Bürgerinitiativen innerhalb von wenigen Jahren bis etwa 1972/ 73 eine massenhafte Verbreitung und einen großen Bekanntheitsgrad und Rückhalt bei der Öffentlichkeit gefunden hatten;
— die durchschnittliche Lebensdauer von Bürgerinitiativen unterschätzt worden war;
— keineswegs alle Bürgerinitiativen einen thematisch, räumlich und zeitlich eng begrenzten Horizont besaßen.

Gerade der letztgenannte Aspekt gewann zunehmend an Bedeutung. Die Verwaltung als wichtigster Kontrahent von Bürgerinitiativen hatte gegenüber losen, ad hoc formierten und meist laienhaften Gruppen strukturelle Vorteile, die einen längeren Widerstand vielfach aussichtslos erscheinen ließen. Administrative Verzögerungstaktiken konnten die kurzatmigen Aktivitätszyklen von Bürgerinitiativen unterlaufen. Die Borniertheit der Sankt-Florians-Initiativen erleichterte es, einzelne Gruppen gegeneinander auszuspielen. Die Konzentration auf ein einzelnes Phänomen und der oft laienhafte Protest ermöglichten es, den bürgerschaftlichen Widerstand als partikular und uninformiert zu diskreditieren.

Bürgerinitiativen waren schon aufgrund der langen Planungsphasen gezwungen, ihre Arbeit zu verstetigen. Sie mußten sich vielfach besser koordinieren, um der Gefahr der Isolierung und Spaltung zu entgehen. Erst die Einarbeitung in fachliche Zusammenhänge befähigte sie dazu, eine fundierte Kritik an planerischen Grundkonzeptionen wie Details vortragen zu können. Dies führte nicht nur dazu, daß sich Bürgerinitiativen in gleichen Arbeitsbereichen zusammenschlossen und gegenseitig unterstützten, sondern auch mit der Durchdringung einzelner Materien deren Voraussetzungen und Verflechtungen erkannten. Über die konkret und punktuell ansetzende Kritik gelangten sie somit zwangsläufig zu fundamentaleren Einsichten, kritisierten die Zerstückelung von Problemzusammenhängen durch die einzelnen Fachverwaltungen, die Verfilzung politischer mit ökonomischen Interessen, Einschränkungen von Planungen durch Eigentums- und Bodenrecht, die unsozialen Wirkungen und Folgelasten vieler im Namen des Gemeinwohls propagierter administrativer Eingriffe. Damit weitete sich der organisatorische, thematisch-politische und zeitliche Horizont vieler Bürgerinitiativen, die zunächst relativ unbedarft und naiv lediglich einen für punktuell erachteten Mißstand zu beseitigen oder einen über das „vernünftige" Maß hinausreichenden politisch-administrativen Eingriff abzuwehren suchten.

Freilich vollzog sich dieser Lernprozeß unvollständig und ungleichzeitig. Viele Gruppen blieben resigniert auf der Strecke oder zogen sich nach erfolgreicher Verhinderungsaktion auf ihr Altenteil zurück. Andere hatten diese Erfahrungen längst in anderen Zusammenhängen, in der Studentenbewegung, in Parteien, selbst in Verwaltungen gemacht und von Anfang an den konkreten Bezugspunkt mit einer grundsätzlicheren politischen Perspektive zu verbinden gesucht. Schließlich kam es auch in dieser ersten Phase zu rasch aufflammenden, spektakulären Massenaktionen, die — selbst als Ein-Punkt-Aktion — von einer tiefer ansetzenden Gesellschaftskritik getragen waren. In diesen Zusammenhang gehören die Aktionen „Roter-Punkt" 1969/70 gegen die Fahrpreiserhöhungen der Hannoveraner Nahverkehrsgesellschaft, die rasch in anderen Städten (Heidelberg, Dortmund, Bonn) Nachahmung fanden und noch im Februar 1981 eine entsprechende Initiative in Bielefeld inspirierten (vgl. Karl 1981:21). Hierzu zählen auch die Hausbesetzungen im Frankfurter Westend zwischen 1970 und 1974, antifaschistische Bürgerkomitees gegen das Auftreten der NPD und erste Initiativen gegen den 1972 beschlossenen „Radikalenerlaß". Diese öffentlichkeitswirksamen und über den lokalen Stellenwert hinausweisenden Aktionen sollten jedoch nicht dazu verleiten, die Masse der übrigen Initiativen zu übersehen. Diese beschränkten sich zumindest in den Anfangsjahren auf konkrete Fragen vor Ort, operierten weitgehend unabhängig voneinander und arbeiteten im Blickpunkt einer nur eng begrenzten Öffentlichkeit.

Unverkennbar setzte sich allerdings eine Entwicklung durch, die letztlich eine Relativierung oder gar Abkehr von der Ein-Punkt-Aktion bedeutete. In dem Maße, wie die gesamtgesellschaftlichen Reformhoffnungen verblaßten, das Vertrauen in die Reformfähigkeit der „etablierten" Politik schwand und die Sensibilität gegenüber Fragen der Lebensqualität und des Umweltschutzes wuchs, gewannen auch die Bürgerinitiativen an Gewicht. Vielen erschienen allein die Bürgerinitiativen als ein wirksames Korrektiv gegenüber den starren Strukturen von Parteien und Administrationen. Bürgerinitiativen verbanden den Anspruch einer undogmatischen, offenen, flexiblen, bedürfnisorientierten Politik mit basisdemokratischen, egalitären und transparenten Formen. Die Parteien begannen, sich auf die junge Konkurrenz einzustellen, ohne sie freilich allzu ernst zu nehmen. Es dominierten wohlwollende, schulterklopfende Attitüden, während sich zugleich in konkreten Auseinandersetzungen zwischen Bürgerinitiativen und politischer Administration eine härtere Gangart ankündigte.

Zweite Phase: Organisatorische Formierung und inhaltliche Ausweitung des Protests

Zwar bestanden in vielen Bereichen die Ein-Punkt-Aktionen fort, doch zeichnete sich in einer zweiten Phase eine zunehmende Verflechtung und organisatorische Formierung bis hin zu einer Bürgerinitiativ*bewegung*, eine Dramatisierung der Problemwahrnehmungen und — verstärkt durch den sich ausbildenden Zweig der Anti-Atomkraftbewegung — eine Radikalisierung der Proteste ab. Diese Entwicklung ging einher mit der thematischen Erweiterung und Vernetzung verschiedener Einzelströmungen, die in der aufkeimenden Ökologiebewegung ihren weitgespannten Nenner findet und schließlich in einer antimodernistischen Grundhaltung gipfelt. Den entscheidenden Focus auch über die zweite Phase hinaus bildete zweifellos der Protest gegen die friedliche Nutzung der Kernenergie. Er bündelte die verschiedenen Umweltinitiativen in massenwirksamen Aktionen; in ihm fand die Kritik an Wachstumsideologie, großtechnischer Vergesellschaftung und Technokratie ihren symbolischen wie praktischen Ansatzpunkt; hier manifestierte sich zudem die Konfrontation mit „dem Staat" in augenfälliger Form und vermochte auch politische Gruppen anzuziehen, denen die Form der Bürgerinitiative als Ausdruck eines „bürgerlichen Reformismus" fremd ist. Auf der anderen Seite wiederum konnte die im antinuklearen Protest enthaltene Technik- und Technokratiekritik auch Ressentiments im liberalen, konservativen und reaktionären Lager mobilisieren, der Bewegung einen breiteren sozialen Rückhalt bis hinein in die etablierten Parteien und Institutionen verschaffen und damit eine größere Sprengkraft entfalten.

Der Übergang von der Ein-Punkt-Aktion zu einer sozialen Bewegung wurde in der Fachliteratur durch verschiedene Umschreibungen charakterisiert und spiegelt sich auch in einer Bedeutungsverschiebung des Begriffs „Bürgerinitiative".[9] Ab 1972/73 zeigt sich eine klare Tendenz zur fortschreitenden Kooperation und Koordination der lokalen Gruppen. Zwar sind bereits wesentlich früher einzelne Zusammenschlüsse wie die 1967 gegründete Bundesvereinigung gegen Fluglärm zu verzeichnen, doch hatten diese eher Verbandscharakter und blieben Ausnahmeerscheinungen. In exemplarischer Weise wurde das unverbundene Nebeneinander von Einzelinitiativen bereits 1972/73 durch das „Oberrheinische Aktionskomitee gegen Umweltgefährdung durch Kernkraftwerke" überwunden. In dieser Region kam es dann durch die 1972 gegründete Rheintalaktion schnell zu einer grenz- und themenübergreifenden Zusammenarbeit. Bürger der gesamten Region protestierten bereits 1973 nicht nur gegen ein Atomkraftwerk in Wyhl, sondern forderten einen generellen Baustopp für alle atomaren Anlagen. Ebenso ging der Widerstand gegen das Wyhler Projekt Hand in Hand mit dem Protest gegen ein geplantes Bleiwerk im französischen Marckolsheim. Die badisch-elsässischen Initiativen, die ebenfalls schon relativ früh (1970) entstandene „Rhein-Main-Aktion gegen Umweltzerstörung" sowie die „Rhein-Ruhr-Aktion" bildeten den Stamm für den bislang bedeutendsten Zusammenschluß von Bürgerinitiativen, den 1972 in Mörfelden bei Frankfurt gegründeten Bundesverband Bürgerinitiativen Umweltschutz (BBU).

In den folgenden Jahren formierten sich in dichter Folge einzelne Landesverbände der Bürgerinitiativen sowie weitere regionale

Zusammenschlüsse. Die durch den Club of Rome 1972 initiierte globale Betrachtung der Umweltprobleme, das 1971 verabschiedete Umweltprogramm der Bundesregierung und die im gleichen Zeitraum einsetzenden Diskussionen um die Lebensqualität trugen zu einer zusammenhängenderen Betrachtungsweise der zunächst lokal und thematisch meist eng begrenzten Initiativen bei. Analoge Probleme führten – wie z.B. bei den lärmgeplagten Anliegern verschiedener Straßen in Frankfurt (vgl. Karl 1981:22) – bald zu einer engeren Zusammenarbeit. Nicht selten fanden auch Gruppen, die sich zunächst ein mißliebiges Projekt gegenseitig zuschieben wollten (z.B. bei der Süd- bzw. Nordtrassierung einer Autobahn bei Bochum), zu einer Aktionsgemeinschaft zusammen, die sich schließlich auch regional ausdehnte (vgl. Knirsch/Nickelmann 1976:74 ff.). Und vielfach sind Großprojekte mit derart vielschichtigen Folgelasten behaftet, daß sich ein gemeinsamer Widerstand aus unterschiedlichen Motiven und Betroffenheiten formieren konnte.

Ebenso wie im Umweltschutz kam es auch in anderen Sektoren zu einer losen Zusammenarbeit der Einzelinitiativen. So entstand z.B. 1975 ein ,,Koordinationsbüro für Initiativgruppen der Jugendzentrumsbewegung" in Hagen; so wurden Projekte der Obdachlosenarbeit/Stadtteilarbeit, der Resozialisierung, der psychisch-sozialen Betreuung, der Jugendzentrumsarbeit und neuerdings auch der Ökologie durch die ,,Arbeitsgemeinschaft sozialpolitischer Arbeitskreise" (München) verknüpft.

1975, im Jahr der Bauplatzbesetzung im badischen Wyhl, erfuhr die Bürgerinitiativbewegung einen entscheidenden Aufschwung. Vorausgegangen waren bereits kleinere Platzbesetzungen aus Protest gegen ein geplantes Atomkraftwerk in Kaiseraugst bei Basel und ein Bleichemiewerk in Marckolsheim. Die Wyhler Ereignisse hatten eine Signalwirkung. Interessenverfilzungen, Manipulationen und verbale Fehlleistungen der baden-württembergischen Landesregierung trugen zur Stärkung des Protests bei. Die regionale Verankerung des Widerstands – insbesondere bei Bauern und Winzern – erschwerte staatliche Diffamierungsstrategien. Der relative Erfolg der Platzbesetzung und der anschließenden Verhandlungen mit der Landesregierung machte auch anderen Initiativen Mut. Die Einrichtung der ,,Volkshochschule Wyhlerwald" ergänzte den Protest durch ein konstruktives, weiterführendes Element, verband die politische Auseinandersetzung mit einem weitgefächerten Informations- und Unterhaltungsangebot unter Betonung kulturell-regionalistischer Traditionen. Bereits 1973/74 hatte sich zur Abwehr eines geplanten Atomkraftwerks in Brokdorf die ,,Bürgerinitiative Umweltschutz Unterelbe" zusammengeschlossen. Parallel dazu war 1974 zur Abwehr des geplanten Reaktors bei Esensham an der Unterweser die ,,Bürgeraktion Küste" als loser Zusammenschluß einzelner Anti-Atomkraft-Initiativen gegründet worden.

Spätestens mit den massiven Konflikten und Großdemonstrationen in und um Brokdorf 1976/77 war das Potential der Anti-Atomkraftbewegung sichtbar geworden. Vor allem in den Großstädten hatten sich zahlreiche Initiativen gebildet, deren Gewicht erst jetzt voll zur Geltung kam. Die Einzelgruppen begannen, sich als Teil einer Bewegung zu verstehen. 1977 wurden die ersten Bundeskonferenzen organisiert, die auch die Breite des politischen Spektrums deutlich machten.

Die einzelnen Etappen und Höhepunkte des atomaren Konfliktes brauchen hier nicht nachgezeichnet zu werden (vgl. Kitschelt 1980; Rucht 1980; Meyer 1981). Bedeutsam erscheint allerdings die gesellschaftliche Wirkung dieser Protestaktionen. Die Öffentlichkeit hatte sich in der Frage der friedlichen Kernenergienutzung zunehmend polarisiert. Die mobilisierende Wirkung dieser Frage und auch die Konsequenz militanter Gruppen kam für viele überraschend. Im Winter 1976/77 zeigten sich zahlreiche führende Politiker stark verunsichert, beeilten sich mit Erklärungen, die berechtigten Sorgen von Bürgern ernstzunehmen, Sicherheitsaspekten absoluten Vorrang einzuräumen, Partizipationsmöglichkeiten auszuweiten (z.B. Verbandsklage), um zugleich vor der Unterwanderung und Instrumentalisierung der Bewegung durch kommunistische Kadergruppen, Chaoten und Gewalttäter zu warnen. Die Parteien begannen nun verstärkt, sich mit Bürgerinitiativen und deren Anliegen zu befassen. Stellungnahmen zum Verhältnis Parteien-Bürgerinitiativen wurden abgegeben. Landauf-landab wurde zu Podiumsdiskussionen geladen. SPD und CDU initiierten große Fachkongresse zum Themenbereich Energie und Umwelt, die 1977 stattfanden. Für die CSU entwickelte sich die Energiepolitik „zum Prüfstein für die Handlungsfähigkeit der Parteien". Die Kontroverse um die Atomenergie drohte über ihren energiepolitischen Stellenwert hinauszuwachsen und die konventionellen Formen und Bahnen der Politik zu sprengen, zumindest den politischen Alleinvertretungsanspruch der Parteien in übergeordneten Fragen des „Gesamtwohls" massiv zu verletzen. In der Tat war die atompolitische Kontroverse nicht nur Fixpunkt der allgemeinen Umweltdebatte, sondern eines sich ausweitenden ökologischen Bewußtseins, das das moderne Industriesystem in seiner heutigen Ausprägung schlechthin in Frage stellte.

Dritte Phase: Aufstieg und drohender Zerfall der Ökologiebewegung

Die vorübergehende Verunsicherung der etablierten Politik angesichts des Aufstiegs der Bürgerinitiativbewegung wurde im Verlauf des Jahres 1977 durch eine mehr oder weniger dezidierte Frontstellung abgelöst. Massive Gegenproteste, differenzierte Gegenstrategien, vor allem aber die Mobilisierung der Gewerkschaften und des „Arbeitsplatzarguments" zeitigten bald ihre Wirkung. Latente politisch-ideologische Widersprüche, Zielkonflikte und unterschiedliche strategische Einschätzungen der Bürgerinitiativbewegung gewannen dadurch an Profil, obgleich die Bewegung nicht auseinanderbrach und sich immer wieder zu punktuellen Massendemonstrationen zusammenfand. Allerdings differenzierten sich die Bürgerinitiativen immer weiter aus, experimentierten mit neuen politischen Formen und suchten konstruktive Wege zu beschreiten.

Vielfach trat an die Stelle der Selbstbezeichnung „Bürgerinitiativbewegung" der Begriff „Ökologiebewegung". Für die sozialen Träger wohl unbewußt, kam hier dennoch ein Bewußtseinswandel zum Ausdruck. Umriß „Bürgerinitiativbewegung" in erster Linie ein gemeinsames Formprinzip, mit dem sich freilich inhaltliche Assoziationen der Parteienkritik, der Basisdemokratie usw. verbanden, so bringt der Terminus „Ökologiebewegung" dezidierter einen positiven inhaltlichen Nenner zum Ausdruck. Ökologie wird für die Träger der sozialen Bewegung zum Ausgangspunkt einer neuen Denkweise, eines gesamtgesellschaftlichen Gestaltungsprinzips und schließlich eines lebenspraktischen Verhaltens. Die relative Unbestimmtheit des Begriffs erweist sich zunächst für den ideologischen Zusammenhalt der Bewegung keineswegs hinderlich; im Gegenteil — ermöglicht doch der hohe Abstraktionsgrad der als ökologisch bezeichneten Prinzipien (Dezentralisation, Vielfalt, natürliche und soziale Verträglichkeit usw.) einen weiten Interpretationsspielraum und bietet damit auch dem differenzierten Spektrum der sich entfaltenden Initiativen und Projekte einen unverbindlichen Rahmen. Wenn also seit etwa 1978 zunehmend die Bezeichnung Ökologiebewegung aufkommt (ohne den Begriff Bürgerinitiativbewegung ganz abzulösen), so wird damit nur ein unscharfer sozialer Zusammenhang bezeichnet, zumal auch noch das Etikett „alternativ" (oder „Alternativbewegung") häufig im gleichen Atemzug oder Kontext gebraucht wird. Die Faszinationskraft des Begriffs und die Idee der Ökologie reichen über ökologische Aktivistengruppen in Form von Bürgerinitiativen hinaus. Sie erfaßt nicht nur sich überlappende soziale Bewegungen, sondern auch einzelne Wissenschaftler, private Institutionen und Verbände, die sich als ökologisch verstehen und in einem weiten Sinne der Ökologiebewegung zurechnen.

Doch zunächst soll in groben Zügen die weitere Verlaufsform der Bürgerinitiativbewegung als Ökologiebewegung rekonstruiert werden. Dabei bleibt allerdings die Entwicklung der Gruppen weitgehend im Schatten, die sich nicht als Umweltinitiativen verstehen, sondern nach wie vor im Bereich der Bildungs- und Sozialpolitik, der Anti-Psychiatrie, der Behindertenarbeit, als Dritte-Welt-Gruppen (doch auch hier zunehmend unter dem Eindruck der Ökologiedebatte), Berufsverbotsinitiativen, Initiativen gegen neonazistische Strömungen aktiv sind. Sie in der Darstellung zu vernachlässigen, heißt nicht, ihnen ihre konkrete Bedeutung abzusprechen. Für die öffentlichkeitswirksamen Konflikte spielen sie allerdings gemessen an der Ökologiebewegung eine untergeordnete Rolle.

Etwa Mitte 1977, nach den Schlachten zwischen einer Minderheit von Demonstranten und staatlichen Sicherungsorganen an den Bauzäunen von Brokdorf, Grohnde und Malville/Frankreich (unter Beteiligung zahlreicher Demonstranten aus der Bundesrepublik), war für die Masse der Bürgerinitiativen klar geworden, daß paramilitärische Auseinandersetzungen mit einem hochgerüsteten und taktisch flexiblen Polizeiapparat nicht nur aussichtslos waren, sondern auch das eigene Anliegen in den Augen der breiten Öffentlichkeit diskreditierten. Die Kalkar-Demonstration im September 1977, bei der Zehntausende auf den Zugangswegen von Polizeikräften abgedrängt oder zurückgeschickt worden waren, unterstrich nur die Problematik von Massenaufmärschen. Die sog. „Gewaltdiskussion" setzte ein und ist bis heute nicht abgeebbt. Das Klima des „deutschen Herbsts", geprägt durch die Terroristenhysterie und die Expansion des Sicherheitsapparats, blieb sicher nicht ohne Wirkung auf die internen Debatten.

In der energiepolitischen Kontroverse formierten sich die Gegenkräfte. Bereits im Januar 1976 hatten sich aufgrund einer Initiative in den Kernforschungszentren 650 Atomwissenschaftler und -techniker mit einem offenen Brief an die Abgeordneten des Deutschen Bundestages gewandt, um ihre Besorgnis über den wachsenden antinuklearen Protest auszudrücken. Aufgrund der Empfehlungen der Battelle-Studie, einem Auftragsgutachten über die Motive und Formen des antinuklearen Protests, wurde Ende 1976 vom damaligen Bundesminister für Forschung und Technologie, Matthöfer, der „Bürgerdialog Kernenergie" eingeleitet — eine in Form und Umfang bislang einmalige Informations- und Aufklärungskampagne zur Legitimation eines einzelnen Politikbereichs.

Die Parteien reagierten auf den Aufschwung der Bürgerinitiativ- und insbesondere der Anti-Atomkraftbewegung unterschiedlich. Thaysen, der in einer „historiographischen Skizze" die Stellung der etablierten Parteien zu den Bürgerinitiativen nachgezeichnet hat, konstatiert in bezug auf die Gruppen der „ersten Generation" ein relativ großes Wohlwollen, insbesondere ein hohes Maß an positiver Übereinstimmung in programmatischen Fragen. Allerdings blieb die CDU/CSU insgesamt reservierter und begegnete einer Ausweitung bürgerschaftlicher Partizipation — im Gegensatz zur F.D.P. — mit Skepsis. Dieses Bild wandelte sich im Verlauf der Jahre 1976/77:

„Es gibt eindeutige Hinweise auf das Bemühen der Parteien, verlorenes Terrain offensiv zurückzugewinnen ... Die Grundtendenz der Skepsis, der Konkurrenzangst, ja teilweise der Gegnerschaft gegenüber Bürgerinitiativen der zweiten Generation ist auf die Haltung gegenüber den Bürgerinitiativen der ersten Generation durchgeschlagen." (1980: 224 f.) Zuvor zugestandene oder in der Diskussion befindliche Konzepte zur Ausweitung der Bürgerbeteiligung wurden nun eingeschränkt oder ganz zurückgezogen. Auch in der F.D.P. machte sich nun größere Zurückhaltung breit, was auch durch den Rücktritt von Innenminister Maihofer und den Amtsantritt von Wirtschaftsminister Lambsdorff einen mehr als symbolischen Ausdruck fand. Die Parteitage der SPD und F.D.P. im Herbst 1977 standen ganz unter dem Zeichen, potentielle Konflikte, insbesondere beim Thema Kernenergie, unter Kontrolle zu halten und die konfligierenden Flügel durch Kompromißformeln und Problemverschiebungen zu befrieden. „Mit Schmidt und Eppler für und gegen Kernenergie" — so haben interne SPD-Kritiker den Kurs der Parteiführung ironisch auf den Begriff gebracht. Die letztlich unterlegenen links und ökologisch orientierten Flügel in SPD und F.D.P. zeigten sich ebenso wie die Bürgerinitiativen enttäuscht. Für manche Sozialdemokraten bedeutete der Hamburger Parteitag einen inneren Bruch mit der Partei (vgl. Willers 1982: 168). Eine Bremer Gruppe zog mit einem demonstrativen Parteiaustritt 1978 auch die äußere Konsequenz und bildete den Kern der späteren „Bremer Grüne Liste".

Die für die öffentliche Meinung wohl nachhaltigste Frontstellung gegenüber der Bürgerinitiativ- und Anti-Atomkraftbewegung bezogen ab 1976/77 die Gewerkschaften. Gleichsam im Schulterschluß mit den Unternehmerverbänden grenzten sie sich von Wachstumskritikern und Umweltinitiativen ab. Mit aktiver Unterstützung einzelner Unternehmensleitungen organisierten die Gewerkschaften 1977 Großkundgebungen in Bonn und Dortmund, um „für Kohle und Kernenergie" zu plädieren. Die Pseudoalternative von Ökonomie oder Ökologie, von Arbeitsplätzen oder Umweltschutz prägte fortan die gesamte ökologische Debatte und konnte trotz innergewerkschaftlicher Kritik (z.B. durch den „Aktionskreis Leben"), trotz differenzierterer Stellungnahmen von Einzelgewerkschaften und Einzelpersonen und trotz zahlreicher Widerlegungsversuche von Seiten der Ökologiebewegung nicht überwunden werden.

Hatten „die Herrschenden", wie es Peters Willers formuliert, noch 1976/77 „ihre offene Flanke geboten", so sahen sich die Bürgerinitiativen spätestens ab Herbst 1977 mit einer zwar nicht kompakten, aber insgesamt doch sehr effektiven Formation von Gegenkräften konfrontiert. Der Aufstieg der Bürgerinitiativbewegung war

war gebremst, die öffentliche Debatte lief zusehends leer, auf beiden Seiten verfestigten sich Feindbilder und argumentative Stereotypen.

Innerhalb der Bürgerinitiativbewegung begann nun eine Phase der intensiven Suche und Reflexion, der Strategiediskussion, des Experimentierens. Das bislang weitgehend latente politisch-ideologische Spektrum (vgl. u.S. 105f.) differenzierte sich stärker aus. Es begann die Suche nach Alternativen. In groben Zügen lassen sich vier Schwerpunkte ausmachen (vgl. Rucht 1982a: 218 ff.):

— Nachdem bereits 1976 ökologische Gruppierungen in Hameln und Hildesheim erste Erfolge bei Kommunalwahlen zu verzeichnen hatten, begann 1977/78 die *parteipolitische Formierung des grünen Protests*. Aus diversen Gruppen entstanden, teils unter Einbindung der bislang erfolglosen „Aktionsgemeinschaft Unabhängiger Deutscher", grüne Listen und Parteien, aus denen sich schließlich neben lokalen Wahlbündnissen auch die Bundespartei DIE GRÜNEN herausschälte. Charakteristikum dieser Gruppierungen ist der hohe Rang ökologischer Prinzipien, während in der Frage der basisdemokratischen Organisation die konservativen Grünen einen abweichenden Standpunkt vertreten. Die Mehrheit der grünen Parteien/Listen versteht sich als parlamentarischer Arm einer außerparlamentarischen Bewegung. Diese wiederum verfolgt die Parlamentarisierung des Protests meist mit Sympathie, aber doch verbreiteter Skepsis, teils sogar mit offener Ablehnung.

— Gerade die Gruppen, die sich bewußt in Abgrenzung zur „Formaldemokratie" und zum Parteiensystem gebildet haben, setzen weiterhin auf die Kraft und den Sinn *außerparlamentarischer Aktionen*. Hierbei lassen sich sowohl Positionen einer konsequenten Ablehnung jeglicher Form von „Stellvertreterpolitik" als auch Konzepte einer Doppelstrategie („außerparlamentarisches Standbein, parlamentarisches Spielbein") ausmachen. Letztere können wiederum auf der grundsätzlichen Anerkennung repräsentativer Verfahren beruhen oder aber, etwa bei Gruppierungen wie dem Kommunistischen Bund, ein rein taktisches Verhältnis zu parlamentarischen Strategien aufweisen. Im Rahmen all dieser Gruppen spielt auch die „Gewaltdiskussion" eine große Rolle. Während die Gruppen der „Gewaltfreien Aktion", deren Konzept auch DIE GRÜNEN nachhaltig beeinflußt hat, einen Weg des gewaltfreien „zivilen Ungehorsams" verfolgen, bekennen sich große Teile der „Autonomen", der Sponti-Szene und der verstreuten K-Gruppen mehr oder weniger zu militanten öffentlichen Konfrontationen, vereinzelt auch zu gezielten Sabotageanschlägen.

— Manche Gruppen wandten sich ganz oder teilweise von der unmittelbaren politischen Auseinandersetzung, insbesondere der bloßen Obstruktionspolitik und den endlosen Strategiedebatten, ab. Sie suchten ihre Positionen auf technischer, wissenschaftlicher und ökonomischer Ebene voranzutreiben. Aus der jahrelangen Kritik und Negation politisch-administrativer Entscheidungen erwuchsen allmählich konstruktive Konzepte und Modelle. Insbesondere im Energiebereich gewannen Alternativen an Bedeutung: der Rückgriff auf regenerierbare und technisch relativ einfach zu handhabende Energiequellen, die Ausarbeitung alternativer Energieversorgungskonzepte auf kommunaler Basis. Es entstanden die Projektgruppen „mittlere Technologie"; es verbreitete sich die Idee einer „sanften" Technik, die insbesondere auch für Länder der Dritten Welt propagiert wurde. Aus diesen Überlegungen ergaben sich sehr bald Anknüpfungspunkte zum biologisch-dynamischen Landbau, zur gesunden Ernährung, zu einer „alternativen" Medizin usw. Hier verschwimmen die Grenzen zwischen Ökologie- und Alternativbewegung, zumal sich im Schatten der öffentlichen Aufmerksamkeit bereits seit Jahren einzelne ökonomische Projekte wie Landkommunen oder Dienstleistungsbetriebe entwickelt hatten, die auf ihre Weise auch als ökologische Avantgarde wirksam geworden waren.

— Von der ökologischen Wachstums- und Technikkritik war es kein weiter Weg zur Änderung des eigenen Lebensstils. Nur die Verbindung von Gesellschaftskritik und persönlicher Lebensführung konnte auf längere Sicht glaubwürdig wirken, obgleich die alltagspraktischen Konsequenzen oft nur unzureichend ausfielen und eher einen symbolischen Stellenwert hatten. Neben Aufrufen zu einer asketischen Lebensführung, die auf dem Hintergrund wachsender ökonomischer und finanzieller Steuerungsdefizite auch mit Beifall von der falschen Seite bedacht wurden, gewann der Aspekt der bewußten Auswahl von Konsumgütern, des sparsamen Umgangs mit Energie, der sinnvollen Nutzung von Verkehrsmitteln usw. an Bedeutung. Der propagierte „neue Lebensstil" hatte jedoch nicht nur eine Dimension der individuellen Verhaltensänderung; auch das Sozialverhalten sollte in Richtung solidarischer, weniger konkurrenz-, leistungs- und hierarchiefixierter Umfangsformen entwickelt werden. Auch hier fließen die Intentionen von Bürgerinitiativbewegung und Alternativbewegung zusammen. Dabei überschreiten sicher die arbeits- und lebenspraktischen Gemeinschaften der Alternativprojekte die Möglichkeiten der zeitlich eng beschnittenen „Freizeitinitiativen".

Alle genannten Tendenzen hatten sich bereits um 1978 als Konsequenzen einer immanenten Entwicklung sowie des äußeren Drucks herauskristallisiert. Sie wurden in der Folgezeit weiter ausgeformt und in vielfacher Weise miteinander verknüpft. Die Bürgerinitiativbewegung hatte durch die atomare Kontroverse ab 1974/75 und die sich formierende Anti-Atomkraftbewegung eine starke Zentrierung und Dynamisierung erfahren, die durch die sich formierenden Gegenkräfte gebremst und in neue Bahnen gelenkt wurde. Obgleich der atomare Protest trotz der Ereignisse in Gorleben, trotz noch immer größerer Massendemonstrationen in Hannover (März 1979), Bonn (November 1979) und Brokdorf (Januar 1981) an relativer Bedeutung verlor, blieb der Widerstand gegen die Nutzung der Kernenergie der kleinste gemeinsame Nenner, auf den sich das Gros der Bürgerinitiativbewegung einigen konnte. Die Struktur der Bürgerinitiativbewegung als „Negativkoalition" wurde jedoch zunehmend überlagert durch konstruktive Ansätze in den verschiedenen Sektoren. Bei gleichzeitiger Ausdifferenzierung von ideologischen Richtungen, strategischen Präferenzen und praktischen Projekten bedurfte es freilich neuer, über den formalen Rahmen einer sich verdichtenden Infrastruktur hinausgehender inhaltlicher Klammern. Diese bestehen nicht nur in der Negation vorherrschender Werte, offizieller politischer Programme und etablierter Institutionen, sondern in der Ausbildung komplementärer Vorstellungen, die sich — abstrakt gesehen — im wesentlichen auf (a) die Form der Herrschaftsorganisation, (b) den Inhalt und die Qualität des Lebens und (c) die langfristigen Voraussetzungen der Gattungsexistenz beziehen (vgl. u. S. 104). In der Ökologiebewegung verbinden sich die auf (a) und (b) zielenden postmateriellen Wertorientierungen mit den auf (b) und (c) gerichteten Prinzipien der Erhaltung einer menschenwürdigen Umwelt, der Schonung der natürlichen Ressourcen und damit der Sorge um künftige Generationen. Aus diesem hier nur sehr global umrissenen Wert- und Zielkatalog konnten relativ heterogene Gruppen und Strömungen eine Identität als Ökologiebewegung gewinnen und ihr besonderes Anliegen zwanglos in einen ideologischen Kontext einbetten; in einen Rahmen, der weit über ein Einzelziel oder eine bestimmte strategische Option hinausreicht, der nicht weniger als ein im Wortsinn universales Gestaltungsprinzip abzugeben verspricht.

Derartig attraktive wie weitgreifende Ordnungsvorstellungen bergen allerdings die Gefahr relativer Vieldeutigkeit wie rascher Abnutzung in sich — eine Erfahrung, die auch die Ökologiebewegung nach innen wie nach außen machen mußte. Sieht man einmal von der kaum zu überbrückenden Kluft zwischen basisdemokratisch-dezentral orientierten Varianten der Ökologiebewegung einerseits und ihren autoritären, staatsfixierten Spielarten ab, so unterliegt die ökologische Idee in vielfacher Hinsicht Vereinnahmungstendenzen.

Auf der einen Seite wird die Ökologie auf das Abstraktionsniveau kybernetischer Regelungsmechanismen gehoben und verfällt damit nahezu einer theoretischen Beliebigkeit. Auf der anderen Seite beeilen sich erklärte Gegner der Ökologiebewegung, sich selbst als bessere Ökologen zu stilisieren, sei es zur Begründung des atomaren Kraftwerksbaus („zur Eindämmung des sauren Regens") oder sei es in der Propragierung hoher Wachstumsraten als Voraussetzung kostspieliger Umwelt„reparaturen".

Die Ökologiebewegung verliert seit 1979/80 zunehmend an Konturen. Zwar wird das ökologische Anliegen keineswegs preisgegeben, doch es gewinnt eine eigene Dynamik und sickert in andere gesellschaftliche Bereiche ein: Es wird im Rahmen der Parteienkonkurrenz, der Alternativ- und Friedensbewegung und schließlich vieler „etablierter" Institutionen und Verbände aufgegriffen. So wie das Formprinzip „Bürgerinitiative" zwar nicht ausgedient, aber mit der Entfaltung eines weiten Themenkatalogs und politischen Spektrums an Bindungskraft verloren hat, so bleibt auch der ökologische Gedanke konstitutiver Bestandteil zahlreicher Initiativen und auch der parteiförmigen grünen Gruppierungen, aber er vermag nicht eine kompakte soziale Bewegung zusammenzuhalten, auch wenn Etikettierungen und Selbststilisierungen noch länger am Leben bleiben sollten.

2.3 Soziale Rekrutierung

Keine der neuen sozialen Bewegungen wurde bislang ausführlicher hinsichtlich ihrer sozialen Zusammensetzung untersucht als die Bürgerinitiativbewegung. Dies erklärt sich nicht nur mit ihrem relativ langen Bestehen, sondern ist auch Ausdruck ihrer manifesten politischen Konfliktbereitschaft (im Gegensatz etwa zur Frauenbewegung) gegenüber der „etablierten" Politik. Obgleich die Ergebnisse sämtlicher schriftlicher Befragungen von Bürgerinitiativen mit Skepsis zu betrachten sind (vgl. Rucht 1981: 402) und wirklich repräsentative Studien bis heute nicht vorliegen (vgl. Rüdig 1980: 174), lassen sich doch eindeutige Trendaussagen machen.

Generell zeigt sich eine starke Überrepräsentation von jüngeren Angehörigen der Mittelschichten, insbesondere von Gruppen mit hoher Bildungsqualifikation. Dies gilt zum einen für Personen in der Ausbildungsphase (Gymnasiasten, Studenten), zum anderen für Vertreter aus dem Humandienstleistungsbereich (v.a. Lehrer, Sozialarbeiter, Mediziner), aus freien Berufen (Architekten, Rechtsanwälte, Kaufleute usw.) sowie generell für Angestellte und Beamte. Nach 1975 blieb zwar eine vor allem auf verbaler Ebene sichtbare Dominanz der „gehobenen" Schichten bestehen, doch werden nun zunehmend weitere Bevölkerungsgruppen in den Kreis der Aktiven einbezogen (vgl. Scharioth 1977: 338; Armbruster 1979: 159). Dieses Bild wird durch Umfragen zur·*potentiellen* Mitarbeit in Bürgerinitiativen gestützt (vgl. Karl 1981: 50). Auch die anfänglich signifikante Unterrepräsentation von Frauen in Bürgerinitiativen scheint sich zunehmend abzubauen, obgleich hierzu nur wenige Zahlen vorliegen. Nach einer Leserumfrage des „Umweltmagazin", der Zeitschrift des Bundesverbandes Bürgerinitiativen Umweltschutz, ergab sich allerdings mit einem Anteil von 82 % ein starkes Übergewicht der Männer (vgl. Nr. 3/1980).

Diese allgemeinen Aussagen sollten allerdings nicht die regionalen Besonderheiten verdecken. Die Konflikte in Wyhl und Gorleben, die weniger spektakulären Proteste gegen atomare Anlagen in der bayerischen Provinz oder die jüngsten Aktionen gegen die geplanten Wiederaufbereitungsanlagen waren auch durch die Beteiligung agrarisch-ländlicher Schichten geprägt. Der Protest gegen die massive Elbverschmutzung wird auch von Fischern getragen. Seit etwa 1975 haben sich vor allem im Ruhrgebiet genuine Arbeiterinitiativen (vgl. Boström/ Günther 1976) gebildet, die um den Erhalt ihrer Wohnsiedlungen kämpfen. Der Widerstand gegen Flughafenerweiterungen in Stuttgart und Hamburg oder gegen den geplanten Großflughafen bei München rekrutierte sich aus allen sozialen Schichten. Und der Protest gegen die geplante Startbahn West des Frankfurter Flughafens mobilisierte nicht nur das „klassische" Protestpotential, sondern auch zahlreiche Arbeiter (vor allem der Rüsselsheimer Opel-Werke).

In dem Maße, wie Bürgerinitiativen ihren außeralltäglichen Charakter verlieren, sinken auch die „Schwellenängste" für eine aktive Mitarbeit. Eine vielfältige massive Betroffenheit durch einzelne Projekte und die Verschlechterung allgemeiner Umweltbedingungen (Luftverschmutzung, Nahrungsmittelvergiftung usw.) lassen das Potential des ökologischen Protests weiter ansteigen. Die Abstraktheit ökologischer Prinzipien ermöglicht es, daß sozial und politisch divergierende Gruppen unter einem ideologischen Dach zusammenfinden, das zwar konkretere Bindungen nicht außer Kraft setzt, aber doch fallweise relativiert. Die individuelle Perspektivlosigkeit von neuen Randgruppen, jugendlichen Subkulturen usw. kann sich unschwer mit einem ökologischen Defaitismus verbinden. So gesehen spricht vieles dafür, daß sich die noch immer vorhandene einseitige Rekrutierung der Bürgerinitiativ- bzw. Ökologie„bewegung" weiter abbauen wird.

2.4 Zielsetzungen und politisch-ideologisches Spektrum

Soweit überhaupt erst von einer Bürgerinitiativ*bewegung* die Rede sein kann, lassen sich für die Formierungsphase ab etwa 1973 zwei übergreifende Zielsetzungen ausmachen: das Bemühen um eine Demokratisierung aller Lebensbereiche, verkörpert durch die Forderung nach einer Ausweitung von Partizipationsrechten, und zweitens das Streben nach „mehr Lebensqualität" in Form einer Verbesserung der materiellen und immateriellen Reproduktionsbedingungen. Beide Ziele greifen jedoch ineinander. Die Ausweitung politischer Beteiligungsmöglichkeiten war von Anfang an nicht nur ein strategischer Hebel zur Interessendurchsetzung, sondern zugleich Inhalt eines bestimmten Demokratieverständnisses. Umgekehrt beinhaltete der Aspekt der Lebensqualität für die Bürgerinitiativen immer schon den Aspekt der „Politisierung des Alltags", die Erlangung einer demokratischeren politischen Kultur und die chancengleiche Artikulationsmöglichkeit politischer und sozialer Interessen.

Unterhalb dieser Globalziele, die ja auch von großen Teilen der sozialliberalen Koalition geteilt wurden, eröffnete sich allerdings ein differenziertes Spektrum konkreterer Forderungen, die in aller Regel über den Zielkatalog der etablierten Parteien hinausreichten. Verlangte die Mehrzahl der Bürgerinitiativen lediglich weitreichende Ergänzungen repräsentativer Entscheidungsverfahren und eine stärkere Berücksichtigung der nicht oder kaum organisierten Interessen und Bedürfnisse, so standen am anderen Ende der Skala „unversöhnlichere" Forderungen wie die Beseitigung des Kapitalismus und seines politischen Überbaus. Die Mehrheit der radikalen Linken stand allerdings außerhalb der Bürgerinitiativen, befaßte sich mit „Staatsableitungen", Marx-Exegesen, revolutionären Befreiungskämpfen und organisatorischen Grabenkämpfen. Die Bürgerinitiativbewegung war dagegen in der Tat eine „Bürger"bewegung, die erstarrte Strukturen verflüssigen, aber im allgemeinen nicht beseitigen wollte.

Dieser Ansatz der konstruktiven Kritik hatte sich in späteren Phasen auf dem Hintergrund einer wachsenden Parteienverdrossenheit und Bürokratieschelte verbreitert und wurde zunehmend schärfer gefaßt, doch er schlug zu keinem Zeitpunkt in eine grundsätzlich andere Stoßrichtung um. Mit der Ökologiebewegung kamen jedoch neue Akzente auf. Die zunächst eher selektive Wahrnehmung von Umweltproblemen wurde zu der einen globalen Umwelt*krise* erweitert und zugespitzt. Dramatisierungen und Beschwörungen begannen die Diskussionen zu beherrschen, wie sie in Formulierungen wie „Ende oder Wende" (E. Eppler), „Menschheit am Wendepunkt" (E. Mesarovic/E. Pestel) oder „Rückkehr zum menschlichen Maß" (E.F. Schumacher) zum Ausdruck kommen. Die Lebensqualitätsbewegung wurde überlagert durch eine Überlebensbewegung.

Die ökologische Kritik brachte alle Apokalypsen auf den Begriff und versprach zugleich gangbare Auswege. Sie verknüpfte die

Dimensionen von Natur und Gesellschaft, Ökonomie und Umweltschutz, konkreten Erfahrungen und düsteren Prognosen bzw. Szenarien. Zum praktischen Demonstrationsobjekt ökologischer Kritik entwickelte sich die Nutzung der Kernenergie. Hier konnte nicht nur die Verfilzung von Interessen, sondern auch die Vernetzung von natürlichen Kreisläufen schlüssig veranschaulicht werden. Hier konnten sich existenzbedrohte Bauern, skurrile Naturapostel, linksliberale Oberstudienräte und ausgeflippte Spontis zusammenfinden.

Die regulativen Prinzipien, die den Wechselbeziehungen der Naturkreisläufe zugeschrieben wurden, galten auch als Orientierungspunkte der sozialen Organisation. Bossel vermerkt für die Ökologiebewegung die weitgehende Anerkennung der Prinzipien Dezentralisation, Partizipation, Abbau von Macht, sparsame Nutzung natürlicher Ressourcen, ökologische Verträglichkeit, sanfte Technik, Gewaltfreiheit und Vielfalt (vgl. 1978: 14); Buro nennt als „unabdingbare" Attribute der Ökologiebewegung: demokratisch, basisbezogen, aufklärerisch, antirepressiv und selbständig (vgl. 1978: 32). Damit wird der vorherrschende Anspruch der Ökologiebewegung umrissen, wie er gleichsam in Reinform in die allgemeinen Leitlinien der Bundespartei DIE GRÜNEN einging. Allerdings zeigt eine nähere Betrachtung des Konstitutionsprozesses und der verschiedenen Abspaltungen dieser Partei, aber auch ein Blick auf die Anti-Atomkraftbewegung, daß einzelne dieser Prinzipien von einzelnen Strömungen auch bestritten werden.

Dabei lassen sich, einer groben Typisierung folgend, nachstehende relevante Strömungen innerhalb der Bürgerinitiativ- bzw. Ökologiebewegung unterscheiden:

„A) *konservative* und/oder *naturromantische* (z.B. Weltbund zum Schutze des Lebens), die in ihren Extremen bis hin zu einer völkischen Natur- und Boden-Ideologie neigen und traditionalistische und/oder anti-kapitalistische Momente einschließen können;

B) *„ökologistische"*, die ökologische Prinzipien in den Rang kategorischer Imperative erheben, dem Menschen eine Rolle im Kreislauf der Natur zuweisen und die Kritik am großindustriell-bürokratischen Zentralismus — jenseits von Kapitalismus und Sozialismus — in den Mittelpunkt stellen (z.B. Anthroposophen, „Achberger Kreis", „Aktion Dritter Weg");

C) *„reformistische"*, die unter weitgehender Bejahung der ökonomischen und politischen Grundstrukturen für eine stärkere Berücksichtigung ökologischer und/oder partizipatorischer Forderungen eintreten; meist gespeist aus liberalen, aufklärerischen und humanistischen Ideen und gestützt durch kirchliche, sozialdemokratische und „bildungsbürgerliche" Kreise:

D) *demokratisch-sozialistische* (häufig repräsentiert in Friedensinitiativen, Dritte-Welt-Gruppen, Eltern-Initiativen, Berufsverbotinitiativen);

E) *anti-kapitalistisch-spontaneistische*, die sich überwiegend aus Kreisen der Neuen Linken und dem subkulturellen Milieu rekrutieren und

F) *orthodox-kommunistische*, die sich vor allem aus versprengten Resten kommunistischer Gruppen und Sekten zusammensetzen." (Rucht 1982a: 244)

Nach der Zahl der Anhänger wie auch in den zum Ausdruck gebrachten Positionen erweisen sich die Gruppen B, C und D am stärksten. Sie dominieren insbesondere in den „klassischen" Feldern der frühen Bürgerinitiativen (Verkehr und Stadtentwicklung, Wohnen, Bildung, Soziales und Gesundheit). Dagegen sind innerhalb der Anti-Atomkraftbewegung (und damit der Ökologiebewegung insgesamt) auch die Gruppen A, E und F relativ stark vertreten. Hier zeichnet sich in den letzten Jahren eine gewisse Polarisierung zwischen den ökologistischen, reformistischen und gewaltfreien Positionen auf der einen und den „autonomen" Initiativen andererseits ab (vgl. Rucht 1981: 379). Insgesamt läßt sich festhalten, daß die Bürgerinitiativ- bzw. Ökologiebewegung nur bedingt der sich entwickelnden politischen Gegenkultur zugeschlagen werden kann. Zwar reicht der eine Rand der Bewegung in das sub- und gegenkulturelle Spektrum, doch ergeben sich auf der anderen Seite fließende Übergänge zum „herrschenden Block".

2.5 Organisationsformen und Institutionalisierungstendenzen

Scheint zunächst die Organisationsform von Bürgerinitiativen durch den Begriff selbst umrissen, so zeigt sich auf den zweiten Blick ein differenziertes Formenspektrum von der informellen und unverbindlichen Runde eines Freundeskreises über einen auf Außenwirkung bedachten Honoratiorenzirkel bis hin zur straff geführten Organisation. Andererseits geben sich Bürgerinitiativen zuweilen aus pragmatischen Gründen die Rechtsform des eingetragenen Vereins, ohne daß die formelle Struktur für die praktische Arbeit von Bedeutung wäre. Hinzu kommen schließlich die regionalen und überregionalen Zusammenschlüsse und Kooperationsformen, die wiederum von traditionellen Verbandsstrukturen bis hin zu autonomen Bundeskonferenzen der Atomkraftinitiativen ohne formelle Verfahrensgrundlagen reichen können.

Konventionelle Verbände wie die Naturschutzorganisationen oder der „Weltbund zum Schutze des Lebens" erfuhren durch die Bürgerinitiativbewegung und die ökologische Diskussion eine deutliche Belebung, aber sie stehen am Rande der Bewegung. Gerade das Phänomen, daß auch der Bundesverband Bürgerinitiativen Umweltschutz (BBU) als genuiner Dachverband der Bürgerinitiativen der permanenten Kritik seiner Mitgliedsgruppen, mehr noch der unabhängigen Initiativen ausgesetzt ist, die seine Professionalisierungs- und Institutionalisierungstendenzen beklagen (vgl. Rucht 1982 b:42 ff.), deutet auf die verbreitete Skepsis gegenüber Hierarchien und formalistischen Reglements.

Den Kern der Bürgerinitiativbewegung bilden noch immer die zahlreichen unabhängigen Gruppen, die auf einer basisdemokratischen, egalitären und lockeren Struktur beharren und sich gegenüber internen wie externen Vereinnahmungsbemühungen zu wehren wissen. Dieser Anspruch wird am deutlichsten von den Gruppen verfochten, die sich selbst als „Autonome" bezeichnen und/oder in spontaneistischer Manier fallweise an Aktionen teilnehmen. Doch selbst in den Gruppen mit ausgeprägten basisdemokratischen Strukturen bestehen in aller Regel informelle Hierarchien[10], die sich schon aufgrund des unterschiedlichen Engagements und Zeitbudgets der Mitglieder, besonderer fachlicher oder rhetorischer Qualifikationen usw. ausbilden, auf die jedoch auch die jeweiligen Gruppen zumeist sensibel reagieren.

Folgt man den verschiedensten Erhebungen, so wächst mit fortdauernder Existenz der Einzelgruppen, aber auch im Entwicklungsverlauf der Gesamtbewegung die Neigung zu festeren organisatorischen Bahnen (vgl. Karl 1981:61). Zudem scheint auch der Formalisierungsgrad mit der Größe der Einzelgruppe zu steigen. Andererseits zeigte die Entwicklung ab etwa 1978 (insbesondere auch durch die Unterwanderungsversuche der festgefügten kommunistischen Kaderorganisationen), daß ganz generell die anti-institutionellen Affekte zunehmen. So wurde auch in größeren Zusammenhängen, etwa bei den Entscheidungsfindungen im Gorlebener Anti-Atomdorf, mit „alternativen" Strukturen (Rotationsprinzip, ständige Rückkoppelung von Gruppenvertretern und Gruppen, Verzicht auf Abstimmungen usw.) experimentiert. Viele Gruppen meiden bewußt jegliche Form von Abstimmungen und setzen insbesondere bei Entscheidungen von größerer Tragweite auf ein oft mühselig praktiziertes Konsensprinzip, im Zweifelsfall auf einen Entscheidungsverzicht.

Waren drohende Institutionalisierungstendenzen schon seit Bestehen der Bürgerinitiativbewegung ein Dauerthema, so verlieh die Bildung von grünen bzw. alternativen Listen/Parteien dieser Diskussion eine völlig neue Dimension. Teile der Bürgerinitiativen sehen in diesem Versuch nicht nur ein nutzloses, sondern ein ausgesprochen schädliches Unterfangen. Der durch den Wahlkampf und die Parteienkonkurrenz bedingte Formierungszwang zerstöre die Autonomie der ideologischen und regionalen Vielfalt, der Drang nach Macht und Funktionen korrumpiere die erklärte Zielsetzung, die unausweichliche Professionalisierung und Verstetigung führe zur Dominanz eines bürokratischen Apparats, die Suche nach einer einheitlichen Linie ziehe Flügelkämpfe und Reibungsverluste nach sich. Gerade die Dauer und Intensität dieser Debatte bei den parlamentarischen Gruppierungen ist ein Indiz für das empfindliche Problembewußtsein und ein ständiger Anlaß von Spannungen zwischen Funktionsträgern und Mitgliederbasis (wie der Streit der baden-württembergischen GRÜNEN um Abgeordnetendiäten und Rotationsprinzip zeigt), aber auch von Spannungen zwischen den Parteien/Listen und den außerparlamentarisch agierenden Gruppen. Noch besteht der Anspruch, eine „Antiparteienpartei" (Guggenberger) zu sein. Noch fürchtet sich selbst eine Spitzenvertreterin der GRÜNEN wie Petra Kelly vor einem allzu großen Erfolg. Doch die etablierten Parteien vertrauen darauf, daß ihre parlamentarischen Konkurrenten auf Dauer ihren radikaloppositionellen Anspruch preisgeben müssen, in partieller Verantwortung und parlamentarischer Routine aufgehen werden, während auf der anderen Seite die autonomen Gruppen diese Entwicklung befürchten und wachsam jeden entsprechenden Schritt anprangern.

Die Erwartungshaltung der Öffentlichkeit und vor allem der Medien trägt dazu bei, Institutionalisierungstendenzen zu forcieren. Journalisten halten sich bevorzugt an Presseinformationen anerkannter Verbände, interviewen „Persönlichkeiten" und „Funktionsträger" innerhalb der Bewegung. Politiker zeigen sich hilflos, wenn sie sich einer Gruppe ohne klare Strukturen gegenübersehen. Und Administrationen fördern — wenn überhaupt — für sie überschaubare, d.h. institutionalisierte Organisationen. Nicht allein in wissenschaftlichen Untersuchungen, sondern in der gesamten öffentlichen Wahrnehmung dürfte somit ein erheblich verzerrtes Bild der Bürgerinitiativ- und Ökologiebewegung bestehen. Hinter den relativ gut erfaßten, wenn auch — wie etwa im Falle des BBU weithin überschätzten — institutionellen Formen steht eine für Außenseiter kaum überschaubare Grauzone von kleinen, informellen Gruppen, die die Mehrheit des „Fußvolks" der Bewegung stellen dürfte. Auf dieser Unübersichtlichkeit gründet durchaus eine strategische Stärke der Bewegung, die zuweilen, was ihre zahlenmäßige Basis angeht, auch zu grotesken Überschätzungen geführt hat.[11]

Teils bewußt, teils eher naiv hat die Bürgerinitiativbewegung innerhalb des Spannungsfelds von Improvisation und Organisation eine bislang relativ wirksame Strategie verfolgt, indem sie die Vorteile intensiver Kooperation und begrenzter Formalisierung in Teilbereichen wahrte, aber zugleich ihren dynamischen und offenen Charakter behielt. Keine einzelne Strömung konnte bislang eine ideologische, strategische und organisatorische Hegemonie erlangen. Wohl dieser strukturellen Offenheit ist es bislang zu verdanken, daß sich Lernprozesse gleichsam zwanglos durchsetzen konnten und die verschiedenen Strömungen und Teilbewegungen nicht völlig auseinanderdrifteten.

2.6 Bürgerinitiativ- und Ökologiebewegung im gesellschaftlichen Umfeld

Die Bürgerinitiativ- und Ökologiebewegung hat in den letzten Jahren ungeachtet ihrer programmatischen und organisatorischen Weiterentwicklung insgesamt an Konturen verloren. Die Feststellung besagt jedoch zunächst nichts über politischen Erfolg oder Mißerfolg. Zugleich ist auf zwei Ausnahmen gegenüber diesem allgemeinen Trend hinzuweisen: sowohl die Anti-Atomkraftbewegung als auch die Bundespartei „Die Grünen" haben sich organisatorisch konsolidiert und damit eher an Profil gewonnen.

Zwar lag die Anti-Atomkraftbehegung seit der letzten großen Demonstration in Brokdorf (Februar 1981) im Schatten anderer Themenkonjunkturen (vor allem Hausbesetzungen, Startbahn West, Abrüstung/Frieden) und mußte auch einen guten Teil ihres Aktivitätspotentials zugunsten dieser Konfliktfelder abgeben. Zugleich erlitt sie mit der fast reibungslosen Verabschiedung der „Dritten Fortschreibung des Energieprogramms" im November 1981 einen kaum zu unterschätzenden politischen Rückschlag. Doch zeichnen sich neue regionale Aktivitätsschwerpunkte ab (Zwischenlager, Wiederaufarbeitungsanlagen). Die bundesweite Kooperation in verschiedenen Einzelbereichen hat sich verstetigt. Auch wird die wissenschaftliche und juristische Unterstützung zusehends ausgebaut. So scheint doch die These von einer Konsolidierungsphase, wenn auch auf schmälerer personeller Basis und vorerst geringerem außengerichteten Aktivitätsniveau, durchaus gerechtfertigt.[12]

Noch deutlicher erscheint der Konsolidierungsprozeß bei den GRÜNEN. Ohne die internen Differenzen verkennen zu wollen, läßt sich gegenüber der eher chaotischen Gründungsphase eine organisatorische wie programmatische Stabilisierung feststellen. Die jüngsten Wahlergebnisse und Meinungsumfragen deuten auf eine weitere Aufwärtsentwicklung. Auch der vorläufige Eindruck, daß sich weder die jungen „Demokratischen Sozialisten" noch der konservativ-grüne Ableger der Gruhlschen „Ökologischen Partei Deutschlands" zu ernsthaften Konkurrenten entwickeln können, unterstreicht die generelle Annahme, DIE GRÜNEN hätten ihre äußerst labile Anfangsphase überwunden.

Doch abgesehen von diesen beiden relativ kompakten Säulen: Worin besteht das organisatorische und kommunikative Band der breiten Bürgerinitiativ- und Ökologiebewegung? Was hält eine Dritte-Welt-Initiative, eine Mieterinitiative und eine Initiative gegen ein Eindeichungsprojekt zusammen? Und was, außer einigen diffusen Globalzielen, verbindet selbst die sich ökologisch verstehenden Gruppen zu einem sozialen Ganzen? Gewiß lassen sich einige Indikatoren anführen. Viele Bürgerinitiativen wissen sich z.b. in ihrem Mißtrauen gegenüber der Lösungskompetenz administrativer Organe und der etablierten Politik schlechthin einig, wählen gleiche oder ähnliche Formprinzipien, um ihren Interessen Geltung zu verschaffen. Schließlich existieren Dachverbände zumindest im Umweltschutzbereich, die auf ein relativ hohes Maß an Gemeinsamkeit schließen lassen.

Doch wie ein Blick auf andere Beispiele — etwa die Gesamtheit der bundesdeutschen Ehepaare oder der eingetragenen Vereine — lehrt: die gemeinsame Form allein stiftet noch keine soziale Verbindung oder gar Identität. Aber auch die Gemeinsamkeit ideologischer Prämissen rechtfertigt nicht per se die Rede von einer sozialen Bewegung, sonst müßte man hierzulande z.B. von einer Bewegung des Konservatismus oder des Nihilismus sprechen können. Selbst der Verweis auf die verschiedenen Dachverbände im Ökologiebereich ist zu relativieren: diese Organisationen repräsentieren entgegen ihrem eigenen Anspruch nur einen Bruchteil der tatsächlich existierenden Umweltschutzgruppen.

Mit diesen Fragezeichen wollen wir nicht die Existenz einer Bürgerinitiativ- und Ökologiebewegung schlechthin bestreiten, aber doch auf zentrifugale Tendenzen aufmerksam machen. In dem Maße, wie sich die Bürgerinitiativbewegung ausweitete und immer neue Themenfelder erschloß, verloren sie an integrativer Kraft gegenüber den sich nun profilierenden Teilströmungen ideologischer und thematischer Art. Scheint der von Mayer-Tasch 1976 in die Öffentlichkeit getragene Begriff „Bürgerinitiativbewegung" in der damaligen Phase eine objektive Entwicklung und auch das subjektive Bewußtsein vieler Initiativen auf den Nenner gebracht zu haben, so verliert heute der Terminus nicht schon völlig seinen Sinn, aber seine Berechtigung ist doch im Schwinden.[13] Diese Überlegung gilt prinzipiell auch für die Ökologiebewegung. Etwa 1977, als der Begriff die Runde machte und auch bereitwillig als Selbstbezeichnung Verwendung fand, bewegte das Thema Ökologie die breite Öffentlichkeit und versprach der Umweltschutzbewegung einen festen Rahmen zu geben. Heute findet die ökologische Idee weithin Beachtung und wird selbst zum rhetorischen Schutzschild der erklärten Gegner der Umweltschützer. Die breite

Rezeption des Themas, angefangen von Unterorganisationen der Vereinten Nationen über Innen- und Umweltministerien bis hin zu traditionellen Naturschutzvereinen, nimmt der ökologischen Idee ihren kritischen Impuls, leiert sie aus zu einer abgedroschenen Phrase, die nicht mehr deutliche ideologische und politische Grenzziehungen erlaubt. Bezeichnet die Anti-Atomkraftbewegung klare Fronten und somit auch eindeutige Kriterien von Erfolg oder Mißerfolg, so gilt dies nicht in gleichem Grad für ökologische Zielsetzungen. Mit der — tatsächlichen oder vorgeblichen — Übernahme der ökologischen Idee in administrative Fachabteilungen, PR-Agenturen und kommerzielle Medien, in die Minderheitsflügel großer Parteien, in traditionelle Verbände, kirchliche Jugendorganisationen, Universitäten, Technikerzirkel, Wahlkampfreden, Stiftungen, nicht zuletzt auch in die Frauen-, Alternativ- und Friedensbewegung, werden Grenzziehungen problematisch. „Niemand kann und will es sich mehr leisten, gegen die Ökologie zu sein." (Huber 1982: 14)

Sofern man nicht die Summe all dieser Bemühungen als Ökologiebewegung bezeichnen soll — ein Vorschlag, der uns wenig sinnvoll erscheint —, fällt es schwer, noch *die* genuine Bewegung zu identifizieren, die diesen Namen zu Recht tragen soll. Dies gilt zumal dann, wenn sich keine klare Infrastruktur, kein flächendeckendes Netz von Projekten, Vermittlungsinstanzen und übergreifenden Kooperationsformen abzeichnet, das auch nur halbwegs die Breite und Vielfalt der ökologisch orientierten Einzelpersonen, Gruppen und Verbände verknüpfen und eine soziale Identität stiften könnte. Die Ökologiebewegung der Jahre 1977/78[14] ist heute in eine bunte Vielfalt von Gruppierungen unterschiedlicher Zielsetzung zerfasert (z.B. Landkommunen, Dritte-Welt-Gruppen, Gesundheitsläden). So wurden in bestimmten Fällen ökologische Ideen von Initiativen mit primär anderen Anliegen übernommen; auf der anderen Seite haben sich zugleich innerhalb der „eigentlichen" Bürgerinitiativ- und Ökologiebewegung konkretere Teilbewegungen und Arbeitsfelder herauskristallisiert (z.B. Fahrradgruppen, Anti-Flughafen-Initiativen, Gruppen der „Gewaltfreien Aktion", Stromzahlungsboykott usw.), bei denen der ökologische Bezug oft nur rein deklamatorischen Charakter hat.

Ökologen „reinsten Wassers" sind dagegen typischerweise Einzelpersonen, die nicht ihre gesamte Energie einer speziellen Aufgabe widmen, sondern projekt- und themenübergreifend argumentieren, fachliche Disziplinen verknüpfen und jeweils die Verbindung von Konkretem zum Allgemeinen zu ziehen wissen. Solche „Drehpunktpersonen", wie z.B. Carl Amery, Barry Commoner, Ivan Illich, Robert Jungk, Manfred Siebker oder Frederic Vester, sind in einem sehr abstrakten Sinne die repräsentativen Bindeglieder der verschiedensten Teilbewegungen. Sie wirken in erster Linie publizistisch und erreichen große Teile der Ökologiebewegung, doch sie wären prinzipiell mit der Aufgabe überfordert, zugleich als kommunikative Knotenpunkte all der verschiedenen Teilbewegungen und Projekte zu fungieren. Gerade auch die Tatsache, daß solche Schaltstellen lediglich für die einzelnen Teilbewegungen und nicht für eine übergeordnete Gesamtheit existieren, macht diese relativierende Beurteilung der Ökologiebewegung notwendig, ohne die auch Außenbeziehungen und gesellschaftliche Wirkung der Bewegung nicht angemessen eingeschätzt werden können.

Einerseits bestehen zwischen der Ökologiebewegung und ihren Widersachern eindeutige sachliche und organisatorische Frontlinien, markiert durch den Streit um die Atomenergie, die Startbahn West oder die parlamentarische Konkurrenz der Parteigrünen. Hier scheiden sich die Geister, hier prallen die Interessengegensätze zwischen ökologischen Gruppierungen und etablierter Politik unvermittelt aufeinander. Hier kann auch der jeweilige Erfolg der Protestgruppen zumindest vordergründig an der Verhinderung, Verzögerung oder Verkleinerung des umstrittenen Projekts oder auch an Wählerstimmen und Abgeordnetenmandaten nachvollzogen werden.

Insgesamt läßt sich aber doch feststellen, daß die Konflikte in den letzten Jahren weder an Zahl noch an Intensität abgenommen haben. Eher scheint es, als könnten einzelne lokale Brennpunkte überraschend eine symbolische Funktion auch für viele nicht unmittelbar Betroffene gewinnen und breitere Protestpotentiale mobilisieren. Die Entwicklung der Parteigrünen und der alternativen Listen zeigt zudem, daß diese von einem relativ breiten, bislang nur fallweise ausgeschöpften Sympathiepotential getragen werden. So konnten diese Gruppierungen innerhalb der letzten Jahre auf Kommunal- und Landesebene vereinzelt das bestehende Parteiengefüge erschüttern, erhebliche Verunsicherung auslösen, bei Minderheiten innerhalb der SPD und F.D.P. Punkte sammeln und damit innerparteiliche Kontroversen verschärfen. Der Erfolg der GRÜNEN bei den Bundestagswahlen im März 1983 bestätigte den aufsteigenden Trend und wird in Zukunft dem „parlamentarischen Spielbein" der neuen sozialen Bewegungen mehr politisches und publizistisches Gewicht verleihen. Hinzu kommt die Resonanz ökologischer Ideen in Kirchen, Jugendverbänden und Teilen der Gewerkschaften. Gerade diese Gruppen erfüllen zusammen mit den gemäßigten Teilen der Ökologiebewegung eine intermediäre Funktion (vgl. dazu Huber 1980: 96 ff.; Rucht 1981: 396 ff.), indem sie neue, zunächst nur von einer Avantgarde vertretene Werte und Ziele in sozial relevante Bereiche vermitteln, zugleich aber den ursprünglich antagonistischen Charakter des „Neuen" und des „Alten" abschwächen und somit sozialintegrativ wirken. Noch deutlicher ist der Niederschlag ökologischer Positionen bei den neuen sozialen Bewegungen insgesamt. Ökologische Denkweisen und Programme gingen fast nahtlos in die Frauen-, Alternativ- und Friedensbewegung ein, führten zu gemeinsamen Aktionen, zu wechselseitiger Unterstützung und, wie im Fall der Friedensbewegung, zu einer weiten Überlappung, die mit der saloppen Floskel „Ökopax" halb anerkennend, halb (selbst-)-ironisch auf den Begriff gebracht wurde.

Auf der anderen Seite, abseits klarer politischer Fronten und dezidierter Stellungnahmen, dürfte die Sensibilität für Umweltfragen in unorganisierten und sich (noch?) kaum artikulierenden Bevölkerungskreisen gestiegen sein. Auch wenn sich hier noch keine handlungspraktischen Konsequenzen abzeichnen, so wird doch vielleicht künftigen Veränderungen der Boden bereitet.

2.7 Zur Einschätzung der Bürgerinitiativ- und Ökologiebewegung

Fast sämtliche frühen Analysen der Bürgerinitiativen betonten deren spontanen und unsteten Charakter; Bürgerinitiativen erschienen als lose Ad-hoc-Gruppen, die meist ebenso rasch und unvermittelt auftauchen, wie sie auch wieder verschwinden. Partei- und Verbandsvertreter kritisieren vielfach die räumliche und zeitliche Begrenzung des Ansatzes, die Neigung zur Sankt-Florians-Politik, d.h. dem Versuch, unliebsame Maßnahmen und Projekte ohne Rücksicht auf die Betroffenheit anderer abzuwälzen. Marxistischen Sozialwissenschaftlern erschien das Phänomen eher irrelevant. Sie vermißten den Klassenstandpunkt, kritisierten das idealistische Sozialstaatsbewußtsein und sprachen von der „Illusion demokratischer Bürgerinitiativen" (Faßbinder 1971). Undogmatisch-sozialistische Wissenschaftler sahen in Bürgerinitiativen ein Potential möglicher Systemveränderung, knüpften an diese Option allerdings die Bedingung, daß sich erst die Einsicht in den kapitalistischen Verursacherzusammenhang der von Bürgerinitiativen aufgegriffenen Probleme durchsetzen müsse, daß zudem Verhandlungsstrategien auf der Grundlage kurzfristiger und radikaler Forderungen mit kalkulierten Gewaltakten zu kombinieren seien, um nicht zu „Scheingefechten auf dem falschen Terrain (zu) verkümmern" (Offe 1972: 166). Liberale Zeitgenossen begrüßten Bürgerinitiativen als Belebung und Ergänzung der Parteiendemokratie; konservative Stellungnahmen blieben meist skeptisch, sahen in den Bürgerinitiativen oft eine zwar legale, aber doch illegitime Anmaßung selbsternannter Interessenvertreter, die sich anschickten, repräsentativ-demokratischen Organen die Kompetenz streitig zu machen. In all diesen Charakterisierungen blieb jedoch eine Auseinandersetzung mit der spezifischen politischen Form von Bürgerinitiativen ausgespart (vgl. Rodenstein 1978: 87), so daß strikte Zurückweisungen wie auch platter Beifall unvermittelt nebeneinanderstehen konnten.

Vor allem die weiter zurückliegenden Einschätzungen der Bürgerinitiativbewegung können inzwischen zumeist als überholt oder widerlegt gelten. Bürgerinitiativen haben sich weder als „Kurzbrenner" noch als Bedrohung des parlamentarischen Systems erwiesen. Sie unterlagen in ihrer Gesamtheit weder der bruchlosen Vereinnahmung durch die großen Parteien, noch entpuppten sie sich als kommunistische Tarnorganisationen. Ähnliches gilt für die ökologisch orientierten Bewegungen. Sie konnten nicht als Modeerscheinung, als ein Haufen von Umweltspinnern, Naturaposteln und Maschinenstürmern abgetan werden. Heute dominieren, ähnlich wie in der Formierungsphase, eher respektvolle Urteile, an die zuweilen Umarmungsstrategien oder auch Abgrenzungsversuche geknüpft werden. Jedenfalls werden ökologische Gruppierungen auch von ihren politischen Gegnern zunehmend ernstgenommen.

Im Lager oder Sympathisantenfeld der Bürgerinitiativ- und Ökologiebewegung selbst scheint vorsichtiger (Zweck-) Optimismus bis hin zur Überschätzung der eigenen Kräfte zu überwiegen. Dabei wird häufig eine katastrophale Zukunftsvision verknüpft mit dem beschwörenden Appell, den blinden oder zu einer Kehrtwende unwilligen bzw. unfähigen Politikern durch eine Massenmobilisierung Einhalt zu gebieten: „Denn es hat sich seit Beginn der Umweltdebatte gezeigt, daß die wirtschaftlichen, politischen und militärischen 'Macher' und 'Entscheider' in West und Ost, Nord und Süd sich zu keiner grundsätzlichen Kursänderung, keiner radikal anderen Praxis entschlossen haben ... Der Krieg gegen die Umwelt wird weitergeführt." (Jungk 1981: 9) Trotz dieses Befunds „wäre es falsch zu resignieren. Die größte Durchsetzungschance für einen umweltfreundlichen Kurs bietet auch jetzt noch die stetige Verbreiterung und Verstärkung einer Massenbewegung" (ebd., 10). Erscheint also das ökologische Engagement als Mut der Verzweiflung, oder, in den Worten Eugen Kogons, als ein „David-Goliath-Kampf"?

Ökonomie versus Ökologie?

Zweifellos lassen sich ökonomische und ökologische Interessen nicht umstandslos versöhnen. Die Berücksichtigung ökologischer Belange taucht zumindest in kurzfristigen Wirtschaftlichkeitsberechnungen von Einzelunternehmen, aber auch aus gesamtkapitalistischer wie staatssozialistischer Perspektive, als unliebsamer Kostenfaktor auf, dessen möglichst vollständige Ignorierung Konkurrenzvorteile zu versprechen scheint. Vielfach mögen ökologische Forderungen (etwa nach Erhalt der Artenvielfalt in Flora und Fauna) nicht einmal mit weitsichtigen ökonomischen Maximen, sondern primär mit ästhetischen oder moralischen Maßstäben zu begründen sein.

Doch die platte Entgegensetzung von Ökologie versus Ökonomie erscheint in vielfacher Hinsicht fragwürdig. Zum einen haben Ökologen gezeigt, daß Ökologie oft nichts anderes ist als eine wohlverstandene Langzeitökonomie; eine Ökonomie, deren Rationalität sofort evident wird, wenn betriebs- oder volkswirtschaftlich externalisierte Kosten (Umweltschäden, soziale Belastungen, psychische und physische Krankheiten usw.) in das Kalkül einbezogen werden. Weiterhin haben in der Energiedebatte die Vertreter des „sanften" Wegs aufgewiesen, daß ökonomische und ökologische Belange selbst unter kurzfristigen Zeithorizonten Hand in Hand gehen können und gerade unter dem Eindruck hoher Arbeitslosigkeit und der Gefährdung von Klein- und Mittelbetrieben auch zur Lösung sozialer Probleme beitragen können (analoge Argumente gelten auch für die Länder der Dritten Welt).

Auf der anderen Seite zeigen Analysen, daß auch die Interessen großer Kapitalien nicht von vornherein einen Verdrängungskampf mit der Ökologie führen müssen. Jänicke (vgl. 1979) zufolge haben sich längst ganze Industriezweige ohne jedwelche Abstriche von der kapitalistischen Logik darangemacht, einen umfangreichen Umweltreparaturbetrieb zu etablieren und davon auch zu profitieren. Huber (vgl. 1982) geht noch einen Schritt weiter. Er hält einen neuen langen Wachstumszyklus, eine Phase der „Superindustrialisierung" nicht für ausgeschlossen, wobei zur innovativen Basis eines derartigen Durchbruchs gerade auch jene umweltfreundlichen Technologien beitragen könnten, die Ökologen, wenn auch nicht unter großindustriellen und zentralistischen Rahmenbedingungen, so vehement befürworten.

Der weniger spekulative Blick in die nähere Zukunft verspricht jedoch — gerade unter dem Eindruck des erstarkenden Neokonservatismus — eine entschiedenere Entgegensetzung von Ökonomie und Ökologie. Die Lippenbekenntnisse und halbherzigen Maßnahmen für den Umweltschutz (z.B. die Neufassung der „Technischen Anleitung Luft") können nicht darüber hinwegtäuschen, daß sich im Rahmen konkreter Konflikte (atomare Anlagen, Flughafenprojekte, Autobahnen usw.) eine härtere Gangart gegenüber den ökologischen Protestgruppen ankündigt. Eine noch höhere Arbeitslosenquote, zunehmende Verteilungskämpfe und innenpolitische Konfrontationen lassen bestenfalls notdürftige Umweltreparaturen, jedoch keine ökologische Politik erwarten. Ist somit die Ökologiebewegung und mit ihr die Bürgerinitiativbewegung am Ende?

115

Der neokonservative Vormarsch wird nicht nur auf das ökologische Anliegen, sondern auch die Bürgerinitiativen insgesamt zurückwirken. Damit dürften das „Dezentralisationspostulat" als die „historische Mission der Bürgerinitiativbewegung" (Mayer-Tasch 1981: 229), die Abkehr von der „Stellvertreterpolitik" und die Ausweitung der Partizipationschancen in weitere Ferne rücken. Ob sich damit eine Einschränkung politischer Freiheiten (z.B. des Demonstrationsrechts) und gar eine Politik des law and order verbindet, ist nicht zuletzt eine Frage der Stärke der gesamten parlamentarischen und außerparlamentarischen Opposition. Hierbei ist das Verhältnis zwischen Protestgruppen und Sozialdemokratie/Gewerkschaften von entscheidender Bedeutung.

Mit dem weiteren Einsickern ökologischer und partizipatorischen Ideen in die neue Mittelklasse wird das herkömmliche Fortschrittskonzept nachhaltig unterminiert. Damit steht insbesondere die in dieser Frage gespaltene Sozialdemokratie vor der Alternative, ob sie ihre auch in der Oppositionsrolle auseinanderstrebenden Flügel länger integrieren kann (und will) oder ob sie — gemäß dem Rat Richard Löwenthals — sich stärker auf ihre traditionelle Stammwählerschaft zu konzentrieren hätte, um sich auf dieser kleineren, aber homogeneren Basis zu regenerieren. Dagegen liegt die Fortsetzung des sozialdemokratischen Spagats durchaus im Interesse ökologischer Bewegungen, sei es, um sich mit dem linken Flügel zu verbünden, oder sei es in der Erwartung, längerfristig mit der *gesamten* Sozialdemokratie einen ökologischen Kurs herbeiführen zu können. Eine vorschnelle und allzu enge Verbindung von außerparlamentarischer Protestbewegung und linksökologischen SPD-Gruppen würde jedoch eine Polarisierung zwischen gewerkschaftlichen und ökologischen Kräften begünstigen und damit die ökologische Bewegung vor eine nicht zu überwindende Hürde stellen. Eine generelle Radikalisierung der außerparlamentarischen Ökologiebewegung wiederum ist mit dem Risiko der Selbstisolierung verbunden. Dabei droht sie ihre Brückenköpfe im Lager der Etablierten zu verlieren.

Unterstellt man dagegen einen (auch mit dem rechten Rand der Sozialdemokratie möglichen) Kurs der strikten Ausgrenzung gegenüber den ökologischen Bewegungen, so werden die Verhältnisse übersichtlicher, aber zugleich konfliktträchtiger. Eine ausgesprochen kapitalfreundliche Politik des Neokonservatismus könnte bestenfalls die Ausgrenzung und Stigmatisierung der aktionistischen und militanten Teile der Protestbewegung erreichen, wäre aber kaum in der Lage, die inzwischen breit verankerten ökologischen Positionen zu neutralisieren. Der wohl nur aus einer law and order-Perspektive denkbare Versuch, ein breiteres Spektrum des Protestpotentials (unter Einschluß der GRÜNEN, des BBU und größerer Teile der Bürgerinitiativen) ausgrenzen zu wollen, dürfte eine gesamtgesellschaftliche Polarisierung nach sich ziehen, bei der sich rechte Kräfte plötzlich einer Front von liberalen Kräften, großen Teilen der Sozialdemokratie und der Gewerkschaften gegenübersehen könnten. Aus rein strategischen Erwägungen könnte eine derartige Konstellation für Protestbewegungen möglicherweise von langfristigem Vorteil sein. Der Preis wäre freilich eine mittelfristige Vernachlässigung der Umweltpolitik und eine Einschränkung politischer Freiheiten und Partizipationschancen, also gerade der Ziele, für die die Bürgerinitiativ- und Ökologiebewegung angetreten sind.

Die Bündnisfähigkeit dieser Bewegungen wird nicht nur durch externe Faktoren, sondern auch durch ihre innere Entwicklung bestimmt. Hierbei kommt der Lösung der ,,Organisationsfrage" und der ,,Gewaltfrage" entscheidende Bedeutung zu. Die Spannung zwischen außerparlamentarisch-fundamentaloppositionellen Kräften und stärker an partei- und verbandsförmigen Strukturen orientierten Gruppen ist kaum zu beseitigen, aber sie kann zumindest überbrückt und ,,ausgehalten" werden. Diese Aufgabe stellt sich den sozialen Bewegungen im allgemeinen wie den GRÜNEN im besonderen (vgl. dazu verschiedene Beiträge in: Kraushaar 1983). In dem Maße, wie die GRÜNEN und andere stärker auf konventionelle Politikformen verpflichtete Gruppierungen in den Sog der ,,etablierten" Politik geraten, droht auch die Gefahr der Separierung und Marginalisierung der ,,autonomen" Protestpotentiale. Ob das von Robert Michels postulierte ,,eherne Gesetz der Oligarchie" durchbrochen werden kann, bleibt abzuwarten. Trotz der enormen Sensibilisierung der neuen sozialen Bewegungen für diese Frage ist auf lange Sicht Skepsis angebracht.

Ungleich größer ist derzeit die Gefahr einer internen Polarisierung im Hinblick auf die ,,Gewaltfrage" (die sich teilweise mit der ,,Organisationsfrage" in der Praxis überschneidet). Die gemäßigten, strikt auf das Prinzip der Gewaltfreiheit verpflichteten Strömungen stehen in einem ständigen Spannungsverhältnis zu den entschieden radikaleren Gruppen. Dieser Gegensatz hat bislang innerhalb der Anti-Atomkraftbewegung die deutlichsten Konturen gewonnen. Sollte er sich verschärfen und — über einzelne Gruppen und Milieus hinausgehend — auch auf die übrigen Teile der Bürgerinitiativ- und Ökologiebewegung durchschlagen, so stünde einer aussichtsreichen Doppelstrategie der Vereinnahmung und Ausgrenzung auf Seiten der etablierten Politik nichts mehr im Wege.

Trotz der Verschärfung der ökologischen Problematik ist zu vermuten, daß sich der bereits angedeutete Trend der Entmischung und des Zerbröckelns der Ökologiebewegung fortsetzen wird. Neue Themenkonjunkturen (Arbeitslosigkeit, Abrüstung, Datenschutz) überlagern und relativieren die ökologische Fragestellung. Damit verschieben sich auch die Aktivitätsschwerpunkte der stark politisierten autonomen Gruppen. Mit dem Einsickern der ökologischen Idee in das weitere gesellschaftliche Umfeld verliert die Ökologiebewegung ihre vormals klare Identität. Ökologische Themen werden auch in Zukunft keineswegs aus der politischen Arena verbannt (Atomenergie, saurer Regen, Chemisierung der Landwirtschaft usw.). Aber die Debatte verläuft in konkreteren Bahnen; die Positionen lassen sich nicht mehr in klaren Freund-Feind-Schemata („Ökologen" versus „Anti-Ökologen") verorten. Das inzwischen weit verbreitete ökologische Bewußtsein bildet ein Ferment, aber keinen Kristallisationspunkt für manifeste Konflikte. Dafür bedarf es offensichtlich konkreterer Themenfelder. Die Rede von der Ökologiebewegung hat heute eher euphemistischen Charakter; sie bezeichnet kaum noch einen soziologischen Sachverhalt. In aller Vorsicht: Nicht das Ende ökologischer Proteste, aber doch das Ende einer Ökologiebewegung kündigt sich an.

3. Die neue Frauenbewegung

In dem Maße, wie sich in den 70er Jahren in den westlichen Industrieländern die Frauenbewegung entfaltete, kam sie über die Reflexion ihrer Voraussetzungen auch zur „Entdeckung" und Aufarbeitung ihrer Vorgeschichte im 19. und frühen 20. Jahrhundert. Erst aus dieser Perspektive konnte sie sich selbst als „neue Frauenbewegung" verstehen und sich damit zur historischen Frauenbewegung in Beziehung setzen. Daß es sich hierbei vielfach um ein Schlüsselerlebnis handelte, verdeutlicht der Rückblick der Sozialwissenschaftlerin und Feministin Herrad Schenk: „In der Frauengruppe verbrachten wir viel Zeit damit, unsere Vorstellungen von Feminismus zu klären, uns über Ziele und Strategien auseinanderzusetzen ... Aber wir fragten nicht nach der Ideengeschichte der Frauenbewegung. Erst als ich mehr oder weniger durch Zufall in einem fünfzig Jahre alten Buch auf genau die Feminismus-Definition stieß, von der ich glaubte, wir hätten sie ganz neu entwickelt, wurde mir der Mangel an Geschichtsbewußtsein innerhalb der Frauenbewegung selbst in vollem Umfang klar." (1982: 7). Die Argumente „wider das ungeschichtliche Denken" (Krechel 1975: 37) blieben nicht ohne Wirkung. In den letzten Jahren mehrte sich das Interesse an der sozialen Stellung und den konkreten Lebensbedingungen der Frau in vergangenen Epochen, an den biographischen Zeugnissen historischer Frauengestalten, an ethnologischen Studien zur Funktion und Rolle der Frauen in fremden Kulturen und auf früheren Evolutionsstufen, an feministischen Mythen und Utopien. Insbesondere wurden die früheren Proklamationen zur rechtlichen und materiellen Gleichstellung der Frau und die Positionen, Forderungen und Erfahrungen der alten Frauenbewegung auf breiterer Ebene rezipiert. Da die Auseinandersetzung mit der Vergangenheit wichtig ist für die Standortbestimmung und Identitätsfindung der heutigen Frauenbewegung, gehen wir zunächst in einem knappen Exkurs auf die historische Frauenbewegung ein.

Exkurs: Die historische Frauenbewegung

Seit der bürgerlichen Revolution und der Erklärung der Menschenrechte erhoben sich immer wieder einzelne Frauen und Frauengruppen, um die Bevormundung und Unterdrückung ihres Geschlechts anzuklagen und zu überwinden (vgl. Schröder 1979). Hierbei erwiesen sich jedoch die sozialen Vorurteile, die materielle Abhängigkeit der Mehrzahl der Frauen von den Männern und die Schranken der Klassen- und Schichtzugehörigkeit vielfach stärker als die Gemeinsamkeit der Geschlechtszugehörigkeit und die damit verbundene Diskriminierung.

Allem egalitären Pathos zum Trotz verfocht die bürgerliche Emanzipationsbewegung vor allem die ökonomischen Interessen des eigenen Standes. Weder lag ihr viel am Wohl des vierten Standes noch an dem der Frauen insgesamt. Bezeichnenderweise waren diese beiden Gruppen von der revolutionären Nationalversammlung ausgeschlossen, die 1789 die Rechte *aller* Menschen und Bürger proklamierte. Doch dieser Anspruch blieb fortan virulent und speiste die Kritik der französischen Revolutionärin Olympe de Gouges oder der englischen Frauenrechtlerin Mary Wollstonecraft bis hin zu den Repräsentantinnen des heutigen Feminismus. Eine ganze Reihe der frühen Sozialisten, darunter Saint-Simon, Fourier, Cabet, Thompsen und Owen, setzte sich für die Emanzipation der Frauen ein. In einigen der von den Frühsozialisten initiierten oder beeinflußten kommunitären Experimente spielte die Gleichstellung von Mann und Frau, teilweise auch die Abschaffung der Institution der Ehe, eine bedeutende Rolle. Die Tatsache, daß sich zwischen 1789 und 1830 meist Männer[15] zu Fürsprechern der Frauenemanzipation machten, ist ein Indikator für die Schwierigkeiten der Frauen, sich für ihre Belange öffentliche Aufmerksamkeit zu verschaffen.

Die mit der Industrialisierung verbundenen ökonomischen und sozialen Umwälzungen führten im 19. Jahrhundert nicht nur zur sogenannten „socialen Frage", sondern — im Schatten dieser — auch zur „Frauenfrage" (vgl. Stegmann/Hugo 1897). Diese war vor allem durch drei Themenkomplexe, (a) die „Bildungsfrage" und „Erwerbsfrage", (b) „Sittlichkeit" und „Neue Ethik" und (c) das Frauenstimmrecht bestimmt. Frauen aus den Unterschichten waren vielfach unter elenden Bedingungen zu Fabrik- bzw. Heimarbeit oder zum Beruf des Dienstmädchens gezwungen und zugleich von zahlreichen Berufen und Bildungswegen ausgeschlossen; Frauen standen insgesamt unter dem Druck einer rigiden Sexualmoral und eines patriarchalischen Ehe- und Familienrechts; schließlich blieben Frauen zahlreiche staatsbürgerliche Rechte versagt.

Im Deutschland des Vormärz war die Frauenfrage weitgehend eine Angelegenheit bildungsbürgerlicher Kreise. Im Vordergrund stand „Die Teilnahme der weiblichen Welt am Staatsleben", so der Titel eines 1847 veröffentlichten Aufsatzes von Louise Otto, der bekanntesten Frauenrechtlerin dieser Jahrzehnte. Nach dem französischen Vorbild entstanden erste Frauenclubs, daneben karitative Frauenvereine, Sonntagsschulen für Mädchen und eine „Frauenhochschule" in Hamburg (vgl. Twellmann 1976: 9). Die revolutionären Bestrebungen von 1848 gaben den Emanzipationsbestrebungen einen bedeutenden Impuls. Ein Jahr später erschien erstmals die „Frauen-Zeitung", die bereits 1852 dem Druck der Gegenrevolution zum Opfer fiel. Die programmatischen Aussagen dieser Zeitung sind in der Forderung, das „Rein-Menschliche" auszubilden und „das Werk der Welterlösung zu fördern", noch ganz dem bürgerlichen Idealismus verhaftet. Dieser Geist prägte auch den ersten bedeutenden Zusammenschluß einzelner Frauengruppen zum „Allgemeinen Deutschen Frauenverein" im Jahr 1865 in Leipzig.

Die weitere Geschichte der deutschen Frauenbewegung ist nicht von ungefähr als Vereins- und Persönlichkeitsgeschichte geschrieben worden. Spontaneistische und wenig institutionalisierte Gruppen, wie sie für die heutige Frauenbewegung charakteristisch sind, spielten für die erste Frauenbewegung in Deutschland keine Rolle. Die Betätigung der frühen Frauenvereine blieb in Form und Inhalt zurückhaltend, beschränkte sich weitgehend auf den karitativen und kulturellen Rahmen. Die restriktive Vereinsgesetzgebung, die in Preußen erst 1902 gelockert wurde, untersagte Frauen die Mitgliedschaft und Betätigung in politischen Vereinen. Gemäß der ausgeprägten Trennung der Geschlechtsrollen und den damit verbundenen Klischees der weiblichen Bestimmung sollte der Wirkungskreis von Frauen — mit Ausnahmen des agrarischen weiblichen Proletariats — auf den familiären Bereich und auf die Wohlfahrtspflege beschränkt bleiben. Diesem Verständnis entsprachen auch die bis in die 80er Jahre dominierenden Frauenvereine *bürgerlich-konservativer* Prägung.[16]

Allmählich schoben sich jedoch neue Fragestellungen, Positionen und Gruppierungen innerhalb der Frauenbewegung in den Vordergrund. Frauenbildungs- und Erwerbsvereine drängten auf die Einrichtung berufsspezifischer Schulen und Ausbildungsgänge. Seit den 70er Jahren wurde die Zulassung von Frauen zur Gymnasialbildung und zum Universitätsstudium gefordert; zunächst zurückhaltend und eher in der Rolle des Bittstellers, dann — forciert durch den 1888 gegründeten „Deutschen Frauenverein Reform" und den 1890 entstandenen „Allgemeinen Deutschen Lehrerinnenverein" — mit zunehmendem Nachdruck und schließlich ersten Erfolgen.

Phasenverschoben zur Bildungs- und Erwerbsfrage gewann in den späten 80er Jahren die „Sittlichkeitsfrage" an Gewicht. Der zunächst eher konservative Ansatz (Forderung nach Verbot des Bordellbetriebs und der Bestrafung von Prostituierten) wurde unter dem Einfluß der abolistischen Bewegung in England und in den USA zunehmend liberalisiert und inhaltlich erweitert. Die Prostitution galt nun als Ausdruck einer sexuellen Doppelmoral, die Prostituierten erschienen als deren hilfsbedürftige Opfer. Radikal-bürgerliche Frauen gingen schließlich ab Beginn des neuen Jahrhunderts auch über diese Positionen hinaus und postulierten eine „Neue Ethik". Derzufolge wird auch Frauen die Selbstbestimmung über ihre sexuellen Bedürfnisse und die daraus resultierenden Lebensbedingungen zugestanden: „Konsequenterweise forderten die Anhänger der „Neuen Ethik" eine Erleichterung der Scheidung, eine Verbesserung der Stellung unverheirateter Mütter und unehelicher Kinder, die Schaffung der Voraussetzungen für eine bewußte und frei gewählte Mutterschaft, d.h. Aufklärung über und Verbreitung von Kontrazeptiva und Abschaffung der Paragraphen 218 und 219." (Schenk 1981: 35)

In den 90er Jahren entwickelte sich aus den bereits länger bestehenden Arbeiterinnenvereinen (vgl. Dertinger 1981) ein *sozialistischer* Zweig der Frauenbewegung (vgl. Evans 1979; Niggemann 1982), der in der Sozialdemokratie seine politische Heimat fand. Diese Frauen rückten schon sehr bald die Stimmrechtsfrage in den Vordergrund, nachdem bereits im „Erfurter Programm" der Sozialdemokratischen Partei die Einführung des allgemeinen und gleichen Stimmrechts gefordert worden war. Zwischen den sozialistischen Arbeiterinnenvereinen und den bürgerlichen Frauenvereinen kam es zu wachsenden Gegensätzen und schließlich zum offenen Bruch. 1894, bei der Konstituierung des „Bundes deutscher Frauen" als dem neuen Dachverband der Frauenvereine, blieb der sozialistische Flügel ausgeschlossen. Zu dessen hervorragendster Sprecherin entwickelte sich in der Folgezeit Clara Zetkin, die eine Zusammenarbeit mit der bürgerlichen Frauenbewegung konsequent ablehnte.

121

Erst nach dem Erstarken des sozialistischen Flügels und der damit verbundenen Kontroversen innerhalb der Frauenbewegung formierten sich um die Jahrhundertwende auch *konfessionelle Frauenvereine*, die gegenüber dem wachsenden radikalen Flügel der Frauenbewegung eine organisatorische und ideologische Gegenposition bezogen.

Die Aufhebung der restriktiven Vereinsgesetze im Jahr 1908 trug zur Verschärfung der bereits offenkundigen Differenzen innerhalb der Frauenbewegung bei. Ein Teil der Frauengruppen betätigte sich nun aktiv in den für die Frauenfrage aufgeschlosseneren Parteien (den Jungliberalen und der seit 1910 bestehenden Fortschrittlichen Volkspartei; mehr noch der Demokratischen Vereinigung und der Sozialdemokratie). Das Ob und Wie des Frauenstimmrechts entwickelte sich zum entscheidendsten Konfliktpunkt.[17] Die Gruppen, die für das Frauenstimmrecht eintraten, waren organisatorisch zersplittert und plädierten für unterschiedliche Modalitäten der Wahlbeteiligung. So formierten sich zwischen 1907 und 1912 drei konkurrierende Verbände für das Frauenstimmrecht.

Weiterhin entzweite sich die Frauenbewegung auch an der Haltung zum Weltkrieg. Die große Mehrzahl der Frauenorganisationen, darunter auch der inzwischen zahlenmäßig starke „Bund Deutscher Frauen", schwenkte auf eine nationalistische und regierungstreue Linie ein. Dagegen vertrat nur eine kleine, zunehmend durch staatliche Repressionen bedrängte Minderheit eine pazifistische Position und suchte den Kontakt zu anderen nationalen Frauenorganisationen aufrechtzuerhalten (vgl. Evans 1976: 214 ff.).

Schließlich kam es parallel zu diesen Tendenzen der Zersplitterung zu weiteren Desintegrationsprozessen. Die Spaltung der Sozialdemokraten in einen reformistischen und einen radikal-sozialistischen Flügel schlug auch auf die proletarische Frauenbewegung durch. Clara Zetkin, seit 1892 Herausgeberin der Zeitschrift „Gleichheit", wurde nach der definitiven Spaltung der SPD und der KPD im Jahr 1918 die Führerin der kommunistischen Frauen. Es blieb jedoch ein durchgängiges Prinzip der proletarischen Frauenorganisationen, die Frauenfrage ganz im Sinne der Analyse von Bebel als einen abgeleiteten Aspekt des Klassenwiderspruchs zu betrachten.[18]

Mit der Verankerung des Frauenstimmrechts in der Weimarer Verfassung und der Reform der Mädchenbildung hatte die Frauenbewegung zwei ihrer wichtigsten Forderungen erreicht. Doch die Bewegung hatte bereits ihren Höhepunkt überschritten und ihren kämpferischen Elan verloren. Es fehlte ein klar umrissenes gemeinsames Ziel. Die radikal-bürgerlichen Gruppen konnten sich nicht mehr organisatorisch stabilisieren. Der linke Flügel war nicht nur gespalten, sondern hatte — getreu der Lehre von Engels und Bebel — die Frauenfrage der Klassenfrage nachgestellt und sich organisatorisch in der SPD und KPD ein- und untergeordnet. Der fortan dominierende konservative Flügel grenzte sich von „radikalen Auswüchsen", „extremen Feministinnen" und „Frauenrechtelei" ab (vgl. Schenk 1981: 107). Die Mutterschaft wurde explizit ideologisiert und als höchste Bestimmung der Frau ausgegeben. Und selbst den berufstätigen, unverehelichten Frauen wurde anempfohlen, zumindest eine „seelische Mütterlichkeit" in ihrem Beruf walten zu lassen. Die Tendenzen einer sexuellen Liberalisierung in den 20er Jahren wurden entschieden bekämpft. Die Bemühungen um eine Frauenpartei blieben ebenso erfolglos wie der Versuch, über separate Frauenlisten innerhalb der etablierten Parteien größeren Einfluß zu erlangen.

Die weitgehende Entpolitisierung der Frauenbewegung, die fehlende Identifikation mit der Weimarer Demokratie, die Hinwendung zu einem Frauenideal der „Mütterlichkeit" und schließlich die überwiegende Verankerung der Frauenvereine in den protestantischen Mittelschichten kamen den Vereinnahmungsbemühungen der nationalsozialistischen Bewegung entgegen. Hierbei spielte insbesondere Gertrud Bäumer, die führende Repräsentantin der bürgerlichen Frauenbewegung, eine unselige Rolle, indem sie etwa den Feminismus zur „germanischen Bewegung" erklärte. Nur wenige Vertreterinnen der Frauenbewegung, darunter die dem radikalen und pazifistischen Flügel zugehörigen und außerhalb des Bundes Deutscher Frauenvereine Stehenden, ergriffen aktiv Partei gegen den Nationalsozialismus und wurden auch teilweise in die Emigration getrieben. Damit war die erste Frauenbewegung endgültig am Ende.

Nach dem Zweiten Weltkrieg reorganisierten sich verschiedene der ehemals im Bund Deutscher Frauen zusammengeschlossenen Vereine und sammelten sich unter dem Dach des „Deutschen Frauenrats", blieben jedoch ebenso wie die kommunistisch orientierten Frauenorganisationen ohne größere Bedeutung. Die neue Frauenbewegung entwickelte sich völlig unabhängig von diesen Gruppierungen.

3.1 Entstehung der neuen Frauenbewegung

Ähnlich wie sich die alte Frauenbewegung als eine unmittelbare Konsequenz des bürgerlichen Emanzipationsgedankens auf dem Hintergrund ökonomischer und sozialer Umwälzungen entfaltet hatte, entstand auch die neue Frauenbewegung aus der amerikanischen Bürgerrechtsbewegung und den Studentenbewegungen in den westlichen Industrieländern. Doch kann die neue Frauenbewegung nicht zureichend aus diesem Kontext erklärt werden. Ihr liegen vielmehr strukturelle Veränderungen zugrunde, von denen als wichtigste zu nennen sind:

a) die Zunahme der weiblichen Erwerbstätigkeit (vor allem in den Mittelschichten) und die erhöhte Bildungs- und Berufsqualifikation auch bei Frauen;

b) Veränderungen der familiären Situation (Trend zu Kleinfamilie und Ein-Personen-Haushalten, Zunahme alleinstehender Mütter, relative Entlastung der häuslichen Arbeit durch technische Geräte und partielle Hilfeleistungen durch den Mann);
c) die Entstehung neuer Anspruchshaltungen und Freiheitsräume auf der Grundlage einer weitgehenden Absicherung materieller Bedürfnisse, einer verlängerten Adoleszenz, von mehr Freizeit, eines breiteren Informations- und Bildungsangebots usw.;
d) die Umwertung von kulturellen Werten (Neubelebung und Ausweitung des Emanzipationsgedankens, Demokratisierung und Partizipation, Industrie- und Technikkritik, Erosion bürgerlicher Tugenden, Hedonismus) und Verhaltensstandards (Angleichung der Geschlechterrollen, sexuelle Liberalisierung, Zunahme von Scheidungen usw.).

Auf der einen Seite verbesserten sich also die objektiven Voraussetzungen für die politische Artikulation von Frauen, insbesondere sofern sie der jüngeren Generation und den gebildeten Mittelschichten angehörten und relativ unabhängig waren (vor allem Studentinnen, Angehörige freier Berufe, Ledige). Auf der anderen Seite verstärkte sich gerade bei diesen Schichten die Sensibilität für die nach wie vor bestehende Benachteiligung und Diskriminierung des weiblichen Geschlechts in ökonomischer, politisch-rechtlicher und sozial-kultureller Hinsicht. Gerade dort, wo der Gedanke der allgemeinen Emanzipation am lautstärksten verfochten wurde, trat auch die Kluft zwischen Anspruch und Wirklichkeit am deutlichsten ins Bewußtsein. Die Tatsache, daß insbesondere die privilegierten Frauen zu den Promotoren der neuen Frauenbewegung gehörten, unterstreicht lediglich, daß nicht das absolute, sondern das relative Maß der sozialen Benachteiligung in Verbindung mit der politischen Artikulationsfähigkeit den entscheidenden Faktor für den feministischen Protest darstellt.

In der Bundesrepublik bildete die Studentenbewegung *die* Basis der ersten feministischen Aktivitäten. Die Genossinnen innerhalb des Sozialistischen Deutschen Studentenbundes (SDS) hatten es zunehmend satt, im Schatten der männlichen Vordenker zu stehen, ihre alltäglichen Bedürfnisse und Probleme der „großen Politik" nachzuordnen, sich lediglich theoretisch und abstrakt auf einen emanzipatorischen Anspruch einzulassen, als bloße Handlangerinnen zu fungieren und die Männer von vermeintlich banaler Arbeit zu entlasten.

Diese Problematik war auch innerhalb der amerikanischen Studentenbewegung virulent. Frauen des SDS (Students for a Democratic Society), die auf einer Versammlung 1966 die Frauenfrage diskutieren und eine diesbezügliche Resolution verabschieden wollten, wurden von ihren männlichen Mitstreitern ausgelacht und mit Tomaten beworfen (vgl. Linnhoff 1974: 18). Zwei Jahre später, auf der Frankfurter Delegiertenkonferenz des SDS im September 1968, flogen Tomaten in die umgekehrte Richtung. Eine Berliner Delegierte des Verbandes hatte sich über die geringschätzige Art der Genossen erbost, die über einen Redebeitrag von Helke Sander hinweggegangen waren. Dieses Ereignis bildete den Auftakt für die eigenständige Formierung der Frauen innerhalb des SDS. Neben dem bereits seit Januar 1968 bestehenden Berliner „Aktionsrat zur Befreiung der Frau" wurden nun in mehreren Städten Gruppen gebildet, die sich halb ironisch, halb offensiv als „Weiberräte" bezeichneten. Auf der folgenden Delegiertenkonferenz im November 1968 in Hannover waren bereits acht solcher Gruppen vertreten, die nun gegenüber den Männern zunehmend offensiv und selbstbewußt auftraten (vgl. Frauenjahrbuch 1: 18).

Der zentrale Inhalt dieser ausschließlich studentischen Frauengruppen blieb eine sozialistische Transformation der Gesellschaft als Voraussetzung einer gesamtgesellschaftlichen Emanzipation. So wurde z.B. die Unterstellung von Seiten männlicher Genossen, die Frauengruppen glaubten ihre Emanzipation ohne Männer vollziehen zu können, als „Schwachsinn" (vgl. Frauenjahrbuch 1: 12) zurückgewiesen. Auch wenn diese Position in der sich später entwickelnden Frauenbewegung keine allgemeine Anerkennung finden sollte, so wurden doch in der Rede von Helke Sander zum Frankfurter Delegiertenkongreß des SDS andere Probleme und Ziele formuliert, die für die gesamte Frauenbewegung grundlegend werden sollten. Die Genossinnen konnten die Männer im SDS nicht mehr umstandslos als Bündnispartner betrachten, solange diese ungeachtet ihrer programmatischen Erklärungen durch ihr praktisches Verhalten die Interessen der Frauen mißachteten. Somit beharrten die Frauen darauf, „das spezifische Ausbeutungsverhältnis, unter dem die Frauen stehen", nicht mehr länger zu ignorieren, „die ins Privatleben verdrängten gesellschaftlichen Konflikte" zu artikulieren, die „Trennung zwischen Privatleben und gesellschaftlichem Leben" und „das Konkurrenzverhältnis zwischen Mann und Frau" aufzuheben, die „Passivität", die „Rollenerziehung, das anerzogene Minderwertigkeitsgefühl" der Frauen zu überwinden.

Eines dieser in den Privatbereich abgeschobenen Probleme war die sogenannte „Kinderfrage", d.h. die Versorgung, Beaufsichtigung und Erziehung der Kinder von Studentinnen und Studenten. Während sich die Männer innerhalb des SDS weitgehend uneingeschränkt der politischen Arbeit widmeten, waren die Mütter durch ihre Kinder gebunden, litten unter der Doppelbelastung von Familie und Studium sowie unter der häuslichen Isolation. Hinzu kam der Anspruch, die Kinder nicht mehr länger „nach den Prinzipien des Konkurrenzkampfes und Leistungsprinzips zu erziehen, von denen wir wissen, daß auf ihrer Erhaltung die Voraussetzung zum Bestehen des kapitalistischen Systems überhaupt beruht." (Frauenjahrbuch 1: 13). Die praktische Folgerung aus diesen Überlegungen war die Einrichtung der ersten antiautoritären Kinderläden.[19]

Sehr schnell entzündeten sich an diesen Initiativen ideologische Differenzen innerhalb der linken (Frauen-)Gruppen, die in ihrer grundsätzlichen Struktur auch in den „Weiberräten" aus anderen Städten und praktisch allen feministischen Aktionen dieser Phase wiederkehrten. Sahen die einen in frauenspezifischen Initiativen und der Konzentration auf Frauenfragen eine notwendige oder zumindest legitime Strategie im Rahmen ihrer antikapitalistischen Grundposition, so verurteilten andere „die bürgerliche Reduktion des politischen Kampfes der linken Frauen auf den Sektor Kind und Familie" (Erklärung einiger Genossinnen aus dem Aktionsrat vom Oktober 1969, zit. nach Doormann 1979: 29) und beharrten auf dem Vorrang von klassentheoretischen und politökonomischen Analysen und Schulungen. Hier lag bereits der Keim der für die spätere linke Frauenbewegung so bedeutsamen Kontroverse, ob die geschlechtsspezifische Unterdrückung der Frauen oder vielmehr die klassenspezifische Unterdrückung der Lohnabhängigen als zentraler gesellschaftlicher Widerspruch zu gelten habe.

Die zunehmende Beschäftigung mit den Klassikern der Frauenliteratur (z.B. Zetkin, Beauvoir), vor allem aber der beginnende Einfluß der weitaus weniger theorie-orientierten, sondern vielmehr an Alltagsproblemen anknüpfenden und in Selbsterfahrungsgruppen organisierten amerikanischen Frauenbewegung (Motto: „Das Private ist das Politische") veränderte die Diskussionen und Kräftekonstellationen. Erst in Verbindung mit der 1971 gestarteten Kampagne gegen den § 218 öffneten sich die Frauengruppen für ein breiteres politisches Publikum. Diese thematische wie personelle Erweiterung bildete eine notwendige Voraussetzung für die Entstehung einer Frauen*bewegung*, die auch außerhalb studentischer Frauenzirkel Fuß fassen konnte. Damit war das Stadium „der ersten Organisationsversuche autonomer Frauengruppen an den Universitäten", die sich Doormann zufolge „sozusagen in vollständiger gesellschaftlicher Isolation abspielten" (1979: 26), überwunden.

3.2 Verlaufsform und Entwicklungsdynamik

Die noch immer sehr junge Frauenbewegung in der Bundesrepublik hat doch eine ausreichend lange Geschichte hinter sich, um bestimmte Entwicklungsstadien ausmachen zu können. Schwarzer skizziert ihren Rückblick auf „10 Jahre Frauenbewegung" (1981:

13 ff.) als eine Abfolge von neun thematischen Schwerpunkten, die in journalistischer Manier auf den Begriff gebracht werden: „Bräute der Revolution (1968); Ich habe abgetrieben! (1971/72); ... aufs Kämpfen eingestellt! (1972/73); Aufstand der Schwestern (1973/74); Die neue Zärtlichkeit (1974/75); Vom Bett bis an die Uni (1975/76); Vom Hexen und Hetzen (1976/77); Mütter und deutscher Herbst (1977/78) und Drohender Weiblichkeitswahn (ab 1978)."

Doormann (1979: 23 ff.) unterscheidet eine *Anfangsphase*, geprägt durch die Frauengruppen innerhalb der Studentenbewegung, eine *erste Umbruchphase* und den Beginn der 218-Kampagne und schließlich die *Phase der Weiterentwicklung* der Frauenbewegung seit der 218-Kampagne. Eine Zäsur innerhalb dieses letzten Abschnitts bildet der Bundesfrauenkongreß vom Februar/März 1973 als ein „Wendepunkt in der Geschichte der Frauenbewegung" (ebd., 55), gekennzeichnet durch die abflauende Diskussion theoretischer Fragestellungen, insbesondere des Verhältnisses von Patriarchat und Kapitalismus. In der Folgezeit registriert sie das Aufkommen neuer Gruppen und Themen, darunter einer breiten Vielfalt gegenkultureller Initiativen. Etwa ab 1977 vermerkt Doormann, daß die Frauenbewegung zunehmend „lyrisch" werde und „gemeinsame frauenmobilisierende Aktionen" auf nationaler Basis fehlten. Die verschiedenen Flügel der Frauenbewegung hätten mit dem vergeblichen Kampf gegen den § 218 ihr einziges gemeinsames Ziel verloren, schließlich nähme das „Feindbild Mann" parallel zu der sich verschärfenden Frauenmisere im Kapitalismus einen „großen Aufschwung" (Ebd., 62).

Im Unterschied zu dieser Verlaufsskizze, geschrieben aus dem Blickwinkel der von der DKP favorisierten „breiten Bündnispolitik", setzt Schenk andere Akzente und kommt auch zu einer weniger pessimistischen Einschätzung der Frauenbewegung. Sie beschreibt die bisherige Entwicklung als eine Abfolge dreier Etappen: die Entstehungsphase der neuen Frauenbewegung (1971-1974/75), die „Wende nach innen" (ab 1975) und – mit einem relativ fließenden Übergang – die Phase der „feministischen Projekte" (etwa ab 1977) als Ansatz einer feministischen Gegenkultur. An dieser Einteilung wollen wir uns im folgenden orientieren.

Die Entstehungsphase

Die neue Frauenbewegung hat ihre originären Wurzeln in der Studentenbewegung und – entgegen den Geschichtsklitterungen von Autorinnen wie Menschik oder Doormann – nur äußerst marginale

Berührungspunkte mit Organisationen der traditionellen Linken („Demokratischer Frauenbund Deutschlands", gegr. 1950; „Westdeutsche Frauenfriedensbewegung", gegr. 1951). Die entscheidenden Impulse für die Bewegung kamen von den „Weiberräten" des Sozialistischen Deutschen Studentenbundes und der „Aktion 218" (s.u., S. 129 f.). Die ersten Frauengruppen definierten sich primär als Zusammenschlüsse von Sozialistinnen und erst in zweiter Linie durch ihre Geschlechtszugehörigkeit. Dementsprechend spielte auch die marxistische Theoriediskussion eine große Rolle. Doch immer mehr der daran beteiligten Frauen begannen am Sinn solcher Theoriedebatten zu zweifeln. Diese Entwicklung wurde erheblich verstärkt durch den nun beginnenden Einfluß der amerikanischen Frauenbewegung. Fast quer durch alle bestehenden linken Frauengruppen machten sich Spaltungstendenzen bemerkbar. Zunächst ging ein großer Teil des marxistisch-sozialistischen Lagers gegenüber den neuen, rein feministischen Strömungen auf Distanz, gebrauchte den eben wieder entdeckten Begriff „Feminismus" (vgl. dazu Hoffmann 1979: 85 ff.) in diskriminierender Absicht.

Eine stramm klassenbewußte Gruppe, die als einzige das Schulungsprogramm konsequent absolviert hatte, trat im November 1970 aus dem Frankfurter Weiberrat aus und fast geschlossen in die DKP ein (vgl. Doormann 1979: 31). Im Berliner „Aktionsrat zur Befreiung der Frau", im Dezember 1970 umbenannt in „Sozialistischer Frauenbund Westberlin", dominierte trotz der Öffnung für frauenspezifische Themen und Arbeitskreise eine marxistische Grundorientierung. Im Mai 1970 erschien die erste Nummer ihrer Zeitschrift „Pelegea" (benannt nach einer Brechtschen Frauenfigur). Die Berliner Organisation entwickelte sich zu einer relativ stabilen, lange existierenden Gruppe. Die um 1970/71 teilweise noch bestehenden „Weiberräte" oder Organisationen wie die „Rote Frauenfront" in München hatten jedoch keine politische Zukunft. Von einer „anderen Vorhut der Frauenbewegung" (Schenk 1981: 86), den verschiedenen Vereinen und Arbeitskreisen, die sich mit Fragen der Gleichberechtigung befaßten, grenzten sie sich ab, weil sie ihnen „nicht links genug waren" (Frauenjahrbuch 1: 25). An den Aktionen gegen den § 218 zeigten sie kaum Interesse. Nach dem Urteil von Schwarzer waren die Apo-Frauengruppen „dank mangelnder intellektueller, emotionaler und organisatorischer Autonomie Opfer der allgemeinen linken Dogmatisierungs- und Fraktionierungsprozesse geworden." (1981: 22).

Erst die Kampagne gegen den Abtreibungsparagraphen bildete einen geeigneten Focus, aus dem eine Bewegung erwachsen konnte. Der Mehrzahl der sozialistischen Gruppen erschien die Kampagne „als Rettung von außen" (Doormann 1979: 32); die Mitglieder des Frankfurter Weiberrates waren „alle heilfroh, daß ... (sie sich) nicht mehr dazu verdonnert fühlen mußten, bis zum St. Nimmerleinstag ausschließlich trockene Texte lesen zu müssen" (Frauenjahrbuch 1: 37), beteiligten sich allerdings zunächst nur „halbherzig" an der Aktion, die von linken Kritikern als „reformistisch" abgetan worden war. In anderen Ländern, insbesondere in den USA, in Frankreich, Dänemark und Holland, hatten sich bis Sommer 1971, dem Beginn der § 218 Kampagne in der Bundesrepublik, bereits radikalfeministische Gruppen etabliert (vgl. Linnhoff 1975).

Eine der französischen Gruppen („Mouvement de la Liberation de la Femme/MLF") hatte die in der Pariser Wochenzeitschrift „Le nouvel Observateur" abgedruckte Selbstbezichtigung von 343 Frauen organisiert: „Wir haben abgetrieben und wir fordern das Recht auf freie Abtreibung für jede Frau!" Alice Schwarzer, damals Korrespondentin in Paris und aktive Mitarbeiterin im MLF, initiierte eine analoge Aktion in der Bundesrepublik. Sie fand bei den vorbereitenden Sondierungen lediglich die Unterstützung von ganzen drei Frauengruppen, darunter der Frankfurter „Frauenaktion 70", die sich bereits öffentlich gegen den § 218 ausgesprochen hatte („Mein Bauch gehört mir!"). Am 6. Juni veröffentlichte die Hamburger Illustrierte „Stern" das aufsehenerregende Geständnis von 374 Frauen, darunter vielen Prominenten, die sich dazu bekannten, abgetrieben zu haben. Diese Aktion löste eine Flut weiterer Aktivitäten aus. Neue Fraueninitiativen entstanden, Unterschriften wurden gesammelt, Gegenkampagnen eingeleitet, Polizeidurchsuchungen durchgeführt. Die Ereignisse sind bekannt und vielfach beschrieben worden, so daß wir uns hier auf ihre Bedeutung für die Frauenbewegung beschränken können.

Die Kampagne war die Initialzündung für die Formierung der Frauenbewegung, die sich nun erst als solche zu bezeichnen begann. Das Thema Abtreibung mobilisierte zwar weitgehend Frauen aus dem intellektuellen Milieu und aus den Mittelschichten, aber auch Frauen aus anderen Schichten waren davon besonders stark betroffen. Der demonstrative Bruch der Legalität signalisierte ein gewandeltes Legitimitätsbewußtsein. Die Erfahrung gegenseitiger Hilfe und Solidarität („Gemeinsam sind wir stark!") weckte das Selbstbewußtsein und ermutigte viele Frauen zu einer offensiven Haltung. Die Zusammenarbeit in lokalen Initiativen führte zur Diskussion weitergehender Fragen, zur Reflexion der weiblichen Rolle, der alltäglichen Unterdrückung, der politischen Benachteiligung. Die Gemeinsamkeit einer konkreten Zielsetzung förderte die Kooperation und Vernetzung der einzelnen Gruppen und ließ politisch-ideologische Differenzen in den Hintergrund treten, kurz: die § 218-Aktionen bildeten „den eigentlichen Schmelztiegel für das Entstehen der Neuen Frauenbewegung" (Schenk 1981: 87).

Als „historischer Moment" und Geburtsstunde der „zweiten deutschen Frauenbewegung" gilt Alice Schwarzer der erste Bundesfrauenkongreß im März 1971 in Frankfurt, zu dem sich mehrere Hundert Frauen aus über 20 Städten der Bundesrepublik versammelten. Das Spektrum der vertretenen Gruppen und die Thematik der dort gebildeten vier Arbeitsgruppen („Gründe für die Selbstorganisation von Frauen"; „Situation der erwerbstätigen Frau"; „Funktion der Familie in der Gesellschaft"; „Aktion 218") zeigen, daß die Frauenbewegung bereits in ihrer Entstehungsphase über die Fixierung auf einen Punkt hinausgekommen war. Sie war zu keinem Zeitpunkt nur eine Frauen*rechts*bewegung, sondern von Anfang an eine Frauen*emanzipations*bewegung.

Gleichwohl stand der Kampf gegen den § 218 in den folgenden Jahren im Mittelpunkt der öffentlichen Konfrontation. Die sozialliberale Koalition, die bereits 1969 eine Reform der Abtreibungsregelung in Aussicht genommen hatte, geriet nun in dieser Frage unter starken Druck. Die Vielfalt von Aktionen wie Tribunale, Straßenfeste, Demonstrationen, Beteiligung an Anhörungsverfahren, öffentlich angekündigte Fahrten zu ausländischen Abtreibungskliniken, Herausgabe von Handbüchern zur Abtreibung usw. blieb jedoch äußerlich relativ erfolglos, nachdem selbst der von der Frauenbewegung als unzureichend empfundene Gesetzesbeschluß von 1974 („Fristenlösung" auf der Grundlage des Fraktionsentwurfs der SPD/FDP) in der vorliegenden Form durch das Bundesverfassungsgericht am 28.2.1975 für nichtig erklärt wurde. Während eine stärker dem traditionell-sozialistischen Politikverständnis verpflichtete Autorin wie Doormann rückblickend feststellt, daß diese Aktionsbreite und Massenwirkung seitdem von der Frauenbewegung nie wieder erreicht worden sei und daß diese Tatsache ein trauriges Licht auf ihre weitere Entwicklung werfe (vgl. 1979: 37), bleiben doch andere Momente festzuhalten, die für eine differenzierte Einschätzung sprechen.

Im Schatten der Abtreibungsfrage vollzogen sich andere, vielfach weniger spektakuläre Entwicklungen, die gleichwohl für die Frauenbewegung konstitutive Bedeutung erlangten. Hierzu gehören – in Stichworten –:

a) die verstärkte Aufarbeitung feministischer Literatur (v.a. Beauvoir; Friedan; Firestone; Millet; Mitchell; Greer) in kleinen Gesprächskreisen;

b) die Ausdifferenzierung eines zunehmend stärkeren radikal-feministischen Flügels („feministischer Feminismus");

c) die Bildung erster Lesben-Gruppen (ab 1972) und das wachsende Selbstbewußtsein weiblicher Homosexueller;

d) die Errichtung erster Frauenzentren als Anlaufstelle, Treffpunkt und ständiges Diskussionsforum;

e) die Veranstaltung der ersten Frauenseminare an den Universitäten, ausgehend 1974 von Berlin, dann in dichter Folge in zahlreichen anderen Städten von München bis Hamburg, verbunden durch einen losen Erfahrungsaustausch bei den Frauenunitreffen ab 1974;

f) die Durchführung weiterer nationaler Delegiertenkonferenzen (Februar 1973 in München; September 1974 in Bochum) sowie die zunehmende Internationalisierung der Bewegung (gefördert u.a. durch einen regen Erfahrungsaustausch, die Beteiligung an den jährlichen Frauensommerlagern auf der dänischen Insel Femø, einen internationalen Feministinnenkongreß im Dezember 1974 in Frankfurt sowie weitere Kongresse in Paris und Amsterdam);

g) verschiedene Einzelaktionen gegen die soziale, berufliche und sexuelle Diskriminierung von Frauen.

Gegen Ende dieser Phase hatte sich die Frauenbewegung zwar nicht zu einer einheitlich organisierten politischen Kraft formiert, aber doch ein tragfähiges Selbstbewußtsein als „Bewegung" entwickelt. Intern hatten sich die wichtigsten Positionen ausdifferenziert, wobei sozialistische und marxistische Strömungen zunehmend durch radikalfeministische Positionen überlagert wurden.[20] Obgleich mit der Neuregelung des § 218 die bislang wichtigste Klammer der verschiedenen Frauengruppen ihre Funktion einbüßte, blieb die Bewegung im Aufwind. Das Abflauen des sozialliberalen Reformeifers ab 1972/73 und die damit einhergehende „Tendenzwende" bestärkte vor allem die sozialistischen Teile der Frauenbewegung in ihrer politischen Arbeit, während der radikal-feministische Flügel sich an die theoretische und praktische Kritik des „Patriarchats" machte, indem er etwa den männlichkeitsorientierten Charakter der Sprache[21] und der Sexualität zu analysieren begann.

Zweite Phase: Der Rückzug nach innen

Die Frauenbewegung in den Jahren 1975/76 ist gekennzeichnet durch das Vordringen der Selbsterfahrungsgruppen, die stärkere Betonung und Aufarbeitung der persönlichen Erfahrungswelt. Diese inhaltliche Erweiterung der bisherigen Schwerpunkte der Bewegung und die damit einhergehenden Verlagerung der Aktivitäten (Frauengesundheitszentren, feministische Therapie, Frauenwohngemeinschaften, Müttergruppen usw.) erzeugte einen großen Zustrom zur Frauenbewegung. Spektakuläre, im größeren Verbund organisierte Aktionen spielten dagegen ab 1975 keine große Rolle mehr. Auch die alljährlichen Bundeskonferenzen fanden nun nicht mehr statt.

Parallel zu dieser weitgehenden Abkehr von der „großen Politik" begann die Rezeption frauenspezifischer Themen durch die

Massenmedien. 1975, das „Jahr der Frau", bot einen geeigneten Anlaß. Kehrseite dieser freundlichen Umarmung, der partiellen Unterstützung einiger „berechtigter" Forderungen war freilich die Diffamierung des radikalen Feminismus, exemplarisch nachvollziehbar an der persönlichen Verunglimpfung von Alice Schwarzer (vgl. Schwarzer 1981: 69 f.) sowie der Stimmungsmache gegen Lesbierinnen.

Radikalfeministinnen und/oder die sogenannten „Bewegungslesben" gaben auch Anlaß für interne Auseinandersetzungen in der Frauenbewegung. Der bereits in der Entstehungsphase aufgekeimte Streit um den primären gesellschaftlichen Repressionsmechanismus, die Herrschaft des Kapitals oder des Patriarchats, hatte an Vehemenz zugenommen. Radikalfeministinnen übten Kritik an der linken These vom Hauptwiderspruch (Lohnarbeit-Kapital) und Nebenwiderspruch (Frau-Mann) und kehrten sie um: „Der Schlüsselpunkt der Gesellschaftsanalyse ist nicht Kapitalismus, sondern Patriarchat. Die kapitalistische Klassengesellschaft wird als eine gesellschaftliche Spielart des Patriarchats gesehen, das selber sehr viel älter ist als der Kapitalismus. 'Die Frauenfrage' ist dann nicht mehr ein Unterpunkt im Klassenkampf, sondern Klassenfragen stellen einen Unterpunkt im umfassenden feministischen Kampf gegen die patriarchalische Weltordnung dar." (Frauenjahrbuch '76: 68).

Konsequenz dieser Position war die Forderung nach völlig autonomen Organisationsformen, denn die gemeinsame politische Arbeit mit Männern hätte ja nur die Fortsetzung der Unterdrückung bedeutet, hätte „die jahrtausendalte Macht der Männer nicht brechen, ihre Wertvorstellungen, die in allen Fasern dieser Institutionen stecken, nicht in Frage stellen können." (ebd.) Stützten sich die „linken" Frauen in der Auseinandersetzung weitgehend auf klassische Texte, angefangen von Marx über Bebel zu Zetkin, so bezogen sich die Radikalfeministinnen weitgehend auf Texte aus der amerikanischen Frauenbewegung und auf historische, sexualwissenschaftliche und ethnologische Studien. Mittlere Positionen, die etwa an Simone de Beauvoir anschließen konnten, schienen eher ins Hintertreffen zu geraten.

Die vermehrt und zunehmend offensiv auftretenden Lesbengruppen — wie so oft spielte auch hier eine Berliner Gruppe, das aus der „Frauengruppe der Homosexuellen Aktion Westberlin" hervorgegangene „Lesbische Aktionszentrum West-Berlin", eine Vorreiterrolle — sorgten für eine weitere interne Konfliktlinie. Militante Lesben warfen den sogenannten „Heterofrauen" vor, sich aus männlichen Abhängigkeiten nicht befreien zu wollen, witterten einen Verrat an der Frauenbewegung, beklagten die Unfähigkeit der Heterofrauen, andere Frauen zu lieben, kritisierten die „Funktionalisierung lesbischer Frauen" durch bisexuelle Frauen (vgl. Schwarzer 1981: 64). Heterofrauen dagegen fühlten sich durch die Lesben unter Druck gesetzt. Das Wort vom „Lesbenterror" macht die Runde und findet sich auch noch heute zuweilen in den Leserbriefspalten von Frauenzeitschriften.

In den Jahren 1975/76 hatte sich die Frauenbewegung in ihre auch heute noch bestehenden Grundpositionen aufgefächert. Teils über die bestehenden politisch-ideologischen Differenzen hinweg hatten sich gleichgerichtete themen- und projektzentrierte Aktivitäten entwickelt, die schließlich in eine organisatorisch und ideologisch heterogene, dezentrale Infrastruktur mündeten. Hierzu gehören, um nur die wichtigsten Elemente anzudeuten,

— Frauenbuchläden (ab 1975 in München und Berlin, später in zahlreichen anderen Städten);
— Frauenverlage (zuerst die „Frauenoffensive" 1975 in München), die zunehmend auch Texte und Dokumentationen aus der bundesrepublikanischen Frauenbewegung veröffentlichten (darunter Frauenkalender und Frauenjahrbücher);
— die alljährliche Frauensommeruniversität in Berlin (ab 1976);
— Frauenhäuser (das erste ab November 1976 in Berlin, kurz darauf in Bremen und Köln).

Besonders die Einrichtung von Frauenhäusern (vgl. Hagemann-White 1981 und 1983)[22] hatte eine wichtige öffentliche Funktion. Diese Häuser bildeten nicht nur einen Zufluchtsort für geschlagene und mißhandelte Frauen, sondern waren zugleich ein offensiver Schritt. Sie dokumentierten unübersehbar das Ausmaß der alltäglichen Gewalt in Ehen und Zweierbeziehungen, waren allein durch ihre Existenz und die nicht zu deckende „Nachfrage" beredte Anklage und Zeugnis. Wer bislang Feministinnen hinsichtlich ihrer Aussagen über das Gewaltverhältnis zwischen den Geschlechtern einen Hang zur Übertreibung unterstellt hatte, wurde nun eines besseren belehrt. Vor allem die Frauenhäuser und die Aktionen und Kongresse zur Gewalt gegen Frauen (1976 in Brüssel und München) kamen in ihrer Qualität, wenn auch nicht in ihrer öffentlichen Resonanz, der Kampagne gegen den § 218 nahe. So gesehen ist die These einer „Wendung nach innen" zu relativieren.

Zusammenfassend ist festzustellen, daß die zweite Phase der Frauenbewegung weniger durch theoretische Analysen und abstrakte Einsichten geprägt war, sondern vielmehr durch den wachen Blick auf alltägliche Rollenklischees, auf die subtile und manifeste Benachteiligung und Unterdrückung von Frauen, den Bezug auf die eigene Erfahrungs- und Gefühlswelt, den praktischen Lernprozeß durch Versuch und Irrtum. Vermerkt Linnhoff noch 1974, daß „der Aufbau einer Bewegung, die unter Absteckung nicht immer gleicher politischer Standpunkte zu solidarischem Handeln fähig wäre" (1974: 38), noch nicht gelungen sei, so steht die Bilanz von Menschik aus dem Jahr 1977 ganz unter dem Zeichen des von ihr kritisierten Radikalfeminismus: „Bis hierher gesehen ist Feminismus in der neuen Frauenbewegung Ausdruck einer ernst zu nehmenden Protesthaltung von immer mehr Frauen, deren Hoffnungen, Wünsche und Sehnsüchte auf konventionellem Weg nicht eingelöst wurden. Der Umschlag dieses Protests in eine umfassende Theorie steht noch aus." (1977: 111)

Dritte Phase: Ansätze zu einer feministischen Gegenkultur

Das „Gegenmilieu", die „Gegengewalt gegen den Ichverlust und die Atomisierung der Menschen in dieser Gesellschaft", die Schrader-Klebert bereits auf dem Höhepunkt der Studentenbewegung gefordert hatte (vgl. 1969: 44), wurden etwa ab 1977 in der Frauenbewegung als Konturen erkennbar — freilich nicht als Ergebnis des „langen Marschs durch die Institutionen", den die Autorin mit den Theoretikern der Studentenbewegung proklamiert hatte. Soweit sich ein gegenkultureller Zusammenhang über die Frauenbewegung herstellen ließ, wurde er aber nicht durch die subversive oder konstruktive Veränderung innerhalb der bestehenden Institutionen, sondern durch die Bildung *autonomer* Organisationen und Projekte hergestellt. Hierfür war zweifellos der „feministische Feminismus" in seiner konsequenten Strategie der Selbstorganisation die treibende Kraft. Diese dritte Phase der feministischen Projekte ist allerdings aufgrund der unterschiedlichen Entwicklungsgeschwindigkeit in den Großstädten und in der Provinz[23] nicht klar von der vorangegangenen Phase abzugrenzen. Obgleich auch in der Folgezeit keinerlei Formen einer repräsentativen nationalen Organisation aufkommen, verknüpfen sich doch die einzelnen Projekte immer mehr zu einem engmaschigen Netzwerk.

Einen Beitrag hierzu leisten die beiden großen überregionalen Zeitschriften „Courage", 1976 in Berlin entstanden und in der Anfangsphase lokal orientiert, sowie die von Alice Schwarzer 1976/77 ins Leben gerufene „Emma", professioneller ausgerichtet (Startauflage 300.000) und stärker auf ihre Gründerin zentriert. Beide Organe, die in der Anfangsphase in einem heftigen Streit um Marktanteile, Konzeption, Machhart und inhaltliche Standpunkte lagen, hatten sich relativ schnell konsolidiert und erreichen inzwischen Auflagen von 50-60.000. Jedoch wird insbesondere die weniger auf eine bestimmte Linie verpflichtete „Courage" immer wieder von Krisen geschüttelt.

Weitere Beiträge ergaben sich aus der überregionalen Zusammenarbeit in verschiedenen Problemfeldern: vor allem der Kooperation der inzwischen in zahlreichen Städten entstandenen autonomen Frauenhäuser, der Fortführung der Berliner Sommeruniversitäten, der Formierung feministischer Wissenschaftlerinnen durch Vereine, Sektionen und Fachkongresse sowie größere frauenspezifische Aktionen mit oder im Rahmen der Anti-Atomkraftbewegung, der Ökologiebewegung und zuletzt der Friedensbewegung.

Alice Schwarzer hebt für die Entwicklung ab 1977/78 vor allem zwei Momente hervor: Zum einen der „Deutsche Herbst" in seiner Rückwirkung auf die Frauenbewegung; zum anderen die

„neue Mütterlichkeit" und der „drohende Weiblichkeitswahn".

Das Klima der politischen Verhärtung und Terroristenhysterie vom Herbst 1977 begünstigte ganz allgemein den Druck gegenüber dissentierenden Minderheiten. Der hohe Anteil an weiblichen Terroristen verleitete zuweilen dazu, Feministinnen pauschal dem vielzitierten „Sympathisantensumpf" zuzurechnen. Insgesamt eignete sich der „RAF-Krimi" als Ablenkungsmanöver „von der just in dieser Zeit beginnenden Arbeitslosigkeit, von der steigenden Umweltzerstörung und von der Frauen immer stärker bewußt werdenden alltäglichen Männergewalt." (Schwarzer 1981: 92) An Reaktionen aus der Frauenbewegung verzeichnet die Autorin a) den Rückzug ins Private, Indifferenz, Hinwendung zur „neuen Innerlichkeit" und „neuen Weiblichkeit", b) distanzlose Solidaritätsaktionen für die Gejagten, c) den Versuch einer allgemeinpolitischen Einordnung der Ereignisse und der Entwicklung eines feministischen Standpunktes und d) ein ironisch-utopisches Ausgeflipptsein angesichts des Bierernstes der Lage (vgl. ebd., S. 93).

Die Schärfe der Kritik und der breite Raum, den Schwarzer den biologischen Tendenzen der „neuen Mütterlichkeit" und „Weiblichkeit" zukommen läßt, steht vielleicht nicht direkt in Relation zum tatsächlichen Gewicht dieser Strömungen. Der Trend ist jedenfalls unverkennbar, auch wenn man darin nicht unbedingt eine Gegenbewegung sehen muß, die in die Reihen der Frauenbewegung eingebrochen sei (vgl. Schwarzer 1981: 105). Daß sich im Verbund mit Teilen der Ökologie- und Alternativbewegung neue mystizistische, spiritualistische, naturschwärmerische Strömungen Bahn brechen und ihre frauenspezifischen Anknüpfungspunkte und Ausdrucksformen finden, muß auf dem Hintergrund einer generellen Zunahme antimodernistischer Affekte gesehen werden. Dabei ist es keineswegs überraschend, daß sich diese Tendenzen gerade in der Frauenbewegung spiegeln, ist doch die Identifikation von Modernismus, Zweckrationalität, Technik usw. mit „männlich" ein gängiger Topos und verleitet dazu, eine „weibliche" Gegenidentität zu postulieren.

In dieser dritten Phase ergaben sich gegenüber den vorangegangenen Etappen insgesamt aber keine einschneidenden Veränderungen. Der Selbsterfahrungsboom ist zwar etwas abgeklungen, doch die Vielzahl der bereits um die Mitte der 70er Jahre initiierten Projekte existiert weiter, wenn auch oft mit starker personeller Fluktuation und in veränderten organisatorischen Formen. Viele Einrichtungen der Frauenbewegung (Verlage, Zeitschriften, Frauenhäuser, themen- und berufsspezifische Projekte usw.) haben sich konsolidiert, ihren improvisierten Charakter abgestreift und gleichsam veralltäglicht. Zwischen den konkurrierenden ideologischen

Flügeln besteht heute eine für alle Seiten halbwegs kalkulierbare Kooperationsmöglichkeit, zumindest ein modus vivendi. Das Konzept der separaten und autonomen Organisation von Frauen hat sich weitgehend durchgesetzt bzw. wird — zumeist von sozialistisch und/ oder gewerkschaftlich orientierten Frauen — im Sinne einer Art Doppelstrategie gebilligt. In diesem Zusammenhang ist es bemerkenswert, daß selbst die DKP-nahe Zeitschrift „Das Argument" seit Frühjahr 1982 eine separate Frauenredaktion eingerichtet hat. Die Ideen der autonomen Frauenbewegung scheinen immer stärker auch in die kritischen Flügel von einzelnen Parteien, Gewerkschaften, Bildungseinrichtungen usw. Eingang zu finden und für die traditionellen Frauenorganisationen (z.B. die „Arbeitsgemeinschaft sozialdemokratischer Frauen") eine zunehmende Herausforderung zu werden. Neben der kontinuierlichen Arbeit in den zahlreichen Projekten sorgen spektakuläre Aktionen (z.B. die Anklage gegen die sexistischen Titelbilder des „Stern") militante Auftritte (z.B. die Verwüstung eines Redaktionsraumes der Berliner „tageszeitung" in Reaktion auf einen Artikel über Peep-Shows) oder inzwischen schon traditionelle Anlässe (die Straßenumzüge in der Walpurgisnacht; der internationale Frauentag am 8. März; die Berliner Sommeruniversität sowie Frauenwochen bzw. -foren in Hamburg und im Ruhrgebiet) für die öffentliche Präsenz der feministischen Bewegung.

3.3 Soziale Rekrutierung

Vor dem Beginn der Kampagne gegen den § 218 rekrutierten sich die „neuen" Frauengruppen fast ausschließlich aus Studentinnen, obgleich man davon ausgehen kann, daß auch Nicht-Studentinnen aus (links-)intellektuellen und bürgerlich-liberalen Kreisen mit dem aufkommenden Feminismus sympathisierten. In diesem Lager fand auch die Mitte 1971 gestartete Initiative gegen den § 218 die nachhaltigste Unterstützung. Neben einer Reihe von prominenten Frauen, darunter Schauspielerinnen, Künstlerinnen, Journalistinnen usw., die sich an der Selbstbezichtigungsaktion beteiligten, waren es ganz generell jüngere Angehörige aus den gebildeten Mittelschichten, die auch die Folgeaktionen in erster Linie trugen und bis heute die Rekrutierungsbasis der Frauenbewegung bilden.

Dieses Bild wird auch durch eine — für die Frauenbewegung sicher nicht repräsentative — Leser-Umfrage der Zeitschrift Emma (vgl. die Hefte 1, 2 und 3/ 1980) bekräftigt. Aus den über 5.300 Antworten ergibt sich, daß drei Viertel der Leserinnen zwischen 20 und 39 Jahre alt sind, 55 % Abitur oder einen Hochschulabschluß besitzen (davon jede fünfte auf dem zweiten Bildungsweg).

Jede zehnte der Befragten stufte sich als aktives Mitglied der Frauenbewegung ein, jede vierte bezeichnete sich uneingeschränkt als „Feministin". 70 % der befragten wahlberechtigten Leserinnen hatten noch bei der Bundestagswahl 1976 die SPD gewählt; 98 % allerdings wollten den Parteien insgesamt den Kampf ansagen und betrachteten diese als „frauenfeindlich".

In einer Veröffentlichung des Münchener Frauenzentrums findet sich folgende Einschätzung: „In unserer Bewegung sind größtenteils Frauen, die entweder noch in der Ausbildung stehen, berufstätig oder arbeitslos sind. Unser Durchschnittsalter dürfte bei 25 Jahren liegen. Eine kleinere Anzahl von Frauen unter uns sind Hausfrauen, d.h., ihr Arbeitsplatz ist der Haushalt oder die Familie. Einige von uns leben von der Sozialhilfe und ein paar wenige haben sich mit Frauenbetrieben quasi selbständig gemacht." (Extra Journal: Gewalt gegen Frauen, 1976: 10)

Obgleich bis heute verläßliche empirische Daten über die soziale Zusammensetzung, Bildungs- und Berufsqualifikation und Altersstruktur fehlen, kann doch vermutet werden, daß sich die relativ einseitige soziale und altersspezifische Zusammensetzung der Frauenbewegung abschwächt. Der wachsende Einfluß der Bewegung auf etablierte Organisationen, die beginnende Rezeption ihrer Themen durch die Massenmedien, insbesondere durch kommerzielle Zeitschriften wie „Brigitte" oder „Stern", das Aufkommen zahlreicher autonomer Frauengruppen und -arbeitskreise in Betrieben, Verbänden, Rundfunkanstalten usw., die staatliche Förderung einzelner Projekte der Frauenbewegung (z.B. Frauenhäuser) tragen dazu bei, vorhandene Klischees und Feindbilder abzubauen und psychische Schwellenängste gegenüber der feministischen Bewegung zu senken. Damit eröffnen sich breitere Sympathisanten- und Rekrutierungsfelder, obgleich sich die soziale Zusammensetzung des aktivistischen Kerns kaum verändert haben dürfte.

Die jüngsten Themenkonjunkturen von „Innerlichkeit", „Neuer Weiblichkeit" und „Muttermythos" könnten − nicht zuletzt aufgrund der damit einhergehenden Entpolitisierungstendenzen − dazu beitragen, der Frauenbewegung neue Potentiale zuzuführen, wenn auch mit prekären Folgen für den inneren Zusammenhalt und die politische Stoßkraft der Bewegung. Insgesamt ist festzuhalten, daß sich die Frauenbewegung − von ihrer geschlechtsspezifischen Ausschließlichkeit abgesehen − im wesentlichen aus den selben sozialen Trägergruppen rekrutiert wie die übrigen neuen sozialen Bewegungen. Im Gegensatz zur Bürgerinitiativ- und Ökologiebewegung fehlt allerdings die Unterstützung konservativ-traditionaler Kreise; im Unterschied zur Friedensbewegung fehlt der Rückhalt bei christlichen Gruppierungen; ebenso gibt es keine Verbindungen der Frauenbewegung zu kleinbürgerlich-proletarischen Schichten, wie sie zumindest am Rande der Alternativbewegung bestehen.

3.4. Ziele und politisch-ideologisches Spektrum

„Feministische Bewegung" oder „Frauenbewegung" als Selbstbezeichnung wie als analytische Kategorie suggerieren zunächst eine politische Homogenität, die sich jedoch bei näherer Betrachtung als ein sehr differenziertes Spektrum erweist. Freilich kann nur dann sinnvoll von einer sozialen Bewegung gesprochen werden, wenn ein kleinster gemeinsamer Nenner vorhanden ist, der sich als hinreichend tragfähig und kohärent erweist, um eine kollektive Betroffenheit zum Ausdruck zu bringen und eine soziale Identität zu stiften. Dieser Nenner ist für die Frauenbewegung die Erfahrung der geschlechtsspezifischen Unterdrückung und Benachteiligung, das Wissen um den historischen, d.h. prinzipiell überwindbaren Charakter patriarchalischer Strukturen, die Einsicht in die Notwendigkeit kollektiver Selbsthilfe und Selbstorganisation und schließlich das Vertrauen in die Kraft des gemeinsamen Widerstands.

Der Begriff „Feminismus" bleibt jedoch vieldeutig und wird von konkurrierenden politischen Strömungen okkupiert. Zuweilen wird er — in Entgegensetzung zu patriarchalischen Mustern wie Aggressivität, Krieg, Herrschaft — auf eine egalitäres oder humanitäres Anliegen reduziert. Doch solche Bestimmungen bleiben selbst dann unscharf, wenn die frauenspezifischen Aspekte inhumaner Verhältnisse in den Vordergrund gestellt werden. Daraus ergäbe sich noch nicht ein (kultur-)revolutionärer Anspruch, wie er vor allem von den radikalen Feministinnen verfochten wird. Feminismus könnte ebensogut eine Variante eines karitativen Humanismus sein, welcher sich gleichermaßen auf Obdachlose, Hungernde in der Dritten Welt, Behinderte, Flüchtlinge, kurz: alle Benachteiligten und Unterdrückten bezieht.

Auch die Charakterisierung des Feminismus als „Kampf gegen den Sexismus" (Janssen-Jurreit) greift zu kurz. Selbst wenn Sexismus weit gefaßt und als ein fast universales soziales Phänomen aufgedeckt wird, so scheint doch der feministische Ansatz gerade in seinem Wertekatalog über einen Anti-Sexismus hinauszuweisen. Dies wird am deutlichsten in der Analyse Schenks, die aufzuzeigen versucht, daß die Unterdrückung der Frau und die gesellschaftliche Dominanz männlicher Werte auf die geschlechtsspezifische Arbeitsteilung zurückgehen. Eine auf dieser Einsicht aufbauende „Theorie der feministischen Revolution" hätte sich auf drei Ziele zu konzentrieren: „Zerstörung patriarchalischer Herrschaft bedeutet also Abschaffung der geschlechtsspezifischen Arbeitsteilung in der Familie, Abbau der auf ihr basierenden psychischen Geschlechtsrollendifferenzierung und Feminisierung des gesamtgesellschaftlichen Normen- und Wertesystems." (1982: 204).

Dieser letzte Aspekt hat auch einzelne Männer fasziniert. So hatte z.B. Herbert Marcuse die Vision eines „feministischen" Sozialismus vor Augen. Und der französische Philosoph Roger Garaudy preist die „Feminisierung der Gesellschaft" – so der Untertitel seines jüngsten Buches – gar als „den letzten Ausweg" (vgl. 1982). Doch längst nicht alle Frauengruppen haben ihre Ziele derart hochgesteckt und sehen sich als revolutionäre Kräfte. Die *traditionellen* Frauenorganisationen (s.o. S. 123), die weitgehend im Dachverband des Deutschen Frauenrates zusammengeschlossen sind, akzeptieren im Großen und Ganzen die bestehenden politisch-institutionellen Grundstrukturen, die herkömmlichen Geschlechtsrollen und Wertgrundlagen. Ihr Anliegen beschränkt sich im wesentlichen darauf, formale Diskriminierungen der Frau zu beseitigen, ihre Repräsentanz im öffentlichen Leben zu stärken und frauenspezifische Belange innerhalb der konventionellen politischen Bahnen zu vertreten.

Dagegen verficht die *neue, „autonome" Frauenbewegung* einen radikalen, fundamentaloppositionellen Standpunkt: Frauen seien nicht nur punktuell oder graduell benachteiligt, sondern würden in praktisch jeder Hinsicht (politisch, ökonomisch, sozial-kulturell und sexuell) systematisch unterdrückt. Unabhängig davon, ob diese Unterdrückung primär dem Patriarchat als einer jahrtausende alten kulturellen Institution zugeschrieben oder vielmehr als ein abgeleitetes Problem des Kapitalismus aufgefaßt wird – es bleibt in der Perspektive der Frauenbewegung eine Unterdrückung, die aufzuheben nicht im Interesse der männerbestimmten, hierarchischen, konkurrenzorientierten Institutionen liegt. Frauen könnten und dürften sich nicht länger mit den ihnen von Männer zugewiesenen Rollen, Spielräumen und Surrogaten bescheiden; sie müßten sich auf ihre eigenen verschütteten Kräfte und Fähigkeiten besinnen, zumindest zeitweise unter Ausschluß von Männern eigene Erfahrungen und Lernprozesse in Gang setzen, ihre Emanzipation selbst in die Hand nehmen. Dieses Vorverständnis schließt ganz bewußt die Frage der Politikformen ein. Neben unvereinbaren Zielsetzungen gründen auch hierauf die bislang unüberbrückbaren Differenzen zwischen der autonomen Frauenbewegung und den etablierten Frauenverbänden, die sich bereits bei den ersten vorsichtigen Annäherungsversuchen wie der Berliner Frauenkonferenz im September 1977 (vgl. Courage 9/1977: 20 ff.) manifestierten. Dagegen gibt es inhaltliche Übereinstimmungen in der Kritik an der Doppelbelastung der Frau (Beruf-Hausfrau), an ihrer alltäglichen Präsentation als Sexualobjekt (z.B. in der Werbung); gemeinsame Anerkennung findet auch das Ziel der ökonomischen Gleichberechtigung (Lohngleichheit, Öffnung von Männerberufen), während z.B. die auch von Konservativen erhobene Forderung nach „Lohn für Hausarbeit" in der autonomen Frauenbewegung durchaus umstritten ist.

Innerhalb der neuen Frauenbewegung markiert der Gegensatz zwischen dem antikapitalistischen „linken Feminismus" und dem antipatriarchalischen „feministischen Feminismus"[24] nach wie vor die wichtigste politisch-ideologische Konfliktfront. Auf der einen Seite stehen sozialistische Frauen, vielfach gewerkschaftlich orientiert und dem linken SPD-Flügel, der DKP oder der „Neuen Linken" zugehörig. Sie sehen nicht im Mann den Gegner schlechthin, sondern suchen und befürworten die Zusammenarbeit mit Männern in „fortschrittlichen" Organisationen, ohne deshalb schon die themen-, projekt- oder phasenspezifische Beschränkung auf reine Frauengruppen abzulehnen. Allerdings gilt die Bildung autonomer Frauengruppen nur als Teil einer umfassenderen politischen Strategie, die über eine „Frauen-Nabel-der-Welt-Schau" (Doormann 1979: 69) und „konfuse Anti-Männlichkeit" (Menschik 1977: 52) hinauskommen will. Ausgehend von dieser Position ergeben sich noch am ehesten Verbindungen zu einem Teil der traditionellen Frauenorganisationen. So begreift sich etwa die 1976 (im Anschluß an das Jahr der Frau) gegründete „Demokratische Traueninitiative" ganz in der Tradition linker Frauenorganisationen in der Frühphase der Bundesrepublik, z.B. dem „Demokratischen Frauenbund Deutschlands" (vgl. Nödinger 1979).

Auf der anderen Seite stehen die radikal-feministischen Frauen, die die patriarchalische Struktur tiefer und universeller, somit jenseits einer politökonomischen Klassenanalyse ansetzen. Das Patriarchat sei historisch älter und umfassender als der Kapitalismus, linke Politik habe im Ergebnis noch immer die Unterdrückung der Frau reproduziert und zementiert. Die Geschichte der Suffragettenbewegung lehre, daß die Zurückstellung der Frauenfrage zugunsten eines „allgemeineren" politischen Anliegens (dem 1. Weltkrieg) letztlich das Ende der Bewegung bedeute (vgl. Frauenjahrbuch '75: 74). Der feministische Feminismus hält es für illusorisch zu glauben, „*mit* Männern gemeinsam gegen Männer kämpfen zu können" (ebd., 75). Dieser Standpunkt wird lebenspraktisch wie politisch am radikalsten von den Lesbengruppen artikuliert.

Die Dichotomie von „linkem" und „radikalfeministischem" Feminismus bringt Positionen in idealtypischer Form auf den Begriff, ist jedoch empirisch vielfach gebrochen, wird zudem durch andere Kontroversen (z.B. „neue Weiblichkeit", Sinn der „Selbsterfahrung", Stellung zur Forderung nach „Lohn für Hausarbeit" oder des Militärdienstes für Frauen) überlagert und erfährt mit der fortschreitenden Entwicklung der Frauenbewegung gewisse Akzentverschiebungen. So lassen sich die Auseinandersetzungen um die separate Organisation von Frauen *innerhalb* linker Alternativprojekte (z.B. der anfängliche Streit um die Einrichtung einer Frauenredaktion bei der Berliner „tageszeitung (TAZ)" oder einer frauenspezifischen Vertretung innerhalb des Berliner „Netzwerks") nicht mehr auf die Alternative eines „linken" *oder* „radikalen" Feminismus reduzieren.

Orthodox-sozialistische Feministinnen im Umkreis der DKP konzedieren zwar Lernprozesse gegenüber radikalfeministischen Positionen (vgl. Das Argument 129; 1981:627 ff.), neigen dabei allerdings zu einer Unterschätzung der bestehenden Differenzen, zumindest zu einem Zweckoptimismus. Ihr Bedürfnis nach einer „marxistisch-feministischen Analyse" (vgl. Barrett 1982) und einer möglichst breiten Bündnispolitik wird von den radikalen Feministinnen kaum geteilt. Generell zeigt sich allerdings, daß der früher häufig festzustellende Drang nach gegenseitiger Abgrenzung im Schwinden ist. So betont etwa Schwarzer in einer Auseinandersetzung mit Doormann, daß unabhängig von unerläßlichen Standortbestimmungen für „Emma" „der Kampf gegen Kommunisten-Hatz und Berufsverbote immer eine ausgesprochene Selbstverständlichkeit war und bleibt!" (Emma, Juni 1982:38).

Weitaus bedrohlicher als interne Kontroversen empfinden viele Feministinnen die Reideologisierung in Form von Weiblichkeits- und Mütterlichkeitsmythen, die Verklärung einer Einheit von Frau und Natur. Hier fällt es allerdings nicht ganz leicht, regressive von progressiven Positionen zu scheiden. Stilisierungen der weiblichen Natur, welche mit Körperbewußtsein, Gefühlsbetontheit, Direktheit, Intuition usw. gleichgesetzt wird, sind zugleich Bestandteil eines Wertekatalogs einer künftigen Gesellschaft jenseits des Patriarchats. Die Rückbesinnung auf eine „ganzheitliche" Lebensweise und Wahrnehmungsform, die Entfesselung der Phantasie und des utopischen Denkens, die Anerkennung von sinnlicher Inspiration, die Wiederentdeckung natürlicher Heil- und Geburtsverfahren, all diese antimodernistischen Momente können eine Bereicherung bedeuten. So hat Ulrike Prokop (1983) zufolge die neue Frauenbewegung „ihre aufklärerische Kraft aus der Mitteilung von Erfahrungen bezogen, die verboten, unterdrückt oder vergessen waren." Doch von diesem emanzipatorischen Ansatz ist es kein weiter Weg zur biologistischen Verklärung des Weiblichen, zu einem naiven Natur- und Magiekult, zu schwülem Gefühlsexhibitionismus: ... „was einst als Erweiterung gedacht war, ist heute eher erneute Einengung: Da wird gependelt statt diskutiert, die Göttin beschworen statt politisch gehandelt, dem Pentagon mit Hexenschwüren statt mit Konsequenzen gedroht ..." (Schwarzer 1981:109). Derartige Tendenzen stoßen bei Radikalfeministinnen, sozialistischen und linksliberalen Feministinnen auf entschiedene Kritik.[25] In der Tat bedeutet die Naturalisierung von „Weiblichkeit" eine Festschreibung des klassischen Rollenklischees und unterläuft somit ein zentrales Anliegen der Frauenbewegung. Der damit einhergehende Boom von Spiritualismus, Magie und Naturschwärmerei bestärkt das Vorurteil von der Frau als einem unpolitischen, irrationalen Wesen — ein konservativ-reaktionärer Topos, der nichts gemein hat mit einer wohlverstandenen *neuen* „Weiblichkeit", mit dem Ziel der Frauenbewegung, Kopf und Bauch, Privatheit und Politik zu versöhnen.

Die Häme, mit der vielfach männliche Beobachter auf die internen Differenzen der Frauenbewegung reagieren, ist selbst noch einmal Ausdruck eines Klischees, das den Frauen im politischen Bereich Enthaltsamkeit („Friedfertigkeit") verordnet, sie im übrigen jedoch als „zänkische Wesen" identifiziert. Gerade die Tatsache, daß große Teile der Frauenbewegung gelernt haben, Solidarität zu üben und zugleich ihre Konflikte dezidiert auszutragen, zeigt ein neues Selbstverständnis an. Die Frauenbewegung definiert sich nicht zuletzt durch ihr politisch-kämpferisches Moment. Sie steht in ihrer großen Mehrheit eindeutig links. Dieser Standort in Verbindung mit ihrer autonomen Organisationsform und der Neigung zur Militanz verleiht ihr den Status einer gesellschaftlichen Fundamentalopposition, die bislang gegenüber konservativen Diskriminierungsversuchen wie gegenüber sozialliberalen Integrationsbemühungen ihre eigene Identität erfolgreich behaupten konnte. Dieser Stabilisierungsprozeß fand nicht nur einen politisch-ideologischen, sondern auch einen institutionell-organisatorischen Niederschlag.

3.5 Organisationsformen und Institutionalisierungstendenzen

Die neue Frauenbewegung besitzt — in augenfälligem Gegensatz zur historischen Frauenbewegung — kein institutionelles Zentrum, keinen Dachverband, keinen Führungszirkel, keine gewählten Sprecherinnen. Dieses Merkmal ist unmittelbarer Ausdruck einer Politikauffassung, die den Begriff der *Autonomie* in den Mittelpunkt rückt. Frauen wollen sich nicht nur autonom, d.h. unabhängig von den bestehenden, von Männern dominierten politischen Organisationen verbünden; auch die einzelnen ideologischen Fraktionen, themenspezifischen Projekte, lokalen Gruppen und Zentren wollen sich in größtmöglicher Autonomie ohne institutionelle Bindungen und ohne Kompromißzwänge entfalten. Die Frauenbewegung teilt also mit den übrigen neuen sozialen Bewegungen den starken anti-institutionellen Affekt, die Ablehnung von Hierarchien und formalisierten Reglements, die strikte Zurückweisung einer „Stellvertreterpolitik". Insofern sie gerade diese Momente nicht nur als entfremdend und herrschaftsorientiert, sondern zugleich als „männerspezifisch" identifiziert, radikalisiert sie diese Kritik und erhebt sie zum Bestandteil einer feministischen Gegenidentität. Zu deren positiven Elementen zählen Prinzipien wie Unmittelbarkeit, Spontaneität, Authentizität und Selbstbestimmung als Regulative nicht nur des alltäglichen Umgangs, sondern − in Aufhebung der Trennung von Privatheit und Politik − auch der politischen Ausdrucksformen.

Der geringe Institutionalisierungsgrad ist also keineswegs Ausdruck eines „unreifen" Stadiums als soziale Bewegung, mangelnder Gemeinsamkeiten oder gegenseitiger Abschottung. Das Netz der verschiedenen Gruppen, Initiativen und Projekte ist zwar weitgehend informell, aber doch relativ dicht geknüpft. Somit verfügt die Frauenbewegung durchaus über eine effektive Infrastruktur, die für einen raschen Umschlag von Nachrichten und Ideen sorgt und eine permanente Diskussion und Selbstreflexion zuläßt. Dieses Netz wird überwiegend durch persönliche Kontakte, durch die lose Koordination der örtlichen Frauenzentren und der themen- bzw. projektzentrierten Initiativen (Frauenstudium, Sommeruniversität, Notruf für Frauen, Frauenhäuser, Schreibwerkstätten, medizinische Selbsthilfe, Sexual-, Schwangerschafts- und Mütterberatung, Frauenbuchläden, Jahrbücher, Verlage, Lesbengruppen, Frauenfeste, Kongresse, Demonstrationen, Frauengruppen in den Bereichen Ökologie und Frieden usw.) sowie durch die lokalen und überregionalen Zeitschriften der Frauenbewegung zusammengehalten. Nur dort, wo aus juristischen oder ökonomischen Gründen eine bestimmte Rechtsform sinnvoll oder unabdingbar erscheint, werden formale Strukturen, etwa eingetragene Vereine, gebilligt.

Die bunte Vielfalt der zumeist lokal verankerten Frauengruppen und -projekte widersetzt sich jeglicher ideologischen und organisatorischen Formierung. Dies macht die Frauenbewegung flexibel, lernfähig, hält sie − ganz im Sinne des Begriffs − in ständiger Bewegung. Dies erklärt die Schwierigkeiten der „Fraueninitiative 6. Oktober"[26]. Dies erklärt auch, warum bislang sämtliche Bemühungen zur Gründung einer bundesweiten Frauenpartei, wie sie insbesondere von einer sehr eigenwilligen Gruppe um die Münchener Zeitschrift „Der Feminist" seit 1976 ausgehen, bislang gescheitert sind.[27] Zu groß ist das Mißtrauen vor einer organisatorischen Vereinheitlichung und Vereinnahmung, zu stark die Ablehnung einer die Inhalte nicht unberührt lassenden Konkurrenz um Stimmen und Machtanteile, zu tief die Skepsis gegenüber den Ritualen der „konventionellen" Politik. Lediglich Teile der sozialistischen Feministinnen, insbesondere die der DKP nahestehenden Gruppen, haben noch ein weitgehend ungebrochenes Verhältnis zu formalen Organisationen, zu Satzungs-, Geschäftsord-

143

nungs- und Abstimmungsfragen und zu institutionell repräsentierter „Bündnispolitik" (prototypisch hierfür ist die „Demokratische Fraueninitiative"). Nicht zufällig enthält ein Buch über „Die Organisierbarkeit der Frauen" (Schild-Kreuziger 1980) außer einer Sympathiebekundung „für die Frauenbewegung der sechziger Jahre" (ebd., 9) keinerlei Hinweis auf die autonome Frauenbewegung. Und nicht zufällig kann die neue Frauenbewegung wenig mit Organisationen anfangen, denen — wie der Arbeitsgemeinschaft sozialdemokratischer Frauen — die Aufgabe zugedacht wird, als „unselbständiger Teil der Partei die Frauen in die Partei und die Gesellschaft zu integrieren" (zit. nach ebd., 10).

Mit der zunehmenden Existenzdauer der Frauenbewegung zeichnen sich allerdings gewisse Institutionalisierungstendenzen ab. So registriert etwa Schenk nach einer Phase der eher spontanen Gruppenbildung „eine deutlich sichtbare Spezialisierung, Themenzentrierung und Professionalisierung" (1981: 102). Diese Dynamik hat vielfältige Gründe. Zum einen schwindet der „außeralltägliche" Charakter der Bewegung. Die Standpunkte sind weitgehend bekannt, die Projekte gewinnen an Routine und Stetigkeit, die Ansprüche an einzelne Produkte und Leistungen steigen. Mit dem Professionalisierungsgrad verknüpfen sich Momente der Seriösität, der Effektivität und des längerfristigen Kalküls. Zum anderen wird die Frauenbewegung, je unmittelbarer sie auf die „konventionelle" Politik Einfluß zu nehmen sucht (z.B. in Hearings, berufsständischen Vertretungen) und je mehr sie für ihre Projekte (z.B. Frauenhäuser) öffentliche Gelder beansprucht, auch dazu gezwungen, sich auf institutionelle Formen und Kommunikationsebenen einzulassen.

Trotz dieser Tendenzen bleibt festzuhalten, daß die Frauenbewegung weit davon entfernt ist, ihren Charakter als „Bewegung" aufzugeben. Gerade die radikalfeministischen Gruppierungen als die entscheidendste Triebfeder der neuen Frauenbewegung verfechten konsequent das Prinzip autonomer, basisdemokratischer Organisation und wenden sich strikt gegen jegliche Hierarchisierungs- und Institutionalisierungstendenzen — auch in den eigenen Reihen. Bislang hat sich das Fehlen einer festgefügten, übergreifenden Organisation kaum als Mangel ausgewirkt. Im Gegenteil — die Frauenbewegung, die ja in der Studentenbewegung wurzelt, blieb weitgehend frei von Kaderpolitik, Dogmatisierung und Sektierertum, ebenso frei vom Glauben an den „Marsch durch die Institutionen". Vor allem deshalb konnte sie ihren inneren Zusammenhalt wahren und sich zugleich gegenüber allen Vereinnahmungsversuchen von außen behaupten.

3.6 Frauenbewegung im gesellschaftlichen Umfeld

Allein das bloße Faktum, daß sich eine neue Frauenbewegung herausgebildet hat, verweist auf gesellschaftliche Mißstände und Fehlentwicklungen, insbesondere auf ein als drückend empfundenes Maß an (relativer) Benachteiligung von Frauen, deren Bedürfnisse und Interessen durch die etablierten sozialen und politischen Institutionen nicht (hinreichend) vertreten werden. Die Frauenbewegung steht also nicht nur in Konflikt mit jenen Kräften, die offen oder verdeckt gegen die Emanzipation der Frau Stellung beziehen, sondern konkurriert auch mit Parteien und Verbänden, die (als ganze oder durch frauenspezifische Unterorganisation) die Interessen der Frauen zu vertreten beanspruchen. Schließlich wirbt und argumentiert die Frauenbewegung mit Blick auf ein öffentliches Meinungsspektrum, dessen Reaktionen von dezidierter Ablehnung über Gleichgültigkeit bis hin zu Sympathie und punktueller Unterstützung reichen.

Die Beschreibung bzw. Selbststilisierung der Frauenbewegung als „Fundamentalopposition" ist somit zu differenzieren. Neben entschiedener Konfrontation und Abgrenzung in bestimmten Fragen und gegenüber bestimmten Gruppen stehen Beziehungen der Konkurrenz, des Dialogs, der partiellen Zusammenarbeit, der politischen Arbeitsteilung, der wechselseitigen Unterstützung. Diese komplexen, sich im Zeitverlauf durch neue Themenkonjunkturen und Kräftekonstellationen ändernden Beziehungen lassen sich hier nicht nachzeichnen, zumal dann, wenn man es auch noch das politisch-ideologische Spektrum der Frauenbewegung einzubeziehen gilt. Wir müssen uns also auf wenige, aber wichtige Aspekte und Trends beschränken. Worauf reagiert die Frauenbewegung, wo sieht sie Feinde, Konkurrenten und Verbündete? Und wie reagieren andere gesellschaftliche Kräfte auf die Frauenbewegung?

Die Frauenbewegung als „Fundamentalopposition"

„Die Frauen sind die Neger aller Völker und der kollektiven Geschichte. Für die Neger wie für die Frauen geht es jetzt darum, die Geschichte der Gewaltanwendung zu erkennen und die Gewalt, deren Produkt sie sind, gegen die Unterdrücker selbst zurückzuwenden, sich vom Status des Opfers und Objekte in den des Subjekts und Handelnden zu versetzen." (Schrader-Klebert 1969: 1 f.)

Dieser kompromißlosen, auch heute noch in der Frauenbewegung anerkannten Deutung (vgl. Schwarzer 1981: 121) liegt ein dichotomisches Gesellschaftsbild zugrunde. Die Hoffnungen richten

145

sich nicht auf begrenzte Korrekturen und Reformen; allein eine „kulturelle Revolution" verspricht einen Ausweg. Gewiß, das revolutionäre Pathos wird in der heutigen Frauenbewegung zurückgenommen, doch noch immer propagiert die Frauenbewegung Verweigerung, Ungehorsam und Aufsässigkeit, beherrschen Metaphern der Unterdrückung, der Ausbeutung und des Kampfes die Situationsdeutung der Bewegung.

Erklärter Gegner der Radikalfeministinnen und insbesondere der Lesben ist „der Mann" – nicht als konkretes Individuum, sondern als „Charaktermaske", also als Träger bestimmter Rollen und Einstellungen. Erklärtes Angriffsziel ist die Geschlechterhierarchie, sind gesellschaftliche Institutionen wie „die Ehe" als Ausdruck eines Abhängigkeits- und Zwangsverhältnisses, „die Kirche" als Stütze patriarchalischer Verhältnisse, „der Staat" als Instanz politischer Benachteiligung und Unterdrückung, „der Kapitalismus" als System einer menschenverachtenden Profitmaximierung, „die bürgerliche Moral" als ideologischer Kitt des institutionellen Gefüges. Der stellenweise erkennbare, in der „Kopenhagener Lesbenrede" (vgl. Frauenjahrbuch '76: 75) explizit formulierte „Männerhaß" mancher Radikalfeministinnen mag subjektiv verständlich erscheinen, doch er wird auch vielfach im eigenen Lager kritisiert.

Politisch gewichtiger sind dagegen jene Einstellungen, Aktionen und Initiativen, die den Standpunkt der Fundamentalopposition mit einem taktischen oder strategischen Kalkül verbinden, die, statt Rundumschläge zu verteilen, an den Schwachstellen und Widersprüchen des „herrschenden Systems" ansetzen. Hierzu zählen u.a.

- die Frauenhäuser, die durch ihre bloße Existenz und die große „Nachfrage", das Ausmaß der Gewalt in Mann-Frau-Beziehungen dokumentieren;
- Kongresse, Tribunale zum Thema „Gewalt gegen Frauen", Aktionen gegen die gesellschaftliche und juristische Verharmlosung von Vergewaltigungen;
- spektakuläre Kampagnen gegen den alltäglichen Sexismus (Klage gegen die Zeitschrift „Stern", Aktionen gegen die Darstellung der Frau als Sexualobjekt in der Werbung, in Peep-Shows usw.)
- die ironisch-sarkastische Verkehrung des Mann-Frau-Verhältnisses, die Zurückwendung „männlicher" Urteile und Einstellungen zu Frauen auf ihre Urheber (z.B. werden einem Kommentator, der eine Politikerin als „vollbusig" charakterisiert, analoge Vorschläge zur Kennzeichnung männlicher Politiker gemacht);
- der Aufbau einer autonomen feministischen Infrastruktur unter Einschluß ökonomischer Alternativprojekte, die trotz kollektiver Leitung, Minimierung der Arbeitsteilung, gleicher Entlohnung usw. ihre Funktionsfähigkeit unter Beweis stellen;
- die offensive Einklagung einer angemessenen Repräsentation von Frauen in allen Lebensbereichen (z.B. durch das Verlangen, Wissenschaftlerinnen im Hochschulbereich gegenüber männlichen Bewerbern – bei sonst gleicher Qualifikation – vorzuziehen);

- die provokative Demonstration weiblicher Identität und feministischen Selbstbewußtseins, z.B. durch den Rückgriff auf weibliche Mythen, matriarchalische Gesellschaften und feministische Utopien, durch die positive Identifikation mit den Objekten männlicher Stigmatisierung (z.B. Hexen), durch symbolische Machtübernahme (Walpurgisnacht-Umzüge), durch die Anprangerung chauvinistischer Glanzpunkte (z.B. die Rubrik „Pascha des Monats" in der Zeitschrift „Emma" oder die Verleihung des Negativpreises „Saure Gurke" für frauenfeindliche Sendungen);
- der Nachweis „pseudoemanzipatorischer" oder bloß rhetorischer Aktivitäten der etablierten Institutionen zur Befriedung der Frauen (z.B. durch die Kritik am Jahr der Frau oder der Forderung nach „Lohn für Hausarbeit").

Aus der Selbststilisierung als radikale Oppositionsbewegung folgt jedoch keineswegs, daß sich die Frauenbewegung nur auf ihre genuinen Interessen beschränkte, somit dem Verdikt einer — und sei es auch weitgefaßten — egoistisch-partikularen Interessenvertretung verfiele. Die Frauenbewegung ist keine „Ein-Punkt-Bewegung". Sie vertritt nicht nur die Interessen ihrer Trägerinnen, sondern, wie immer wieder von ihr betont, die Interessen von mehr als der Hälfte der Menschheit. Und selbst wenn dieser Anspruch nur symbolisch zu begreifen wäre: die Frauenbewegung nimmt Stellung zu praktisch allen großen Konflikten der Zeit, ergreift Partei, zieht Grenzen auch jenseits von reinen „Frauenfragen" und nationaler Betroffenheit. Ein Blick auf das Themenspektrum von großen Frauenkongressen oder in die beiden bundesweiten feministischen Zeitschriften verdeutlicht die Vielfalt der Anliegen: Ökologie und Ökonomie, Neutronenbombe und Nachrüstungsbeschluß, Druckerstreik und Gastarbeiterprobleme, Psychiatrie und Hochsicherungstrakte, Klitorisbeschneidung in Nord-Afrika und Folter an chilenischen Frauen; die Liste ließe sich fortsetzen. Auch hierbei vertritt die Frauenbewegung meist radikale, kompromißlose Positionen und Forderungen. Deren normative Bezugspunkte sind klar und unmißverständlich. Sie werden ebenso wie die eigene Situationsdeutung dichotomisch formuliert: „Es geht um *Menschlichkeit* statt um *Gewalt und Herrschaft*" (aus dem Grundsatzpapier der Gruppe „rosa", München-Ingolstadt).

Die Breite der von der Frauenbewegung aufgegriffenen Themen suggeriert den Anspruch einer Allzuständigkeit. Dennoch sollte nicht verkannt werden, daß die Frauenbewegung vor allem bei der Kritik der Institutionen ansetzt, die in der marxistischen Terminologie dem gesellschaftlichen „Überbau" zugerechnet werden. Der Feminismus ist, in den Worten von Schenk, „eine Revolte des Reproduktionsbereichs gegen die Bedingungen des Produktionsbereichs" (1982: 216). Daraus ergibt sich auch eine gewisse Distanz zu den traditionell orientierten Kräften in der Sozialdemokratie und in den Gewerkschaften. Vor allem in seinem kulturrevolutionären Impuls sieht sich der radikale Feminismus von der politischen Rechten wie der (marxistischen) Linken bedrängt, ohne allerdings klare, durchgängige Frontlinien aufweisen zu können. Anders gesehen: Der Feminismus liegt weitgehend quer zu traditionellen politischen Lagern. Die Feministinnen, die die neue Frauenbewegung nicht für *den* Angelpunkt jeglicher Fundamentalopposition halten, stellen die Bewegung in den Rahmen eines Übergangs von der industriellen zur nachindustriellen Gesellschaft und des Aufkommens postmaterialistischer Wertvorstellungen. So betrachtet liefert der Feminismus einen zweifellos wichtigen Beitrag für die Ablösung materialistischer Werte, aber er steht nicht allein.

Die Frauenbewegung und ihre (potentiellen) Bündnispartner

In Einzelfragen ergeben sich durchaus Übereinstimmungen zwischen feministischen Gruppen und etablierten Kräften in den Parteien, Gewerkschaften bis hin zu ausgesprochen konservativen Kräften (z.B. in der Ablehnung von Peep-Shows). Doch sollten derartige Berührungspunkte nicht den Blick auf die grundsätzlichen Differenzen verstellen. Die eigentlichen Bündnispartner des Feminismus sind vielmehr die übrigen neuen sozialen Bewegungen, vor allem soweit sie gegenkulturelle Werthaltungen und Lebensstile propagieren und sich als Alternative zum „herrschenden Block" begreifen.

Insbesondere in der Bürgerinitiativ- und Ökologiebewegung sowie der Friedensbewegung besteht fast durchgängig eine hohe Sensibilität für die Anliegen der Frauenbewegung. Umgekehrt stehen große Teile der Frauenbewegung den Themen und Forderungen der anderen Bewegungen aufgeschlossen gegenüber. Vielfach fühlen sich aktive Feministinnen der Friedens- und Ökologiebewegung voll zugehörig, arbeiten in einer lokalen Bürgerinitiative mit oder sind in ihrer Lebenspraxis durch ein gemeinsames sub- oder gegenkulturelles Milieu verbunden. Am deutlichsten werden diese Überschneidungen dort, wo die Frauenbewegung explizit die Anliegen anderer Bewegungen aufgreift, wo sich im Rahmen dieser Bewegungen autonome Fraueninitiativen bilden oder wo es zu gemeinsamen Aktionen und Kampagnen kommt. So führte, um nur jeweils ein Beispiel zu zitieren, die feministische Zeitschrift „Courage" eine Unterschriftenaktion und einen Frauenkongreß gegen Atomkraftwerke durch. Frauen aus der Anti-Atomkraftbewegung organisierten Pfingsten 1980 ein bundesweites Frauentreffen in Gorleben, um ihrem

Protest gegen den Bau atomarer Anlagen Ausdruck zu geben. Schließlich kam es anläßlich der Debatten um den NATO-Nachrüstungsbeschluß oder der Einführung der Wehrpflicht für Frauen zu Aktionseinheiten, die gleichermaßen von Teilen der Frauenbewegung wie der Friedensbewegung getragen waren (vgl. Laudowitz 1982).

Auch die Programme der Bundespartei DIE GRÜNEN und der bunten bzw. alternativen Listen auf Landes- und Kommunalebene belegen ein großes Ausmaß an gemeinsamen Überzeugungen. Wie keine andere parlamentarisch orientierte Organisation suchen diese Gruppen bislang dem Anspruch nach einer faktischen Gleichstellung der Frau gerecht zu werden, betrachten den Abbau jeder geschlechtsspezifischen Diskriminierung (auch gegenüber Homosexuellen) als integralen Bestandteil ihrer Politik. Gerade hier zeichnen sich allerdings auch die Grenzen der Gemeinsamkeit ab. Insbesondere die radikalfeministischen Gruppen begegnen den Bemühungen um die Erlangung von politischen Ämtern mit Skepsis, sehen darin eher die Bekräftigung des nur allzu sattsam bekannten „männlichen" Strebens nach Macht und Einfluß, befürchten eine politische Vereinnahmung unter „alternativen" politischen Vorzeichen.

Besteht auf der einen Seite ein relativ enges Beziehungsgeflecht zwischen dem gegenkulturellen Kern der einzelnen neuen sozialen Bewegungen (wobei jedoch der Radikalfeminismus strikter als andere Protestpotentiale auf das Prinzip der Autonomie pocht), so existieren über Personen, Organisationen und insgesamt „gemäßigtere" soziale Bewegungen (vor allem die Bürgerinitiativbewegung) auch Verbindungslinien bis hin zu den Trägern der „etablierten" Politik. Postmaterialistische Orientierungen, die unverkennbar eine große Affinität zu „femininen" Qualitäten aufweisen, beschränken sich ja typischerweise nicht auf die sub- und gegenkulturelle Protestszene, sondern haben auch in liberalen bürgerlichen Schichten ihren Niederschlag gefunden. Sie bilden die politisch-soziale Brücke, über die einzelne Forderungen der Frauenbewegung auch in die etablierten Parteien und Verbände transportiert werden können. Zumindest fühlen sich frauenspezifische Organisationen im Lager der Sozialliberalen und der Gewerkschaften durch die autonome Frauenbewegung teils ermutigt, teils unter Legitimationsdruck gesetzt und tendieren dabei zu einer nachhaltigeren Interessenvertretung (was eine Distanzierung von den außerparlamentarischen Gruppierungen durchaus einschließen kann).

Die Scharnierfunktion intermediärer Gruppen (vgl. S. 112 f.) bleibt freilich ambivalent. Während sie auf der einen Seite (Teil-)Forderungen der Frauenbewegung zur institutionellen Durchsetzung verhelfen können, besteht auf der anderen Seite durchaus die Möglichkeit, daß sie der Frauenbewegung den kritisch-radikalen Stachel ziehen.

Somit unterliegt die Frauenbewegung wie jede radikale Opposition dem Dilemma, einerseits in der konsequenten Distanzierung gegenüber dem „herrschenden Block" ihre soziale Identität und politische Sprengkraft zu wahren, ohne jedoch andererseits der Gefahr der politischen Isolierung zu verfallen, indem sie mögliche Bündnispartner verprellt und partielle Zugeständnisse zugunsten eines Ethos des „Alles-oder-Nichts" verwirft.

3.7 Zur Einschätzung der Frauenbewegung

Sieht man einmal von den Selbsteinschätzungen aus dem Lager der Frauenbewegung ab, so fällt auf, daß dem Feminismus auch von außenstehenden Beobachtern häufig eine große politische Relevanz zugebilligt wird. Soweit dies von der Warte linker Männer geschieht, wäre zumindest zu fragen, ob nicht kritische Bemerkungen schon allein deshalb zurückhaltend ausfallen (oder auch ganz ausgespart bleiben), weil hier eine gewisse Ambivalenz gegenüber der Frauenbewegung besteht: Einerseits entspricht der Anspruch der Frauenbewegung dem Konzept einer sich „emanzipatorisch" und „progressiv" verstehenden Politik; andererseits führt das Prinzip autonomer Frauenorganisation und die teils vorhandene Aggressivität gegenüber Männern zu einer mehr oder weniger ausgeprägten Verunsicherung. Diese kann sowohl in einer weitgehenden Ignorierung der Frauenbewegung als auch in platten Solidaritätsbekundungen ihren Ausdruck finden. Insbesondere bei der sog. 68er-Generation stehen theoretische Billigung und emotionaler Widerstand (bzw. internalisiertes Rollenverhalten) oft unvermittelt nebeneinander, während gerade jüngere Männer aus der Alternativszene entweder vorhandene Diskrepanzen durch einen aufgesetzten Verhaltensstil („Softi") zu kompensieren suchen oder aber bereits einen neuen androgynen Persönlichkeitstypus jenseits des geschlechtsspezifischen Rollendualismus zu verkörpern scheinen.

Die Frauenbewegung hat also nicht nur ihre unmittelbare Trägerinnen nachhaltig verändert, was in zahlreichen Selbstzeugnissen, Gruppen- und Projektberichten bekundet wird. Sie hat über einzelne Frau-Mann-Beziehungen wie auch über politische und sozio-kulturelle Verflechtungen das gesamte Spektrum der neuen sozialen Bewegungen und deren weiteres Umfeld geprägt. Sie ist mehr als „eine beliebige Facette der Alternativkultur, die als solche die Werte der anderen Protestler teilt" (Schenk 1981: 183). Nach dem Urteil von Joseph Huber war sie neben der Ökologiebewegung „zweifellos

die politisch wirkungsvollste Strömung der 70er Jahre". Jedoch —
„Ihre spektakulären Höhepunkte dürfte sie um 1975-78 gehabt haben." (1980: 18)

Man mag darüber spekulieren, ob die Frauenbewegung ihren
Zenit erreicht oder bereits überschritten hat, doch nach unserer
Einschätzung spricht wenig für diese These. Weder ist ein Ende der
strukturellen Mißstände und konkreten Anlässe absehbar, die Feministinnen auf die Barrikaden treiben, noch läßt der innere Zustand
der Frauenbewegung auf eine drohende Erstarrung oder gar einen
Zerfall schließen.

Es fällt auf, welch eminente Bedeutung gerade die mit langfristigen historischen Perspektiven vertrauten Sozialwissenschaftler wie
Herbert Marcuse oder Jürgen Habermas dem Feminismus beimessen. Marcuse, offenkundig vom Scheitern der alten Arbeiterbewegung und dem raschen Ende der Studentenrevolte enttäuscht, entdeckte in den 70er Jahren die Frauenbewegung als ein neues „revolutionäres Subjekt". Seine Utopie einer sozialistischen Gesellschaft
jenseits der patriarchalischen Sackgasse des westlichen Kapitalismus
wie des realen Sozialismus des Ostens orientierte sich an „femininen
Qualitäten" (1974: 89); seine Hoffnungen richteten sich auf die
„revolutionäre Rolle der Frau in der Rekonstruktion der Gesellschaft" (ebd., S. 92); seine Verbeugung galt der Frauenbewegung
als derzeit „vielleicht wichtigste und potentiell radikalste politische
Bewegung" (ebd., S. 86). Einzelne Feministinnen reagierten hierauf
eher skeptisch; sahen darin ein undialektisches Vorgehen; fürchteten, für eine Idee kolonisiert zu werden, die nur teilweise die ihre
sei (vgl. Krechel 1975: 86). Andere kritisierten „die Stilisierung des
Protests zur Theorie" (Tömmel 1975: 846) oder witterten einen
sentimentalen Frauenkult (vgl. Menschik 1977: 111).

Ungleich zurückhaltender sind die Äußerungen von Habermas.
Er versagt sich jegliches revolutionäres Pathos und meidet Spekulationen über die Zukunft der feministischen Bewegung, billigt ihr
aber doch einen hervorragenden Status zu. Nach der säuberlichen
Unterscheidung von Emanzipationspotentialen einerseits und Widerstands- und Rückzugspotentialen andererseits schlägt er die feministische Bewegung der ersten Gruppe zu. Außer der inzwischen
in partikularistische schwarze Subkulturen eingemündeten amerikanischen Bürgerrechtsbewegung „steht *nur* (Hervorhebung, die Verf.)
die feministische Bewegung in der Tradition der bürgerlich-sozialistischen Befreiungsbewegungen: der Kampf gegen patriarchalische Unterdrückung und für die Einlösung eines Versprechens, das in den
anerkannten universalistischen Grundlagen von Moral und Recht
seit langem verankert ist, verleiht dem Feminismus die Schubkraft
einer offensiven Bewegung, während alle übrigen Bewegungen einen

eher defensiven Charakter haben." (1981: 578). Indem der Feminismus über die Herstellung formaler Gleichberechtigung hinausgehe und der Männerwelt einen Komplex von „Komplementärtugenden" entgegensetze, richte er sich auf „die Eroberung neuer Territorien", beinhalte freilich einen „partikularistischen" Kern (gemessen an Habermas' Legitimationskriterium der Verallgemeinerungsfähigkeit von Interessen zweifellos ein zumindest theoretisch bedeutsames Manko).

Vor allem für die radikalfeministischen Teile der Frauenbewegung ist die Legitimität ihrer Ziele evident, bedarf somit keiner diskursiven Rechtfertigung. Diese Gruppen als der eigentliche Schrittmacher der Frauenbewegung widerlegen auch am eindeutigsten die Vermutung, die Frauenbewegung laufe sich allmählich tot und beraube sich mit zunehmenden (Teil-)Erfolgen ihrer Existenzberechtigung. Zu weit ist die Kluft zwischen der wahrgenommenen Realität und dem radikalen, utopischen Gehalt des Feminismus, als daß sich Feministinnen zur Ruhe setzen könnten. Zu ermutigend ist auch der relativ rasche Aufschwung der Bewegung innerhalb von rund zehn Jahren, als daß die Spannweite von der Wirklichkeit zur Utopie vorerst zur Resignation der Gesamtbewegung verleiten könnte. Und zu groß ist wohl der Politisierungsgrad und die Distanz gegenüber der Kulturindustrie, daß der radikale Feminismus schon bald einer Kommerzialisierung und Vereinnahmung zum Opfer fallen könnte. Selbst die in der Bundesrepublik inzwischen weit vorangeschrittene formelle Gleichberechtigung kann nicht einfach als fraglos gesicherter, sozial allseits gebilligter Bestand gelten, hält man sich die neu erwachte Widerstandsbewegung in den USA *gegen* die gesetzliche Gleichberechtigung der Frau vor Augen (vgl. Lo 1982).

Die neue Frauenbewegung ist ebenso wie die Bürgerinitiativbewegung bereits mehrfach totgesagt worden. Soweit dies von konservativer und/oder frauenverachtender Seite aus geschah, mag hier der Wunsch der Vater des Gedankens gewesen sein. Soweit selbst einzelne Feministinnen skeptisch in die Zukunft ihrer Bewegung blickten (vgl. Schenk 1981: 222), mag der aufrüttelnde und einigende Effekt dramatisierender Bilanzen und Prognosen im Vordergrund gestanden haben. Nach unserer Einschätzung freilich gibt es wenig Anzeichen für einen Niedergang der Frauenbewegung. Gerade weil es sich beim heutigen Feminismus nicht primär um eine Frau en*rechts*bewegung, sondern um eine kulturrevolutionäre Frauen*befreiungs*bewegung handelt, wird er durch formale Zugeständnisse und rhetorischen Beifall nicht rasch zu befrieden und zu integrieren sein. Für ebenso erfolglos halten wir eine Strategie der Diskriminierung und Stigmatisierung gegenüber Feministinnen. Der Feminismus weist eine zu breite soziale Verankerung auf, ist — in abgeschwächter Form — zu weit auch in intermediäre politische Kulturen eingesickert, steht zu unmittelbar in einer bürgerlich-aufklärerischen Tradition, um durch eine Ausgrenzung neutralisiert werden zu können. Zu Recht begreift Schenk die Frauenbewegung als „Teil eines nun schon zwei Jahrhunderte andauernden sozialen Individuierungsprozesses" (1981: 222). Dieser erfährt — so unsere These — durch das Aufkommen postmaterialistischer Orientierungen und durch die enge Verknüpfung mehrerer sozialer Bewegungen einen neuen Schub und wird sich in dem Maße stabilisieren, wie es den einzelnen Bewegungen gelingt, ein dichtes infrastrukturelles Netz zu knüpfen und ein gegenkulturelles Milieu auszubilden. Gerade die Frauenbewegung als Teil der alternativen Infrastruktur scheint hier weit vorangeschritten, hat den Grundsatz der autonomen, dezentralen Selbstorganisation am konsequentesten realisiert. Der Frauenbewegung ist somit von ihren politischen Gegnern durch einen Angriff auf ihre „Organisation" kaum beizukommen. Und auch dann, wenn sie sich in manifesten politischen Konflikten als wenig erfolgreich erweist (z.B. in der Freigabe der Abtreibung), so geht doch von der Frauenbewegung eine subtilere Wirkung auf traditionelle Werte, Rollenmuster und alltägliche Verhaltensformen aus, die sich vorerst nur bei Minderheiten niederschlägt, aber doch langfristig weitreichende Effekte zeitigen dürfte.

Freilich ist der politische Erfolg keiner sozialen Bewegung programmiert. Auch die Frauenbewegung ist von Dogmatisierungstendenzen (z.B. Männerhaß) nicht frei und hat auf trojanische Pferde (z.B. die Ideologie der „Weiblichkeit" und der „neuen Mütterlichkeit") in ihren eigenen Reihen zu achten. Teile der Frauenbewegung scheinen sich gleichermaßen von ihrem Verstand wie von der Politik verabschieden zu wollen. Michael Schneiders Kritik an der „neuen Sensibilität" gilt auch für Teile der feministischen Bewegung: Fand sich die niedergehende Studentenbewegung „müde und ausgedörrt auf den Sandbänken des linken Dogmatismus, abgeschnitten vom wilden Meer der Phantasie", so droht heute die „sentimentale Reprise eines falsch verstandenen Rousseauismus" (Schneider 1977: 180 u. 184).

Auch der Frauenbewegung droht die Gefahr des Dogmatismus, der Befangenheit im „eigenen *feministischen* Wahn" (Friedan 1982: 17)[28], der Spaltung zwischen den „Bewegungslesben" (die inzwischen den Großteil der feministischen Projekte dominieren)[29] und den feministischen „Heterofrauen", der „falschen Polarisierungen" (Friedan) zwischen den Geschlechtern. Vereinzelt finden sich geradezu defaitistische Selbsteinschätzungen im Lager der Frauenbewegung.[30]

Große Teile der Frauenbewegung sind jedoch u.E. wach und

sensibel genug, um die angedeuteten Gefahren zu sehen und entschieden zu bekämpfen. Wohl auch nur von diesen Gruppen ist zu erwarten, daß sie die Flexibilität und Lernfähigkeit der Bewegung wahren, um auf dem schmalen Grat zwischen Partikularismus auf der einen und Vereinnahmung auf der anderen Seite voranzukommen.

4. Die Alternativbewegung

Das Spektrum der Alternativbewegung ist weit gefächert. Eine 1981 erschienene Studie des Bundesministeriums für Jugend, Familie und Gesundheit („Zur alternativen Kultur in der Bundesrepublik Deutschland"), faßt darunter eine ganze Fülle an Strömungen und Teilbewegungen: Ökologiebewegung, Bürgerinitiativen, Bürgerrechtsbewegungen, Friedensbewegung, Dritte-Welt-Initiativen, die undogmatische „Neue Linke", Spontigruppen, Frauenbewegung, Jugendzentrumsbewegung, Alternative Lebensstile, Landkommunenbewegung, Psychokultur, neuer Spiritualismus und Homosexuellenbewegung — nahezu alles, was ansonsten unter dem Etikett der neuen sozialen Bewegungen firmiert. Uns erscheint eine derart umfassende Bestimmung der Alternativbewegung wenig sinnvoll. Sie verweist allerdings auf eine Gemeinsamkeit eines großen Teils dieser Gruppen: auf ihre Nähe zu einem System von Werten, Normen und Bedürfnissen, die sich im Gefolge des gegenkulturellen Protests der 60er Jahre herausgebildet haben. In den daraus erwachsenen Vorstellungen und praktischen Ansätzen eines „alternativen" Lebens tritt an die Stelle des gesellschaftlich vorherrschenden Kanons formaler Tugenden (Ordnung, Sauberkeit, Pünktlichkeit, Gehorsam und Fleiß) die Betonung psychischer, sozialer und ästhetischer Bedürfnisse. Dieser gegenkulturelle Wert- und Bedürfnishorizont hebt sich kritisch von der Erfahrung der zunehmenden Kälte und Anonymität sozialer Beziehungen ab, von ihrer fortschreitenden Funktionalisierung, Technisierung und Kommerzialisierung — von einer Erfahrung, die den Wunsch nach unverstümmelter und unzerstückelter Ganzheit hervorruft, nach einer Lebensweise, die der Emotionalität, den Träumen und Wünschen, der Kreativität, dem „Leben" schlechthin, Raum gibt.

Nun sind diese postmaterialistisch geprägten Orientierungsmuster, wie wir in der bisherigen Darstellung sahen, allerdings kein besonders scharfes Abgrenzungskriterium der Alternativbewegung als eines bestimmten Teils der neuen sozialen Bewegungen. Wie eine Reihe neuerer empirischer Studien belegen (vgl. z.B. Krause u.a. 1980; Jugendwerk der Deutschen Shell 1981), hat sich diese Alternativmentalität bereits weit über den Kreis des aktiven Protestpotentials hinaus verbreitet, insbesondere in der jungen Generation und hier wiederum überproportional bei Jugendlichen weiterführender Schulen und bei Studenten.

Aus diesem breiten Umfeld alternativer Einstellungs- und Verhaltensweisen grenzen wir die Alternativbewegung im engeren Sinn als den *Zusammenhang aller Versuche* ab, *durch selbstorganisierte Formen des Arbeitens und Zusammenlebens gesellschaftliche Veränderungen unmittelbar praktisch zu machen.* Erst diese hautnah gelebte Umsetzung der alternativen Wert- und Zielvorstellungen in die Formen des alltäglichen Lebens und erst die Vernetzung all dieser zunächst vereinzelten Ansätze und Projekte zu einer sozialen Infrastruktur gegenkultureller Lebenszusammenhänge gibt der Verbreitung alternativer Wertvorstellungen und Bedürfnismuster ihre materielle Verankerung und ihre Stoßkraft.

4.1 Vorläufer und Entstehungsbedingungen

Die Alternativbewegung der 70er Jahre hat, wie fast alle neuen sozialen Bewegungen, ihre historischen Vorläufer. Frühsozialistische, genossenschaftlich organisierte Produktions- und Lebensgemeinschaften zählen dazu ebenso wie religiös geprägte Modelle kommunitären Lebens, die Lebensreformbewegung und die Bohème. Jede dieser gegenkulturellen Modelle und Bewegungen läßt sich als „antimodernistische" Reaktion auf den industriellen Modernisierungsprozeß begreifen, als Versuche, der eingetretenen gesellschaftlichen Erschütterung überkommener Wertvorstellungen und Lebensweisen durch die Revitalisierung genossenschaftlicher Traditionen des dörflichen, vorindustriellen Lebens, durch Stadtflucht und Naturromantik, durch das Festhalten an ganzheitlichen Prinzipien der Lebensführung oder durch die Stilisierung eines spontaneistisch-expressiven Lebensstils zu begegnen.

Vor dem Hintergrund des im 19. Jahrhundert vorherrschenden emphatischen Glaubens an den technischen Fortschritt, angesichts der unaufhaltsamen Dynamik der industriellen Revolution, befanden sich diese Ansätze „antimodernistischer" Zivilisations- und Kapitalismuskritik zunächst jedoch in einer hoffnungslosen Defensivposition. Gelegentlich zu ideologischen Strömungen und Zeittendenzen verdichtet — so stellen sie insbesondere in Deutschland ein nicht zu vernachlässigendes Ferment der nationalsozialistischen Blut-und-Boden Mythologie dar —, blieben sie für die langfristigen Entwicklungstendenzen des kapitalistischen Modernisierungsprozesses insgesamt dennoch folgenlos. Die genossenschaftlichen Ansätze zur Arbeiterselbsthilfe wurden entweder durch sozialstaatliche Versorgungssysteme ersetzt oder den Organisationsprinzipien kapitalistisch-bürokratischer Institutionen assimiliert (Bank für Gemeinwirtschaft; Neue Heimat) (vgl. Schwendter 1978). Anthroposophische Gemeinschaften (vgl. Huber 1979)[25] oder die Bohème (vgl. Kreuzer 1968) nahmen den Charakter von Subkulturen an. Ihre Mitglieder wurden zwar als Sonderlinge beargwöhnt oder ins Getto des künstlerisch-intellektuellen Milieus verwiesen; auf der Ebene privater Existenz- und Lebensformen wurden sie aber problemlos in die gesellschaftliche Pluralität von Vereinen, Verbänden, religiösen Gemeinschaften, ethnischen Gruppen und subkulturellen Lebensstilen integriert. Von einem politischen Problemhorizont absorbiert, der zunächst durch die kontroverse Thematisierung der nationalen und der Verfassungsfrage, dann, seit Mitte des 19. Jahrhunderts etwa, durch die Klassenproblematik bestimmt war, konnten diese verschiedenen „antimodernistischen" Ansätze alternativen Lebens bis zur Mitte des 20. Jahrhunderts keine eigene Tradition ausbilden. Sie blieben historisch und sozial fragmentiert.

Das änderte sich, als mit dem rapiden Wirtschaftswachstum der 50er und 60er Jahre, mit der einschneidenden Verbesserung der materiellen Versorgungslage die asketischen frühbürgerlichen Pflicht- und Arbeitstugenden an Geltung verloren und hedonistische Werte in den Vordergrund traten. Eine neue Konsum- und Freizeitkultur begann den Alltag zu prägen. Während der Klassenkonflikt an Bedeutung verlor und sich im Rahmen einer expandierenden Wirtschaft auf Verteilungsprobleme reduzierte, wurde der Gegensatz von berufsspezifischen, industriellen Anforderungen (Leistung, Spezialisierung, flexibles Rollenverhalten, Selbstdisziplinierung) und den gleichermaßen stimulierten Bedürfnissen nach Spontaneität, nach Unmittelbarkeit und Natürlichkeit, zur prägenden Erfahrung der nachwachsenden Generation; die „antimodernistische" Zivilisationskritik verlor ihren sozial marginalen, überwiegend rückwärtsgewandten Charakter. Mit der allgemeinen Verlängerung der Ausbildungszeit und dem dadurch geschaffenen „psycho-sozialen Moratorium" sowie durch die Verbreitung mittelschichtspezifischer, psychologisierender Erziehungsmuster wuchs die Sensibilität für diese Widersprüche. Das führte seit Beginn der 60er Jahre in breiten Kreisen der Mittel- und Oberschichtjugendlichen zu einer Welle gegenkulturellen Protests, die alle westlichen Industriegesellschaften erfaßte. In diesem gegenkulturellen Protest der 60er Jahre hat die heutige Alternativbewegung ihren unmittelbaren Ursprung.

Wir haben in Kapitel 2 zu zeigen versucht, wie dieser gegenkulturelle Impuls den Charakter des antiautoritären Protests in den Jahren 1967/68 prägte, wie er in den Aktionsformen der Studentenbewegung ein neues Politikverständnis hervorgebracht hat, in dem die Strategien der Gesellschaftsveränderung notwendig mit dem Prozeß der Selbstveränderung, der „Politisierung des Alltags", verbunden sind. Als mit dem Scheitern des politischen Anspruchs der Studentenbewegung die Dissoziation dieser beiden Elemente beschleunigt einsetzt, als mit dem Rückgriff auf traditionelle Konzepte sozialistischer Kader- oder sozialdemokratischer Reformpolitik die machtpolitischen Veränderungsstrategien von den Motiven des gegenkulturellen Protests abgekoppelt werden, gerät auch letzterer in eine Sackgasse. Eine verstärkte Psychiatrisierung gesellschaftlicher Konflikte setzt ein (Psychoboom); religiöse Fluchtbewegungen und der Rückzug auf die Befreiung des eigenen „authentischen Selbst" lassen einen neuen Kult der Innerlichkeit entstehen.

Daneben werden aber auch in der Bundesrepublik, sicher in geringerer Breite und Bedeutung als in den USA, die unterschiedlichsten Versuche unternommen, eigenständige gegenkulturelle Reproduktionsformen im Zusammenleben (Kommune, Wohngemeinschaften), in der Kindererziehung (Kinderläden), im schulischen Bereich, in der Lebensmittelversorgung, in Landkommunen, im Handwerks- und Dienstleistungsbereich aufzubauen. Diese Projekte wurden oft in bewußter Absetzung vom studentisch-intellektuellen Milieu der Universitätsstädte begründet; auch sie sind nicht selten vom Rückzugswunsch auf sich selbst, auf die Unmittelbarkeit der Gemeinschaft, auf den Mythos des erdnahen, organischen Lebens geprägt. Dennoch vollzieht sich der Aufbau dieser Projekte und Gemeinschaften insgesamt unter dem Anspruch, am Ziel der gesellschaftlichen Veränderung festzuhalten, sie auf dem Weg der praktischen Emanzipation durch den Aufweis in Gang zu setzen, daß man auch „anders" leben kann, daß Strategien der Befreiung, der Selbstorganisation von Lebenszusammenhängen möglich sind.

In diesem Spannungsfeld zwischen entpolitisierender Fluchtbewegung in eine neue Innerlichkeit und Politisierung des Alltags vollzieht sich die Entwicklung und Verbreitung der verschiedenen Ansätze und Entwicklungsstränge gegenkulturellen Lebens in den 70er Jahren.

4.2 Formenspektrum und Aktionsfelder

Anfang der siebziger Jahre fächern sich als Folge der Aufspaltung der verschiedenen Protestmotive die unterschiedlichen Entwicklungsstränge des gegenkulturellen Milieus in ihrer ganzen Spannbreite von eher aktivistischen, an der gesellschaftlichen Auseinandersetzung orientierten bis hin zu eher rückzugsorientierten, an der ausschließlichen Veränderung des eigenen Selbst interessierten Praxisformen auf. Bevor wir zeigen, wie sich diese Einzelaspekte in verschiedenen Schritten zur Alternativbewegung verschränken und welche Entwicklungsdynamik dieser Prozeß annimmt, sollen vorweg einige dieser Entwicklungsträger exemplarisch etwas näher beleuchtet werden.

Kommune und Wohngemeinschaften

Die Kommunebewegung war das ureigenste Kind des antiautoritären Protests in den 60er Jahren. Die konkrete Utopie einer kommunitären Praxis, die hier erste Gestalt annahm, speiste sich gleichermaßen aus der Kritik der traditionellen Kleinfamilie und dem Einklagen des Lustgewinns (Brückner 1970), den die Kommerzialisierung der Sexualität und die Lockerung der rigiden Sexualnormen versprach. Politische Veränderungsstrategien und Kommunebewegung entmischten sich aber auch hierzulande rasch.

Wohngemeinschaften wurden der bevorzugte Ort, wo der Wunsch nach einer neuen Sensibilität im Umgang miteinander erprobt und gelebt werden konnte. Bedürfnisse nach intensiver Kommunikation und gemeinschaftlichem Leben, aber auch nach individuellen Freiräumen und Rückzugsmöglichkeiten, machten es erforderlich, das Verhältnis von Privatheit und Öffentlichkeit neu zu balancieren. Der Abbau geschlechtsspezifischer Rollenzuweisungen, die Entwicklung eines entspannteren, weniger von Berührungsängsten und Konkurrenzdenken geprägten Verhältnisses zur Sexualität, die Infragestellung der eigenen Sauberkeitsstandards, der eigenen Peinlichkeits- und Schamschwellen, repressionsfreie Kindererziehung, nicht zuletzt der Versuch, kollektive Besitz- und Nutzungsformen zu entwickeln, setzten die Bereitschaft zu einem permanenten Lernprozeß voraus. Das bot ebensoviele Chancen eines befriedigenderen, bedürfnisgerechteren Lebens wie Anlässe für Konflikte und Dauerbelastungen, unter denen die Wohnkollektive nicht selten zerbrachen. H. Glätzer (1978) unterscheidet in ähnlicher Weise wie Schülein (1980) mehrere Entwicklungsphasen der Kommunebewegung:

(a) die erste, „utopische" Phase vereinzelter Kommunegründungen bis 1969 etwa, in der am politischen Anspruch der „Revolutionierung des bürgerlichen Individuums" (Kommune II, 1971) festgehalten wird. Persönliche Emanzipation wird hier vor allem unter dem Aspekt der sexuellen Befreiung gesehen. Die Rezeption der Sexpol-Bewegung der 20er Jahre und die Schriften von Wilhelm Reich spielen eine bedeutende Rolle.

158

(b) die zweite Phase von 1970 bis 1972/73, die Glätzer „durch das Zersplittern der Bewegung in eher dogmatisch-politische und in subkulturelle Formen" charakterisiert sieht.

„In 'politischen' Wohngemeinschaften leben hauptsächlich Studenten der Universitätsstädte, die in ihrer Mitgliederstruktur und Ausformung des Lebensstils die politische Fraktionierung an der Universität ... wiederspiegeln. (...) In den subkulturellen Formen sind die verschiedensten Utopien und Lebensformen vertreten wie religiöse Gemeinschaften mit christlichem oder fernöstlichem Ideengut (Jesuspeople, Hare Krishna, Zen-Buddhismus), Gemeinschaften, die mit Drogen experimentieren oder mit ihnen auf den Hund kamen, und solche, die auf's Land gingen, um eine Alternative zur Unwirtlichkeit der Städte und der menschlichen Beziehungen in dem täglichen Konsumterror zu entfalten." (Glätzer 1978: 34 f.)

Auch hinsichtlich der Intensität des Zusammenlebens, der Verwirklichung des Kollektivanspruchs, differenzieren sich verschiedene Formen aus. Glätzer unterscheidet dabei „Wohnkollektive", in denen die „Veränderung der zwischenmenschlichen Verkehrsformen, gemeinsame Kindererziehung, Abbau irrationaler Fixierungen in Zweierbeziehungen bis hin zur gemeinsamen politischen Arbeit noch viel Raum einnehmen"; „Wohngemeinschaften" mit geringeren Anforderungen und Verbindlichkeiten, in denen die „Nutzung ökonomischer Vorteile und die Erzeugung einer Grundgeborgenheit" als das Wichtigste erscheint; schließlich „Großfamilien", ein „Zusammenschluß von mehreren Kleinfamilien oft mit Kindern; sie sind oft längerfristig konzipiert und umfassen meistens Berufstätige der mittleren und oberen Mittelschicht (Lehrer, Künstler, Architekten usw.)." (Ebd., S. 35 f.)

(c) Nach 1972 setzt die massive Verbreitung der pragmatischen Wohngemeinschaften (WG) ein. (Heute soll ihre Zahl zwischen 40.000 und 100.000 liegen.) Sie verlieren endgültig den Ruch aber auch den Anspruch des Revolutionären. Ökonomische Motive spielen bei der Gründung bzw. beim Einzug in WG's eine zunehmende Rolle. Die soziale Rekrutierung verbreitert sich. Während eine 1973 in Hamburg durchgeführte, allerdings nicht repräsentative Untersuchung (Peinemann 1975) ergibt, daß ca. zwei Drittel der WG-Mitglieder Studenten waren, ein Viertel etwa aus Berufen der unteren bis oberen Mittelschicht kam und nur eine verschwindende Minderheit aus der Gruppe der Arbeiter, Handwerker und Lehrlinge, so hat sich das seither nach übereinstimmenden Aussagen (vgl. Korczak 1979) doch merklich in Richtung auf eine breitere soziale Streuung verschoben.

Ab 1973 laufen in vielen Städten WG-Kooperationsbemühungen an. Info-Blätter, Wohnungsvermittlungsdienste, Nahrungsmittel-Koops etc. sollen eine Aufarbeitung der bisherigen WG-Erfahrungen ermöglichen und praktische Dienstleistungsfunktionen erfüllen. Mit der Herausbildung groß- und kleinstädtischer alternativer „Scenes" seit Mitte der 70er Jahre werden diese Bemühungen Bestandteil einer sich zunehmend verdichtenden Infrastruktur alternativer Kommunikations- und Reproduktionszusammenhänge.

Hausbesetzungen

Hausbesetzungen begleiteten die verschiedenen Stränge der Protestbewegung in den 70er und frühen 80er Jahren.

„Die ersten Hausbesetzungen zu Beginn der siebziger Jahre waren von den Aktiven der antiautoritären Protestbewegung, vor allem der Studentenbewegung initiiert und geprägt. Allerdings weniger als studentische Selbstversorgung mit Wohnungen oder in der Fortsetzung der libertären Kommuneexperimente. Sie waren meist Teil des Versuchs, gesellschaftsverändernde Demokratisierungsprozesse, die an der Universität ihren Ausgang genommen hatten, subversiv in der Gesellschaft zu verbreiten. Von den Protestpraktiken der Studentenbewegung wie sit-ins, go-ins, Besetzungen von Universitätseinrichtungen führt ein kurzer Weg zu den späteren Hausbesetzungen." (R. Roth in Brandes/Schön 1981: 39)

Aktionen dieser Art fanden bereits 1970 in Köln, München, Frankfurt, Göttingen und Hamburg statt. In fast allen Fällen ging die Initiative von studentischen Gruppen oder Sozialarbeitern aus, die in der Tradition antiautoritärer Stadtteil- und Randgruppenarbeit gravierende gesellschaftliche Mißstände mittels demonstrativer Selbsthilfeaktionen anprangern wollten: als Demonstration gegen skandalöse Zustände auf dem Wohnungsmarkt; gegen die Zerstörung alter Wohnviertel aus kommerziellen Interessen; gegen die Not von Gastarbeitern, kinderreichen Familien, Obdachlosen und aus Heimen entflohener Jugendlicher. Über den Aufweis dieser Mißstände hinaus versuchten die Hausbesetzungen modellhafte Aktionen der Selbstorganisation von Bedürfnissen und Lebensansprüchen zu sein.

Kristallisationspunkte sozialer Bewegungen wurden Hausbesetzungen allerdings nur selten, so im „Frankfurter Häuserkampf" 1971-74 (vgl. Stracke 1980) und dann wieder 1980, im Gefolge einer neuen Jugendrevolte, im „Berliner Häuserkampf" (vgl. Aust/Rosenbladt 1981, Laurisch 1981, Brandes/Schön 1981, Müller-München 1981). Das umfangreichste Kapitel in der Geschichte der Hausbesetzungen der frühen siebziger Jahre wurde von Jugendlichen geschrieben, die um die Bereitstellung unabhängiger Jugendzentren kämpften (Jugendzentrumsbewegung). Nicht zufällig entzündeten sich die Züricher Jugendunruhen im Sommer 1980 an der gleichen Thematik (vgl. S. 200). Der Kampf um leerstehende Häuser und Fabrikhallen verliert hier seinen demonstrativ-politischen Charakter; er wird existenzieller, wird zum Kampf um Räume, um Freiräume, die Platz zum „Leben" lassen. Es geht nicht mehr primär um Aufklärung, um die Politisierung der Öffentlichkeit, gar um die Schaffung revolutionären Bewußtseins, vielmehr um die konkrete, sinnliche Wiederaneignung enteigneter Räume und Lebensmöglichkeiten, um die Schaffung oder Bewahrung einer Infrastruktur an Gebrauchswerten (Natur, Wohnraum, Räume der Geselligkeit), die ein – zumindest in Grenzen – selbstbestimmtes Leben ermöglichen.

Landkommune und Stadtflucht

Zivilisationskritik war schon seit dem 19. Jahrhundert mit Stadtflucht und Romantisierung der Natur verbunden (vgl. Bergmann 1970). In exemplarischer Weise kommt dies in der Lebensreformbewegung zum Ausdruck (vgl. Frecot u.a. 1978). Die aggressiv nationalistische, bisweilen rassistische Variante, die die Stadtfeindlichkeit in der deutschen Entwicklung von der Romantik über die Lebensreformbewegung bis hin zum Faschismus annahm, ist allerdings kein notwendiger Bestandteil der Zurück-zur-Natur Bewegung.

In der Bundesrepublik führte die Stadtfluchtbewegung der 70er Jahre, politisch zunächst ganz unspezifisch, zur Renaissance eines neuen Heimatgefühls, zur Aufwertung der Provinz, zu einem Run (vor allem von Intellektuellen und Künstlern) auf alte leerstehende Bauernhöfe und zu einer Preisexplosion bäuerlicher Trödelwaren. Ein geschärftes ökologisches Bewußtsein, eine neue Vorliebe für das Kleine und Überschaubare, Fortschrittsskepsis und Zivilisationsmüdigkeit verbinden sich hier mit gegenkulturellen, konsumerismuskritischen Impulsen, mit der Sehnsucht nach einem ganzheitlichen, naturverbundenen Leben.

In radikaler Weise wurde dieser Anspruch in den Landkommunen zu realisieren versucht, die sich aus der massenhaften Stadtflucht der Hippies und Yippies in den Vereinigten Staaten Ende der sechziger Jahre entwickelten. „Ihr Ziel war der direkte, intensive Kontakt zur Natur, die Harmonie mit der Erde und die Ausschaltung entfremdeter Zwischenstationen und -instanzen. Sie suchten einen natürlichen Lebensrhythmus als Basis zur Selbstbefreiung und Befreiung der Gesellschaft. Sie begannen, das Land zu bebauen, Farmen wieder aufzubauen, neue Wohn- und Lebensmöglichkeiten und -formen zu entwickeln. Diese ländlichen Kommunen sind charakterisiert durch ein neues Naturgefühl: der Mensch ist nicht Beherrscher, sondern Teil der Natur, er hat sich ihr also einzugliedern; durch Solidarität, Mitmenschlichkeit und gegenseitige Hilfe; durch Natürlichkeit im menschlich-biologischen Bereich, in der Sexualmoral, der Ernährung, in den menschlichen Verkehrsformen – was sich auch in einem Mißtrauen gegenüber den synthetischen Produkten einer hochtechnisierten Zivilisation ausdrückt." (Kurz 1978: 85)

In der Bundesrepublik weist die Landkommunebewegung keinen mit den USA, aber auch mit England, mit der Schweiz oder mit Frankreich vergleichbaren Umfang auf. Hier ist es eher so, daß „kleinere, ziemlich isolierte Gruppen und Individuen von der Stadt aufs Land gehen und den Schritt wagen, sich auf dem Land eine Lebens- und Arbeitsbasis zu schaffen. Die Landkommunen wohnen auch weit verstreut. Es gibt keine autonomen Dörfer wie in den oben genannten Ländern und auch keine starke regionale Zusammenarbeit von Landkommunen." (Glätzer 1978: 57) Der Grund dafür liegt in der ungünstigen Ausgangssituation hierzulande. „Hohe Grundstückspreise, dichte Besiedelung, starke Kapitalisierung der Landwirtschaft, restriktive Rechtsvorschriften" (ebd.: 59) etc. lösen in verstärktem Maße eine Wanderungsbewegung in (auch klimatisch) begünstigtere Regionen wie die Toskana, die Provence, die französischen und spanischen Pyrenäen aus. Gegenüber den etwa 6.000 Landkommunen in den Vereinigten Staaten nehmen sich die – wie Glätzer vorsichtig schätzt – rund 200 Landkommunen in der Bundesrepublik recht bescheiden aus.

„Was die berufliche Herkunft betrifft, so treffen wir in den Landkommunen meist eine bunte Mischung aus ehemaligen Studenten, die ihr Studium abgebrochen haben, gelernten Handwerkern, die aus dem Berufsleben ausgeschert sind, vielen frustrierten „Dienstleistenden", immer mehr Ex-Studenten mit abgeschlossener Universitätsausbildung, die sie jedoch selten praktisch einsetzen können, noch in Ausbildung stehenden Schülern und Studenten, sowie Ex-Nur-Hausfrauen, die aus dem Alltagsfamilientrott ausgeschwenkt sind. Die meisten Landkommunarden sind keine Bauern oder Handwerker, sondern eignen sich, teils durch theoretisches wie praktisches Selbststudium im Alltag, teils durch eine zweite Ausbildung (Lehre), die notwendigen Kenntnisse für die Arbeit in einer Landkommune an." (Demele 1979: 64)

Zentrum des Lebens in Landkommunen ist die stärkere Unmittelbarkeit des Naturbezugs und die Einbindung in ganzheitliche Lebenszusammenhänge: die Aufhebung der Trennung von Kopf- und Handarbeit, von Wohn- und Arbeitsplatz, von Produktion und Konsum, die Entwicklung von kooperativen Formen der Zusammenarbeit. Die zyklische Zeiterfahrung spielt in der bäuerlichen, insbesondere der wenig mechanisierten Arbeit der Landkommunen, eine weit größere Rolle als im industriellen Arbeits- und Lebensprozeß. Die Abhängigkeit von Jahreszeiten, Wetter, Tierhaltung usw. prägen den geistig-praktischen Erfahrungszusammenhang. Lebensvollzüge und natürliche Rhythmen erfahren deshalb leicht eine Spiritualisierung; ganzheitliche Anschauungsweisen treten in den Vordergrund. In den Landkommunen der Bundesrepublik dominiert dementsprechend seit den frühen 70er Jahren eine lebensreformerische Orientierung; die anthroposophische Bewegung hat starken Einfluß auf das Denken und die Praxis der Landkommunen gewonnen.

Besitzt die Selbstversorgung mit Gebrauchsgütern für alle Landkommunen einen zentralen Stellenwert, so sind sie aufgrund der kleinen Nutzfläche, die sie in der Regel bewirtschaften (durchschnittlich 5 ha) und aufgrund der mangelnden Kapitalausstattung (veraltete Maschinen etc.) doch nur selten in der Lage, von den Erträgen der Landwirtschaft zu leben. So bildet die ökonomische Grundlage meist eine Mischwirtschaft aus landwirtschaftlicher Selbstversorgung, ,,Handwerk, Kunsthandwerk, Gästebetrieb, sozialstaatlichen Unterstützungsgeldern und Gelegenheitsjobs. Die handwerkliche Ausrichtung gewinnt zunehmend an Bedeutung. Auf dem Lande wird getöpfert, geschreinert, gewebt, gesponnen; es werden Kerzen, Makrameearbeiten, Korbwaren, Modeschmuck, Naturheilmittel wie Kräutertees, Öle und Salben angefertigt. Manche Kommunen unterhalten in der nahegelegenen Stadt einen Laden, evtl. mit angeschlossener Teestube, in dem sie ihre selbstgefertigten Produkte absetzen.'' (Goetz 1980: 43 f.)

Mit der einsetzenden Projektgründungswelle Ende der 70er Jahre und einer breiteren öffentlichen Sensibilisierung gegenüber den gesundheitlichen und ökologischen Belastungen durch Industrie und chemische Landwirtschaft ergaben sich neue Kooperationsmöglichkeiten zwischen Landkommunen und städtischem Alternativmilieu. Über Einkaufsgenossenschaften, Lebensmittelkooperativen und Naturkostläden, z.T. auch durch den Aufbau direkter Vertriebsnetze, durch die Zusammenarbeit mit anderen Projekten ähnlicher (nicht ausschließlich landwirtschaftlicher) Art, durch alternative Jahrmärkte u.ä.m. verschränkte sich die Entwicklung der ländlichen und städtischen Alternativszene in stärkerem Maße.

Neue Spiritualität und Psychobewegung

Wesentlicher Bestandteil des gegenkulturellen Protests ist die Ablehnung des szientistischen Weltbilds. Das impliziert zum einen den Versuch, die Eindimensionalität der technisch-ökonomisch geprägten Erfahrungswelt zu sprengen, die Panzerung unserer Sinnlichkeit und Emotionalität, ihre Zurichtung auf die Norm des zweckrationalen, leistungs- und konkurrenzorientierten Verhaltens zu durchbrechen, die Isolierung und Zerstückelung, die äußeren Abhängigkeiten und Fremdbestimmungen des industriellen Lebens aufzuheben. Das zielt zum anderen auf einen Prozeß der „Selbstfindung" und „Ganzwerdung" durch die „Öffnung und Rückverbindung des Menschen zum umfassenden, universellen Lebensprinzip hin" (Kurz 1978: 104).

Diese gegenkulturelle Technik-, Rationalismus- und Zivilisationskritik kommt in zwei Hauptströmungen praktischer Selbstveränderung und Selbstfindung zum Ausdruck: in den vielfältigen Ansätzen einer „Neuen Spiritualität" und in der breiten, nicht minder bunten Palette der Psychobewegung. Erstere zielt auf Bewußtseinserweiterung, auf tiefere Schichten der Wirklichkeitserfahrung, wie sie unter Drogeneinfluß oder mithilfe meditativer oder psycho-religiöser Techniken gewonnen werden können. Die verschiedenen Strömungen der Psychobewegung versuchen dagegen die Ganzheitlichkeit der Erfahrung, den „Kern des Selbst", mithilfe therapeutischer Methoden zu gewinnen, die im emotional-körperlichen Bereich ansetzen. Der Übergang zu spirituell-religiösen Momenten ist jedoch fließend; die Erfahrung der Wiedergeburt oder Wiedererweckungserlebnisse sind häufig Bestandteil dieser Therapien. Beide Strömungen entfalten sich in den USA bereits gegen Ende der 60er Jahre in voller Breite; in die Bundesrepublik schwappte die psycho-religiöse Welle erst mit Beginn der 70er Jahre über. Die verschiedenen Ausprägungen und Entwicklungsdimensionen dieser psycho-religiösen Bewegung seien hier nur in einigen Stichworten angedeutet.

Psychodelische Drogen wie Marihuana, LSD, Meskalin etc. waren für die Hippies ein bevorzugtes Mittel auf dem Weg zur Selbstverwirklichung, zur Intensivierung ihrer Wahrnehmung und zur Erweiterung ihres Bewußtseins. „Gesellschaftliche Konditionierungen, geistige Zensurstellen, Kontrollen, Schranken, gesellschaftliche Trennungen werden aufgehoben; sämtliche Sinne werden sensibilisiert; eine Erfahrung und Erkenntnis der Welt und seiner selbst außerhalb der normalen kategorischen Ordnung ist möglich. Die Welt wird reicher an Farbe, Formen, Bedeutungen, wird anmutiger, bewegter, zentrierter, vielseitiger, die Wirklichkeit wird vieldimensionaler, die Gedanken sind häufiger, schneller." (Kurz 1979: 108)

Während der Genuß leichterer Drogen wie Marihuana und Haschisch in den Alltag breiter, vor allem jugendlicher Kreise sickerte, geriet der Konsum harter Drogen immer stärker in die Abhängigkeit internationaler Rauschgiftringe. „Die heutige Drogenszene bildet eine pathogene bis leicht kriminelle Subkultur für sich. Die Alternativbewegung hat mit ihr nur an den Rändern zu tun, etwa in Form von Drogenberatungsstellen, Soforthilfestellen oder wenn Fixer versuchen, durch Mitarbeit in einem alternativen Projekt wieder 'clean' zu werden." (Huber 1980: 21)

Eng in Zusammenhang mit der Faszination durch halluzinogene Erfahrungen, durch die Reise in unbekannte Wirklichkeitsdimensionen — wie sie auch in der Auflagenhöhe der Werke Castanedas zum Ausdruck kommt — steht die Faszination durch das *Verrückte*, durch die Antipsychiatrie von Laing und Cooper. Ihre Bücher wurden bis Mitte der siebziger Jahre für eine ganze Generation von kritischen Sozialarbeitern, Psychologen und Soziologen zu Signalen für den Ausbruch aus der repressiven Normalität des Alltags, der Familie, der geschlossenen Institutionen. Schizophrenie, verstanden als „Reise nach innen", in die Welt der Visionen, der Phantasien, der fremden Geister und Gestalten, der unbekannten Wahrnehmungen und Gefühle, rückte psychotische Erfahrungen in die unmittelbare Nähe bewußtseinserweiternder, mystischer Erfahrungen. Darüberhinaus übte das Laingsche Modell der therapeutischen Wohngemeinschaft Kingsley Hall auch in der Bundesrepublik einen nachhaltigen Einfluß auf die Gründung therapeutischer Selbsthilfegruppen und auf die Diskussion der Psychiatriereform aus.

Die *östlichen Religionen* des Hinduismus und Buddhismus übten seit den frühen 60er Jahren eine starke Faszination auf den gegenkulturellen Protest aus. Millionenfach wurde Hermann Hesses „Siddharta" gelesen; tausendfach begaben sich Jugendliche auch hierzulande Ende der 60er, Anfang der 70er Jahre auf die Pilgerreise, die über die Türkei und den Iran nach Kabul, in die Himalayatäler Nepals und nach Indien führte. In diesem Kulturkreis erschloß sich ein im Verhältnis zur westlichen Produktions- und Leistungsorientierung gänzlich anderer Weg der Erfahrungs- und Aneignungsweise der Wirklichkeit: der Weg nach innen, der Weg der Selbstfindung und Läuterung, hin zu einem Leben der Einfachheit, zur Preisgabe konkurrenzorientierter Ichbezogenheit, zur Einfügung in die Gemeinschaft, in das kosmische Ganze der Natur. Zwei verschiedene Formen des Zugangs zur Welt des Inneren lassen sich dabei unterscheiden: die Führung durch einen *Guru*, den religiösen Lehrer und Meister, der seine Jünger zur Erkenntnis und zur Reife führen soll; und der Zugang über die *Meditation*, „ein langer, oft schmerzlicher Prozeß der Klärung und inneren Wandlung, in dem das alte 'Ich' mit seinen selbstgemachten Vorstellungen und seinen Verhärtungen sterben muß, damit das wahre Selbst sich entfalten kann." (Mildenberger 1979: 96)

Beide Stränge entfalteten in der Bundesrepublik erst in der zweiten Hälfte der siebziger Jahre größere Breitenwirkung und Publizität, was nicht zuletzt auf die nunmehr einsetzende Vermarktung religiöser Bedürfnisse zurückzuführen ist. Damit sind die ursprünglichen Motive der Faszination durch östliche Religionen ihrer gegenkulturellen Sprengkraft weitgehend beraubt. Die Guru-Bewegungen entwickelten sich zu religiösen Großunternehmen, deren totalitäre interne Organisation wie im Fall der Mun-Sekte, der Kinder Gottes und der Scientology Church zu Recht öffentliche Besorgnis weckte. Mit den Ideen und dem Selbstverständnis der alternativen Bewegung haben diese „neuen Jugendsekten" nichts mehr gemein. Besondere Publizität erlangte in den letzten Jahren (bis zur Auflösung des Ashrams im indischen Poona 1981) die psycho-religiöse Bewegung von Baghwan Rajneesh. Das ist nicht nur prominenten Aussteigern und spektakulärer Berichterstattung zu verdanken, die Poona zum Wallfahrtsort einer neuen „Schickeria der Seele" werden ließ, sondern auch der für westliche Zivilisationsgeschädigte faszinierenden Mischung aus westlichen Psychotechniken und Therapien und spiritueller Tradition östlicher Religionen.

Die Meditationsbewegung wiederum verbreitete sich — mit Ausnahme der sektenartig organisierten Transzendentalen Meditation — durch die verschiedensten Kirchen, religiösen und weltanschaulich neutralen Gruppen als eine neue Technik der Psychohygiene (auch wenn sie sich darin nicht immer erschöpft). Yogaschulen und Meditationskurse sind ausgebucht, Volkshochschulen und „Gesundheitsparks" führen entsprechende Angebote landauf landab in ihrem Programm. Auch in dieser Rezeptionsform hat die Faszination durch östliche Religionen ihren gegenkulturellen Stachel verloren — freilich, nicht ohne Spuren im öffentlichen Bewußtsein, in einer gegenüber Wissenschaft und technischem Fortschritt skeptischer gewordenen Bevölkerung zu hinterlassen.

Neue Spiritualität, Drogenerfahrungen, die Faszination durch das Verrückte, sind eng mit der subjektiven Emanzipationsbewegung verbunden, die nach den vereinzelten Kommuneerfahrungen der späten sechziger Jahre in immer breiteren Wellen in die *Psychobewegung* einmündet. „Ursprung und Zentrum der Bewegung, fast schon legendär, ist das Esalen Institut in Kalifornien, Sitz des Psychologischen Altmeisters und Begründers der ʻGestalt-Therapieʼ Fritz Perls. Die Esalen-Schule mit ihren inzwischen Hunderten von Instituten bietet ein ganzes Arsenal an Methoden: immer neue Kombinationen von Tanz, Bewegung, Meditation, Massage, Selbsterfahrung, Sensitivity-Training, Rollenspiel, Encounter." (Mildenberger 1979: 161) Diese gestalttherapeutischen Ansätze werden inzwischen in vielschichtiger Weise mit Bioenergetik, Yoga, Meditation und Tai Chi zu ganzheitlichen Therapieformen verbunden. Ziel der in immer neuen Schüben aus den USA importierten Psychotechniken ist es, das Leiden an massiven Entfremdungserfahrungen (die Trennung von Kopf und Bauch, die Blockierung der Emotionalität, die lebensgeschichtliche Abspaltung von Teilen der eigenen Persönlichkeit) zu beheben. Der Therapeut übernimmt dabei die Funktion des Guru; Psychotechnik und Neue Spiritualität verschmelzen zur psycho-religiösen Bewegung.

Unverkennbar ist, daß sich im linken Psychoboom der 70er Jahre als Reaktion auf die Kopflastigkeit, die dogmatische Enge und den moralischen Rigorismus weiter Teile der Studentenbewegung eine Kippbewegung hin zur Emotionalität, zur Unmittelbarkeit der eigenen Bedürfnisse vollzogen hat. Das geht häufig nicht nur mit der Flucht nach innen, dem Rückzug auf die eigene Befindlichkeit, sondern auch mit einem neuen Irrationalismus einher (vgl. Kraushaar 1978; Literaturmagazin 9, 1978). Diese Kippbewegung hat aber auch neue Widerstandspotentiale freigesetzt, wie sie in den spontaneistischen, „bunten" Aktionen der Frauen-, der Ökologie- und Alternativbewegung oder im modellhaften Aufbau solidarischer, in stärkerem Maße bedürfnisorientierter Lebens- und Arbeitsformen zum Ausdruck kommen. Nicht zuletzt scheint der Psychoboom seine Spuren aber in einer vor allem in der jüngeren Generation breit diffundierenden Sensibilität gegenüber den „Sachzwängen" und Deformierungen einer „harten", technokratischen Wachstumsgesellschaft zu hinterlassen und den Wunsch nach „weichen" Lebensformen zu fördern. In Verbindung mit den Impulsen der Ökologiebewegung kam dieses Bedürfnis gegen Ende der 70er Jahre u.a. in einem neuen Gesundheits- und Körperbewußtsein zum Tragen, das einerseits zur vermehrten Skepsis gegenüber der apparativen Medizin, andererseits zu einer hohen Wertschätzung von Naturheilverfahren, „sanfter Geburt", gesunder Ernährung u.ä. führte.

Produktions- und Dienstleistungskollektive

Alternative Projekte umfassen ein weites schillerndes Spektrum, das von Dienstleistungsprojekten wie Teestuben, Kneipen, Naturkostläden, Lebensmittel-Coops, Theatergruppen, Kinos über Handwerkskollektive wie Autowerkstätten und Schreinereibetriebe, Entrümpelungs- und Renovierungskollektive, über pädagogische, medizinische und sozialtherapeutische Projekte wie freie Schulen, Jugendzentren, Frauenhäuser, Beratungsstellen bis hin zu alternativen Mediengruppen und Technologieprojekten reicht. (Einen guten Überblick bieten beispielsweise das Berliner „Stattbuch", das „Alternative Adreßbuch" oder ausführlichere Projektbeschreibungen wie in Jarchow/Klugmann 1980 und Hollstein/Penth 1980.) Für die Bundesrepublik einschließlich Westberlin errechnet Huber (1980) ca. 11.500 Projekte mit etwa 80.000 festen Mitarbeitern. Diese Zahlen haben sich seither, legt man die Erfahrungen der regionalen „Netzwerk Selbsthilfe"-Gruppen zugrunde, eher nach oben verschoben.

Diese bunte Projektvielfalt läßt sich einigermaßen anschaulich strukturieren, wenn man sie nach Tätigkeitsbereichen ordnet. Eine derartige Tabelle hat wiederum Huber (1980) erstellt, die wohl nach wie vor ein im wesentlichen zutreffendes Bild liefert. (Vgl. Tabelle 1; die Prozentangaben sind, nach Huber, auf $\pm$ 5 % genau.) Wesentlich ist für alle Produktions- und Dienstleistungskollektive, daß in ihnen die Bedürfnisse nach nichtentfremdeten, solidarischen Arbeits- und Lebenszusammenhängen einen — wie auch immer begrenzten — Entfaltungsraum finden. Sie stellen damit ein gesellschaftliches Lernfeld dar, in dem die Selbstorganisation dieser Bedürfnisse erprobt werden kann. Auch wenn diese partikularen Ansätze einer alternativen Ökonomie noch keine gesamtgesellschaftlich verallgemeinerbaren Modelle darstellen; auch wenn sie unter den gegebenen Bedingungen kaum von Marktzwängen und staatlichen Abhängigkeiten abgekoppelt werden können — entscheidend ist, daß in ihnen eine neue „Moral von Ökonomie" aufscheint, „die eine genaue Vorstellung davon entwickelt, welche soziale Normen, politischen Verfahren und ökonomischen Funktionen in diese Gegenproduktion eingehen sollen, nämlich Solidarität, Gleichheit, Gebrauchswertproduktion und kollektive Entscheidungsfindung" (Müschen 1982: 29).

Stellt die Realisierung dieser „moralökonomischen" Ziele neben anderen konkreten Anstößen, wie der fehlenden Berufsperspektive oder der drohenden Arbeitslosigkeit, das entscheidende, die kollektive Praxis tragende Motiv dar, so ist die Projektwirklichkeit doch von vielfältigen Widersprüchen geprägt. Die äußeren ökonomischen und gesellschaftlichen Schranken der Alternativbewegung drohen

Tabelle 1: Verteilung der Tätigkeitsbereiche der Projekte
(Huber 1980: 28)

„Produktion" 12 %	„Handarbeit" („Hardware" Labour") 29 %	Landwirtsch. Produktion 4 %	4 %	Landbau, Gartenbau, Tierhaltung
		Verarbeitendes Gewerbe 8 %	1 %	Druckereien, Setzereien
			5 %	Prod. u. Reparaturhandwerk (z.B. Bäcker, Tischler, Bodenleger, Färber, Wollspinner)
			0,5 %	Alternativtechnologische Betriebe (Fahrräder, Altwarenverwertung, Kraftheizung)
			1,5 %	Kunsthandwerk
Dienstleistungen 70 %		Zirkulation 9 %	1,5 %	Verkehr (Taxi-, Entrümpelungskollektive, Umzüge, Wegereinigung)
			4,5 %	Handel (Lebensmittelläden, Koops, Trödel, Reiseläden, Kioske)
			3 %	Buchläden (einschl. Buchauslieferungen, -versand, -vertrieb)
		Freizeit-Infrastruktur 9 %	4 %	Kneipen, Cafes, Restaurants
	„Kopfarbeit" („Software" „Labour") 71 %		4 %	Tagungs- u. Ferienhäuser Kommunikationszentren
			1 %	Kinos, Galerien
		Information, Öffentlichkeitsarbeit 17 %	3 %	Medien (z.B. Film, Video)
			1 %	Graphik, Fotos (einschl. Schreibarbeiten)
			9 %	Zeitschriften u.a. Publikationen (einschl. Kalender, Tagungen, Kongresse)
			4 %	Verlage
		(Selbst-)Verwaltungsdienste 5 %	5 %	Koordinations- u. Organisationsprojekte (einschl. Beratung, Auskünfte, Verbände, Networking)
		Sozialberufliche Dienste 22 %	7 %	Kinder (Kinderläden, Eltern-Kind-Gruppen, Tagesstätten)
			3 %	Schulen (einschl. Erwachsenenbildung, freie VHS, Unis)
			1 %	Medizinische Gruppen (einschl. z.B. Physio- u. Atemtherapie)
			11 %	Therapeutische, sozialpädagogische und Jugendsozialhilfeprojekte
		Kultur 8 %	8 %	Kunst, Sport, Wissenschaft (Theater, Zirkus, Musik, Tanz, Aikido, Karate)
Politische Arbeit 18 %		Politische Arbeit 18 %	9 %	Bürgerinitiativen (einschl. Stadtteilprojekte, Community, Development)
			8 %	Bürgerkomitees (z.B. Berufsverbote-, Mieter-, Ausländerkomitees, Knastgruppen
			1 %	Parteiartige Gruppen (Grüne, Bunte, Wählerlisten, gewerkschaftliche und kirchliche Gruppen mit alternativem Selbstverständnis

ständig auch nach innen durchzuschlagen: das betrifft die — meist gescheiterten — Ansprüche, Kollektiveigentum und -verantwortlichkeit herzustellen, Konkurrenz- und Machtstrukturen zu beseitigen; die oft selbstzerstörerische Überlastung der Mini-Welt der Projekte durch die Bedürfnisse ihrer Mitglieder sowie die Blockierung effektiver Arbeit durch die Mythen der „Spontaneität" und „Kollektivität" (vgl. G. Volksmasse in: Netzwerk Rundbrief vom 15.3.82).

Nicht zu übersehen ist allerdings, daß die konkreten Erfahrungen der Projekte, ihr häufiges Scheitern, einen Lernprozeß ausgelöst haben, der es erlaubt, die praktischen Schwierigkeiten — sei es ökonomischer, sei es gruppendynamischer Art — überlegter anzugehen; zu übersehen ist auch nicht, daß darüberhinaus engere Kooperationsformen zwischen den Projekten entwickelt und effektivere Formen der Projektberatung (z.B. im Rahmen der „Netzwerk Selbsthilfe") gefunden wurden. Hinzu kommt in vielen Städten die politische Abstützung alternativer Lebens- und Arbeitsformen durch „grün-alternative Listen", die die ständige Gefahr der subkulturellen Ghettoisierung auffangen und den Zielvorstellungen alternativen Lebens eine breitere Resonanz verschaffen können.

Gegenöffentlichkeit (Alternativpresse)

Die Alternativbewegung wäre nicht denkbar ohne das Medium der Literatur und der Presse, und sie wäre nicht denkbar ohne eigene Medien. „Alternative Öffentlichkeit" (Hübsch 1980), wie sie sich heute in der Bundesrepublik präsentiert, geht auf zwei Wurzeln zurück: auf die in der Studentenbewegung entwickelten ersten Formen linker Gegenöffentlichkeit, die sich in der Gründung sozialistischer Kleinverlage und in der Verbreitung einer linken politischen Presse fortsetzte; und auf die von der amerikanischen „Underground"-Literatur ausgehenden Anstöße zur Entwicklung einer deutschen Alternativliteratur. (Letzteres wird ausführlicher von Daum (1981) dokumentiert. Wir beschränken uns im folgenden auf die Alternativpresse.)

Erläuterungen zu Tabelle 1 auf S. 168
Nach unserem Verständnis zählen politisch arbeitende Gruppen nicht zur Alternativbewegung im engeren Sinn. Zwar ist der Übergang von Alternativprojekten und Bürgerinitiativen in vielen Fällen fließend. „Parteiartige Gruppen", Bürgerkomitees und Bürgerinitiativen verfolgen aber nicht, oder nicht in erster Linie das Ziel einer alternativen, selbstorganisierten Arbeits- und Lebensweise. Grenzen wir diese primär politischen Projekte aus der Gesamtheit der Projekte aus, so verschieben sich natürlich auch die prozentualen Anteile der verschiedenen Tätigkeitsbereiche.

Spätestens seit die Springer-Presse im Gefolge der Anti-Vietnam- und Anti-Schah-Demonstrationen 1967 in Berlin zu einer systematischen Hetze gegenüber Studenten, „Langhaarigen" und „Chaoten" ansetzte, wurde die Notwendigkeit erkannt, der „Monopolpresse" ein Korrektiv entgegenzusetzen. Wenn die Forderung „Enteignet Springer!" schon nicht unmittelbar durchzusetzen war, so sollte im Rahmen der Anti-Springer-Kampagne 1968 doch wenigstens das reibungslose Funktionieren der manipulierten Öffentlichkeit durch Auslieferungsblockaden durchbrochen werden. Das sicherte — zumindest für kurze Zeit — die Aufmerksamkeit liberaler Zeitungen und TV-Sendungen, die nach den Ursachen der Revolte fragten. „Als eigentliche Form von Gegenöffentlichkeit verstand die Bewegung (aber) weniger die nur von kurzer Dauer bleibende Möglichkeit, sich die etablierten Medien partiell zunutze zu machen. Im weiteren Sinne galt als Gegenöffentlichkeit das Ensemble der Aktionen selbst: Demonstrationen, Teach-ins, Sit-ins, Protestkundgebungen, Straßenblockaden, Massenversammlungen — also jede Form geschlossenen Auftretens, die kommunikativen und informativen Charakter besaß." (Daum 1981: 55) Die Flugblätter, die Infos, die Zeitschriften und theoretischen Texte der APO waren „Bestandteil einer politischen Gebrauchsöffentlichkeit", noch kein „gesonderter Teil der politischen Bewegung" (Negt, Interview in der TAZ vom 29.4.82).

Der Zerfall der Studentenbewegung, die Entmischung der antiautoritären, stärker gegenkulturell gerichteten und der an traditionellen sozialistischen Politikkonzepten orientierten Proteststränge, führte bis zur Mitte der siebziger Jahre zur Zersplitterung der linken Gegenöffentlichkeit in anarchistisch-spontaneistische Scene-Blätter und in organisationsgebundene, von Parteien und Verbänden herausgegebene Publikationen, denen z.B. noch 1973 80 % der „linksunabhängigen" (weder den orthodox-kommunistischen noch den K-Gruppen verpflichteten) Presse zugehörten. Die „Alternativpresse", die sich nach 1973/74 entwickelte, hat demgegenüber „als Identität stiftende Gemeinsamkeit die Ablehnung jeglicher partei- und verbandsmäßigen Organisierung" (Beywl 1982: 25). Ihr Ziel ist ein „authentischer Journalismus", die Bestimmung der Medieninhalte durch die Interessen und Bedürfnisse der Betroffenen — sei es als Sprachrohr der Scene, sei es als Sprachrohr der sich verbreiternden Basisbewegung von Stadtteil-, von Umwelt-, von Verkehrs- und Anti-AKW-Initiativen, von den Projekten der Frauen- und der Alternativbewegung.

Als die Ökologie- und Alternativbewegung gegen Mitte der 70er Jahre an Schwungkraft gewann, konnte sie auf eine bestehende Alternativpresse zurückgreifen — ein Vorteil der gar nicht hoch genug eingeschätzt werden kann.

„Die sozialistischen Kleinverlage und die politischen Blätter der Alternativpresse ebenso wie die Publikationen, Verlage und Vertriebsorgane der literarischen Alternativpresse verhalfen der Alternativbewegung zu der notwendigen Öffentlichkeit, lange bevor die etablierten Medien sich ihrer annahmen. Die Manifestationen und Leitfäden der Kernkraftgegner und Ökologisten ... erschienen zuerst im Selbstverlag oder kleinen Alternativverlagen, bevor sie im Verlagsprogramm von Rowohlt und Fischer auftauchten bzw. der Fischer Verlag sich zu einer Reihe 'fischer alternativ' entschloß." (Daum 1981: 116 f.)

Mit der Verschränkung der verschiedenen spontaneistischen, sub- und gegenkulturellen Gruppierungen zur Alternativbewegung schossen neben den schon länger bestehenden in schneller Folge Hunderte von neuen Blättern aus dem Boden, von denen viele jedoch ebenso rasch wieder eingingen. Heute sind es über 700 Stadtzeitungen, BI-Zeitungen, Volksblätter, Scene-Zeitungen, Dorf- und Regionalblätter (TAZ, 25.6.81), mit einer Gesamtauflage allein im lokalen Bereich von monatlich rund 550.000 Exemplaren (Mettke 1981: 160).

Die Alternativpresse und -literatur hat damit, als Bestandteil eines gegenkulturellen alternativen Milieus, im eigentlichen Sinn den Charakter einer „alternativen Öffentlichkeit" erlangt. Mit Gründung und Aufbau der TAZ („die tageszeitung") in den Jahren 1978/79, der Verwirklichung des seit 1968, den Tagen der Anti-Springer-Kampagne, gehegten Traums einer bundesweiten linken Tageszeitung, kommt diese Entwicklung zu einem vorläufigen Höhepunkt. Seit April 1979 erscheint die TAZ täglich von Montag bis Freitag mit einer Auflage von inzwischen ca. 50.000 Exemplaren. Während das fast gleichzeitig gestartete, aus dem Berliner Extra-Dienst hervorgegangene Konkurrenzunternehmen „Die Neue" auf den eher traditionellen Flügel der undogmatischen und gewerkschaftlich orientierten Linken zielte (und Ende Oktober 1982 ihr Erscheinen aus finanziellen Gründen endgültig einstellen mußte), versteht sich die TAZ als Plattform und Diskussionsforum des alternativen Spektrums, der gesellschaftlichen Randgruppen, der Frauen-, der Ökologie und Friedensbewegung, der Brennpunkte sozialer Kämpfe im In- und Ausland.

Die seit Beginn der 80er Jahre sichtbar gewordenen Tendenzen verweisen auf ein neues Stadium, in das die Alternativbewegung und mit ihr die Alternativpresse getreten ist. Es besteht kein Zweifel mehr, daß viele Alternativzeitungen in finanzielle Schwierigkeiten geraten sind oder aufgeben müssen. Das hat zum einen mit der kommerziellen Entwicklung auf dem lokalen Markt der Alternativzeitungen zu tun. Den Stadtzeitungen und Volksblättern — insbesondere denen, „die bereits mehrere Jahre bestehen und Auflagen von mehr als 2000 Exemplare haben" (Bewyl 1982: 29) — entsteht in den professionell, im Mehrfarbendruck und in hoher Auflage hergestellten „Stadtmagazinen" eine existenzbedrohende Konkurrenz. Diese Stadtmagazine, die ausschließlich in Städten mit mehr als 100.000 Einwohnern erscheinen und pro Monat fast eine halbe Million Hefte zu einem vergleichsweise niedrigen Preis verkaufen, sind wegen ihrer Auflagenhöhe wesentlich attraktivere Werbeträger der lokalen Anzeigenkunden — bei gleicher oder besserer Servicefunktion in bezug auf die Kleinanzeigen. Sie erscheinen, aus den gleichen Gründen, aber auch den Bürgerinitiativen als das attraktivere Öffentlichkeitsmedium.

Das verweist zugleich auf eine andere, tiefere Ursache für die Krise des „Betroffenenjournalismus": auf die Auseinanderentwicklung und die wechselseitige Verselbständigung von Basisbewegungen und Alternativmedien. Beywl benennt dafür vier Gründe:

— „Die Initiativen verstehen die Volks- und Stadtblätter immer weniger als 'ihre' Zeitung; sie werden zunehmend in den lokalen Tagesmedien, z.T. sogar in kommerziellen Anzeigenblättern berücksichtigt."
— „Der Basiskonsens der Initiativen ist brüchig geworden. Insbesondere wird die Wirksamkeit des allein außerparlamentarischen Protests von Betroffenen bezweifelt." Wo „Grüne" und „alternative" Wahlbündnisse entstehen, entwickeln sie eigene Medien.
— Die Bewegung hat, auf lokaler Ebene, einige Teilziele erreicht, sieht sich, im Anti-AKW und Friedensbereich, jedoch auf eine Politikebene verwiesen, die über die unmittelbare Betroffenheit hinausreicht.
— „Nicht nur die Friedensbewegung, auch die Umweltschutzbewegung, die Frauenbewegung und viele andere Gruppierungen haben sich zur Koordinierung ihrer Zielsetzungen und zur Darstellung ihrer politischen Anliegen eigene Medien geschaffen." (Beywl 1982: 28 f.)

Aus der daraus erwachsenen Krise ihres Selbstverständnisses hat die Alternativpresse bisher noch keinen Ausweg gefunden.

4.3 Entwicklungsdynamik

Im nachfolgenden versuchen wir, aus einer Gesamtsicht des bisherigen Verlaufs der Alternativbewegung in der Bundesrepublik einzelne markante Entwicklungsphasen herauszuarbeiten, die eine jeweils neue Qualität der Bewegung in bezug auf ihre Träger, ihr Selbstverständnis, ihre organisatorische Infrastruktur und ihre politische Stoßrichtung anzeigen.

Erste Phase (1970-75): Ausdifferenzierung des alternativen Spektrums

Die erste Entwicklungsphase der Alternativbewegung ist von der Entkoppelung der verschiedenen Momente des antiautoritären Protests gekennzeichnet. Die explizit politisch arbeitenden, proletarisch orientierten Gruppen der „Neuen Linken" grenzen sich zunächst mehr oder weniger scharf von den Strömungen des gegenkulturellen Protests ab; ausgegrenzt werden damit „Spontis", aber auch eine ganze Reihe anderer politisch gerichteter Einzelbewegungen in der Tradition des antiautoritären Protests: Kinderladen- und Kommunebewegung, Hausbesetzungen und Jugendzentrumsbewegung, Projekte der Randgruppen- und Stadtteilarbeit. Der andere Teil der alternativen Szene rekrutiert sich aus den Anfang der siebziger Jahre sich breit entfaltenden, vom unmittelbaren politischen Kontext abgekoppelten Strömungen der 'Spiritualität' und der 'Neuen Sinnlichkeit'; religiös-spirituelle Gemeinschaften, Ashrams und Meditationshöfe, Drogenexperimente, makrobiotische Läden und Restaurants, Teestuben, ganzheitlich orientierte Landkommunen und Handwerkskollektive, eine in immer neuen Wellen von den USA importierte Fülle an Therapie- und Selbsterfahrungsformen, Antipsychiatrie, die Bildung von Schwulen- und Lesbengruppen usw. gehören dazu.

Es wäre allerdings falsch, diese beiden Rekrutierungsstränge der Alternativbewegung, den eher politisch und den „ganzheitlich-spirituell" (G. Kurz) orientierten Teil, zu sehr voneinander abzugrenzen; ist doch für beide der Versuch charakteristisch, gegenkulturelle Wert- und Normvorstellungen in die Alltagspraxis umzusetzen. Wohngemeinschaften, Kinderläden, Psychodebatten, Infragestellung der herkömmlichen geschlechtsspezifischen Rollenzuweisung, der Genuß leichter Drogen (Marihuana etc.), psychodelische Musik oder Hard Rock, Untergrund-Literatur, die Infos, Zeitungen und Zeitschriften der Alternativpresse stellen weithin verbindende Elemente des sozialen und kulturellen Zusammenlebens der alternativen Szene dar.

Bis Mitte der siebziger Jahre entwickelt sich so eine auf dem Land und in den Kleinstädten sehr dünne, in den Großstädten wesentlich breiter ausgefächerte Szene an gegenkulturellen Lebensformen, Einzelbewegungen und Projekten, die sich zwar teilweise überlappen, sich jedoch weitgehend in eigenen subkulturellen Milieus voneinander abgrenzen. Jedes dieser Milieus hatte seine eigenen Kommunikationszentren und Informationsmedien, seine eigenen WG-Zusammenhänge und sozialen Bezugskreise: die handwerklich-spirituellen Gruppen; die (erst langsam anschwellende) Psychoszene;

Selbsterfahrungs- und Selbsthilfegruppen; die undogmatischen Linken; die Spontiszene, die sich nach dem Scheitern der autonomen Betriebs- und Basisgruppenarbeit, mit der Wendung zur „Politik in erster Person" seit etwa 1973/74, mit einer eigenen Infrastruktur an Kneipen und Zeitungen, Medien-, Theater- und Musikgruppen, handwerklichen Dienstleistungskollektiven etc. in den Großstädten, am nachhaltigsten in Frankfurt, herauszubilden beginnt. Je enger dieses noch lose Netz an Projekten und gegenkulturellen Zusammenhängen gesponnen wird, je mehr die linke Szene insgesamt durch Berufsverbote und politische „Tendenzwende" in die Defensive gedrängt wird, desto stärker bildet sich nun doch ein gemeinsames Bewußtsein heraus, Teil einer gegengesellschaftlich gerichteten „alternativen Bewegung" zu sein.

Zweite Phase (1975-1980): Mobilisierung, organisatorische Vernetzung und Ideologisierung

Vier Faktoren forcierten diese Entwicklung seit Mitte der siebziger Jahre entscheidend: die Identitätskrise der marxistischen Linken; die allgemeine Verbreitung ökologischen, wachtsumskritischen Bewußtseins; die ökonomische Krise, die seit der weltweiten Rezession von 1974/75 einen wachsenden Sockel an struktureller Arbeitslosigkeit geschaffen hat; und nicht zuletzt der „deutsche Herbst" 1977, der mit dem darauffolgenden TUNIX-Kongreß das Signal für den offensiv propagierten „Auszug aus dem Modell Deutschland" gab.

Die Identitätskrise der Linken hat eine Reihe von Wurzeln, die letztendlich alle im Scheitern der Studentenbewegung und ihres theoretisch-praktischen Anspruchs begründet liegen: (a) in der Enttäuschung über den erfolglosen „Marsch durch die Institutionen", über das Versanden des politischen Reformimpulses in den „Sachzwängen" der verschärften weltwirtschaftlichen Reproduktionsbedingungen; (b) in der grundlegenden Desillusionierung der Erwartungen an das Proletariat als „revolutionäres Subjekt" — Erwartungen, die auf theoretischer Ebene an politökonomische Krisenanalysen, auf praktischer Ebene an oppositionelle Betriebsarbeit oder an den Aufbau diverser Kaderorganisationen leninistischer und maoistischer Art gekoppelt wurden; (c) in der Erschütterung des Internationalismus der „Neuen Linken" durch die faktische Entwicklung in China, in Cuba, im befreiten Vietnam, in Kambodscha, in Portugal etc.. Hinzu kam ein weiterer Faktor, der zunächst eher stabilisierend wirkte: bezog der Marxismus einen Teil seiner Faszination für die junge akademische Linke aus seiner Funktion als „Treibriemen für Protest, Selbstfindung und wissenschaftliche Laufbahn" (Schütte

1980: 146), oder allgemeiner, aus der Perspektive einer „emanzipatorischen Berufspraxis", so verblaßt diese Perspektive angesichts drohender Berufsverbote, konservativer „Tendenzwende" und sich verschärfender akademischer Arbeitlosigkeit. Gegen Ende der 70er Jahre hat die Krise der Linken auch die inneruniversitäre Theoriediskussion erfaßt; sie weitet sich zur „Krise des Marxismus", des theoretisch-praktischen Fundaments sozialistischer Politik. Marxistische Theorie und sozialistische Strategie haben, in ihrer traditionellen Gestalt, offenkundig die Fähigkeit verloren, Bedrohungen, Ängste, Hoffnungen, moralische Empörung und Wut einer neuen Protest-Generation so zu deuten, daß sie der persönlichen Erfahrungslage entspricht und sich zu einer mobilisierenden Utopie verdichten läßt.

In dieses Vakuum strömt verstärkt seit Mitte der siebziger Jahre die ökologische Industriekritik, das Bewußtsein von den „Grenzen des Wachstums", von der fortschreitenden Zerstörung und Bedrohung der natürlichen Lebensgrundlagen, die Angst vor der atomaren und der ökologischen Katastrophe. In der Kritik der großindustriellen Systeme, der technischen Gigantomanie, des sinnlosen zerstörerischen Wachstums, findet die perspektivlos und resignativ gewordene Erfahrungslage des jugendlichen Protestpotentials der siebziger Jahre ihre Sprache und Deutung. Es erkennt in der Utopie eines „sanften", ökologisch angepaßten überschaubaren und selbstbestimmten Lebens seine Träume und Wünsche wieder, ein Ziel, dem man nicht mehr durch Kaderpolitik und durch die große Revolution, sondern durch die praktische Veränderung der eigenen alltäglichen Lebenswelt näher zu kommen versucht. Die Heterogenität der alternativen Projekte sowie der Versuche, neue Techniken, neue Lebens- und Arbeitsformen, Modelle nachbarschaftlicher und genossenschaftlicher Selbsthilfe zu entwickeln, aber auch die Dezentralität und Pluralität der Widerstandsformen erhalten in diesem Bezugsrahmen einen systematischen Stellenwert. Die Entwicklung der Ökologiebewegung, insbesondere der öffentlich mobilisierenden und polarisierenden Anti-AKW-Bewegung, wirkt somit als ein entscheidender Katalysator der Alternativbewegung. Dies auch insofern, als aus der Ökologiebewegung nicht nur eine Vielzahl neuer Projekte erwächst, sondern auch der Sympathisantenkreis und Käufermarkt, der den ökonomischen Projekten eine erweiterte Reproduktion erst ermöglicht.

Die ökonomische Krise stellte in anderer Hinsicht eine Zäsur für die Alternativbewegung dar. Vor dem Hintergrund wachsender Akademiker- und Jugendarbeitslosigkeit erhält die Gründung neuer Projekte zunehmend den Charakter von Selbsthilfe und Arbeitsplatzbeschaffung. Die Alternativbewegung wird so für viele, vor allem für die, die keinen qualifizierten Schul- oder Bildungsabschluß besitzen, die von Berufsverboten, von Arbeitslosigkeit oder von beruflicher Marginalisierung bedroht sind, die in den institutionellen Zusammenhängen gebrochen wurden oder keine Perspektive mehr sehen, zur einzig möglichen Form, das eigene Überleben offensiv und gemeinsam zu organisieren.

In spektakulärer Weise wurde der Herbst 1977 zum Signal der endgültigen Ausformung einer politisch gerichteten, gegenkulturellen Bewußtseinshaltung, die im Aufruf zum TUNIX-Kongreß, in der Proklamation des „Auszugs aus dem Modell Deutschland" ihren treffenden Ausdruck fand (abgedruckt in: Hoffmann-Axthelm u.a. 1978). In ihr kumulierte die Erfahrung einer zunehmend autoritären staatlichen Entwicklung, von den Berufsverboten über den gewaltigen Ausbau der sicherheitsstaatlichen Apparate, der Perfektionierung der Kontroll- und Überwachungspraktiken bis hin zur gesetzlichen Einschränkung rechtsstaatlicher Freiheiten und zur Sympathisantenhetze im Rahmen der Terroristenverfolgung.

Vor diesem Hintergrund hatte sich bereits 1976/77 die Spontibewegung in und außerhalb der Universitäten zu einem neuen Massenphänomen entwickelt. An einer Reihe von Hochschulen stellten Spontigruppen den ASTA oder wurden vorübergehend zur politisch stärksten Gruppierung. Die Erfahrung zunehmender, als allgegenwärtig empfundener Repression verband sich mit der Enttäuschung über die Ohnmacht linker Positionen und mit einer Hypersensibilisierung gegenüber der drohenden Zerstörung der natürlichen Lebensgrundlagen, gegenüber der Destruktivität industriegesellschaftlicher Strukturen schlechthin. Ein neuer Kult der Unmittelbarkeit entsteht. Biologistische (feministische) und romantizistische Ursprungsmythen (das einfache, naturverbundene Leben am Lande; indianische u.a. Naturvolk-Mythen) finden breite Resonanz. In der Bewegung der „Stadtindianer", die hierzulande vor allem durch den Buback-Nachruf eines Göttinger „Mescaleros" und durch die darum inszenierte öffentliche Kampagne[32] bekannt wurden, finden diese Tendenzen ihren exotischsten Ausdruck.

In einer allgemeinen Stimmung des Pessimismus, pendelnd zwischen Resignation, Fluchtwünschen und anarchistischer Revolte, verhalf das TUNIX-Treffen im Januar 1978 der spontaneistischen Linken zu neuem Selbstbewußtsein.

„So war es wohl auch eine Trotzreaktion im Stil von Jetzt-erst-recht-links-radikal, als wir zur Reise nach TUNIX aufriefen. ... Wegen der Befürchtung, unsere Identität würde angeknackst werden, wenn wir uns der Situation Herbst '77 entziehen würden, wurden wir initiativ und haben dabei zum Prinzip gemacht, öffentlich und angreifbar zu dem zu stehen, was wir wollen. Weder von Verfassungsspitzeln noch von politischen Tabus wollten wir uns einschüchtern lassen." (Autorenkollektiv: Quinn der Eskimo, Frankie Lee und Judas Priest, in: Zwei Kulturen? S. 128 f.)

Mit dem TUNIX-Treffen setzt die massivste Aussteigerwelle in der Bundesrepublik ein. Die Solidargemeinschaft der alternativen Projekte, die normative und soziale Abstützung im Lebenszusammenhang der — als Etikett nur allzu bereitwillig aufgegriffenen — „Zweiten Kultur" (P. Glotz) gilt vielen nunmehr als einzig verbliebene Perspektive, um der Zerstörung der zwischenmenschlichen Beziehungen zu entgehen. Diese Projektgründungswelle erreichte ihren Höhepunkt in den Jahren 1978-80.

Ein anderes politisches Ereignis des TUNIX-Treffens war, daß sich hier ein Trend dokumentierte, der bereits an der Anti-AKW-Bewegung deutlich geworden war: „die Zusammenführung verschiedener — im weitesten, jedenfalls nicht traditionellen Sinne — politischer Ansätze, die sich bis vor wenigen Jahren (und teilweise auch heute noch) intensiv befehdeten." (Hoffmann-Axthelm u.a. 1978: 142) Die Entgrenzung der verschiedenen Fraktionen des linken und alternativen Milieus, ihre Sensibilisierung für die umfassende Problematik des industriekapitalistischen Systems in all seinen Ausprägungen und Folgen führte Spontibewegung, undogmatische Linke, ökologisch engagierte und Psychogruppen, Teile der Frauenbewegung und lokale Bürgerinitiativen in den Brennpunkten des Anti-AKW-Widerstands, in Brokdorf und Gorleben, zusammen, hatte aber auch in den Städten die partielle Zusammenarbeit in verschiedenen Initiativen zur Folge. Die Vernetzung der verschiedenen „scenes" des Alternativen Milieus wurde auch durch die Gründung der TAZ vorangetrieben. Auf dem TUNIX-Kongreß zum erstenmal einer breiteren Öffentlichkeit bekannt gegeben, wurden in den nachfolgenden Monaten in vielen Städten der Bundesrepublik TAZ-Initiativen gegründet, die das Projekt aufbauten. Die TAZ scheint seither „zum emotional wie argumentativ stärksten Bindefaktor zwischen den einzelnen alternativen Projekten der Bundesrepublik Deutschland und Westberlin geworden" zu sein (Hübsch 1980: 101).

Seinen politischen Ausdruck findet diese Tendenz in den (häufig von ehemaligen KBW- und KPD-Mitgliedern initiierten) „bunten" und „alternativen" Listen, die sich von den ökologisch-konservativ orientierten „grünen" Wählervereinigungen, Listen und Parteien absetzten, die bereits seit 1977 an Kommunal-, seit 1978 an Landtagswahlen teilnahmen. Damit hat die Alternativbewegung auch in politischer Hinsicht ein prägnanteres Profil erhalten, auch wenn dies mehr in einem „feeling", in gemeinsamen Metaphern, in einigen allgemeinen Essentials des Selbstverständnisses, als in einer expliziten Gesellschaftstheorie zum Ausdruck kommt. Sie ist antikapitalistisch; sie kämpft gegen „Konsumterror" und „Polizeistaat"; sie ist für Selbstbestimmung und „Basisdemokratie", für ökologisch angepaßte, „sanfte" Lebensformen. Sie umfaßt ein buntes schillerndes

Spektrum, aber innerhalb eines vagen Rahmens ökologisch-anarchistisch-sozialistischer Positionen. Das grenzt umgekehrt weite Teile der spirituellen und der Psychoszene deutlicher als in den frühen siebziger Jahren aus der Alternativbewegung aus, soweit sich deren Veränderungsimpuls allein auf religiöse Transzendenz oder auf die Lockerung emotionaler Blockaden beschränkt. Die Grenzen zur Neuen Spiritualität und zur Psychobewegung bleiben gleichwohl fließend.

Die Alternativbewegung hat somit bis Ende der 70er Jahre nicht nur klare Konturen gewonnen, sie findet zunehmend auch gesellschaftliche Resonanz. Das aufkeimende Interesse der Medienöffentlichkeit und der Parteien an der Alternativbewegung reflektiert die sich verbreitende Perspektivlosigkeit angesichts „struktureller Arbeitslosigkeit", „Krise des Sozialstaats", wachsender Umweltzerstörung und galoppierender „Sinnkrise".

Dritte Phase (seit 1980): Stagnation und Politisierung

Die Entwicklung der Alternativbewegung beginnt, was den Impuls betrifft, konkrete Utopien im „Hier und Jetzt" zu verwirklichen, seit den 80er Jahren zu stagnieren. Das trifft mit Sicherheit auf Berlin zu; inwieweit das auch für die Bundesrepublik gilt, läßt sich weniger eindeutig sagen. In Regionen und Städten, die durch alternative Infrastrukturen noch wenig erschlossen sind, ist wohl eher eine Verlangsamung und Verstetigung der Projektgründungen festzustellen. Das hat zwei Gründe: (a) die Überlagerung durch neue „Bewegungskonjunkturen", (b) die Erfahrung der inneren Grenzen der Alternativbewegung.

Die Hochkonjunktur der Projektgründungen 1978/79 war von dem Wunsch beseelt, sich von der „ersten Gesellschaft" abzukoppeln, autonome Gegenstrukturen aufzubauen. Die damit verbundenen optimistischen Zukunftserwartungen sind jedoch mit der Verschärfung der Ost-West-Spannungen, mit der Reaganschen Hochrüstungspolitik und dem Beginn einer Phase des Kalten Kriegs, in den Sog eines um sich greifenden Zukunftspessimismus geraten (vgl. Leinemann 1982). Steigende Arbeitslosigkeit und ein politisches Krisenmanagement, das sich — bis zum Zerfall der sozialliberalen Koalition — darauf beschränkte, den eigenen Machtverfall zu verwalten, haben die in der jungen Generation grassierende „no-future"-Stimmung noch verschärft.

Verblaßte damit die mobilisierende Kraft von „Ökotopia" (Callenbach 1980), so wurde die Alternativbewegung in den frühen 80er Jahren darüberhinaus von der politisierenden und polarisierenden Dynamik einer neuen Jugendrevolte überlagert, die — zumindest in Berlin, dem Zentrum des Häuserkampfs 1980-82 — den öko-utopischen Impuls zugunsten der gewaltsamen Konfrontation in den Hintergrund treten ließ.

Die inneren Grenzen der Alternativbewegung wurden als wirtschaftliche Grenzen der „alternativen Ökonomie" und als soziale Grenzen selbstverwalteter Kollektive sichtbar. Die mit der Projektgründung verbundenen hochfliegenden Hoffnungen auf Selbstverwirklichung, auf sinnvolles, bedürfnisorientiertes Leben und Arbeiten in solidarischer Gemeinschaft wurden nicht selten desillusioniert. Realismus ist seither eingekehrt. Die technische und ökonomische Ausrichtung der Projekte tritt stärker in den Vordergrund. Das ist unter verschärften Konkurrenzbedingungen und unter dem Druck der Kürzung staatlicher Subventionen sicher nicht von Schaden. Die Alternativbewegung gerät dadurch allerdings in Gefahr, ihre emanzipative Dimension, die Einheit von Struktur- und Selbstveränderung, preiszugeben. Für J. Huber stehen die Betroffenen somit „über kurz oder lang vor neuen Weichenstellungen. Zu den wichtigsten gehören zweifellos die Professionalisierung (oder ihre Ablehnung) und der Sprung in die politische Öffentlichkeit (oder sein Ausbleiben). So oder so gehen sie dabei in sehr viel umfassenderen gesellschaftlichen Entwicklungen auf und was die Alternativbewegung hervorgebracht hat, lebt in einer Reihe von anderen Zusammenhängen weiter." (Netzwerk Rund-Brief Nr. 15, 14.12.81) Inwieweit diese Prognose zutrifft oder nur vorschnell kurzfristige Entwicklungstrends und Stimmungslagen innerhalb der alternativen Szene verallgemeinert, soll aus unserer Sicht resümierend am Ende dieses Kapitels beantwortet werden.

4.4 Soziale Rekrutierung

Über die soziale Rekrutierung der Alternativbewegung liegen — verständlicherweise — wenig verläßliche Informationen vor; die bunte Vielfalt der unterschiedlichen Gruppen, Scenes und Milieus, die Flüssigkeit der Projekte, ihr informeller Charakter und das Selbstverständnis ihrer Mitglieder sperren sich gegen eine repräsentative Erfassung.

Was in internen Diskussionen auffällt, ist ihre kontroverse Zuordnung zu einem eher proletarischen bzw. eher akademischen Herkunftsmilieu. Die von Huber erstellte Tabelle (S. 168) der verschiedenen Tätigkeitsbereiche vermittelt in dieser Frage einige Aufschlüsse. Auch wenn bei weitem nicht alle „Kopfarbeits"-Projekte nur von Akademikern und Studienabbrechern gemacht werden, (während diese umgekehrt in stärkerem Maße auch in den „Handarbeits"-Projekten vertreten sind), so scheint das Verhältnis von etwa 70 % „Kopf" zu 30 % „Hand" doch für das starke Überwiegen einer höheren Bildungsqualifikation der Projektmitglieder zu sprechen. Das trifft, wie wir bereits sahen, auch für die Mitglieder von Wohngemeinschaften zu, in etwas abgeschwächtem Maße auch für die Mitglieder von Landkommunen.

Über diese grobe Unterscheidung hinaus versucht Huber (1980) die Alternativbewegung, deren Orientierungsmuster und politische Strategievorstellungen, drei verschiedenen sozialen Milieus zuzuordnen: dem „subkulturellen", dem „etablierten" und dem „intermediären".

Dem „subkulturellen" Milieu rechnet Huber etwa 40 % der Projekte zu. Seine Mitglieder rekrutieren sich aus drei Gruppen: den freiwilligen „Aussteigern" der Ober- und Mittelschicht mit ausgedehnter Schulbildung; den eher unfreiwillig „Herausgefallenen oder Hinausgeworfenen", gewöhnlich kleinbürgerlicher Herkunft, oft vom Lande und aus Kleinstädten; und den von vornherein „Draußengebliebenen", die „nie einen Fuß in die Tür bekommen haben", meist aus Arbeiterfamilien. Erstere bilden die Ausnahme; für sie sind die Projekte nur eine Möglichkeit unter anderen, für die Herausgefallenen und Draußengebliebenen ist „die Subkultur die absehbar einzige Hoffnung." (Ebd.: 76)

Dem „etablierten" Milieu rechnet Huber etwa 20 % der Projekte zu. Es rekrutiert sich aus zwei Gruppen: zum einen den „Wiedervereinnahmten" der 68er Generation, Mittelschichtangehörigen mit gehobener Bildung in gehobenen und höheren Laufbahnen, meist im öffentlichen Dienst (Erzieher, Lehrer, Journalisten, Rechtsanwälte etc.); zum anderen den „Verprellten", die zunächst nicht unbedingt etwas gegen das System hatten, aufgrund unmittelbarer Betroffenheit aber zu Oppositionellen wurden. Nicht nur bei dieser Gruppe ist das kritische Engagement meist punktuell: AKWs, Berufsverbote, Rüstung usw. Das ist meist auch ein zeitliches Problem, da berufliche Laufbahn, familiäre und politische Freizeit keinen freien Raum mehr lassen. Sie betreiben deshalb in den meisten Fällen kein eigenes Projekt, unterstützen vielmehr die Projekte der Subkultur und Zwischenkultur ideell und finanziell; sie stellen den Grundstock des Sympathisantenmarkts.

Zum „intermediären" Milieu rechnet Huber 40 % der Projekte. Es wird getragen von Leuten, die „einem normalen Beruf nachgehen auf Teilzeitbasis oder auch Vollzeit, vorausgesetzt, daß dieser Beruf auch genügend Spielräume und freie Zeit läßt" (98). Lehrer, Sozialarbeiter, Publizisten, Künstler etc., was den Mittelschichtcharakter und Bildungshintergrund dieser Gruppe aufzeigt. Gleichsam ihr Herz sind die „Drehpunktpersonen", bekannte Persönlichkeiten, die weder in den etablierten noch in den subkulturellen Milieus zu Hause sind. Ihr Ziel ist es zum einen, „die Brücken innerhalb der Alternativbewegung zu schlagen", zum anderen das Auseinanderdriften der für sich jeweils einseitigen Strategien der beiden anderen Milieus zu verhindern und sie in die Strategie einer „dualwirtschaftlichen" Synthese einzubinden.

Diese Unterscheidung erscheint uns in dieser Form nicht ganz treffend. So ist die Zuordnung des „etablierten" Milieus zur Alternativbewegung aus Hubers „dualwirtschaftlicher" Perspektive zwar verständlich, sachlich aber kaum gerechtfertigt. Die 20 % der Projekte, die er diesem Milieu zuordnet, decken wohl im großen und ganzen das Feld der „politischen Projekte", der Bürgerinitiativen, Bürgerkommitees, der alternativen Listen und der gewerkschaftlichen oder kirchlichen Gruppen ab, die sich ökologisch, in Anti-Repressions-Kampagnen, für die Dritte Welt oder in der Friedensbewegung engagieren. Die dem „subkulturellen" Milieu zugerechneten Projekte werden wiederum viel zu undifferenziert mit dem Sponti-Milieu identifiziert. Das mag allenfalls für Westberlin oder Frankfurt eine gewisse Berechtigung haben; ein Großteil der in der Landwirtschaft oder in der Kleinproduktion tätigen Gruppen in den übrigen Gebieten der Bundesrepublik werden sich hierunter kaum umstandslos subsumieren lassen.

Die wohl aussagekräftigste empirische Untersuchung ist die vom Friedrich-Ebert-Institut vorgelegte, von Krause u.a. (1980) erarbeitete Studie, die sich allerdings nur auf die „Alternativkultur" in der Studentenschaft bezieht. Sie kommt zu dem bemerkenswerten Resultat, daß sich auf die Frage nach der Herkunft der „Spontis" — Anarcho-, Räte- und Linkssozialisten — „eine signifikante Unterrepräsentation der beiden Hauptklassen der kapitalistischen Gesellschaft, d.h. der industriellen Facharbeiter auf der einen und des gehobenen Bildungs- und Besitzbürgertums auf der anderen Seite (zeigte). Während die neuen Mittelschichten unter den studentischen 'Spontis' nur leicht überproportional vertreten sind, liegt ihr Anteil bei den traditionellen kleinbürgerlichen Gruppen der untersten Angestellten, unteren und mittleren Beamten sowie kleinen Selbständigen erheblich über dem Mittelwert" (ebd: 120). Die Autoren ziehen daraus die Schlußfolgerung, „daß die mit starken Fluchttendenzen verbundene heutige Kultur- und Zivilisationskritik von links ebenso wie ihre eher konservativen Vorläufer früherer Jahrzehnte am breitesten in dem von Wert- und Statusunsicherheit erschütterten kleinbürgerlichen Sozialisationsmilieu wirksam ist" (ebd: 120).

Insgesamt ergibt das noch keine allzu klare Struktur der sozialen Rekrutierung der Alternativbewegung. Festzustehen scheint die überwiegende Herkunft aus den Mittelschichten; in ihren spontaneistischen Gruppen stark überproportional aus dem traditionellen Kleinbürgertum, in ihren „intermediären" Gruppen weit überproportional aus den „neuen Mittelschichten". Von Bedeutung sind, folgt man dem Befund von Krause u.a., auch konflikthafte, defizitäre Sozialisationsverläufe. Häufige Konflikte mit Lehrern, eher „unkonventionelles" politisches Engagement während der Schulzeit, relativ große Bedeutung einer alternativ-kulturellen Gegensozialisation zu Elternhaus und Schule, häufiger Abbruch der Ausbildung oder des Studiums etc. lassen vermuten, daß es typische Sozialisationsverläufe, gleichsam „alternative Karrieren" gibt, die für den „Ausstieg" in die alternative Szene prädestinieren. Beschleunigend wirkt in dieser Hinsicht die Verbreitung jugendlicher und akademischer Arbeitslosigkeit, letzteres vor allem im sozial- und geisteswissenschaftlichen Bereich, sowie die Betroffenheit durch reale oder antizipierte Berufsverbote.

Die Alternativbewegung ist somit stärker als andere soziale Bewegungen der 70er und frühen 80er Jahre von Prozessen der gesellschaftlichen Marginalisierung geprägt.

4.5 Ideologische Positionen

In der bisherigen Darstellung der verschiedenen Scenes und Teilgruppen wurde die Bandbreite des ideologischen Spektrums der Alternativbewegung bereits deutlich. Von lebensreformerisch-spirituell orientierten Positionen des „Dritten Wegs" über reformorientierte Ökosozialisten bis hin zu spontaneistisch-anarchistischen Positionen (in ihren „gewaltfrei-libertären" und „militanten" Varianten) sind in der Alternativbewegung alle Schattierungen vertreten.

Übereinstimmung gibt es trotzdem in einer Vielzahl von kulturellen Wertmustern und Zielvorstellungen, „wie abstrakt auch immer:

— Interesse an solidarischen Verkehrsformen,
— Aufhebung von sozialen und ökonomischen Privilegien,
— Überschaubarkeit der Organisation durch Dezentralisation,
— ökologisches Bewußtsein,
— Nichtentfremdung am Arbeitsplatz,
— Gebrauchswertproduktion,
— Aufhebung der Trennung von Hand- und Kopfarbeit,
— Aufhebung tradierter Rollenmuster,
— Veränderung überlieferter Familienstrukturen,
— Verbindung von politischer Praxis und individueller Emanzipation". (Müschen 1982: 33 f)

Nicht minder wichtig als der Konsens über diese Ziele scheinen uns die typischen Ideologeme der Alternativbewegung, die aus der Frontstellung gegenüber den Werten und Verhaltensnormen der

„ersten Kultur", aus der meist nur spiegelbildlichen Entgegensetzung antimodernistischer Zielvorstellungen erwachsen (vgl. Kraushaar 1978; Literaturmagazin 9, 1978; Ästhetik und Kommunikation, Heft 36, 1979; Schütte 1980):

— Anti-Rationalismus und die entsprechende Mystifizierung von Gefühl, Intuition, Instinkt, Mythos, Wahnsinn etc.
— „Spontaneität", ,,neue Unmittelbarkeit", ,,Politik in erster Person", ,,Autonomie". Diesem Komplex entstammen auch die emotional aufgeladenen Kategorien „Leben" und „Bedürfnisse", die der „Kälte" sozialer Beziehungen — „Computer", „Beton" und ,,Maschine" als deren Symbole — entgegengesetzt werden.
— Ganzheitliches Leben
— Natur als Ersatzidentität. Die neoromantische Sicht der Natur als das ursprünglich Gute, das durch zivilisatorische und technische Einflüsse zerstört worden sei und die Beschwörung einer neuen Einheit mit der Natur (im Indianermythos beispielsweise oder in spirituellen Landkommunen) durchzieht die Mythen der Alternativ- und Ökologiebewegung.
— Soziale Romantizismen: „Gemeinschaftlichkeit", soziale Harmonie, Rückzug oder Flucht

Schütte hat in einer Untersuchung „Zur Politik und Sozialpsychologie der Spontibewegung" (1980) den Versuch unternommen, die Ausbreitung derartiger Orientierungs- und Anspruchsmuster auf die Herausbildung eines „neuen Sozialisationstypus" (Ziehe 1976, Schülein 1977) zurückzuführen. Das ist inzwischen von vielen Seiten kritisiert worden (vgl. Bopp 1979). Es erscheint in der Tat wenig plausibel, davon auszugehen, daß die „68"er Generation noch einen anal geprägten, ich-starken Charaktertypus verkörpert habe, die „77"er Generation aber bereits einen oral geprägten. Hier werden die besonderen gesellschaftlichen Auslösebedingungen spezifischer Protestformen (wie sie oben ansatzweise in vier Punkten für die Alternativbewegung skizziert wurden) psychologistisch auf Charakterstrukturen reduziert.

Versucht man, über generelle Erklärungsversuche hinaus, die spezifische Ausprägung der Ideologeme der Alternativbewegung in ihren verschiedenen Teilgruppen zu erklären, so scheint die Rückführung bestimmter Syndrome ideologischer Orientierungsmuster auf bestimmte soziale Milieus, auf deren besondere Rekrutierungs- und Reproduktionsformen, auf das Ausmaß ihrer Ghettoisierung etc., noch am ehesten Erfolg zu versprechen.

4.6 Organisationsformen und Institutionalisierungstendenzen

Die Alternativbewegung lebt von der Infrastruktur ihrer ökonomischen, sozialen und kulturellen Projekte; eine fast unübersehbare Vielfalt dezentraler, selbstorganisierter Wohn- und Arbeitskollektive sind ihr Kern. Sie besitzt keine übergreifende formelle Organisationsform, bildet vielmehr auf informellem Wege kleinräumige, z.T. problemzentrierte Milieus aus: eine bestimmte städtische Alternativszene oder die in Großstädten sehr unterschiedliche „scene" bestimmter Stadtviertel; die um Kommunikationszentren (Kneipen etc.) organisierte „scene" auf dem Lande; die Schwulen-, die Psycho- oder die Knast„scene" (vgl. Mehr 1982). In den Großstädten läßt sich das als eine Vielfalt sich konzentrisch ausweitender und dabei überschneidender sozialer Kreise veranschaulichen. In den Öko-, Friedens-, Wohnungsinitiativen etc., bei Demos, Veranstaltungen und größeren Festen verschränken sich diese verschiedenen Kreise auf städtischer Ebene; Stadtteilblätter oder Stadtzeitungen verklammern sie zur örtlichen „alternativen Öffentlichkeit".

Auf überregionaler und nationaler Ebene entwickelt die Alternativbewegung Informationsnetze, Kommunikations- und praktische Erfahrungszusammenhänge (a) über die Medien der alternativen Presse und Literatur (Stadtzeitungen, überregionale Zeitschriften, TAZ, Alternative Adressbücher, theoretische und literarische Texte), über Video- und andere Filme, (b) über gelegentliche, ad hoc organisierte Treffen zum Erfahrungsaustausch (z.B. über alternative Ökonomie, Schwulentreffen, Tagungen sozialpädagogischer Projekte), Ferienworkshops und alternativen Tourismus (um verschiedene Projekte kennenzulernen), (c) über ad hoc Mobilisierungen zu bestimmten Ereignissen oder Anlässen, die soviel Emotionen mobilisieren, daß sie zum gesellschaftlichen wirksamen Symbol des Widerstands werden.

Die Projekte selbst besitzen eine sehr unterschiedliche Organisationsform, die sicher auch von der Größe der Gruppe abhängt, vor allem aber von der Art der Projekte und den Bereichen, in denen sie tätig sind. Es ist klar, daß „Eigenarbeits"- bzw. Selbsthilfeprojekte nicht notwendig einer formellen Organisation bedürfen. Anders ist das bei „professionellen" Projekten, die im privat-wirtschaftlichen oder öffentlich-sozialen Bereich als Anbieter von Produkten und Leistungen auftreten. Die Organisations- bzw. Rechtsform dieser Projekte richtet sich zum einen nach den gesetzlichen Bestimmungen und den öffentlichen Finanzierungsmöglichkeiten, zum anderen nach den internen Kriterien der kollektiven Selbstorganisation. Das reicht vom freiwilligen, unorganisierten

Zusammenschluß eines Reparaturkollektivs über einen genossenschaftlich organisierten Handwerksbetrieb bis hin zur Bildung eines als gemeinnützig anerkannten Vereins, etwa als Träger einer freien Schule.

Institutionalisierungstendenzen lassen sich in der Alternativbewegung auf der Projektebene allenfalls in den Tendenzen einer zunehmenden Professionalisierung der ökonomischen Projekte, der stärkeren Berücksichtigung pragmatischer (finanzieller und organisatorischer) Aspekte, im Zurücktreten des emphatischen gegenkulturellen Anspruchs feststellen. Mit der Gründung des „Netzwerk Selbsthilfe e.V." 1979, das sich den doppelten Zweck setzt, (a) ein alternatives Finanzierungs- und Förderungssystem für politische und gegenkulturelle Projekte der alternativen und linken Szene zu schaffen, (b) durch entsprechende Förderungskriterien die Verbreitung und Vernetzung „modellhafter" emanzipativer Lebens- und Arbeitsformen auf der Basis „demokratischer Selbstverwaltung" voranzutreiben, ist allerdings ein organisatorischer „Überbau" der Projektszene geschaffen worden, der starke Tendenzen der organisatorischen Verselbständigung und der institutionellen Eigendynamik aufweist. Innerhalb einer Bewegung, die ihr Selbstverständnis aus der Abkoppelung von den ökonomischen und politischen Strukturen der „ersten Gesellschaft" bezieht, in der Autonomie, Selbsttätigkeit und Selbstverwaltung emotional sehr hoch besetzte Werte darstellen, rufen derartige Institutionalisierungstendenzen jedoch fast notwendig allergische Reaktionen hervor, am stärksten im spontaneistisch geprägten Milieu.

Ähnliche Frontstellungen hat auf kommunaler Ebene die Bildung „alternativer" bzw. „grün-alternativer" Listen hervorgerufen. (Das Verhältnis zu den GRÜNEN als Landes- und Bundespartei ist für die örtliche Projektszene und das lokale alternative Milieu ohnehin von größerer Distanz geprägt.) Die Angst, durch die Beteiligung am parlamentarischen Verfahren korrumpiert zu werden, mit den Spielregeln des Systems auch die „Sprache der Macht" zu übernehmen, sitzt nicht nur in spontaneistischen Teilen der Alternativbewegung tief. Sie wird allerdings durch zwei Tendenzen neutralisiert: zum einen dadurch, daß der Schwerpunkt der Alternativbewegung im kulturellen und sozialen Bereich liegt, in der gegenkulturellen Organisation der eigenen Lebenszusammenhänge; zum anderen durch eine in weiten Kreisen der Alternativbewegung vorherrschende apolitische Haltung, durch die Beschränkung auf die unmittelbaren alltagspraktischen Probleme des eigenen Kollektivs. Um den befürchteten Institutionalisierungs- und Anpassungsprozessen im Rahmen dieser Wahlbündnisse vorzubeugen, versucht man die Bindung an die Basis, die Dezentralität der politischen Arbeit, die Verhinderung von Professionalisierungs- und Oligarchisierungstendenzen durch eine Reihe organisatorischer Vorkehrungen zu sichern: durch die Konzeption der „Liste" als Zusammenschluß von „Bürger- und Basisinitiativen"; durch die Beschränkung auf den kommunalen, noch halbwegs überschaubaren Bereich; durch die Verankerung des Rotationsprinzips, des imperativen Mandats etc. Grundsätzlich stellt sich das Problem des Basisbezugs für „alternative Listen" nicht anders als für die GRÜNEN: der parlamentarische Arm einer außerparlamentarischen Bewegung zu sein, ohne doch die typischen Merkmale einer Partei zu übernehmen; an den Spielregeln des parlamentarischen Systems teilzunehmen, ohne doch dessen konstitutive Prinzipien — Mehrheitsprinzip, repräsentatives Politikverständnis, Grundkonsens über die Regeln des „fair play" — anerkennen zu wollen. Die daraus erwachsenden Gefahren der permanenten Selbstdementierung und des entsprechenden Glaubwürdigkeitsverlusts ergeben sich im Falle der „alternativen Listen" eher im Verhältnis zur „Basis", im Falle der GRÜNEN (als überregionale Partei) eher im Verhältnis zur bürgerlichen Öffentlichkeit.

4.7 Alternativbewegung im gesellschaftlichen Umfeld

Alternative Projekte stehen, anders als Bürgerinitiativen, nicht primär in Auseinandersetzung mit politischen Instanzen. Gesellschaftliches Umfeld ist für Produktionskollektive in entscheidender Weise der Markt, für soziale und kulturelle Projekte darüber hinaus das Feld der staatlichen Organisation und Finanzierung sozialer Leistungen und kultureller Angebote.

Die spezifischen Voraussetzungen, mit denen sich beispielsweise handwerkliche Produktions- und Dienstleistungskollektive in die Konkurrenzsituation des Markts begeben — Mangel an Kapital und meist auch an fachlicher Kompetenz —, haben spezifische Folgen für die Arbeitssituation in diesen Kollektiven:

— sie sind auf Bereiche der einfachen Warenproduktion und -zirkulation beschränkt;
— sie sind meist hoch verschuldet, auf Nebenjobs, soziale Bezüge (BaFög etc.) angewiesen;
— das Zurückgreifen auf manufakturelle Produktion, auf einfache Handarbeit, hat einen Zwang zur „Selbstausbeutung" zur Folge: fehlendes Kapital muß durch Arbeitskraft ersetzt werden;
— die Reproduktionskosten müssen gesenkt werden; das trifft sich zwar mit der Ablehnung der Konsumstandards der Verschleißproduktion, mit dem Wunsch, ein einfaches, ökologisch und körperbewußtes Leben zu führen; aber es ist in vielen Fällen eben doch unfreiwilliger Konsumverzicht, Konsumaskese;

— in den begrenzten Marktnischen der einfachen Warenproduktion besteht die Gefahr der Überfüllung, des Todkonkurrierens, nicht nur untereinander, sondern auch durch Großbetriebe, die in diese Nischen drängen, sobald dieser Markt für sie ergiebig wird. Der ökonomische Konkurrenzdruck durch die Großwirtschaft kann allerdings durch die Anbindung an eine besondere Käufer- und Kundenschicht, durch die Ausweitung und die Solidarität eines Sympathisantenmarktes wesentlich gemildert werden.

Anderen Abhängigkeiten sind soziale Dienstleistungs- und Selbsthilfeprojekte unterworfen, die überwiegend von staatlichen, kirchlichen oder privaten Subventionen leben. Huber nennt 60 % direkt von Subventionen lebende und 20 % durch staatliche Zuschüsse teilfinanzierte Projekte. Soziale Projekte sehen sich so ständig in der Zwickmühle, entweder durch die Anpassung an staatliche Förderungskriterien (geregelte Zuständigkeiten, entsprechende Trägerformen und Professionalisierungsgrade, inhaltliche Beschränkung der Arbeit) die emanzipatorischen Ziele der Projekte preiszugeben oder durch das Festhalten an diesen Zielen die finanzielle Förderung und damit das Überleben der Projekte selbst in Frage zu stellen. Soziale Projekte laufen darüberhinaus Gefahr, als effektive — und kostengünstige — Sozialagentur für Randgruppen und Marginalisierte eine willkommene Entlastungsfunktion für das finanziell angespannte sozialstaatliche Sicherheitsnetz zu erfüllen, ohne ihrerseits gesellschaftliche Veränderungen — in Richtung auf einen verstärkten Ausbau „kleiner sozialer Netze" (vgl. Korczak 1981) in Gang setzen zu können.

Um derartigen Integrations- und Austrocknungstendenzen zu entgehen, sind alternative Projekte im ökonomischen wie im sozialen und kulturellen Bereich auf eine breite öffentliche Unterstützung und Resonanz angewiesen. Die Frage ist, inwieweit es der Alternativbewegung bisher gelungen ist, sich diesen öffentlichen Rückhalt zu verschaffen.

Die Alternativbewegung wird von der bürgerlichen Öffentlichkeit seit dem TUNIX-Kongreß als „Aussteigerbewegung" von gesellschaftlich relevantem Ausmaß wahrgenommen. Für diese öffentliche Wahrnehmung ist charakteristisch, daß sie die Alternativbewegung nicht mehr primär als exotisches Phänomen sieht — Berichte aus der Welt der Landkommunen oder der Spontis erinnern freilich noch heute oft an Berichte über den „edlen Wilden" früherer Jahrhunderte —, oder ausschließlich unter dem Aspekt der Militanz, des terroristischen Sympathisantenumfelds diskriminiert, sondern auch als ernstzunehmendes Krisen-Symptom westlicher Industriegesellschaften begreift. Das heißt natürlich nicht, daß damit die Ziele der Alternativbewegung bereits akzeptiert oder als realisierbar angesehen würden. Aber die Alternativ- und Ökologiebewegung, die allgemeine Fortschrittsskepsis, die neue Wertschätzung des Kleinen und Überschaubaren, haben doch sichtbare Spuren im öffentlichen Bewußtsein hinterlassen.

Die Reaktion der politischen Parteien und gesellschaftlichen Großgruppen auf die Alternativbewegung ist allerdings nach wie vor polarisiert. Seit den verschärften Auseinandersetzungen um die Nutzung der Kernenergie stehen sich hier auf der einen Seite der „Wachstumsblock", die gesellschaftlichen Großgruppen, Kapital, Gewerkschaften, Regierung, große Teile der Parteien (soweit sie aus neoliberaler oder neokeynesianischer Perspektive vorrangig auf Wachstum und industrielle Modernisierung setzen), auf der anderen Seite die Allianz der Wachstumskritiker gegenüber, wie sie in der Gesamtheit der neuen sozialen Bewegungen und den von ihnen mobilisierten Bevölkerungsgruppen zum Ausdruck kommen. Soweit die wachstumskritischen Positionen in den sozialreformerisch orientierten Flügeln der Parteien und anderer gesellschaftlicher Gruppierungen und Verbände (v.a. Kirchen, politische und gewerkschaftliche Jugendverbände) Fuß gefaßt haben, stoßen auch die gegenkulturell orientierten Versuche, alternative Lebensformen zu entwickeln, auf positive Resonanz. So wurde von Seiten integrationsorientierter Politiker mit gewissem Erschrecken die Abnabelung einer „Zweiten Kultur" (P. Glotz) konstatiert. Die eingetretene Entfremdung, der fast vollständige Bruch der Kommunikation zwischen beiden Kulturen — eine Erfahrung, die durch den Ausbruch der Jugendrevolte 1980/81 drastisch unterstrichen wurde — droht vor allem der SPD ein für ihr Wiedererstarken unerläßliches Wählerpotential, die Generation der Jungwähler, zu entziehen. Die seither stattgefundenen Bundes-, Landtags- und Kommunalwahlen haben diese Tendenz deutlich unterstrichen. Während „Die Grünen" oder „Grün-Alternative Listen" zwischen 20 und 40 % der Wähler der jüngeren Generation für sich mobilisieren konnten, hat die sozialdemokratische Partei entsprechend starke Einbußen erlitten.

Soweit dagegen die Wachstumsorientierung vorherrscht, wird die Alternativbewegung entschieden abgelehnt. Vor dem Hintergrund der gezwungenermaßen oder freiwillig hochgehaltenen Leistungs- und Pflichttugenden erscheinen die „Aussteiger" dann als „Schmarotzer" und „Parasiten"; vor dem Hintergrund politischer „Sachzwänge" gelten sie als „naive Träumer", im Hinblick auf die Aufrechterhaltung von Sicherheit und Ordnung als „Chaoten".

Dennoch sind die Fronten der öffentlichen Reaktion auf die Alternativbewegung, (wie auch umgekehrt, deren Einwirkungsmöglichkeiten auf die Gesellschaft) keineswegs so festgefahren, wie dies anhand des Kriteriums der Wachstumskritik zunächst erscheint. Das hängt damit zusammen, daß die Alternativbewegung, was ihre Projekte angeht, einerseits an wesentlichen Traditionen und Zielen der Arbeiterbewegung festhält: an genossenschaftlicher Selbsthilfe, an der Aufhebung entfremdender Arbeitsbedingungen, an demokratischer Selbstverwaltung. Der Dialog mit der Gewerkschaft kommt dennoch nur zögernd, an den Rändern in Gang; Treffen mit Gewerkschaftsjugendlichen, Modelle der Arbeitslosenselbsthilfe, die Diskussion über die Umwandlung von Rüstungs- in zivile Produktion, die Forderung nach Arbeitszeitverkürzung u.ä. stellen einige erste personelle und thematische Berührungspunkte dar. Die Zielsetzung der Alternativbewegung kommt andererseits über weite Strecken mit der konservativen Bürokratie- und Sozialstaatskritik, mit der Programmatik einer dezentralen, eigenverantwortlichen Organisation von Wirtschaft und Gesellschaft zur Deckung. Auch wenn diese Gemeinsamkeit eher rhetorische Berührungspunkte als solche der praktischen Politik abgibt, bietet das den Konservativen doch die Möglichkeit, die Alternativbewegung auch unter dem Aspekt der unternehmerischen Innovation, der Arbeitsplatzbeschaffung und der finanziellen Entlastung von sozialstaatlichen Aufgaben durch Selbsthilfeprojekte zu sehen. Insgesamt sieht sich die Alternativbewegung somit einer Palette staatlich-gesellschaftlicher Reaktionen konfrontiert, die von der institutionellen Unterstützung bis zur Kriminalisierung reicht. Im einzelnen sind das:

a) *institutionelle und ideelle Unterstützung* i.S. der „institutionellen Stützpfeiler" der Alternativbewegung im „etablierten Milieu" (Huber)

b) *symbolische Integrations- und Umarmungsstrategien* aus wahltaktischem Interesse. Das wird sowohl programmatisch wie personell versucht, wirkt für sich allein allerdings wenig glaubwürdig. Handfester werden diese Integrationsstrategien, wenn sie an den ökonomischen Interessen der Projekte ansetzen und mit einer

c) *Teilförderung von Projekten* einhergehen. Derartige finanzielle Integrationsstrategien sind allerdings, in bezug auf andere Teile der Alternativbewegung, oft auch

d) *Ausgrenzungs- und Marginalisierungsstrategien*, die im Konfliktfall (z.B. im Verlauf der Hausbesetzungen in Westberlin und in Orten der Bundesrepublik) leicht zur

e) *Kriminalisierung* der entsprechenden Teile der Alternativbewegung führen.

Diese öffentlichen Reaktionen verstärken umgekehrt vorliegende Differenzierungen innerhalb der Projektszene, zwischen Ökosozialisten, „Lebensreformern", „Gewaltfreien" u.a., die an der Perspektive der gesamtgesellschaftlichen Durchsetzung ökologisch-alternativer Zielvorstellungen festhalten und „autonomistischen" Gruppen, die primär ihren eigenen gegenkulturellen Lebensraum, notfalls auch in militanter Weise, verteidigen wollen.

4.8 Perspektiven der Alternativbewegung

Die Alternativbewegung scheint so nur schwer einen Weg zwischen Skylla und Charybdis, zwischen neutralisierenden Integrations- bzw. Kooperationsstrategien und kriminalisierenden Ausgrenzungs- bzw. Autonomiestrategien finden zu können. Fragen wir abschließend, welche Chance die Alternativbewegung in absehbarer Zukunft besitzt, ihre progressive gesellschaftliche Funktion zum Tragen zu bringen.

1. Eine wesentliche Ausweitung der Projektszene ist nicht zu erwarten, (a) weil der ökonomische Spielraum der Alternativbewegung enger wird, ohne daß ein Ende der hohen strukturellen Arbeitslosigkeit und damit einhergehend, der „Krise des Sozialstaats", abzusehen ist; (b) weil der Optimismus der Gründungsphase verflogen ist, der öko-utopische Impuls weithin an Boden verloren hat. Angesichts weitverbreiteter beruflicher Perspektivlosigkeit und atomarer Krisenszenarios wird sich hieran in absehbarer Zeit nichts ändern.
   Dem steht allerdings mit steigender Arbeitslosigkeit ein wachsendes Potential marginalisierter Jugendlicher und Jungakademiker gegenüber, die in konventionellen Berufen oder Karrieren keine Perspektiven mehr sehen und aus- bzw. in die alternative Projektszene umsteigen möchten.

2. Auf die Dauer sind die ökonomischen Projekte nur überlebensfähig, wenn sie ökonomisch gesichert sind; die sozialen und psychischen Folgelasten der Unterkapitalisierung alternativer Produktions- und Dienstleistungskollektive sind längerfristig von der Gruppe bzw. durch eine kompensierende Ideologie (v.a. bei Landkommunen) wohl nicht durchzuhalten. Damit entstehen folgende Alternativen:
   (a) Professionalisierung als Kleinunternehmer bzw. im sozialberuflichen und kulturellen Dienstleistungsbereich.
   Beide Arten von Projekten können, vermutlich mit unterschiedlicher Akzentuierung, mit der Förderung von seiten konservativer oder sozialdemokratischer Stadtverwaltungen rechnen, da sie erstens Arbeitsplätze beschaffen und zweitens, im sozialberuflichen Bereich, wesentlich effektiver arbeiten. In beiden Fällen sind professionalisierte Projekte allerdings als „neue Selbständige" in den Markt oder als para-sozialstaatliche Projekte ins öffentliche Versorgungssystem einbezogen und laufen damit Gefahr, in ihrer progressiven Wirkung neutralisiert zu werden. Ihre modellhafte Funktion für die Gesamtgesellschaft

könnte sich allerdings auch unter diesen Umständen in der Art der hergestellten Produkte (gesellschaftlich nützliche und ökologisch verträgliche Güter bzw. bedürfnisgerechte Dienstleistungen), in der Art der Herstellung (umweltfreundliche, „angepaßte" Technologien) und in der Art der Betriebs- und Arbeitsorganisation erweisen (Entwicklung kollektiver Eigentums- und Verantwortungsformen, Abbau von Hierarchie und Konkurrenz, Aufhebung entfremdender Arbeitsteilung und geschlechtsspezifischer Rollenzuweisung).

(b) Ökonomische Marginalisierung

„In diesem Fall werden (die Projekte) zwangsläufig Teil einer in den meisten Fällen sicher schlechteren Wirklichkeit, nämlich der doppelwirtschaftlichen Spaltung in die relativ gesichert dastehenden 'Eingeschlossenen' und die 'Ausgeschlossenen', die abgedrängt bleiben auf Gelegenheitsarbeiter, Taglöhnerei, Schwarzarbeit, Schmuggel und auch Kriminalität, ein Bereich, wo die Tugenden der Eigenarbeit und Selbsthilfe zur unentrinnbaren Not geworden sind, zu einer Zwangsarbeit eigener Art." (J. Huber in: Netzwerk-Rundbrief Nr. 15, 14.12.81) Das muß faktisch nicht derart deklassierende Folgen haben. Ein Teil der Alternativszene hält sich auch zur Zeit mit Gelegenheitsjobs ganz gut — in einer selbstgewählten Mischung aus Arbeit und Freizeit — über Wasser. Aber die Jobs werden mit steigender Arbeitslosigkeit knapp; die freiwillige Wahl wird mit den Jahren immer weniger freiwillig.

3. Die Alternativbewegung kann die gesellschaftlichen Machtstrukturen nicht direkt in Frage stellen. Die Projekte brauchen einen Raum der zumindest stillschweigenden Duldung, besser noch, der gemäßigten öffentlichen Sympathie, zu ihrer Entfaltung. Das setzt ihre Vermittlung in den politischen Raum, eine Einwirkungsmöglichkeit auf die Entscheidung gesellschaftlicher Großgruppen voraus. Inwieweit alternative Lebenszusammenhänge gesellschaftlich modellhafte Funktion übernehmen können, hängt deshalb ab
(a) von den Konjunkturen, dem Erfolg oder Mißerfolg der unmittelbar politisch gerichteten Bewegungen (z.B. der Anti-AKW-Bewegung, dem Widerstand von Bürgerinitiativen, dem Häuserkampf, der Friedensbewegung, der „Grünen" und der „alternativen Listen"), in deren Sog sie gezogen wird;
(b) vom Ausmaß der Selbstblockierung bzw. der Ineffektivität konventioneller politischer Lösungsstrategien, die zutage getretenen Krisen zu bewältigen, und komplementär, von der Fähigkeit, alternative Modelle der Krisenlösung konkret und überzeugend genug zu propagieren;

(c) von den eigenen Durchsetzungsstrategien (die natürlich auch immer die staatlichen Reaktionen reflektieren).

Denkbar sind (1) autonomistische Strategien. Diese sind subjektiv zwar verständlich, führen, sobald sie sich zur Ideologie verfestigen, aber nur zur Selbstmarginalisierung. Durch die Militanz des eigenen Verhaltens herausgeforderte oder ermöglichte Repressions- und Kriminalisierungsstrategien beschleunigen diesen Prozeß, erleichtern auf jeden Fall die Aufspaltung des Widerstands in „kriminelle" und in „kooperations"- oder „integrationsfähige" Gruppen.

Denkbar sind (2) individuelle oder kollektive Rückzugsstrategien in die Nestwärme des eigenen Kollektivs, auf die eigene überschaubare kleine Welt. Das kann naturromantisch oder spirituell überhöht werden oder schlichtweg dem neuen Interessenhorizont des alternativen Kleinunternehmens entgegenkommen: in jedem Fall wird durch diese Strategie entweder den Tendenzen der subkulturellen Ghettobildung oder der bruchlosen Integration in den Markt und die Gesellschaft Vorschub geleistet.

Denkbar sind (3) interne Kooperations- und externe Bündnisstrategien, die auf die Ebene der politischen Mobilisierung zielen. Für die Projekte bedeutet das, sich nicht als „autonome" Inseln sondern als öffentlichkeitswirksame „Schrittmachermodelle" zu begreifen. Intern setzt das eine engere organisatorische Vernetzung der Projekte, einen besseren Informationsfluß, eventuell branchenspezifische Zusammenschlüsse der Projekte zu genossenschaftlichen Verbänden voraus, um die gemeinsame Marktsituation zu verbessern oder wirksameren Druck auf die staatlichen Institutionen ausüben zu können. Extern setzt das eine bewußte Zusammenarbeit mit GRÜNEN und „Alternativen Listen" voraus (ohne der Fiktion einer bruchlosen Interessenidentität von „Basisinitiativen" und parlamentarisch arbeitenden Gruppierungen nachzujagen) sowie eine Teilkooperation mit entsprechend kooperationsbereiten Minderheiten der herrschenden Parteien, der Gewerkschaften, Kirchen etc., ohne bloß symbolisch gemeinten Umarmungsstrategien aufzusitzen. Nur im Rahmen dieser „Doppelstrategie" — der möglichst dichten organisatorischen Vernetzung der alternativen Infrastruktur und der gleichzeitigen politischen Mobilisierung, der öffentlichkeitswirksamen Propagierung entsprechend konkretisierter alternativer Politikkonzepte — scheint die modellhafte Funktion der Alternativprojekte auf längere Zeit zum Tragen kommen zu können.

Huber hätte dann das Ende der Alternativbewegung zu früh angesagt — ohne daß wir die von ihm betonte Notwendigkeit der politischen Weichenstellung in Frage stellen wollen.

4. Welche dieser Strategien sich durchsetzen wird, ist nicht von vornherein auszumachen, muß vielmehr im Gesamtkontext der weiteren Entwicklung der neuen sozialen Bewegungen sowie der wirtschaftlichen, politischen und sozialen Rahmenbedingungen des nächsten Jahrzehnts gesehen werden. Zum gegenwärtigen Zeitpunkt scheint allerdings die optimistische Vermutung Vesters (1982, 1983) noch plausibel, daß die aktuellen Entwicklungstendenzen eine neue Stufe im „Lernzyklus" der Alternativbewegung anzeigen, in dessen Verlauf sich die heterogenen Erfahrungen und Praxisansätze auf vielfältigen Ebenen verschränken und verallgemeinern.

5. Jugendprotest und neue soziale Bewegungen

Jugendliche, junge Erwachsene bestimmen das Bild der neuen Protestbewegungen der späten 70er und frühen 80er Jahre. Das gilt für die spektakulären Ereignisse, die Großdemonstrationen, Platz- und Hausbesetzungen, Straßenschlachten und Blockadeaktionen sicher noch in stärkerem Maße als für die langfristig in Bürgerinitiativen, in Selbsthilfe- und Projektgruppen engagierten Mitglieder der Frauen-, der Ökologie-, der Friedens- und Alternativbewegung. Nun sind Jüngere seit jeher der aktivste Träger gesellschaftlicher Revolten und Umbrüche. Warum das so ist, läßt sich mit dem üblichen Generationenkonflikt allein nicht erklären. Horst-Eberhard Richter versucht das folgendermaßen zu begründen:

„1. Es gibt gar nicht „die Jugend", als eine für sich existierende Teilgesellschaft. Was die Jungen denken, fühlen und tun, ist stets zugleich Frage, Antwort oder Spiegelung im Beziehungssystem der Gesamtgesellschaft.

2. Infolge ihrer alterstypischen Disposition (besondere Offenheit, emotionale Ansprechbarkeit) nehmen die Jungen gesellschaftliche Konflikte und Bedrohungen schärfer wahr und empfinden sie intensiver als die Mehrzahl der Älteren. Oft entgeht den Älteren ihr Mitbetroffensein infolge von Bagatellisierung, Verdrängung oder Projektion.

3. Über Mißstände und Bedrohungen drücken die Jungen ihr Unbehagen nicht nur deshalb krasser aus, weil sie dieses deutlicher spüren, sondern auch deshalb, weil sie noch nicht oder zumindest noch weniger durch die Anpassungszwänge der Arbeitswelt eingeschüchtert worden sind.

4. Die Jungen reagieren mit besonderer Sensibilität auf Zukunfts-

aspekte der gesellschaftlichen Entwicklung, denn sie haben die längste Zukunft vor sich." (in: Haller (Hrsg.) 1981: 238)

In den seither von aufgeschreckten Politikern vielleicht gelesenen, praktisch allerdings folgenlos gebliebenen „Thesen zu den Jugendunruhen 1980" der Eidgenössischen Kommission für Jugendfragen wie im Bericht der Enquête-Kommission des Deutschen Bundestages „Jugendprotest im demokratischen Staat" (Wissmann/Hauck 1982) wird bekräftigt, daß es weniger um Probleme der Jugend als um solche der gesamten Gesellschaft geht. Die Motive, die den Jugendprotest 1980/81 speisen, sind somit im wesentlichen auch die, die dem gegenkulturellen Protest der Frauen- und Alternativbewegung, dem Widerstand gegen den Bau von Atomkraftwerken, gegen Umweltzerstörung und atomare Aufrüstung zugrundeliegen. Der „Schöneberger Besetzerrat" bringt diese allgemeine Motivlage gegenüber der Enquête-Kommission auf eine knappe Formel:

„Die Jugend könnt ihr nicht zum Patienten machen, wenn das System krank ist. Massive Kriegsvorbereitung, permanentes Risiko radioaktiver Verseuchung, Ausbeutung der Dritten Welt, Umweltschmutz überall, legales Spekulantentum mit unserem Wohnraum, lügende Politikermäuler, das sind die Symptome der Krankheit, die wir bekämpfen." (Zit. in FR 19.6.82)

Die Sensibilität für die drohende gesellschaftliche Selbstzerstörung bricht sich aber an den herrschaftlich vielfach abgesicherten Wachstums- und Verwertungsinteressen, bricht sich an den Trampelpfaden eines aggressiv verdrängenden, angesichts der realen Bedrohungssituation geradezu blindwütigen materiellen Sicherheits- und Konsumdenkens. Die Autoren des Videofilms „Züri Brännt":

„Hautnah haben wir miterlebt, wie um uns herum die große Illusion der Wohlstandsgesellschaft aufgebaut wurde. Wir lebten in den grünen Städten des sozialen Wohnungsbaus, in der heilen Welt der neu besiedelten Außenquartiere. Unsere Eltern krabbelten emsig und tüchtig wie die Ameisen, kurzsichtig und stur wie die Maulwürfe an der Erfolgsleiter herum. Die wenigsten schafften es bis ganz oben, aber die meisten schafften es zu dem, was sie heut sind: eine riesige Mittelschicht kleinkarierter, langweiliger, subalterner Fünfzigjähriger, die unerschütterlichen Helfer des Großen Bruders mit Bierbauch, verklebter Fantasie und meterdicken Mauern um Hirn und Herz. ... In Ordnung ist alles, was glatt, kahl und sauber ist. Gähnende Wüste unter Industriedunst, gegen oben elegant sich verjüngende Turmarchitektur, reduzierte Bildwelt. Andächtige Monotonie von Beamtenschritten in den öden Gängen der Registraturbehörden, riesige planierte Flächen vor den Einkaufszentren, so leer und wunschlos wie die Köpfe der Familienväter am Sonntag." (Zit. in Brandes/Schön 1981: 132 f.)

Daß junge Erwachsene aufgrund ihrer biografischen Übergangssituation, aufgrund ihrer altersspezifischen Sensibilität und Offenheit die

Widersprüchlichkeit und den Entfremdungscharakter dieser Situation besonders drastisch erfahren, liegt auf der Hand. Das starke Engagement von Jugendlichen in den neuen sozialen Bewegungen kann deshalb nicht überraschen. Gegen ihre Interpretation als „Jugendprotest", oder weitergehend, als neue „Jugendbewegung", spricht auch der historische Vergleich mit der Jugendbewegung der Jahrhundertwende. Damals ging es in erster Linie darum, „Jugendlichkeit als solche" gegen die Erwachsenenwelt geltend zu machen, eine „soziale Form, ein Moratorium zu erkämpfen, in dem jugendgemäße Entwicklungsspielräume offengehalten werden" (Roth 1982: 91). Typisch für diese Bewegungen war „die strikte klassenspezifische Abgrenzung von bürgerlicher Jugendbewegung auf der einen Seite ... und der Arbeiterjugendbewegung andererseits, die sich viel weniger strikt mit eigenständigen Formen von der älteren Generation abgrenzte"; hinzu kam, „daß diese Jugendbewegung mit wenigen Ausnahmen von Kleingruppenstrukturen mit Führerprinzip geprägt war, also durchaus die autoritären gesellschaftlichen Strukturen des Wilhelminismus noch einmal in sich abbildete" (Roth 1982: 92).

Demgegenüber besitzt der heutige „Jugendprotest" eher libertär-anarchistische Züge und zeichnet sich — in der Regel — durch egalitäre, selbstverwaltete Organisationsstrukturen aus. Während es in den neuen sozialen Bewegungen eine Vielzahl — mit der Mode wechselnder — jugendlicher Subkulturen gibt, diese durchaus auch schicht- oder klassenspezifische Affinität besitzen, sind die Protestbewegungen insgesamt doch durch einen sozialstrukturell heterogenen, pluralistischen Charakter gekennzeichnet. Wesentliches Merkmal bleibt, daß ihre Kritik gegen die herrschenden kulturellen Normen, gegen die gesellschaftlichen Verhältnisse insgesamt zielt.

Sind somit auch die vor allem von Jugendlichen getragenen Konflikte der letzten Jahre als Teil der neuen sozialen Bewegungen zu begreifen, so lassen sich doch ohne Zweifel auch jugendspezifische Formen und Inhalte des Protests ausmachen. Die experimentelle Entwicklung neuer, von kommunitären Utopien geprägter Lebens- und Arbeitsformen in Hütten- und Anti-Atom-Dörfern („Republik freies Wendland", Hüttendorf im Flörsdorfer Wald), Hausbesetzungen, überhaupt Aktionen, die unkonventionelle, phantasievolle Formen der Selbstverwirklichung ermöglichen, besitzen für Erwachsene aufgrund beruflicher und familiärer Bindungen, auch aufgrund veränderter altersspezifischer Erfahrungs- und Bedürfnislagen, sicher nicht die gleiche Attraktivität. Kämpfe um soziale Freiräume, um autonome Jugendzentren etwa, sind eng mit den Prozessen individueller und sozialer Identitätssuche verbunden.

Darüberhinaus lassen sich in den spezifischen Sozialisationsbedingungen der 60er und 70er Jahre eine Reihe zusätzlicher Faktoren ausmachen, die die Krisenerfahrung für Jugendliche verschärfen und dadurch in bestimmten Bevölkerungsschichten eine erhöhte Protestbereitschaft schaffen. Es bedarf allerdings der zusätzlichen Erklärung, warum es gerade Anfang der 80er Jahre zu einer Welle jugendlicher Revolten kam.

5.1 Jugendspezifische Krisenerfahrungen und Protestbereitschaft

Übereinstimmend wird auf den seit Mitte der 60er Jahre zu Tage tretenden, durch den kulturrevolutionären Schub des antiautoritären Protests beschleunigten Wertwandel verwiesen, der zu einem Bedeutungsverfall der überlieferten materiellen Leistungs-, Sicherheits- und Ordnungswerte führte. Ganz generell läßt sich im Maße der beschleunigten industriellen Umwälzung der gesellschaftlichen Verhältnisse eine zunehmende Verunsicherung der familiären Sozialisation, eine mehr oder weniger drastische Erschütterung traditioneller Verhaltensnormen feststellen. Der Erfahrungszusammenhang der Generationen verliert erheblich an Bedeutung. Ein vorrationales, inneres Verbundensein mit dem, was früher war, schwindet; Geschichts- und Traditionslosigkeit – gleichsam die Kehrseite von „no future" – machen sich breit. Die der Sprache vorgelagerte Ebene unmittelbaren Verständnisses zwischen den verschiedenen gesellschaftlichen Gruppen geht verloren; Erfahrungs- und Lebenszusammenhänge grenzen sich voneinander ab, nehmen den Charakter von Gettolagen an (vgl. Brückner, TAZ 3.5.82). Verstärkt wird die dadurch hervorgerufene „Sinn- und Orientierungskrise" durch die Undurchschaubarkeit und Unpersönlichkeit der modernen Industriegesellschaften. Rationalisierungs-, Funktionalisierungs- und Bürokratisierungsprozesse des öffentlichen und privaten Lebens hinterlassen ein emotionales Vakuum. Dem Bedürfnis nach Geborgenheit und Heimat wird, im wörtlichen Sinn, der Lebensraum entzogen.

Angesichts dieser Situation ist der Prozeß der Identitätsfindung Jugendlicher schwierig und krisenanfällig geworden. Jugendliche müssen in höherem Maße als früher ihren eigenen Lebensstil entwickeln, die für sie gemäße Form der Verwirklichung ihrer Bedürfnisse und Wertvorstellungen finden. Je belasteter einerseits die Familienverhältnisse oder je größer andererseits die – durchaus positive – Sensibilität für die Krisenhaftigkeit der gesellschaftlichen Entwicklung, desto problematischer wird dieser Prozeß verlaufen. Ich-Schwäche, geringes Selbstwertgefühl, narzißtisches Verhalten werden die dominierenden Befunde eines „neuen Sozialisationstypus" (vgl. dazu Ziehe 1975; Häsing u.a. 1979). Daß „die subjektive Bewältigung objektiv vorhandener Konfliktlagen für viele Jugendliche immer schwieriger" wird, zeigt sich an „einer Reihe von Auffälligkeiten, die im Zunehmen begriffen sind: psycho-soziale Störungen, Drogen- und Alkoholabhängigkeit, Jugendkriminalität, Jugendprostitution, politische Apathie, politischer Extremismus, Jugendreligionen, Brutalität und Vandalismus, Selbsttötungsversuche und Selbsttötungen. ... (1500 junge Menschen zwischen 15 und 25 Jahren begehen jährlich Selbstmord. 150.000 Kinder und Jugendliche im Alter von 6 bis 18 Jahren versuchen in jedem Jahr, sich umzubringen.) ... Eine zunehmende Anzahl von Jugendlichen (will) aus der Gesellschaft 'wegtauchen'" (Behr 1982: 28 f.).

Im großen und ganzen lassen sich nach den vorliegenden empirischen Befunden zwei typische Reaktionsweisen Jugendlicher unterscheiden. Die Mehrzahl reagiert mit dem „Rückzug in die Privatheit", versucht vor dem Hintergrund eines konventionellen Lebensentwurfs (Heirat, Kinder, beruflicher Erfolg) schulische und berufliche Anpassung sowie ausgeprägtes politisches Desinteresse mit dem kompensatorischen Ausagieren emotionaler Bedürfnisse in der Freizeit zu verbinden. Die neuesten Modestile, Disco, das hektisch-aufgedrehte „Saturday Night Fever", Fußball- und andere Fan-Clubs, eine insgesamt hochkommerzialisierte Freizeitkultur geben den Rahmen ab, in dem sich die Suche nach (subkultureller) Identität, nach Zugehörigkeit und Abgrenzung vollzieht und der die Möglichkeit expressiver Selbstdarstellung bietet oder Projektionsobjekte aggressiv-omnipotenter Machtphantasien zur Verfügung stellt.

Eine Minderheit von Jugendlichen, in der Emnid-Befragung 1979 wie in vergleichbaren anderen Repräsentativerhebungen dieser Zeit eine Gruppe von etwa 15 Prozent, steht dem System der Bundesrepublik, der parlamentarischen Demokratie, der industriellen Leistungsgesellschaft und den herkömmlichen sozialen und wirtschaftlichen Wertorientierungen mehr oder weniger ablehnend gegenüber. „Diese Jugendlichen sind auch selbstkritischer. Einsamkeitsgefühle, Zweifel an sich selbst, die Angst, Fehler zu machen und zu versagen, überhaupt Zukunftsangst kommen deutlich stärker zum Vorschein. Diese Gruppe leidet offenbar stärker als die große Mehrheit der Jugendlichen unter den Gegebenheiten und den Perspektiven der Bundesrepublik. Häufiger als andere glauben diese Jugendlichen, sich in unserem Gesellschaftssystem nicht enfalten zu können." (Hansen/Veen, DIE ZEIT, 5.9.80, S. 16)

Sie lehnen deshalb zentrale Stationen des konventionellen Lebensentwurfs ab. Sie

„– sehen die Zukunft eher düster, die eigene wie die gesellschaftliche;
– leben riskanter, sind mehr vom persönlichen Scheitern bedroht;
– streben in jüngeren Jahren danach, sich möglichst rasch aus der kontrollierten und behüteten Familiensituation zu lösen, machen gewisse Entwicklungsschritte früher (z.b. Liebe Jungen-Mädchen, abends ausgehen, selbständig Urlaub machen, von zu Hause ausziehen);
– stehen ... gegenkulturellen Lebensentwürfen nahe, wohnen häufiger in Wohngemeinschaften, lehnen Heiraten ab, verweigern häufiger die Übernahme von Elternrollen;
– beteiligen sich vermehrt an Protestbewegungen (Hausbesetzer, Umweltschützer, Anti-Atomkraft) und beziehen gegen konservative politische Strömungen Stellung; orientieren sich politisch vorwiegend an den Grünen oder stehen dem Parteiensystem überhaupt fern." (Jugend '81, Band 1 : 18)

Welche Teilpopulationen der Jugendlichen zum Protest gegen den konventionellen Lebensentwurf neigen, läßt sich an schichtspezifischen Kategorien allein nicht festmachen.

„Wichtiger als die soziale Herkunft ist für Lebensentwurf und für Orientierungen, ob die Jugendlichen eine kurze oder lange Jugend durchleben, wieviel biographische Spiel- und Experimentierzeit sie vor dem Eintritt in die Berufsrolle, vor dem 'normalen Erwachsenenleben' haben. Davon und nicht in erster Linie von der sozialen Herkunft hängt es ab, welcher Form der Jugendkultur Jugendliche zuneigen. Wer eine kurze, wenig qualifizierende Jugend durchlebt, engagiert sich in der actionbezogenen Jugendkultur, die auf Spaß, Spannung, Abenteuer im Rahmen des gegebenen Alltags ausgerichtet ist. Wer eine lange, qualifizierende Jugend durchlebt, tendiert zu Träumen aus der Zivilisation heraus und zu einer Jugendkultur, die alltägliche Verweigerungen politisch definiert." (Jugend '81, Band 1 : 22)

Allerdings: „Nach wie vor durchlaufen die Jugendlichen aus den 'besseren Kreisen' eine lebenszeitlich aufgefächerte, eine längere Jugendzeit, die Jugendlichen aus der Unterschicht einen lebenszeitlich komprimierten Übergang ins Erwachsenenalter. (...Bis zum 20. Lebensjahr beenden 80 % der Jugendlichen aus der Unterschicht, 62 % derer aus der Mittelschicht und 49 % derer aus der oberen Mittelschicht die erste Berufsausbildung.)" (Ebd.)

5.2 Entstehungsbedingungen der Jugendrevolte 1980/81

Nun hat sich in den Jahren von 1979 bis 1981 offenbar ein dramatischer Wandel in der Wahrnehmung der gesellschaftlichen Zukunft und der eigenen Lebensperspektive vollzogen. Halten es Hansen/ Veen unter Bezug auf die Shell-Studie 1979 noch für sehr zweifelhaft, „daß diese Gruppe systemkritischer Jugendlicher ... die Spitze des Eisbergs ähnlich denkender und fühlender Jugendlicher ist" (DIE ZEIT, 5.9.80), so kommt die Enquête-Kommission nur knapp zwei Jahre später aufgrund ihrer Anhörungen zu dem Ergebnis, „daß viele — vielleicht sogar die Mehrheit — der Jugendlichen, die selbst den Schritt zu aktivem Protest nicht tun, doch die Kritik, die zum Protest Anlaß gibt, im wesentlichen teilen." (FR 19.6.82) Scheint im Sommer 1979 der berufliche Optimismus noch sehr ausgeprägt — 67 % aller Befragten glauben, daß sie ihre beruflichen Vorstellungen im wesentlichen verwirklichen können; nur 7 % der Gesamtheit äußern sich pessimistisch —, so ist das bemerkenswerteste Ergebnis der Shell-Studie 1981 der starke Pessimismus der Generation der 15- bis 24-jährigen. Sind diese Befunde aufgrund des methodisch unterschiedlichen Ansatzes beider Studien auch nicht unmittelbar vergleichbar, so scheint uns doch die Tendenz der Befunde aussagekräftig genug:

„58 % schätzen die gesellschaftliche Zukunft als 'eher düster' ein. ... Die Mehrheit der Jugendlichen hat kein Vertrauen in die großen zeitgeschichtlichen Zukunftsvorschläge, gleichgültig, ob sie aus Traditionen der Arbeiter- und sozialistischen Bewegung, aus liberal-kapitalistischen Konzeptionen oder aus bürgerlichen Gesellschaftsentwürfen stammen. Die Mehrheit der Jugendlichen glaubt nicht mehr an die 'natürliche Höherentwicklung', an den evolutionären Gang der Geschichte hin auf ein besseres Leben. Für sie hat die industrielle Zivilisation an Attraktivität verloren." (Jugend '81. Bd. 1: 15)

Diese allgemeinen pessimistischen Zukunftserwartungen greifen tief in die Lebenspraxis der Jugendlichen ein und steuern ihre Haltungen und Orientierungen in der Gegenwart. Mit dem Schwinden der allgemeinen Zuversicht erhält auch der konventionelle Lebensentwurf Risse; Angst und Unsicherheit sickern ein, „no future"-Stimmungen machen sich breit. Das läßt sich sicher nicht allein auf die steigende Arbeitslosigkeit zurückführen. Davon betroffen waren „nur" 11 % der befragten Jugendlichen; weitere 36 % rechnen damit jedoch in absehbarer Zukunft. Die langfristig sich eher verschärfenden Tendenzen struktureller Arbeitslosigkeit lassen bei den Heranwachsenden über die konkrete Betroffenheit hinaus aber das Gefühl entstehen, überflüssig zu sein. Das trifft als allgemeiner Stimmungshintergrund nicht weniger auf Abiturienten und Studierende zu als auf die real wesentlich stärker von Arbeitslosigkeit bedrohten Sonder- und Hauptschüler.

Kurz: eine sich verbreitende Perspektivlosigkeit kratzt massiv an den Panzerungen der üblichen Verdrängungs- und Kompensationsmechanismen. Die Zerstörung der natürlichen Umwelt und der sozialen Lebenszusammenhänge, die Gefahren des Wettrüstens, die zunehmende Einengung des persönlichen Entfaltungsspielraums werden bewußter. Zukunftsangst macht sich breit. In solchen Zeiten sind nicht nur Sündenböcke gefragt, finden nicht nur die neonazistischen Parolen der „Ausländer-raus"-Propaganda vermehrte Zustimmung. Zum Ausbruch kommen auch bislang eingebundene, durch privatistische Fluchtstrategien und durch Karrierehoffnungen befriedete Wünsche und Träume; zum Ausbruch kommt auch bislang verhaltene Wut.

In Zürich, einer der biedersten, engstirnigsten, ordentlichsten und wohlhabendsten Städte Europas, einem Zentrum der Großfinanz, kommt es im Frühjahr 1980, scheinbar grundlos, zum ersten eruptiven Ausbruch der Jugendrevolte. Der Anlaß, der Kampf um ein autonomes Jugendzentrum, ist — fast — beliebig. In Freiburg sind es schwere Auseinandersetzungen um die Räumung des Dreisamecks; in Bremen und Hannover entzünden sich die Krawalle an öffentlichen Rekrutengelöbnissen; in Berlin dann, im Dezember 1980, eskalieren die Kämpfe um Hausbesetzungen zu blutigen Straßenschlachten. Ein neuer Mythos ist geboren: „der Stein als Symbol und wirkungsvollstes Mittel der entstehenden Bewegung" (Micha Sontheimer, TAZ 11.12.81). Eine Welle von Hausbesetzungen überrollt die Bundesrepublik. Überall dort, wo die Polizei unter massivem Einsatz von Schlagstock und Wasserwerfern besetzte Häuser räumt oder geplante Besetzungen verhindert, kommt es zu spontanen Krawallen und Straßenschlachten. Im März 1981 werden in Nürnberg in einer beispiellosen Nacht- und-Nebel Aktion 141 Besucher des Jugendzentrums KOMM im Massenverfahren verhaftet und ins Gefängnis gesteckt, nachdem einige Stunden vorher, im Anschluß an einen Film über die „Kraaker" von Amsterdam, bei einer Spontandemonstration einige Scheiben zu Bruch gegangen waren. Die Protestwelle erreichte nun auch die deutsche Provinz. Zehntausende gingen am folgenden Wochenende auf die Straße, 'um die Polizei zu beschäftigen'.

Der Verlauf dieser Unruhen, ihre weitere Eskalation im Rahmen des Berliner Häuserkampfs (bis hin zum Tod von Klaus Jürgen Rattay am 22.9.81) und der Auseinandersetzungen um die „Startbahn West", schließlich ihr Abflauen seit Sommer 1982 sei hier nicht näher beschrieben; es gibt dazu eine ganze Reihe guter journalistischer Darstellungen, Betroffenenberichte und Dokumentensammlungen, auf die wir an dieser Stelle verweisen möchten.[33] Wir wollen uns auf die Frage beschränken, ob die Jugendrevolte den sozialen Bewegungen der späten 70er und frühen 80er Jahre eine neue Qualität verliehen hat und wenn ja, worin diese besteht.

5.3 Auswirkungen der Jugendrevolte auf die neuen sozialen Bewegungen

Ihre unmittelbarste Auswirkung ist zweifelsohne die Radikalisierung des gegenkulturellen Protests. Das ist verbunden (a) mit der Veränderung ihrer sozialen und altersspezifischen Rekrutierung; (b) mit der Ausbildung einer eigenen Protestkultur, in deren Ausdrucks- und Aktionsformen die gegenüber der Erfahrungslage und Perspektive der Neuen Linken radikal veränderte Stoßrichtung des Protests der frühen 80er Jahre zum Ausdruck kommt; (c) mit einer (vorübergehenden) Polarisierung der Öffentlichkeit, die zunächst zu einer breiten Mobilisierung auch liberaler Kreise führt, auf längere Sicht jedoch, mit der weiteren Eskalation militanter Auseinandersetzungen, eher Polarisierungstendenzen innerhalb des alternativen Milieus in Gang setzt.

(a) Die Jugendrevolte wird weniger als die Ökologie-, die Frauen-, die Alternativ- und die neue Friedensbewegung von mittelschichtsspezifischen Verhaltens- und Orientierungsweisen, von Schülern und Studenten geprägt.[34] Für die Hausbesetzerszene resümiert Prosinger (1981): „Gewiß, Studenten sind dabei. Aber sie sind nicht mehr in der Mehrzahl. Da sind Berufstätige ebenso wie Arbeitslose, Lehrlinge, Kurzzeit-Jobber, Schüler und Lehrer. Das Protestpotential geht heute quer durch alle Schichten und soziale Zugehörigkeiten. Es wird immer weniger intellektuell und immer jünger" (in: Münch-Müller u.a. 1981: 17).

Diese aus der Freiburger Hausbesetzerszene gewonnene Erfahrung trifft ebenso auf Zürich, Köln oder Berlin zu. Dennoch sollte nicht übersehen werden, daß die unterschiedlichen sozialen Gruppen, die sich im Rahmen der Hausbesetzungen zu einem praktischen Handlungszusammenhang verbinden, durch die Dynamik der Ereignisse und die dadurch geschaffenen Solidarisierungszwänge zwar ein Stück weit gemeinsame Lernerfahrungen und Sozialisationsprozesse durchlaufen, unter dem Druck der äußeren und inneren Auseinandersetzungen aber schnell wieder in die verschiedenen sozialen Rekrutierungsmilieus zerfallen. Greift man z.B. auf die Erfahrungsberichte Kölner oder Berliner Hausbesetzer zurück, so scheinen dauerhafte kollektive Bewußtwerdungs- und Lernprozesse quer durch die verschiedenen subkulturellen und politischen Milieus kaum stattzufinden. Im Gegenteil: je länger die Besetzung dauert, desto ausgeprägter treten segregierende und polarisierende Effekte zutage (vgl. z.B. Klaus Bremen 1983).

Ingesamt besitzt die neue Jugendrevolte hinsichtlich ihrer sozialen Rekrutierung, im Gegensatz etwa zur Aussteiger- und Hippie-bewegung der Ober- und Mittelschichtjugendlichen in den 60er Jahren, einen stärker marginalisierten, durch berufliche und soziale Perspektivlosigkeit gekennzeichneten Charakter. „Freiwillige" oder erzwungene Randständigkeit schafft ein Protestmilieu, das die unterschiedlichen schichtspezifischen Lebensstile, die jeweilige Aneignungsweise und Reaktion auf die gesellschaftliche Realität zwar nicht einebnet, aber doch hinter einer gemeinsamenErfahrungslage und einem gemeinsamen Lebensgefühl zurücktreten läßt.

(b) Das Lebensgefühl, das den neuen Jugendprotest speist, ist durch eine allgemeine Hoffnungs- und Perspektivlosigkeit geprägt; es ist ein illusionslos gewordener Protest, der am deutlichsten in der Musik, im Äußeren, in Gestik und Mimik der Punks zum Ausdruck kommt. Einer in Beton und Plastik, in der Kälte sozialer Beziehungen erstickenden Welt wird ein grelles und eben darin entlarvendes Zerrbild entgegenhalten — ein „magischer Versuch, sich das Häßliche, Angstmachende, Böse der Außenwelt dadurch vom Leib zu halten, daß man ein Stück davon, ein Bild, eine Maske als Schutz vor sich hält. Das ist sicher ein ganz anderer Umgang mit der Wirklichkeit, als ihn etwa Hippies, ebenfalls Totalverweigerer, pflegten. In Kleidung, Haaren, Blumen, Kommunikationsformen steckte das paradiesisch-fern-utopische Gegenbild zur schmutzigen Welt", die verträumte Hoffnung, die Welt durch das Beispiel der Liebe zu verändern (Gekerl u.a., in: Brandes/Schön 1981: 27).

Dieser Protest ist nicht minder weit von dem aufklärerischen Impetus der 68er Bewegung entfernt, vom Versuch, durch rationale Kritik die bürgerlichen Ideale von Freiheit, Gleichheit und Brüderlichkeit im Entwurf einer sozialistischen Gesellschaft zur Durchsetzung zu bringen. Das setzt, wie Brückner in einem Interview zurecht anmerkt, das Vertrauen voraus, „daß trotz gesellschaftlicher Brüche, Auseinandersetzungen, Kämpfe und Konflikte doch noch so etwas wie eine allgemeine Vernunft existiert. (...) Aber wenn (dieses) Vertrauen schwindet, ... werden eben auch keine Argumente mehr produziert, dann gibt's nur noch die faktische, gleichsam technische Anerkennung von Realitäten oder es gibt den Widerwillen gegen jegliche Form von Entfremdung ... Sachzwang oder feeling." (TAZ, 3.5.1982) Nicht zu vergessen ist freilich, daß die Diskreditierung der Vernunft, die Distanz auch gegenüber linker, aufklärerischer Theorie nicht nur der veränderten gesellschaftlichen Erfahrungslage, sondern auch ihrer eigenen Entwicklungsgeschichte, ihrer Degeneration zur abstrakten „Durchblickerwissenschaft" akademisch etablierter Gegeneliten zuzuschreiben ist.

So bleiben zunächst nur radikale Subjektivität und Unmittelbarkeit zurück, ein anarchistischer Hedonismus, der sich durch die

Einbindung in langfristige gesellschaftliche Veränderungsstrategien nicht länger disziplinieren läßt, durch die vorherrschende pessimistische Grundstimmung jedoch gebrochen wird; Selbstironie, Lust am Absurden, am hintergründig-entlarvenden Witz, am deutlichsten in der neuen Spruchkultur der Wandparolen, paart sich mit wahnhaft übersteigerten Apokalypse-Ängsten, mit Omnipotenzphantasien und narzißtisch gekränkter Larmoyanz. Das Chaos, die Unordnung, die Unberechenbarkeit, die Spontaneität werden als die eigentliche Stärke der „Bewegung" stilisiert – Organisationen, institutionelle Strukturen entsprechend perhorresziert. Die radikale Ablehnung des Staates, der „Stellvertreterpolitik", der politischen „Spielregeln", entspringt nicht nur der realen Erfahrung staatlicher Repression oder parteipolitischer Vereinnahmung des Protests. Die Berührungsangst gegenüber den etablierten Institutionen, die Forderung nach spontanen Aktionen, nach der Unmittelbarkeit des Gefühls, nach „direkter Demokratie", ist zum guten Teil die Kehrseite der offensiv aufgegriffenen gesellschaftlichen Ausgrenzung, der komplementäre Ausdruck der (sicher nicht freiwilligen) Selbstausgrenzung in „Freiräume", in denen eigene Bedürfnisse und Wünsche gelebt und alternative Lebensformen entwickelt werden können. Die Aneignung konkreter Lebensräume, der Kampf um besetzte Plätze und Häuser spielt deshalb eine zentrale Rolle im neuen Jugendprotest.

(c) Unsere Argumentation sollte deutlich gemacht haben, daß die Jugendrevolte 1980/81 keine besondere, vom gegenkulturellen Protest insgesamt unterschiedene Zielsetzung besitzt. Neu daran ist nur die Radikalisierung dieses Protests vor dem Hintergrund jugendspezifischer Erfahrungslagen: die Jugendrevolte als Ausdruck einer durch die gesellschaftliche Entwicklung der vergangenen Jahre, durch die dramatische Verschlechterung der Zukunftserwartungen verschärften Identitätskrise. Das verschiebt die soziale und altersspezifische Zusammensetzung, das Selbstverständnis, die Ausdrucks- und Aktionsformen des gegenkulturellen Protests. Er wird militanter, illusionsloser, existentieller; der Ausbruch, das Chaos, der Kampf wird zum Mythos. In der Revolte 1980/81 bricht sich die Stimmungs- und Gefühlslage einer neuen Generation von Jugendlichen Bahn.

Das gibt allerdings, über den sporadischen Charakter der örtlich aufflackernden Revolten hinaus, den neuen sozialen Bewegungen nur in Teilbereichen einen veränderten Charakter. Dort, wo die neue Qualität des Jugendprotests in den Auseinandersetzungen zwischen Bürgerinitiativen und staatlichen Organen, wie im Konflikt um die „Startbahn West", oder, noch charakteristischer, in der Hausbesetzerbewegung, zum Tragen kommt, zwingt er dem Konfliktverlauf seine eigene Dynamik auf. Die Bereitschaft zur Militanz führt zu einer raschen Eskalation des Konflikts, zu einer breiten Mobilisierung der Öffentlichkeit, auf längere Sicht aber auch zu einer internen Polarisierung der Protestbewegungen.

Wird dabei, wie im Fall der Instandbesetzungen, auf eklatante Mißstände – der spekulativen Wohnraumvernichtung bei gleichzeitig sich verschärfender Wohnungsnot – aufmerksam gemacht, so gerät die kommunale oder staatliche Verwaltung in Legitimationsnöte und unter Handlungsdruck. Ob in dieser Situation die „weiche" oder „harte" Linie gefahren wird, hängt von der internen Kräftekonstellation, von der Art der Legitimationszwänge, von den vorhandenen Problemlösungsmöglichkeiten, nicht zuletzt auch vom Druck der öffentlichen Meinung ab. In jedem Fall wird die staatliche Reaktion zweigleisig ausfallen: die politisch verantwortlichen Instanzen sehen sich einerseits genötigt, den demonstrativ aufgezeigten Mißstand als legitimes Anliegen und als öffentliches Problem anzuerkennen, mit den Besetzern entweder Verhandlungen aufzunehmen oder – zumindest symbolisch – Lösungsalternativen (schnelle Abhilfe des Mißstands durch Wohnraumbeschaffung etc.) anzubieten. Sie werden andererseits versuchen, dem Prinzip der Legalität, der Sicherung des Eigentumsrechts, den law- and-order Erwartungen, durch eine zumindest teilweise Räumung der besetzten Häuser, durch die Kriminalisierung von Besetzern, durch den Versuch der Spaltung in sozial engagierte Bürger und „Chaoten", Geltung zu verschaffen. In jedem Fall führen die differenzierten staatlichen Strategien, aber auch die unterschiedlichen Interessen der verschiedenen Hausbesetzerfraktionen – trotz aller Solidarisierungszwänge – auf die Dauer zu internen Differenzierungen und Polarisierungen. Der Gruppe der „Illegalen", die im Kampf das wesentliche Moment der Hausbesetzungen sieht, stehen die „Legalen" gegenüber, deren Interesse auf die Absicherung der erkämpften Lebensräume, auf den Ausbau einer Infrastruktur alternativer Lebenszusammenhänge zielt. Je höher die Eskalation der Auseinandersetzungen, je schärfer die Polarisierung der Öffentlichkeit, desto unversöhnlicher und auswegloser entwickeln sich auch die internen Konflikte.

Was bleibt auf die Dauer gesehen? Welche Spuren hat der Jugendprotest der frühen 80er Jahre in der Entwicklung der neuen sozialen Bewegungen hinterlassen?

Zunächst einmal: Berlin (auch Frankfurt) ist nicht typisch für die Bundesrepublik oder die Schweiz. Der Grabenkampf, die Lagermentalität, die Frontstadtatmosphäre, die Brisanz der sozialen Probleme, die Krise der Großstadt, kurz, der allgemeine Neurotisierungsgrad ist nirgends so ausgeprägt wie dort. Allgemeiner sind, soweit man das heute absehen kann, folgende Effekte:

– die Revolte als solche läuft leer, verpufft entweder mangels konkreter Ziele, aufgrund der Erfolglosigkeit der Kämpfe oder sie zerreibt sich an ihren eigenen inneren Widersprüchen.
– Zurück bleibt ein weiteres Potential politisierter, der gesellschaftlichen Ordnung entfremdeter Jugendlicher: Schüler, Lehrlinge,

kleinere Gruppen spontaneistisch-militanter Art, radikalisierte jugendliche Subkulturen, individuelle Resignation.

- Das alternative Milieu erfährt, soweit es in die Dynamik der Auseinandersetzungen miteinbezogen wurde, einen Politisierungsschub; die politischen Grenzen und Bedingungen alternativen Lebens, die Notwendigkeit des politischen Kampfs tritt verstärkt ins Bewußtsein.
- Die liberale Öffentlichkeit wurde anhand der örtlichen Auseinandersetzungen sowohl über die skandalöse Problematik, auf die die Besetzungen aufmerksam machten, als auch über die Unverhältnismäßigkeit der polizeilichen Reaktion mobilisiert. Durch die Bildung von „Patenschaften" etwa wirkte der Häuserkampf in Berlin weit in kirchliche, gewerkschaftliche und kommunale Kreise hinein; Eltern demonstrierten in Zürich und Nürnberg gegen willkürliche Übergriffe der staatlichen Sicherheitsorgane. Ganz generell führte der eruptive Ausbruch der Jugendrevolte — zumindest punktuell und für eine gewisse Zeit — zur öffentlichen Thematisierung und Sensibilisierung gegenüber den von den Jugendlichen vehement angeprangerten Belastungen, Krisen, inhumanen Tendenzen der gesellschaftlichen Entwicklung.
- Nicht zu übersehen ist freilich, daß in Zeiten sich verschärfender Unsicherheiten, wirtschaftlicher und weltpolitischer Krisen auch die Bereitschaft wächst, in den Ruf nach law-and-order und „Rübe ab"-Parolen einzustimmen. Mit der Eskalation der Auseinandersetzungen wurden deshalb in verstärktem Maße auch kleinbürgerlich-faschistoide Reaktionssyndrome mobilisiert, die die allgemeine Bereitschaft, alternative Lebensformen zu tolerieren, zunehmend blockierten.

Im Rahmen des übergreifenden Protestzyklus, der seit Mitte der 70er Jahre über wechselnde thematische Schwerpunkte und regionale Zentren des Widerstands in immer neuen Wellen zur Herausbildung der neuen sozialen Bewegungen geführt hat, stellt die Jugendrevolte 1980/81 nur eine Episode dar. Sie mobilisiert jedoch eine Generation von Jugendlichen, die den neuen sozialen Bewegungen insgesamt einen härteren, illusionsloseren Akzent verleihen. Sie dokumentiert damit eine neue Entwicklungsstufe der Bewegung: den Abschied von Ökotopia, von der verträumten Utopie eines „sanften" Lebens. Gleichzeitig schiebt sich jedoch eine neue Thematik in den Vordergrund, die eine ungleich größere politische Sprengkraft entwickelt: die Nachrüstungs- bzw. Friedensthematik.

6. Die neue Friedensbewegung

Mit dem Aufkommen einer neuen Friedensbewegung in der Bundesrepublik etwa ab Mitte 1981 bekamen die neuen sozialen Bewegungen eine qualitativ andere Dimension. Über das übliche Rekrutierungspotential der Protestbewegungen in der Bundesrepublik hinausgehend, gab es nun eine breite Koalitionsbereitschaft von Bürgern unterschiedlichster Herkunft und politischer Präferenz. Thematisch rückten Politikfelder in den Mittelpunkt gesellschaftlicher Auseinandersetzungen, die — obwohl von existentieller Bedeutung — bislang weitgehend tabuisiert waren. Politisch ist die westdeutsche Friedensbewegung als Massenbewegung gegen die Stationierung von Atomraketen ein schwer einschätzbarer neuer Machtfaktor innerhalb der nationalen, aber auch der internationalen Politik.

In der Friedensbewegung bündeln sich viele Ängste zu einem konkreten politischen Engagement: die Angst vor einem dritten Weltkrieg ebenso wie die Angst vor der ökologischen Zerstörung der Umwelt, die Angst vor der Technik und ihren unkontrollierbaren Folgen wie die Angst vor Politikern, Bürokraten und Wissenschaftlern, die die zunehmende Technisierung unserer Zivilisation mit Fortschritt verwechseln. Die in den 70er Jahren entstandene Empfindlichkeit für die Kehrseiten des technischen Fortschritts, die ökologisch informierte Zivilisationskritik und der Kampf gegen die zivile Nutzung der Nuklearenergie[35] bereiteten allgemein den Boden für eine neue Friedensbewegung, die eine unmittelbare Gefahr für unser aller Überleben durch die wachsende Möglichkeit eines Atomkrieges sieht. Vom Selbstverständnis der Ökologiebewegung als „Lebensbewegung" war da kein weiter Weg zur Friedensbewegung als „Überlebensbewegung".[36] „Die Aufhebung der Existenz der Gattung oder die Aufhebung der Natur als Ganzes sind Grenzen, deren auch nur mögliche Überschreitung nicht konsensfähig ist. Technologische Optionen, die solche Möglichkeiten begründen, sind gesellschaftlich nicht auf Dauer integrierbar". Das schrieb immerhin ein bekannter CDU-Politiker (Biedenkopf: 1981) und charakterisierte damit treffend den allgemeinen Entstehungshintergrund der Ökologie- und Friedensbewegung.

Im folgenden wenden wir uns den spezifischeren historisch-politischen Bedingungsfaktoren der neuen Friedensbewegung zu.

6.1 Entstehungsbedingungen

Obgleich die Bundesrepublik als wichtigster Frontstaat der NATO auf einem Pulverfaß sitzt und im Kriegsfall wohl weder atomar noch konventionell verteidigt werden kann (vgl. Weizsäcker u.a. 1971), blieb ihre Sicherheitspolitik in den 70er Jahren eigentümlich im Windschatten der politischen Dramaturgie.[37] Die damals vorherrschende Politik der Entspannung, Rüstungskontrollverträge und -verhandlungen (SALT I und II, KSZE, MBFR) sowie die neue Ostpolitik der SPD/FDP-Regierung schufen ein Klima des Vertrauens in die Vereinbarkeit von Friedenspolitik mit militärischer Abschreckungslogik, so daß das (Welt-)Kriegsrisiko — trotz unentwegter faktischer Aufrüstung und (militärischer) „Modernisierung" in Ost und West — allgemein für gering gehalten wurde. Inzwischen haben sich nicht nur die politischen Rahmenbedingungen radikal geändert, sondern es entstanden auch — in der Bundesrepublik, aber auch im Westen wie im Osten — gesellschaftlich relevante Bewegungen, deren gemeinsamer Nenner der Kampf um den bedrohten Frieden ist. Diese Bewegungen formierten sich nicht gleichzeitig, sie haben unterschiedliche Ziele und sind — je nach politischem System — in ihren Aktions- und Organisationsformen sowie in ihrer politischen Bedeutung kaum vergleichbar. Da wir uns hier auf die westdeutsche Friedensbewegung beschränken, die als eine der ersten zur Massenbewegung wurde, wäre zunächst der sogenannte NATO-Doppelbeschluß vom Dezember 1979 anzuführen, der sicherlich der konkrete Auslöser der hiesigen „Friedensrevolte" war. Wie konnte dieser Beschluß, der — erstmalig in der Geschichte der Aufrüstung — die Aufstellung neuer Raketensysteme mit einem *vorherigen* Verhandlungsangebot koppelt, binnen kürzester Zeit hier eine so große Basisbewegung hervorrufen, deren wichtigstes Ziel und gemeinsamer Nenner die Verhinderung der sogenannten Nachrüstung ist?

Unsere These lautet nun, daß nicht allein die immanente Problematik des NATO-Doppelbeschlusses dieses — oberflächlich gesehen — überraschende politische Phänomen erklären kann. Vielmehr hat die rapide Verschlechterung der weltpolitischen Lage an der Wende der 70er zu den 80er Jahren generell Kriegsfurcht ausgelöst und ein Bedrohungspanorama geschaffen, in das die NATO-Entscheidung gut paßte. Zu den wesentlichen Bedingungsfaktoren dieses Bewußtseinswandels gehören:

— der relativ abrupte Wechsel der Entspannungspolitik zu einer Politik des kalten Krieges und der Reideologisierung des Ost-West-Gegensatzes anläßlich der sowjetischen Afghanistan-Invasion Ende 1979;

- die inneramerikanische Wende bzw. Rückkehr zu einer Politik der Stärke und der militärischen Überlegenheit, die sich vor allem in der Wahl des rechtskonservativen Ronald Reagan zum Präsidenten am 4.11.1980 dokumentierte;
- die allgemeine Krise der Abschreckung in Form eines Übergangs von der relativen Stabilität der allgemeinen (Selbst)Vernichtungs-Drohung zu Konzeptionen des gewinnbaren Atomkrieges;
- der NATO-Doppelbeschluß, der der Bundesrepublik Deutschland (als Unterzeichner-Staat des Atomwaffensperrvertrages) u.a. die Landstationierung neuartiger US-Mittelstreckenraketen vom Typ Pershing II ab Ende 1983 in Aussicht stellt, welche als Erstschlagwaffen nicht nur von der Sowjetunion als außerordentliche Bedrohung ihres Territoriums, sondern auch von vielen Menschen in der Bundesrepublik als unzumutbare Selbstdrohung empfunden werden;
- schließlich das stärkere Hervortreten der Interessengegensätze innerhalb des westlichen Bündnisses, das die prekäre Abhängigkeit insbesondere der Bundesrepublik von der amerikanischen Vormacht ins öffentliche Bewußtsein rückte.

Diese Punkte bedürfen einiger Erläuterung. Während in der ersten Hälfte der 70er Jahre noch weitgehend die Überzeugung herrschte, daß eine neue Friedensordnung möglich und im Entstehen war, wurde spätestens Anfang 1980 — nach dem sowjetischen Einmarsch in Afghanistan — vor allem von amerikanischer Seite das Ende der Entspannungs-Ära offiziell verkündet. „Wir befinden uns wieder im Kalten Krieg" meint Hans-Peter Schwarz (1982) lakonisch. Und dies wirkte in Westdeutschland wie ein Schock, hatte man doch hier am meisten von der Öffnung nach Osten im Zuge der allgemeinen Entspannungspolitik profitiert; und die Öffentlichkeit war auf den amerikanischen Kurswechsel kaum vorbereitet.

Die tieferen Gründe für diese Entwicklung liegen jedoch sowohl auf amerikanischer wie auf sowjetischer Seite in den (realistischen) Befürchtungen eines drohenden Machtverlustes in ihren jeweiligen Hegenomiezonen und Interessengebieten, aber auch im veränderten Kräfteverhältnis der Supermächte untereinander. Versuchte die Carter-Regierung zunächst noch die Entspannungspolitik von Nixon und Kissinger auf anderem Wege fortzusetzen und der Sowjetunion nicht nur strategisch, sondern auch politisch volle Parität im SALT II-Vertrag zuzubilligen, so wurde diese Politik nicht zuletzt wegen des weitverbreiteten Gefühls der nationalen Schwäche und Demütigung aufgrund des verlorenen Vietnam-Krieges, des Ölpreis-Schocks und des Iran-Debakels innenpolitisch zunehmend unhaltbar. Mit der sogenannten Präsidenten-Direktive (PD 59), die u.a. die Golfregion zur „unverletzlichen Interessensphäre der USA" erklärt, und mit der geplanten Aufstockung des Verteidigungsetats um real 5 %

kehrte bereits die Regierung Carter zu einer Globalstrategie der Stärke zurück, die dann mit der Wahl Ronald Reagans den Charakter einer antikommunistischen Kreuzzugspolitik annahm.

Der ideologische Konfrontationskurs und die offene Kriegsrhetorik der Reagan-Administration mit Verlautbarungen über einen auf Europa begrenzbaren Atomkrieg, über den atomaren Ersteinsatz, über die Absicht, die Sowjetunion atomar „enthaupten" oder totrüsten zu können (vgl. Dokumentation in: Blätter für deutsche und internationale Politik 5/82: 523 ff.) trugen in Westeuropa wesentlich zur Verunsicherung und zur Steigerung der Kriegsfurcht bei. Im Zusammenhang mit dem konkreten NATO-Doppelbeschluß verwandelte sich der bisher übliche „Verdrängungspazifismus" (C. Amery) bei vielen in einen bewußten (Nuklear-)Pazifismus, der sich mit den sicherheitspolitischen Realitäten auseinanderzusetzen begann. Zu diesen Realitäten gehört in erster Linie die Krise der atomaren Abschreckung als Kriegsverhütungsinstrument, deren ratio in der gesicherten gegenseitigen Vergeltung (mutual assured destruction = MAD) sowie im sogenannten unkalkulierbaren Risiko liegt. Der Grundgedanke dieses um 1960 konzipierten Abschreckungssystems beruht auf der gegenseitigen Paralysierung des atomaren Schwertes durch die implizite Selbstmordkomponente der massiven Vernichtungsdrohung (Motto: Wer zuerst schießt, stirbt als zweiter). Mit der annähernden funktionalen Parität der Supermächte im strategischen Bereich (die im Salt II-Vertrag festgeschrieben werden sollte) schwand freilich auch die Chance einer effektiven und glaubwürdigen Abschreckung des Hauptgegners vor politischen und militärischen Interventionen in regionalen Konfliktzonen *unterhalb* der atomaren Schwelle. (Dies war schon der Grund für die Abkehr der USA von den alten Doktrin der „massiven Vergeltung".) So besteht infolge der antagonistischen Globalinteressen der Supermächte, die den Kampf um die Erde gewissermaßen als Nullsummenspiel betrachten, in der jeder Zugewinn an Einfluß und Macht der einen Hegemonialmacht als Machteinbuße der anderen gewertet wird, eine starke Tendenz zum Ausbruch aus dem nuklearen Patt. „Überlegenheit ist die denknotwendige, unerläßliche, logisch-irre Voraussetzung für den, der Atomwaffen nicht nur aus Notwehr einsetzen will, um einen gegnerischen Atomangriff zu vergelten, sondern sie als Druckmittel und Drohpotential zu benutzen gedenkt, um den Gegner daran zu hindern, eine ganze Skala mehr oder minder wichtiger eigener Interessen zu verletzen." (Bittorf 1983: 154) Die USA zogen daraus die Konsequenz einer endgültigen Ablösung der herkömmlichen Vergeltungsabschreckung zugunsten einer differenzierten Kriegsführungsstrategie, deren Optionen von der regionalen Begrenzung des „nuclear theater" über die Androhung von selektiven sowie preemptiven (= zuvorkommenden) Atomschlägen auf die Nervenzentren des Gegners bis hin zum „Endsieg" in einem sogenannten general nuclear war reichen.[38] „Der dritte Weltkrieg wird dann stattfinden, wenn er gewonnen werden kann", prognostizierte Carl Friedrich von Weizsäcker bereits 1977. Die dazu nötigen Voraussetzungen werden derzeit geschaffen. Es ist keine Frage, daß die USA aufgrund ihrer weltumspannenden Wirtschaftsinteressen wie ihres technologischen Vorsprungs auf diesem Weg in die Gefahr voranschreiten, während die UDSSR — ob sie will oder nicht — folgen muß. Der Friedensforscher Alfred Mechtersheimer resümiert die Krise der Abschreckung folgendermaßen: „Es war ein fundamentaler Irrtum zu erwarten, es werde gelingen, die atomaren Vernichtungswaffen durch eine Doktrin auf Dauer in Friedenswaffen zu verwandeln. Die allseitige Vernichtungsdrohung treibt zur Suche nach Schlupflöchern aus dem nuklearen Gefängnis. Es war unvermeidlich, daß jeder der Beteiligten versuchte, das Abschreckungssystem für sich von der Selbstmordkomponente zu befreien. Der Preis dafür ist die wachsende Wahrscheinlichkeit eines Atomkrieges." (1982: 37) (Laut GALLUP-Umfrage vom Sommer 1981 halten inzwischen 70 % der US-Bürger einen dritten Weltkrieg für unvermeidlich.)

Hatten Experten den Trend zur Destabilisierung des atomaren Abschreckungsfriedens durch neue Waffensysteme und Strategien bereits seit langem befürchtet und aufgezeigt, so nahm die breite Öffentlichkeit in Europa davon erst Notiz, als die Kalte-Kriegs-Stimmung der Hardliner in Washington durch konkrete Stationierungspläne neuer amerikanischer Raketen in Westeuropa direkte Betroffenheit auslöste. Gewissermaßen eine Vorläuferfunktion dürfte hier die Debatte um die Neutronenbombe gespielt haben, die 1977 in der Bundesrepublik vor allem durch Egon Bahr (erstmals) auch dezidiert moralisch geführt wurde und viele aus ihrer sicherheitspolitischen Lethargie riß (vgl. dazu Guha 1982).

Der Beschluß zur „Modernisierung der TNF" (= theater nuclear forces) in Europa, der vom damaligen Bundeskanzler Helmut Schmidt aus Furcht vor einer strategischen Abkopplung der USA vom europäischen „Theater" zumindest forciert wurde, stieß in der Bundesrepublik auf einen breiten Widerstand in der Bevölkerung, der vor allem von der gegenteiligen Befürchtung eines führbaren begrenzten Stellvertreterkrieges auf mitteleuropäischem Boden motiviert wird.

Da prinzipiell jede (landgestützte) Atomwaffe auch ein atomares Präventivziel für den bedrohten Gegner ist (vgl. Schmidt 1968: 108 f. und 182), würde in der Tat die erstmalige Aufstellung von eurostrategischen Waffensystemen inmitten der dichtbesiedelten Bundesrepublik eine neue Art der (Selbst-)Bedrohung bedeuten. Da überdies die hier in Frage kommenden Pershing II Raketen nach übereinstimmenden Aussagen der Experten eine extrem hohe Zielgenauigkeit (bei starker Verringerung der sog. Kollateralschäden und Vorwarnzeiten) besitzen, sind sie keine der bisher üblichen reinen Abschreckungs- und Vergeltungswaffen mehr (wie etwa die sowjetischen SS 20), sondern eine reine Kriegsführungswaffe auch mit Ersteinsatzeignung. Da — trotz gegenteiliger Beteuerungen der Sowjet-Führung — kaum anzunehmen ist, daß diese z.b. wegen der punktgenauen Zerstörung eines ihrer militärischen Objekte den strategischen Atomkrieg gegen die USA beginnen würden, eignet sich die Pershing II ebensogut als Drohmittel wie zur Führung und Begrenzung eines Atomkrieges auf europäischem Boden.[39]

Die Aufklärung über die möglicherweise katastrophalen Konsequenzen dieses Beschlusses, der von offizieller Seite anfangs kaum öffentlich diskutiert und nur pauschal legitimiert wurde (mit Schlagworten wie „Modernisierung", „Gegengewicht zur SS 20" etc.), stand also am Anfang der Friedensbewegung und stieß im Kontext der anderen Bedingungsfaktoren auf breiteste Resonanz. „Kein außen- und sicherheitspolitischer Themenbereich hat seitdem die politische Szenerie der Bundesrepublik mehr verändert, die öffentliche Meinung tiefer gespalten als der Brüsseler 'Nachrüstungsbeschluß'." (Schmid 1982: 87)
Ein wesentlicher Umstand, der die hiesige Protestbereitschaft zumindest sehr begünstigt, ist noch zu nennen: die besondere wirtschaftliche, politische und militärische Rolle Westdeutschlands als wichtigster Handels- und Bündnispartner der USA einerseits, als potentielles Schlachtfeld und Atomrampe der Allianz andererseits. Vielen Menschen in der Bundesrepublik wurde erst anläßlich der geplanten Stationierung von eurostrategischen Ersteinsatzwaffen unter US-Kommando — gleichsam vor ihrer Haustür — bewußt, in welch existentieller Abhängigkeit, ja geradezu Geiselfunktion, sie auch im Verhältnis zur befreundeten amerikanischen „Schutzmacht" stehen und welche „Null-Lösung" ihnen gewiß wäre, falls der global sich verschärfende Ost-West-Konflikt Mitteleuropa zum Kriegsschauplatz machen sollte.[40]

Der strukturell eingebaute Bündniskonflikt im sicherheitspolitischen Bereich, der darin besteht, daß die Westeuropäer auf eine möglichst enge Kopplung an das strategische Atomwaffenarsenal der USA dringen, während die Amerikaner ein nationales Interesse an *nicht*-automatischer Eskalation in den interkontinentalen Bereich haben und daher eine regionale Begrenzung des „Kriegstheaters" bevorzugen, dieser traditionelle Bündniskonflikt, der in der NATO-Strategie der „flexible response" nur notdürftig austariert wurde, bekam nun einen neuen Stellenwert. Reagans Äußerungen über den „begrenzten Atomkrieg" und Haigs Vorstellung von „atomaren Warnschüssen" sind zwar keine neue Doktrin[41], wirkten aber im Kontext des „NATO-Nachrüstungs-Beschlusses" für viele Menschen in Europa als Sprengsatz in das Vertrauen in die amerikanische Friedenspolitik und die NATO-Strategie insgesamt. Aber nicht nur das Bestreben einer einseitigen militärischen Risikoverschiebung nach Europa (wobei der US-Präsident den Zünder in der Hand behält), sondern auch der Versuch, den Westeuropäern höhere Rüstungslasten aufzubürden und sie gleichzeitig in einen Wirtschafts- und Handelskrieg gegen die Sowjetunion zu verwickeln, machten die unterschiedlichen Interessen innerhalb der Allianz offensichtlich.

Damit drang auch unvermeidlich der eng begrenzte außenpolitische Handlungsspielraum und die ungeklärte Frage der Souveränität westdeutscher Politik ins öffentliche Bewußtsein (vgl. Ästhetik und Kommunikation 1982, Sonderheft Bd. 9). Wurden diese Fragen bislang trotz oder wegen des latenten Interessengegensatzes im transatlantischen Bündnis von der offiziellen Politik nicht aufgeworfen bzw. durch die große Koalition der etablierten Parteien in Sachen Sicherheits- und Bündnispolitik verdrängt, so tauchen sie umso unvermittelter nun auch von linker Seite in der Friedensbewegung auf und verleihen ihr u.a. einen spezifisch nationalen oder besser patriotischen Zug. Gleichsam die Ironie der Geschichte besteht darin, daß der Brüsseler Beschluß, der von Seiten der Bundesrepublik insbesondere zur Festigung der amerikanischen Nukleargarantie für Westeuropa initiiert wurde und der engeren Verzahnung des Bündnisses dienen sollte, nunmehr die wohl stärkste außerparlamentarische Protestbewegung hervorgerufen hat, die es in der Geschichte der BRD jemals gegeben hat. Dieser Protest zielt nicht nur gegen die bisherige Rüstungs- und Abschreckungspolitik der Bundesrepublik und der NATO, sondern auch gegen eine zu große Abhängigkeit von den Globalinteressen der USA.

Exkurs: „Neue" Friedensbewegung?

Wenn wir von einer „neuen" Friedensbewegung sprechen, muß zunächst daran erinnert werden, daß sie durchaus in einer gewissen Tradition und Kontinuität antimilitaristischer Opposition und pazifistischer Bestrebungen steht, die bis in die Weimarer Republik zurückreichen. Für die Bundesrepublik liegen vor allem die Parallelen zu den Friedensbewegungen der 50er und 60er Jahre auf der Hand, bei denen es um die Remilitarisierung und die atomare Aufrüstung ging (vgl. S. 49 ff. u. 61 ff.). Ähnlichkeiten der Anlässe (Einführung von qualitativ neuen Zerstörungspotentialen), Identität der Zielsetzungen (z.B. „Kampf dem Atomtod"), der sozialen und ideologischen Trägerschaft (von Christen, Pazifisten über Liberale und Sozialdemokraten bis hin zu Kommunisten), aber auch einzelner Aktionsformen (z.B. Ostermärsche), dürfen jedoch nicht über

212

grundlegende Unterschiede zur heutigen Situation hinwegtäuschen.

Da die historischen Vorläufer der heutigen Friedensbewegung schon ausführlich behandelt wurden (vgl. S. 49 ff. u. 61 ff.), wollen wir im folgenden nur die wesentlichen Unterscheidungsmerkmale zur gegenwärtigen Friedensbewegung zusammenfassen, wobei sich inhaltliche Vorgriffe nicht ganz vermeiden lassen.

1. Entstanden die großen Wellen der „alten" Friedensbewegungen mehr oder weniger vor dem Gefühlshintergrund der noch persönlich erlittenen Schrecken verlorener Kriege, so fällt die jetzige Friedensbewegung in eine − historisch gesehen − überdurchschnittlich lange Zeit des Friedens in Europa und wird deshalb weitgehend von den Nachkriegsgenerationen getragen.

2. Im Gegensatz zur „Kampf dem Atomtod"-Bewegung Ende der 50er Jahre wird heute nicht primär moralisch, sondern mehr sicherheitspolitisch und militärtechnisch argumentiert, was u.a. auch den wissenschaftlichen Vorarbeiten der institutionalisierten Friedensforschung und der „Gegenexpertokratie" zu verdanken ist.

3. Die Friedensbewegung ist heute eine weitgehend autonome, überparteiliche und außerparlamentarische Basis- und Massenbewegung, die sich aus vielen kleinen lokalen Initiativen ebenso zusammensetzt wie aus den institutionalisierteren überregionalen Komitees und Organisationen. Sie läßt aber insgesamt betrachtet ihre Wurzeln *von unten* in die etablierten Parteien (SPD und F.D.P.) hinaufwachsen, während damals, jedenfalls bis etwa 1959, die SPD die Friedensbewegung von oben organisierte und für ihre wahltaktischen Gesichtspunkte zu funktionalisieren trachtete. Der internationale Charakter der „neuen" Friedensbewegungen erleichtert zudem die Unabhängigkeit von der etablierten Politik und verleiht der westdeutschen Friedensbewegung eine größere Stoßkraft und Beweglichkeit als ihren damaligen Vorläufern.

4. Der Widerstand gegen die Westintegration i.S. der Militärpolitik Adenauers (Pariser Verträge 1954/55) erfolgte vor allem von Seiten der SPD als Kampf gegen die endgültige nationale Teilung Deutschlands und war nicht prinzipiell sicherheitspolitisch oder antimilitaristisch motiviert (vgl. Otto 1977: 54 ff.). Heute sind die Ziele der Friedensbewegung in erster Linie militär- und sicherheitspolitisch begründet und erst im Gefolge und in Konsequenz von alternativen Sicherheitskonzepten ergeben sich auch Fragen der Westintegration, der nationalen Identität und der nationalen bzw. europäischen Selbständigkeit.

5. Ein höchst bedeutsamer Unterschied zu damals dürfte auch ein „entspannterer" Antikommunismus sein, der heute zumindest die legitimen Sicherheitsinteressen des „realen" Sozialismus bereitwilliger anerkennt. Zugleich trägt die realistischere Einstellung weiter Teile der heutigen Friedensbewegung hinsichtlich der angeblichen Symbiose von Frieden und (realem) Sozialismus (nach Afghanistan, Polen und Vietnam/China-Krieg) dazu bei, daß sich die jetzige Friedensbewegung von ihren Gegnern nicht so leicht und erfolgreich als „kommunistisch gelenkt" etc. diffamieren und isolieren lassen dürfte, wie das noch in der Atmosphäre des Kalten Krieges in den 50er Jahren möglich war.

6. Die u.E. wichtigste Differenz zu den „alten" Friedensbewegungen liegt im gesellschaftlichen Umfeld und in der Motivationslage des heutigen Friedenspotentials. Der Aufstand gegen den Rüstungswahn und den Schrecken des Abschreckungssystems muß gewissermaßen als Spitze eines Eisberges von postmaterialistischen, gegenkulturellen und antitechnokratischen Strömungen in der jüngeren Generation gesehen werden, die in diversen neuen sozialen Bewegungen ihren engagierten Ausdruck finden. Mit der Frage des Überlebens wird hier gleichzeitig die qualitative Forderung nach einer „neuen Lebensweise" gestellt, die solidarischer, friedfertiger und ökologisch angepaßter sein soll. Damit geht die heutige Friedensbewegung, zumindest was ihre Motivlage und ihr Sympathiepotential angeht, weit über ihr traditionelles antimilitaristisches Reservoir hinaus. Sie wird Teil einer insgesamt in Bewegung geratenen „alternativen Basis", die auf vielfältige Art und Weise so etwas wie eine „postindustrielle" (was nicht unbedingt „anti-industrielle" bedeuten muß) Gesellschaftsformation anstrebt. Demgegenüber hatte die „alte" Friedensbewegung z.Zt. ihrer SPD-Gewerkschaftsumklammerung viel eher den Charakter einer Einpunkt-Bewegung und war im übrigen viel konventioneller und systemkonformer.

Als außerparlamentarische Ostermarsch-Bewegung und „Kampagne für (Demokratie und) Abrüstung" stand sie Ende der 60er Jahre in einem politischen Konkurrenzverhältnis zur aufkommenden radikaleren Studentenbewegung, was schließlich 1970 zu ihrer Auflösung führte, während die „neue" Friedensbewegung sich nahtlos in ein breites Bewegungsfeld einfügt und kaum mit anderen neuen sozialen Bewegungen kollidieren dürfte.

6.2 Verlaufsform und Entwicklungsdynamik

Nach dem Abklingen der Studentenbewegung, die sich damals eher auf Probleme der Dritten Welt, den Vietnamkrieg u.ä. als auf die annähernd 7.000 nuklearen Sprengköpfe im eigenen Land konzentrierte, sorgte die Reform- und Entspannungspolitik der 70er Jahre dafür, daß das Thema „Frieden und Abrüstung" fast ausschließlich in den Arenen der offiziellen Politik und der neu etablierten Friedensforschung verblieb. Zwar gelang es dem 1974 gegründeten Komitee für Frieden, Abrüstung und Zusammenarbeit (KOFAZ) ab 1976 jährlich zentrale Demonstrationen zu veranstalten, an denen bis zu 40.000 Leute teilnahmen; die öffentliche Resonanz blieb jedoch — nicht zuletzt wegen des kommunistischen Stallgeruchs dieser Organisation — relativ bescheiden (vgl. dazu Schlaga/Spanger 1982: 64 sowie Jäger/Schmid-Vöhringer 1982: 40). Insgesamt gesehen zeichnen sich die 70er Jahre durch eine gewisse sicherheitspolitische Ruhe in den außerparlamentarischen Bewegungen aus, die weitgehend von anderen Themen beherrscht wurden. (Allenfalls könnte man im Anschluß an Ruß-Mohl (1982: 5) im Hinblick auf die 80er Jahre von einer Latenzphase der neuen Friedensbewegung sprechen.) Waren die dominierenden Themen der antimilitaristischen Opposition in den 70er Jahren die Kriegsdienstverweigerung und Fragen des militärisch-industriellen Komplexes, so kann man von einer spezifischen „Bewegung" wohl erst ab 1980/81 sprechen, als der sogen. NATO-Doppelbeschluß im Kontext der neuen amerikanischen Politik mit einiger zeitlicher Verzögerung eine Massenmobilisierung auslöste, die erstmals seit den alten Friedensbewegungen der 50er und 60er Jahre Grundfragen der militärischen (Selbst-)Bedrohung unserer Existenz in den Mittelpunkt politischer Auseinandersetzung stellte.

Hier haben vor allem die Aktivitäten um und für den „*Krefelder Appell*" eine große Rolle gespielt, obwohl dieser Appell an die Bundesregierung, ihre Zustimmung zur Stationierung von US-Mittelstreckenraten auf ihrem Territorium zurückzuziehen, sicherlich nicht *die* Plattform der neuen Friedensbewegung ist, was die sich stark für ihn engagierende DKP so darzustellen versucht. „Friedenshetzer" aus der alten Friedensbewegung, Wissenschaftler, ehemalige Militärs und Kirchenleute trafen auf dem „Krefelder Treffen" am 15./16. November 1980 mit vielen jungen Leuten und Vertretern der unterschiedlichsten politischen Gruppierungen zusammen (insgesamt etwa 1500) und verabschiedeten einstimmig jenen Appell, den dann innerhalb nur eines halben Jahres bereits 800.000 Bürger im ganzen Bundesgebiet unterschrieben hatten. Trotz etlicher antikommunistischer Diffamierungsversuche und offiziöser „Gegenappelle" des sicherheitskonservativen Establishments bis hin zu den Gewerkschaften sollen inzwischen weit über zwei Millionen Mitbürger diesen Appell unterstützt haben, so daß man von der bisher größten Bürgerinitiative dieses Landes sprechen kann. Da parallel und z.T. auch als Reaktion auf die angebliche „Einäugigkeit" des „Krefelder Appells" gegen die westliche Auf-/Nachrüstung auch andere, dezidiert „ausgewogene" Appelle kursieren[42], könnte man diese Phase der neuen Friedensbewegung auch als *Appellationsphase* bezeichnen.

Ein entscheidender Meilenstein und Kristallisationspunkt der neuen Bewegung war der *Evangelische Kirchentag* Juni 1981 in Hamburg, auf dem eine große Anzahl meist junger Leute zur offiziellen Kirchenpolitik und ihrem Beschwichtigungsmotto „Fürchtet Euch nicht" auf Kollisionskurs gingen und ihre Kriegsfurcht demonstrativ bekannten. Mit der Hamburger Kirchentagsdemonstration am 20. Juni (Motto: Fürchtet euch, der Atomtod bedroht uns alle!) wurde die *Demonstrationsphase* der Bewegung eingeläutet, die ihren ersten Kulminationspunkt auf der Bonner Friedensdemonstration am 10. Oktober 1981 erreichte. Dieses Ereignis wurde von der offiziellen Politik überwiegend ablehnend und teilweise diffamierend wahrgenommen, aber für doch so gravierend gehalten, daß sich — erstmalig in der Geschichte des bundesdeutschen Parlamentarismus — eine Bundestagssitzung quasi „präventiv" bereits am 5. Oktober ausschließlich damit beschäftigte.

Spätestens mit der Bonner Demonstration, an der annähernd 300.000 Menschen teilnahmen, rückte die westdeutsche Friedensbewegung ins Rampenlicht der nationalen, aber auch internationalen Medien und begann ein realer politischer Machtfaktor zu werden. Obwohl in der bürgerlichen Presse diesseits und jenseits des Atlantiks daraufhin viel über die sogen. „German Angst" und einen spezifisch deutschen Anti-Amerikanismus spekuliert wird, dokumentieren die kurz darauf folgenden Großdemonstrationen in fast allen westeuropäischen Hauptstädten unübersehbar die Internationalität der Friedensbewegungen, die sich nun auch gegenseitig zu verbinden und zu verstärken beginnen. Kurze Zeit später entsteht auch beim eigentlichen Adressaten der europäischen Friedensbewegungen, der Regierung Reagan, eine mächtige eigenständige Friedensbewegung, die sogen. „Freeze-campaign", die das sofortige Einfrieren aller Nuklearpotentiale fordert, was dem pauschalen Vorwurf des Anti-Amerikanismus auch seine polemische Grundlage entzog.

Neben vielen kleinen engagierten dezentralen Aktionen und Aktivitäten, die wir hier nicht im einzelnen aufführen wollen, wurde in der Bundesrepublik Ostern 1982 auch die alte Tradition der Ostermärsche wieder aufgenommen, und wenig später demonstrierten etwa 20.000 Bürger anläßlich des SPD-Parteitags am 17. April in München. Als im Juni 1982 schließlich US-Präsident Ronald Reagan zu Besuch kam und gleichzeitig der NATO-Gipfel tagte, protestierten zwar über 300.000 Menschen gegen die NATO-Politik in Bonn, aber erste ernsthafte ideologisch-politische Differenzen waren bei den Vorbereitungen zu dieser — zumindest quantitativ — beispiellosen Großveranstaltung der Friedensbewegung unübersehbar (dazu S. 221 u. Anm. 44).

Auch wenn Massenbewegungen eine schwer voraussagbare Eigendynamik entwickeln, deuten viele Anzeichen darauf hin, daß die

Friedensbewegung z.Z. in eine *Aktionsphase* konkreter Schritte vor Ort gegen die Ende 1983 wahrscheinlich aktuell werdende Raketenaufstellung eintritt und sich nicht mehr allein mit den konventionellen Protestformen von Unterschriftensammlungen und Großdemonstrationen begnügt.

Schon seit längerem liegt hierzu aus Kreisen der GRÜNEN und des BBU ein Dreijahresplan als Strategievorschlag für die Friedensbewegung vor, der eine stufenweise Steigerung des zivilen gewaltfreien Widerstands gegen die geplante Raketenstationierung der NATO vorsieht. Dieser Plan, der u.a. individuelle und kollektive Fastenaktionen, sogenannte „die-ins", Steuerzahlungsboykotts und Militärtransport-Blockaden enthält, ist allerdings innerhalb der Friedensbewegung umstritten und wurde bisher kaum realisiert. Allerdings führten z.B. im Sommer 1982 rund 700 junge Leute eine mehr symbolische gewaltfreie Blockade des NATO-Atomwaffenlagers bei Großengstingen durch, die zumindest publizistisch viel Beachtung fand. Solche Aktionen, die vor allem von Gruppen aus der christlichen Friedensbewegung wie „Pax Christi" und „Ohne Rüstung leben" sowie von den „Gewaltfreien Aktionsgruppen" und vielen „Autonomen Friedensinitiativen" getragen werden, fanden inzwischen auch anläßlich des Jahrestages des NATO-Doppelbeschlusses am 12.12.82 an mehreren Orten der Bundesrepublik statt.

6.3 Soziale Rekrutierung

Für die Friedensbewegung gilt wie für die anderen neuen sozialen Bewegungen, daß ihre Anhängerschaft sich vorwiegend aus Bevölkerungskreisen mit höherer formaler Qualifikation (Abitur), jüngerem Alter (unter 36), sogenannter postmaterialistischer Einstellung und relativ hoher Bereitschaft zu „unkonventionellen" politischen Verhaltensweisen (Bürgerinitiativen, Demonstrationen etc.) rekrutiert (vgl. Shell-Studie 1981, bes. 15 ff., 382 ff. u. 498 ff.; Infratest-Studie „Politischer Protest in der Bundesrepublik" 1980, S. 19 ff., 51 ff. sowie die EMNID-Untersuchung für den „Spiegel" 1981 und bes. Küchler 1981). So gehören beispielsweise ca. 70 % der Wähler der GRÜNEN zu den aktiven Befürwortern der Friedensbewegung (EMNID 81) und die personelle Verschränkung des grün-bunten Spektrums der neuen sozialen Bewegungen mit der Friedensbewegung tritt nicht nur bei deren Großveranstaltungen deutlich zutage. Nach der Untersuchung des EMNID-Instituts waren lediglich 9 % der Gesamtbevölkerung, und von der Untergruppe der 18- bis 35jährigen mit niedriger Schulbildung auch nicht viel mehr, nämlich 11,6 %, zur aktiven Unterstützung der Friedensbewegung bereit, aber 40,9 % der unter 36jährigen mit höherer Schulbildung. Manfred Küchler resümiert: „Dieser Befund spricht sehr viel mehr für die These eines Konflikts zwischen alter und neuer Elite als für einen Generationenkonflikt schlechthin". (1981: 68)

Die neue Friedensbewegung ist jedoch sicher nicht auf die inzwischen lauter gewordene „stille Revolution" (Inglehart) einer noch relativ kleinen, wenn auch vielleicht zukunftsträchtigen Minderheit reduzierbar, denn die Angst vor der atomaren Bedrohung erfaßt weit größere Bevölkerungskreise als die Vertreter bestimmter (gegen-)kultureller Sinnansprüche und „postmaterialistischer" Werte. Grob gesagt rekrutiert sich die neue Bewegung vor allem aus drei Gruppen, die freilich eher ideologisch als sozialstrukturell unterscheidbar sind: das sind alte und neue Linke; Pazifisten und Christen und die grün-bunten Alternativen.

Da ist zunächst einmal die „*Alte Linke*" der DKP-orientierten Kräfte, die aufgrund ihrer Fixiertheit auf das Herrschafts-, Klassen- und Verteilungsparadigma zwar ihrerseits recht wenig mit den „Ökologisten" und Alternativen anfangen kann[43], sich jedoch als geschlossener Block für die westdeutsche Friedensbewegung stark engagiert. Deren Anliegen stellt für sie ein vertrautes und traditionsreiches politisches Betätigungsfeld dar. Auch die undogmatische „*Neue Linke*" ist ein Teil der neuen Friedensbewegung und hat im „Sozialistischen Büro" und im „Komitee für Grundrechte und Demokratie" ihre Kristallisationspunkte. Sie hebt sich insbesondere von der „Alten Linken" durch ihre starke Distanzierung vom sogenannten realen Sozialismus ab und versucht ihre zahlenmäßige und organisatorische Schwäche vor allem durch programmatische Arbeit wettzumachen.

Des weiteren gibt es die großen Gruppen der *Pazifisten* und *Christen*, deren prominente Repräsentanten z.T. schon in den alten Friedensbewegungen aktiv waren und deren „Basis" in der neuen Friedensbewegung stark verbreitert werden konnte. Hier ist z.B. die stark angestiegene Zahl der Kriegsdienstverweigerer zu nennen (inzwischen über eine halbe Million), die zwar nicht unbedingt „den harten Kern der Friedensbewegung" darstellen (so Lange 1982: 125), aber zweifellos ein Symptom für ein generelles, wenn auch relativ unspezifisches Legitimationsproblem der Bundeswehr sind (vgl. Anm. 37). In den Kirchen sind allgemein die „Basis" und ihre Jugendorganisationen unruhiger und selbständiger gegenüber der Amtskirche geworden und stoßen sich insbesondere an deren zweideutiger Haltung zur „sicherheitskonservativen" Position der atomaren Abschreckung und des Militärdienstes. (Dies gilt jedoch für die evangelische Kirche mehr als für die katholische. — Vgl. S. 233 f.)

Ein wesentliches Element der neuen Friedensbewegung ist auch die große Zahl von Friedensinitiativen, die sich im Zuge der Frauenbewegung innerhalb und außerhalb der etablierten Frauenverbände zu einer eigenen *Frauenfriedensbewegung* entwickelt haben. Die neue Frauenbewegung ist gleichzeitig Ausdruck und Vorreiter der zunehmenden Bereitschaft von Frauen, sich in traditionell als „Männerthemen" geltende Domänen einzumischen und dabei das patriarchalische Definitions- und Interpretationsmonopol zu brechen. Themen wie Militär, Gewalt und Sicherheitspolitik sind daher zunehmend von Frauen für Frauen politisierbar. Eine eigenständige Bewegungs-Infrastruktur von Frauenzentren, Zeitschriften etc. (vgl. S. 133 f.) verleiht der Frauenfriedensbewegung ein beachtliches aktionsfähiges Potential.

Nicht zuletzt lebt die neue Friedensbewegung aber auch vom sog. „kleinen Mann", dem die Raketen und andere militärische „Spitzenprodukte" quasi unmittelbar vor die Haustür gestellt werden (könnten) und der sich auch ohne christlichen, pazifistischen, linken oder alternativen „background" gegen die permanente Aufrüstung auf Kosten politischer und sozialer Sicherheit entrüstet. (Nach der oben zitierten EMNID-Umfrage sind immerhin knapp 40 % der Gesamtbevölkerung Sympathisanten der neuen Friedensbewegung.)

6.4 Ziele und ideologisch-politische Positionen

Was die neue Friedensbewegung bisher politisch zusammenhält, ist der kompromißlose Widerstand gegen die Aufstellung amerikanischer eurostrategischer Raketensysteme auf westdeutschem Boden. Darüberhinaus werden ebenso der Bau und die Einführung der sog. Neutronenbombe und der chemischen Waffen abgelehnt. Abrüstung und die Schaffung einer atomwaffenfreien Zone in Mitteleuropa gelten als gemeinsame Fernziele der neuen Friedensbewegung: Die Mittel und Wege zu ihrer Verwirklichung sind aber bereits umstritten.

Diese Forderungen wurden bisher immer wieder auf Kundgebungen und Großdemonstrationen vertreten und können als Minimalkonsens der verschiedensten Friedensgruppen gelten. Darüber hinausgehende Forderungen nach einem Ausstieg aus den Bündnissystemen, nach einem Neutralitätsstatus Deutschlands, nach einer alternativen „sozialen Verteidigung" oder einer konsequent nichtnuklearen defensiven Militärreform etc. werden zwar intensiv von einzelnen Gruppen innerhalb der Friedensbewegung diskutiert und z.T. zum Programm erhoben, sind aber (noch) nicht gemeinsame Grundlage der neuen Friedensbewegung.

Zur besseren Übersicht über die „Bewegungsszene" wollen wir nun versuchen, die wesentlichsten Gruppierungen innerhalb der Friedensbewegung politisch-programmatisch zu verorten.

1. Da sind zunächst einmal die *DKP-orientierten Kräfte* wie Komitee für Frieden, Abrüstung und Zusammenarbeit (KOFAZ), Marxistischer Studentenbund (MSB), Sozialistische Deutsche Arbeiterjugend (SDAJ), Deutsche Fraueninitiative (DFI), Verband Deutscher Studentenschaften (VDS), Verband der Verfolgten des Nationalsozialismus (VVN) usw., denen trotz Polen, Afghanistan usw. der Weltfrieden am besten bei der Sowjetunion aufgehoben scheint. Sie unterstützen deshalb mit aller Kraft die Friedensbewegungen im Westen, sofern diese nur gegen die westlichen Raketen zu Felde ziehen und die USA als Hauptverursacher der Kriegsgefahr und des ruinösen Rüstungswettrennens betrachten. Alle Positionen, die von einer Äquidistanz zu beiden „Supermächten" ausgehen und deren gleichartigen imperialistischen Charakter betonen, werden von daher bekämpft und auf den gemeinsamen Minimalkonsens (s.o.) einzuschwören versucht. Obwohl einzelne Stimmen aus diesem Lager über die „Krefelder Linie" hinausgehen und beispielsweise für einen „Neutralismus plus alternative Verteidigung" votieren (vgl. z.B. Harich 1981), wird im Großen und Ganzen von der bestehenden Blocklogik ausgegangen und das Heil in der bedingungslosen Unterstützung der östlichen Abrüstungsvorschläge gesucht.

2. Zu ähnlichen „strukturkonservativen" Resultaten, wenn auch aus anderer Richtung her argumentierend, kommen die *SPD-orientierten Kräfte*, also linker Flügel der SPD, Jusos, ein Teil der Gewerkschaften, Demokratische und andere Sozialisten, Judos etc. Bei aller Kritik und Ablehnung des Aufrüstungs- und Konfrontationskurses der westlichen Vormacht stehen sie im allgemeinen zum NATO-Bündnis, innerhalb dessen sie allerdings den deutschen bzw. westeuropäischen Interessen ein größeres Gewicht zumessen wollen. Während man im Rahmen dieser Kräfte die militärische Logik der NATO-Strategie und die „rüstungtreibende Formel des Gleichgewichts" (O. Lafontaine) scharf attackiert, versucht man innerhalb der gegebenen politischen Eckpfeiler und Randbedingungen die Situation auf dem Pulverfaß durch entsprechenden Druck auf die Verhandlungsbereitschaft der westlichen wie östlichen Seite zu entspannen. Der linke Flügel der SPD bemüht sich dabei mit Hilfe der außerparlamentarischen Friedensbewegung, seine im Rahmen des Regierungsflügels der Gesamtpartei völlig unterrepräsentierten politischen Vorstellungen besser geltend zu machen.

3. Am deutlichsten gehen bisher die sog. „*Eurozentristen*", vertreten etwa durch Rudolf Bahro, die Russell Peace Foundation, Teile der GRÜNEN und der Alternativen Listen usw., über die Einpunkt-Beschränkung der neuen Friedensbewegung (auf die Verhinderung der NATO-Raketen-Stationierung) hinaus. Die Friedensbewe-

gung hat nach Meinung dieser Richtung als gesellschaftsverändernde Kraft nur Zukunft, wenn sie die NATO-„Nachrüstung" nicht als isolierte Fragestellung, sondern als radikale Infragestellung des gesamten Ost-West-Verhältnisses und seiner Blockstruktur in Europa begreift. Gefordert wird daher eine „vollständige Neudefinition der europäischen und speziell unserer deutschen Sicherheitsinteressen" jenseits der „Nachkriegsordnung" von Jalta. Ziel ist ein eigenständiges neutrales, „atomwaffenfreies Europa" von Portugal bis Polen.

Rudolf Bahro versteht darüberhinaus die heutige Friedensbewegung als „eine Lebensrevolution mit spiritueller Perspektive", die zusammen mit der ökologischen Bewegung Träger einer „neuen historischen Formation" ist, „die auf die ökologische Krise der menschlichen Evolution schlechthin antwortet." (1982: 102) Die „Eurozentristen" gehören innerhalb der Friedensbewegung zu den schärfsten Gegnern der DKP-Position, was sich u.a. in einer öffentlichen Kontroverse zwischen Bahro und der DKP anläßlich des Aufrufs zur Großdemonstration am 10. Juni 1982 dokumentierte.[44]

4. Weniger dezidiert politisch, sondern mehr moralisch argumentieren die *christlichen und (radikal-)pazifistischen Friedensinitiativen*, also „Ohne Rüstung leben", Pax Christi, Christen für die Abrüstung, Evangelische Studentengemeinde (ESG), Aktion Sühnezeichen/Friedensdienste (ASF), Internationaler Versöhnungsbund, Aktionsgemeinschaft Dienst für den Frieden (AGDF) u.a. Sie vertreten einen umfassenden Friedensbegriff, der neben den militärischen Aspekten von Ab- bzw. Umrüstung und Rüstungskontrolle auch Fragen der globalen Friedensordnung durch soziale Gerechtigkeit insbesondere in der Dritten Welt, aber auch durch eine kulturell-moralische Konversion des einzelnen im Auge hat. Die meisten dieser Gruppen neigen zu den Konzepten gewaltfreier „sozialer Verteidigung", wie sie von dem u.a. im Internationalen Versöhnungsbund engagierten Friedensforscher Theodor Ebert propagiert werden. Auch treten sie mehrheitlich für das „Gradualismus-Konzept" der einseitigen kalkulierten Abrüstungsvorleistungen ein.

5. Das etwas diffuse Spektrum von ca. 150 *autonomen Friedensinitiativen*, die sich im Bundeskongreß autonomer Friedensinitiativen (BAF) ein relativ lockeres Koordinationsorgan schaffen wollen, vereint vor allem die Absage an konventionelle Friedenspolitik durch Abrüstungsverhandlungen der Regierungen. Der in Osnabrück verabschiedete Aufrufvorschlag zur Demonstration zum 10. Juni 1982 anläßlich des NATO-Gipfels in Bonn begreift die NATO als „offensives Bündnis zur Verteidigung der Interessen des Westens gegen die Dritte Welt und die UdSSR" (vgl. die vom Göttinger Arbeitskreis gegen Atomenergie herausgegebene Zeitschrift „Atom-

221

Expreß" 29/1982) und plädiert für eine blocksprengende solidarische Politik insbesondere gegenüber der Dritten Welt und den östlichen autonomen Friedensgruppen. Beim letzten Arbeitstreffen Ende Februar 1982 in Frankfurt, auf dem eigentlich die Einrichtung einer nationalen Friedenskoordination zustandekommen sollte, zerstritten sich die im BAF-Spektrum angesiedelten Gruppen (undogmatische Linke, christliche Gruppen, GRÜNE, Anhänger des gewaltfreien Widerstands, Frauengruppen u.a.) über die Frage der Gewaltfreiheit von Blockade-Aktionen u.ä. Obwohl alle diese Initiativen mit direkten Widerstandsaktionen vor Ort über die (unverbindlichere) Krefelder-Appell-Linie hinausgehen wollen, sträubten sich einige Gruppen gegen eine „ideologische" Festlegung auf das Prinzip der Gewaltfreiheit. (Vgl. TAZ v. 21.2.83 u. 2.3.83)

6. Die GRÜNEN treten als Teil der Ökologie- wie der Friedensbewegung nicht nur für ein atomwaffen-, sondern für ein atomfreies Europa schlechthin ein, das schrittweise aus den Blöcken gelöst und schließlich vollständig entmilitarisiert werden soll. Über den „Krefelder Appell" hinaus unterstützen sie dementsprechend auch den Aufruf der Russell-Peace Foundation für ein „atomwaffenfreies Europa von Polen bis Portugal." Als Ökologen betonen sie vor allem den Kausalzusammenhang von industrieller Wachstumspolitik, steigendem Energieverbrauch, imperialistischer Ausbeutung bzw. Sicherung der Ressourcen und wachsender Kriegsgefahr. Behauptet wird daher, daß eine konsequent basisdemokratisch organisierte ökologische Politik der ressourcenschonenden kleinen Einheiten auch gleichzeitig die wesentlichen Kriegsmotive und -ursachen beseitigen würde.

Wegen ihrer prinzipiellen Ablehnung der zivilen wie militärischen Anwendung der Atomkraft, aber auch aufgrund ihres Eintretens für alle Basisbewegungen in Ost und West, insbesondere der polnischen Gewerkschaftsbewegung „Solidarnośc" und der autonomen Friedensbewegung in der DDR, gibt es starke Abgrenzungskonflikte mit dem DKP-Flügel, die in der Vorbereitungsphase der Bonner Friedensdemonstration am 10. Juni 1982 beinahe zum Bruch in der Friedensbewegung führten. Im übrigen favorisierten die „GRÜNEN" das gewaltfreie Konzept der „sozialen Verteidigung", das allerdings nicht mit einer nur-legalistischen Strategie verwechselt werden sollte (vgl. dazu „Friedensmanifest" der GRÜNEN).

7. Die *Frauenbewegung* begann schon relativ früh sich mit der Friedensproblematik auseinanderzusetzen[45] und konnte über den NATO-Doppelbeschluß auch einen hohen Grad der Übereinstimmung und der Zusammenarbeit von autonomer Frauenbewegung und

etablierten Frauenverbänden (z.B. DGB-Frauen, SPD-Frauen) erzielen. Angeregt von dem höchst erfolgreichen Friedensaufruf der skandinavischen Frauen entstand zunächst in Westberlin, dann aber auch bundesweit die Kampagne „Anstiftung der Frauen für den Frieden", die sich an die Geschlechtsgenossinnen richtet und den „Männern aller Blöcke" das Recht abspricht, „weiter in unserem Namen zu reden" und sich u.a. gegen die Verplanung der Frauen für die Bundeswehr sowie für weltweite Abrüstung ausspricht. Im Gefolge dieser Aktion, die ebenso von autonomen Frauengruppen wie von Fraueninitiativen aus Kirchen, Gewerkschaften und Parteien getragen wurde, entstand eine eigenständige Frauenfriedensbewegung, die das Friedensthema nicht nur als militärtechnokratische Raketenzählerei begreift, sondern bewußt die Beziehung zur alltäglichen Gewalt in unserer Gesellschaft, insbesondere zur Gewalt gegen Frauen, herstellt. Vor allem die autonome Frauenbewegung um die Zeitschrift „Courage" versucht hier, Krieg, Militär und Rüstung allgemein als Ausdruck männlich-destruktiven Denkens und Vormachtstrebens hinzustellen, wobei jedoch in der Frauenbewegung die Frage umstritten ist, ob dies auf einer biologischen Disposition der Männer beruhe oder vielmehr historisch gewachsenen Verhaltensweisen geschuldet sei (vgl. Laudowicz 1982: 81). Auch die Frage „Frauen im Militärdienst" wird kontrovers diskutiert, wobei der ablehnenden Position eine Minderheitsposition (um Alice Schwarzer) gegenübersteht, die aus grundsätzlichen Erwägungen der Gleichberechtigung zwar auf ein formal gleiches Recht der Frauen auf den Zugang zur Bundeswehr pocht, ohne jedoch Frauen zum Militärdienst ermuntern zu wollen.

8. Um auch eine politisch-ideologische Extremposition innerhalb der neuen Friedensbewegung nicht zu ignorieren, sollen hier noch die sog. *anti-imperialistischen Gruppen* genannt werden. Diese sympathisieren mit dem bewaffneten Kampf gegen den (westlichen) Imperialismus sowohl in der Dritten Welt als auch in den Metropolen der westlichen Industriestaaten und lehnen prinzipiell eine Zusammenarbeit mit den Vertretern von „staatstragenden Parteien und Organisationen" auch innerhalb der Friedensbewegung ab, weil diese ihrer Meinung nach „Vertreter des westlichen Imperialismus" seien. Die Sowjetunion wird im weltweiten Kampf gegen den westlichen Imperialismus gleichsam als natürlicher Verbündeter gesehen. Deshalb wird auch von diesen Gruppen jede Kritik an der UdSSR abgeblockt sowie jede Verpflichtung auf das Prinzip der Gewaltlosigkeit kategorisch abgelehnt.

Wie sieht nun die Binnenstruktur einer kaum konsolidierten Massenbewegung aus, die sich als „Politik von unten" versteht und die — gewissermaßen im ersten Anlauf — die „hohe" Politik mehr verunsichert hat als alle anderen neuen sozialen Bewegungen?

Obwohl sie mit ihren konkreten politischen Forderungen direkt auf das politische Zentrum zielt, gewinnt sie selbst ihre „Gegenmacht" weitgehend dezentriert in Form einer unübersehbaren Vielzahl von kleinen und größeren Initiativen und potentiell abrufbarer Unterstützung aus einem breiten Sympathisanten-Umfeld.

Der Widerstand an der „Basis" wächst sozusagen naturwüchsig, und Fragen der formalen Organisation werden als zweitrangig angesehen. Hinzu kommt, daß die „konventionellen" Verbände, sei es aufgrund ihrer besonderen Parteien- oder Kirchennähe und des damit einhergehenden programmatischen Immobilismus oder sei es ihres eingefahrenen hierarchischen Aufbaus wegen, eher ungeeignet sind als Aktionsfeld und Resonanzboden für eine völlig neue Klientel, die sich möglichst spontan und autonom organisieren will. Die neu entwickelten und erprobten Politikformen der Bürgerinitiativen und der kleinen lokalen Aktionsgruppen bieten für diese neuen Bedürfnisse daher oft attraktivere politische wie psychologische Behausungen.

Die neue Friedensbewegung ist also in erster Linie eine locker institutionalisierte, nicht-hierarchisch geordnete außerparlamentarische Basisbewegung. Dennoch gibt es natürlich — bei aller berechtigten Abneigung gegenüber den hochorganisierten und bürokratisierten Formen der etablierten Parteien-, Verbände- und Lobby-Politiken — auch hier einen gewissen Bedarf an kontinuierlich arbeitenden Organisationskernen als „Unterbau" sowie an bestimmten Koordinationsgremien oder -medien als „Überbau". Außerdem braucht eine so große Massenbewegung auch einige Integrations- bzw. Symbolfiguren zur wirksamen Außendarstellung und als „Brückenköpfe" zum Establishment sowie eine Anzahl von Experten als wissenschaftliche Gegeninstanz zur herrschenden Monokultur der Militärtechnokraten.

a) Organisationen, Verbände und Initiativen

Da Beschreibung und Selbstdarstellung der unterschiedlichen Verbände usw. bereits in ausreichendem Maß vorliegen (vgl. Schubert/ Steinmetz 1981, antimilitarismus Information 7/1979 sowie Schaub/ Schlaga 1982), konzentrieren wir uns hier auf eine kurze Übersicht der wichtigsten Organisationen und Initiativen.

Hierzu zählen zunächst die traditionellen Verbände der antimilitaristischen Opposition, die z.T. schon lange vor der neuen Friedensbewegung existierten und deren „take off" durch ihre kontinuierliche Aufklärung- und Basisarbeit zumindest begünstigt haben. Die zwei wichtigsten dürften die „Deutsche Friedensgesellschaft-Vereinigte Kriegsdienstgegner" (DFG-VK) und das „Komitee für Frieden, Abrüstung und Zusammenarbeit" (KOFAZ) sein. Beide wurden 1974 gegründet, wobei die DFG-VK sich aus der bereits 1882 gegründeten „Deutschen Friedensgesellschaft" (DFG) entwickelt hat, die später mit zwei anderen bürgerlichen Friedensorganisationen, der „Internationale der Kriegsdienstgegner" (IdK) und dem „Verband der Kriegsdienstverweigerer" (VK) fusionierte. Die DFG-VK gilt als die älteste und größte deutsche Friedensorganisation (ca. 20.000 Mitglieder) und setzt sich für allgemeine, gleichseitige Abrüstung und (individuelle) Kriegsdienstverweigerung bzw. Zivildienst ein. Sie ist eine Mischung zwischen weitgehend selbständig operierenden Basisgruppen und einem zentral geführten Verband. Aufgrund dieser Binnenstruktur verfolgt die DFG-VK als Gesamtverband eher eine Politik des kleinsten gemeinsamen Nenners aus der Summe der dezentral organisierten und politisch zuweilen stark divergierenden Kräfte an der Basis. In jüngster Zeit opponierte eine Gruppe „Kritische Kräfte" offen (aber erfolglos) gegen die verbandsinterne Mehrheit von „taktischen Pazifisten (DKP) und bürgerlichen Pazifisten (Jusos, Liberale und Christen) auf dem Bundeskongreß 1982 in Duisburg. Gefordert wird von der Minderheit eine blockübergreifende Friedenspolitik i.S. der „Russell-Peace-Foundation", während die Mehrheit der DFG-VG am Moskaufreundlichen Anti-NATO-Kurs festhält (vgl. TAZ vom 8.2.83).

Das KOFAZ ist dagegen ein reines Organisationskomitee ohne kontinuierlich arbeitende Basis, das durch Koordinierung diverser örtlicher Gruppen zu zentralen Aktionen und Demonstrationen zu mobilisieren versucht. Obwohl auch hier eine große Anzahl nichtkommunistischer Mitglieder und Gruppen das Komitee unterstützen, konnten die DKP-nahen Kräfte doch bislang ihren sowjet-konformen Kurs durchsetzen, was auch zu gewissen Konflikten und „Berührungsängsten" mit anderen Gruppierungen innerhalb der Friedensbewegung führte (u.a. auch mit bestimmten Basisgruppen der DFG-VK).

Von den genuin mit der neuen Friedensbewegung verbundenen Friedensinitiativen seien hier einige herausgegriffen, die überregional organisiert sind. Die „Krefelder Initiative", die 1979/80 als Vereinigung unterschiedlicher politischer und ideologischer Gruppierungen und Einzelpersonen entstand (s.o. S. 215), hat mit dem „Krefelder Appell", der sich ausschließlich auf die Verhinderung der angedrohten NATO-Raketen-Stationierung in Westeuropa konzentriert, gleichsam die Konsensformel der neuen deutschen Friedensbewegung formuliert und stieß damit auf die bisher breiteste Resonanz in der Bevölkerung (bis 1982 ungefähr 2,5 Millionen Unterschriften).

Inzwischen haben sich auch berufsspezifische Friedensinitiativen gebildet, wie z.B. die Kampagne *„Ärzte warnen vor dem Atomkrieg"*, die sich vor allem gegen die (zwangsweise) Einbeziehung des Gesundheitspersonals in die Katastrophenmedizin wendet, oder die von renommierten Erziehungswissenschaftlern ins Leben gerufene Initiative *„Pädagogen gegen Rüstungswahnsinn"*, die u.a. die Vermittlung der herrschenden Aufrüstungspolitik an ihre Schüler verweigern wollen.

Die internationale Initiative *„Frauen für den Frieden"* und deren westdeutscher Ableger, die Kampagne „Anstiftung der Frauen für den Frieden", hat neben Verweigerungsaktionen gegen die Einplanung von Frauen in den Zivilschutz und in die Bundeswehr auch Friedensmärsche u.ä. organisiert.

Der *Bundesverband Bürgerinitiativen Umweltschutz* (BBU), 1972 als reiner Dachverband der ökologisch orientierten Bürgerinitiativen in der Bundesrepublik gegründet, stieß 1979/80 über die Anti-Kernkraft-Bewegung zur Friedensbewegung. Als parteiunabhängiger Verband spielt er eine wichtige Brückenfunktion zwischen Ökologie- und Friedensbewegung.

Von den vielen christlich orientierten Initiativen sei hier vor allem der radikal-pazifistische Arbeitskreis *„Ohne Rüstung leben"* genannt, der seit 1978 dem Bundesverteidigungsminister über 20.000 Selbstverpflichtungen übergeben konnte gemäß seinem Aufruf: „Ich bin bereit, ohne Schutz militärischer Rüstung zu leben. Ich will in unserem Staat dafür eintreten, daß Frieden ohne Waffen politisch entwickelt wird." Der Arbeitskreis, der 1978 in Stuttgart von Pfarrern und Laien gegründet wurde, besteht aus autonomen Basisgruppen und ist völlig unabhängig von der Amtskirche. Die *„Aktionsgemeinschaft Dienst für den Frieden"* (AGDF) ist eine Dachorganisation von 15 evangelischen Sozial- und Friedensdiensten, der u.a. auch die *„Aktion Sühnezeichen/Friedensdienste"* (ASF) angehört. Die ASF organisierte zusammen mit der AGDF die kirchlichen Friedenswochen nach der Tradition des holländischen „Interkirchlichen Friedensrates" (IKV), die in der Bundesrepublik seit 1980 unter dem Motto „Frieden schaffen ohne Waffen" stattfinden. Auch aus dem Bereich der evangelischen Kirche stammt der *„Internationale Versöhnungsbund"*, der u.a. die Zeitschrift „Gewaltfreie Aktion" herausgibt (Auflage ca. 6.000) und die 1980 gegründete Bildungs- und Begegnungsstätte für gewaltfreie Aktion in Wustrow/

Landkreis Lüchow-Dannenberg leitet. In der katholischen Kirche engagiert sich vor allem der *Bund der deutschen katholischen Jugend* (BDKJ) sowie die internationale Organisation *Pax Christi*, deren deutsche Sektion 1981 die — für katholische Verhältnisse — beachtliche Plattform „Abrüstung und Frieden" veröffentlichte, in der u.a. die Reduzierung der Rüstungs- und Verteidigungsausgaben sowie eine einseitige graduelle Abrüstung gefordert wird. Diese Gruppen, die innerhalb des westdeutschen Katholizismus politische Minderheitspositionen vertreten, halten allerdings auf Distanz zu Organisationen, Aktionen und Demonstrationen der Friedensbewegung, an denen auch Kommunisten beteiligt sind.

Eine Sonderstellung nehmen innerhalb der Friedensbewegung die *GRÜNEN* ein, die sich zwar als integraler Bestandteil der neuen Friedensbewegung verstehen, gleichzeitig aber auch als politische Partei auftreten. Die GRÜNEN bieten für die Friedensbewegung die Chance einer Repräsentation von deren Zielen und Interessen auf der offiziellen politischen Bühne, was die bis jetzt herrschende „sicherheitskonservative" und bündnisloyale Allparteienkoalition verschärften Begründungs- und Rechtfertigungszwängen aussetzen dürfte.

Insgesamt verfügt die neue Friedensbewegung also über einen bunten Strauß von Organisationen, Verbänden und Initiativgruppen, die aber weder in einem Dachverband integriert sind, noch eine bestimmte Organisation aus ihrer Mitte gewissermaßen als Führungs- bzw. Kraftzentrum anerkennen.

b) Koordination auf Bundesebene

Streng genommen gibt es also eigentlich nicht *die* Friedensbewegung, sondern bislang nur eine heterogene und lockere Assoziation von mehr oder weniger autonomen Friedensinitiativen, die sich in einer Negativkoalition zusammenfinden zur Verhinderung des NATO-Mittelstreckenraketenpotentials in Westeuropa.

Roland Vogt, vormals im Bundesverstand der GRÜNEN, bedauert denn auch nicht nur das Fehlen eines Kraftzentrums in der gegenwärtigen Friedensbewegung, sondern stellt fest: „Erst recht gibt es keine Instanz, Organisation oder Personengruppe, die über genügend Autorität und organisatorische Kraft verfügen würde, einer von der Mehrheit der Bewegung als richtig anerkannten Strategie zum Durchbruch zu verhelfen und ihre Umsetzung anzuleiten" (1982: 181). Dies dürfte wohl gleichermaßen auf eine gewisse Rivalität der verschiedenen Gruppen und Organisationen innerhalb der neuen Friedensbewegung wie auf eine generelle antiautoritäre Tendenz zurückzuführen sein.

Doch die Organisationsfrage tangiert spätestens dann die Politik- und Aktionsfähigkeit einer Massenbewegung, wenn nicht ein Minimum an inhaltlicher und strategischer Vereinheitlichung gewährleistet ist. Um zumindest punktuell aktionsfähig zu sein und beispielsweise auf Großdemonstrationen mit *einer* Stimme zu sprechen, haben sich in der neuen Friedensbewegung informelle Koordinationsorgane und ein überregionales Kommunikationsnetz gebildet.

„Vom Evangelischen Kirchentag, an dessen Rand sich — ebenso naturwüchsig wie willkürlich — die Organisationsstruktur für den 10.10.1981 herausgebildet hat, über den 10.10.1981 selbst, die Aktionskonferenzen im Februar/März in Bonn und Osnabrück bis zur verglichen mit dem 10.10.1981 erheblich erweiterten Vorbereitungsrunde zum NATO-Gipel 10.6.1981 bildet sich ein Muster der Zusammenarbeit heraus, das Züge einer „ständigen Konferenz der Friedensbewegung" annimmt.
Was sich da jeweils zusammenfindet, um Demonstrationen zu planen, Aufrufe auf dem kleinsten gemeinsamen Nenner auszuhandeln und damit die „Aktionseinheit" zu retten, ist jedoch nicht „die" Friedensbewegung. Allenfalls könnte man, soweit es sich um einigermaßen repräsentative Delegiertenversammlungen unter Beteiligung von Vertretern der verfaßten Gruppen und Verbände der Friedensbewegung handelt, von Vorkonferenzen der angestrebten Bundesversammlung reden. Neben diesen 'Demonstrations-Koordinations-Treffs' gibt es jede Menge bundesweiter und regionaler Koordinationen, die sich um Aktionen und Projekte gruppieren." (Vogt 1982: 184)

c) *Integrations- und Symbolfiguren*

Eine Art vereinheitlichendes Bild von der Friedensbewegung wird — zumindest nach außen hin — durch ihre prominenten Sprecher und Symbolfiguren vermittelt. Persönlichkeiten wie Helmut Gollwitzer, Heinrich Albertz, Erhard Eppler u.a. haben sicher durch ihren persönlichen Einsatz einiges dazu beigetragen, die neue Friedensbewegung aus der anfänglichen Ignorierungs- und Verleumdungszone herauszuführen und sie politisch „gesellschaftsfähig" zu machen. Man kann sie aber kaum (intern) als „Führer" der neuen Bewegung bezeichnen, da dazu ihr Mandat nicht ausreicht und die Frage der politischen Führung in den neuen sozialen Bewegungen allgemein nicht über Personen, sondern allenfalls über Programme gestellt wird. Weit wichtiger dürfte ihre Funktion für die Arena der politischen und medialen Öffentlichkeit sein, die das ungewohnte Auftreten eines alternativen Politik-Typus gern auf vertraute Personen reduziert. Leute wie Erhard Eppler und Oskar Lafontaine fungieren zudem quasi als Drehpunktpersonen zwischen den politischen Antipoden SPD und Friedensbewegung, wobei freilich nicht ganz klar ist, wer wen letztlich funktionalisiert bzw. integriert. Allgemein gilt, daß solche Personen durch ihre Prominenz, ihre Integrität und politische Glaubwürdigkeit eine wichtige Integrationskraft nach innen und eine große Werbungskraft nach außen entfalten können, andererseits können sie als selbsternannte „Mandarine" der Bewegung sich auch leicht ihrer „Basis" entfremden.

d) Friedensforschung und „Gegenexperten"

Gerade für die *neue* Friedensbewegung spielt die exakte Information darüber, was auf dem Spiel steht und weshalb es auf dem Spiel steht, eine kaum zu unterschätzende Rolle. Hier hat die institutionalisierte Friedensforschung wesentliche Aufklärungsarbeit und wissenschaftliche Zubringerdienste für die Friedensbewegung geleistet. Sie selbst freilich steht — nicht zuletzt wegen ihrer prekären existentiellen Situation aufgrund politischer Verdächtigungen und Angriffe — als staatlich geförderte Institution außerhalb der Friedensbewegung. Das hindert natürlich nicht einzelne Friedensforscher an einem persönlichen Engagement in der Friedensbewegung. Die Rolle der „Gegenexperten", sei es als unabhängige Wissenschaftler, sei es als dissentierende hohe Militärs wie Bundeswehrgeneralmajor a.D. Gert Bastian, bestand in der Anfangsphase der neuen Friedensbewegung vor allem darin, das Definitions- und Informationsmonopol des militärtechnokratischen und sicherheitspolitischen Komplexes aufzubrechen und der breiten Bevölkerung den Ernst der Lage vor Augen zu führen. Indem ihre „Gegeninformationen" von einem wichtigen Teil der bundesdeutschen Publikationsorgane (z.B. Stern und Spiegel) bereitwillig übernommen und verarbeitet wurden, konnte die Friedensbewegung auf den NATO-Doppelbeschluß verhältnismäßig schnell nicht nur emotional reagieren, sondern auch rational argumentieren und überzeugen.

6.6 Friedensbewegung im gesellschaftlichen Umfeld

a) Parteien

Die bürgerlich-konservativen Parteien *CDU/CSU* sind traditionell für eine harte Linie gegenüber der Sowjetunion und stehen deshalb geschlossen hinter dem NATO-Doppelbeschluß, dessen Rüstungskomponente sie im Einklang mit den USA stark betonen.[46] Das Verhältnis zur neuen Friedensbewegung ist daher gespannt, aber relativ klar: Sie wird als eindeutiger Gegner wahrgenommen, den man auf zweifache Weise zu bekämpfen sucht: mit den üblichen Mitteln der politischen Diffamierung und dem Schüren von Bedrohungsängsten einerseits (Kohl spricht von „Volksfront", Strauß von der Bonner Friedensdemonstration am 10.10.81 als „umgedrehtem Reichsparteitag" etc.), mit dem Auseinanderdividieren in „Zweckpazifisten (= Kommunisten), „Angstpazifisten" (= Dumme) sowie in „Gesinnungspazifisten" (= honorige, aber staatspolitisch verantwortungslose Friedensapostel) andererseits.

Je machtvoller die Bewegung jedoch anschwoll, desto mehr gab es allerdings auch in den Reihen dieser Parteien vorsichtige Stimmen, die — abgehoben von der Problematik des konkreten NATO-Doppelbeschlusses — für eine langfristige Abkehr von der atomaren Abschreckungsstrategie zugunsten konventioneller Aufrüstung in Europa plädieren (z.B. K. Biedenkopf 1981) und allgemein für einen Dialog mit der Friedensbewegung eintreten.

Die *Freien Demokraten* waren bis zu ihrer „Wende" 1982 — ähnlich wie die Sozialdemokraten — in der Frage der „Nachrüstung" gespalten. Während der dominierende Genscher-Flügel ohne Vorbehalte die offizielle NATO-Position unterstützt, gab es offene „Dissidenten" wie das ehemalige Präsidiumsmitglied William Borm und das ehemalige Bundesvorstandsmitglied Christoph Strässer, die von Anfang an in der neuen Friedensbewegung mitgearbeitet haben. Seit der ersten Bonner Großdemonstration verhielt sich die Parteispitze in der Einschätzung der Friedensbewegung eher vorsichtig. Genscher sah damals in ihr sogar eine ungewollte, aber willkommene Unterstützung der (damaligen) Regierungsposition: „Man kann wohl von einem deutschen oder besser von einem europäischen Friedenspatriotismus sprechen, der auch mit manchen seiner konkreten Forderungen — keineswegs mit allen — durchaus hilfreich sein kann, etwa in der Vertretung der Position der Bundesregierung." (Spiegel 49/1981, S. 25) Heute, nachdem die F.D.P. um der Regierungsfähigkeit mit der CDU/CSU willen ihren sozialliberalen Flügel beinahe vollständig verloren hat, ist kaum zu erwarten, daß sie irgendeinen Integrationskurs gegenüber der Friedensbewegung vertreten könnte. (Die außenpolitischen Grundsatzentscheidungen dürften seitdem ohnehin woanders gefällt werden.)

Obgleich Helmut Schmidt als damaliger Bundeskanzler für den NATO-Doppelbeschluß maßgeblich verantwortlich war und ebenso wie Genscher seine politische Position damit verband, hat die *SPD* (abgesehen von den GRÜNEN) insgesamt doch noch die meisten Gemeinsamkeiten mit der Friedensbewegung unter den im Bundestag vertretenen Parteien. Denn sie tritt am stärksten für die Beibehaltung und den Ausbau eines verhandlungsgestützten Entspannungskurses gegenüber dem Osten ein und betont infolgedessen vor allem die Verhandlungskomponente des NATO-Doppelbeschlusses.

Von daher dürfte der Druck der Basis aus der außerparlamentarischen Abrüstungs- und Friedensbewegung für die SPD, bei aller offiziellen Distanzierung, eine Art heimlicher Bundesgenosse sein im
Kampf gegen eine reine „Nach"-Rüstungs- und Anti-Entspannungs-
politik der Unionsparteien und der amerikanischen Reagan-Administration.[47] Auf der anderen Seite hat die deutsche Sozialdemokratie traditionell ein gebrochenes und gespanntes Verhältnis zum Pazifismus (vgl. „Eine gewisse nationale Würdelosigkeit" in: Spiegel
23/1982, S. 72 ff.) und allgemeiner noch zu heterogenen und unkontrollierbaren Basisbewegungen, die jenseits der eingehegten Tram-
pelpfade der parlamentarisch-repräsentativen Demokratie gleichsam „am Staat vorbei" ihre Ziele zu verwirklichen suchen. Diese
gebrochene Beziehung zur Friedensbewegung spiegelt sich auch
im Binnenverhältnis zwischen den Flügeln der Partei. Da ist auf
der einen Seite die „neokonservative" Sozialdemokratie („Ka-
nalarbeiter" u.a.), die im Anschluß an die Thesen von Richard Lö-
wenthal die Identität der Partei an den Strukturen des status quo
der arbeitsteiligen Industriegesellschaft festzurren will und daher eine Ausgrenzungs- und Abschottungsstrategie gegenüber den
neuen sozialen Bewegungen verfolgt. Auf der anderen Seite gibt
es den Eppler/Lafontaine-Flügel, der mit Hilfe dieser Bewegungen,
insbesondere der Anti-Atomkraft- und der Friedensbewegungen, die
SPD quasi von außen auf ein anderes Gleis zu schubsen versucht,
auf dem sozialdemokratische Identität primär „wertkonservativ"
gegen den industriell-militärisch-technokratischen Komplex verteidigt werden soll. Etwa dazwischen stehen Leute wie Brandt,
Glotz, Vogel u.a., die, trotz Festhaltens am NATO-Doppelbeschluß,
einen Integrationskurs gegenüber der Friedens- und anderen Basis-
und Alternativbewegungen befürworten.

Es wurde bereits oben darauf hingewiesen, daß sich die *GRÜ-
NEN* als „Anti-Parteien-Partei" verstehen, die die bislang konsequent außerparlamentarische Ökologie- und Friedensbewegung
nun auch in die Parlamente tragen will, ohne ihren Charakter als
Fundamentalopposition zu verlieren. Ob sie diesem Anspruch gerecht werden kann, braucht hier nicht debattiert zu werden; fest
steht, daß die GRÜNEN momentan als einzige politische Gruppierung, wenn man die grün-bunten Koalitionen hinzunimmt, die
Chance haben, diesen Anspruch auf parlamentarischer Ebene ein-
zulösen. Es ist offensichtlich, daß die GRÜNEN ihren politisch-
programmatischen Schwerpunkt von der Ökologie- und Anti-Kern-
kraft-Thematik auf die Abrüstungs- und Friedensproblematik verschoben haben und von daher wohl bald in der Lage sein dürften,
evtl. zusammen mit einer vorsichtig vom NATO—Doppelbeschluß
abrückenden oppositionellen SPD, eine alternative Verteidigungs-

und Sicherheitspolitik parlamentarisch zu artikulieren und zu repräsentieren. Innerhalb der neuen Friedensbewegung wird freilich bislang den GRÜNEN keine Vorreiter- bzw. Führungsrolle zugebilligt, da dort zuweilen der Verdacht geäußert wird, daß sich die Partei aus politisch-taktischen Gründen an die Spitze der Friedensbewegung stellen will.

b) *Gewerkschaften*

Das Verhältnis der Gewerkschaften zur neuen Friedensbewegung ist ähnlich gebrochen und „durchwachsen" wie das der Sozialdemokratie. Einerseits gibt es Einzelgewerkschaften und Gewerkschaftsverbände, die offen mit der Friedensbewegung sympathisieren und klar Stellung gegen Auf- und „Nach"-Rüstungen aller Art beziehen (z.B. IG Metall, IG Druck und Papier, Gewerkschaft Handel, Banken und Versicherung, Gewerkschaftsjugendorganisationen, DGB-Frauen). Andererseits werden vom DGB, der IG Bergbau und Energie, der IG Chemie, der Gewerkschaft Nahrung, Gaststätten, Genuß, der Gewerkschaft Textil und Bekleidung sowie der Postgewerkschaft die Regierungsposition zur Verteidigungs- und Sicherheitspolitik unterstützt und die neue Friedensbewegung zuweilen offen bekämpft. Da der DGB als Dachorganisation zwischen diesen divergierenden Gewerkschaftspositionen eine vermittelnde Stellung beziehen muß, fallen dessen Aussagen auch relativ zurückhaltend und unverbindlich aus. Allerdings untersagte die DGB-Spitze die Teilnahme der DGB-Jugend an der Bonner Friedensdemonstration am 10.10.81 und startete gleichzeitig – gewissermaßen in Konkurrenz und Abgrenzung zum „Krefelder Appell" – einen eigenen „ausgewogenen" Friedensaufruf, den, nach anfänglichen Schwierigkeiten in den Betrieben selbst, binnen eines Jahres 1,5 Mill. Mitglieder unterschrieben haben. Trotz der oft ablehnenden bis reservierten Haltung vieler Gewerkschaftsführungen gegenüber der Friedensbewegung und ihren Anliegen wird doch die Zahl der Teilnehmer an den großen Friedensdemonstrationen aus dem Gewerkschaftsbereich auf ungefähr ein Drittel geschätzt (vgl. Steinweg 1982: 189) und es ist zu vermuten, daß bei weiterem Abbau der Sozialprogramme bei gleichzeitiger Aufrüstung der gewerkschaftliche Zulauf zur Friedensbewegung eher zunehmen wird. Unter diesen Umständen wird auch die organisierte Arbeitnehmerschaft in der Friedensbewegung selbst als möglicher Bündnispartner für eine politische *und* militärische Entspannungs- und Abrüstungspolitik an Bedeutung gewinnen. Angesichts zunehmender Arbeitslosigkeit in der Bundesrepublik könnte auch ein gemeinsamer Programmpunkt von Friedensbewegung und Gewerkschaften, nämlich die sog. Rüstungskonversion in zivile Produktion, eine engere Verbindung zwischen beiden gesellschaftlichen Kräften zur Folge haben. Der letzte Kongreß der DGB-Jugend, der im Frühjahr 1983 unter dem Motto „Abrüstung ist das Gebot der Stunde" in Köln stattfand, brachte zwar keine konkreten Beschlüsse. Aber allein die Tatsache, daß auch Vertreter der Friedensbewegung als Sprecher eingeladen waren, spricht für eine vorsichtige Öffnung des DGB gegenüber der Friedensbewegung. (Allerdings wurde dort auch mehrheitlich die Meinung geteilt, daß ein politischer Streik als Mittel zur Stationierungsverhinderung im Herbst „im Augenblick aufgrund der gesellschaftlichen Lage, des Bewußtseins- und Entwicklungsstandes der Gewerkschaftsbewegung ... als angemessenes Mittel nicht durchsetzbar sei." (nach TAZ vom 30.3.83)

c) Kirchen

Die Protestanten haben seit dem Zweiten Weltkrieg eine größere Affinität zum Pazifismus und zur alten wie zur neuen Friedensbewegung als die Katholiken. Dies hat weniger theologische, als historische, kirchenpolitische und soziologische Gründe, denen hier nicht nachgegangen werden kann. Dennoch gab und gibt es immer eine durchgehende Konfliktlinie zwischen engagierten Basisgemeinden, dissentierenden Theologen sowie kirchlichen Organisationen einerseits und der mehr „sicherheitskonservativ" eingestellten Amtskirche und ihren Gremien andererseits. Auf dem Evangelischen Kirchentag 1981 wurde diese Konfrontation in der Friedensfrage unübersehbar, doch gibt es inzwischen auch eine fruchtbare Wechselbeziehung zwischen der neuen Friedensbewegung, deren Erfolge auch gerade in bürgerlichen Schichten durch das Engagement vieler (evangelischer) Christen ermöglicht wurden, und der Kirche, die wesentliche Anstöße für ihre Friedensdiskussion aus der Friedensbewegung erhielt. So wurde z.B. nach einer langen Phase des kirchlichen Tolerierens atomarer Abschreckungsphilosophie und der Schaukelformel vom „Friedensdienst mit und ohne Waffen", (die selbst noch in der neuen EKD-Denkschrift von 1981 „Frieden wahren, fördern und erneuern" bestätigt worden war) erstmals in einem von den evangelischen Kirchen der DDR und der Bundesrepublik gemeinsam erarbeiteten Arbeitsbericht die ethische Legitimation der derzeitigen Militärstrategien in Ost und West mit ihrer Sein- oder Nichtsein-Alternative grundsätzlich bestritten und eine alternative Sicherheits- und Friedenspolitik gefordert.

Die westdeutsche katholische Amtskirche (wie auch das Zentralkomitee der Deutschen Katholiken (ZdK) nimmt in der Friedensfrage traditionell eine besonders „staatsfromme" und „sicherheitskonservative" Haltung ein und steht der neuen Friedensbewegung entsprechend kühl bis ablehnend gegenüber. Je mehr sich jedoch die Amtskirche ängstlich gegenüber der neuen Bewegung abkapselt – dies geschieht innerkirchlich z.T. recht repressiv durch schlichten Entzug von Finanzmitteln für „aufmüpfige" Organisationen – umso mehr vergrößert sich offensichtlich die Anzahl von katholischen Christen, die sich zur Friedensbewegung bekennen. Repräsentativer Ausdruck dafür sind 47 Gruppen und Organisationen, unter ihnen der „Bensberger Kreis", das „Komitee Christenrechte in der Kirche" und viele Basisgemeinden, die sich inzwischen zur „Initiative Kirche von unten" (IKvu) zusammengeschlossen und z.B. parallel zum offiziellen Katholikentag 1982 in Düsseldorf einen „Katholikentag von unten" veranstaltet haben. Im Gegensatz zu den USA, wo selbst Bischöfe der amerikanischen katholischen Kirche eine wesentliche Rolle in der Friedensbewegung spielen, ist eine Annäherung der deutschen Amtskirche an die Friedensbewegung kaum zu erwarten. (Vgl. hierzu das Spiegel-Gespräch mit dem katholischen Theologen Norbert Greinacher; Spiegel 35/1982, S. 83 ff.) Wahrscheinlicher ist das Auseinanderdriften eines rüstungskonformen und antikommunistisch eingeschworenen (klerikalen) Katholizismus und der größer und vitaler werdenden „Alternativkirche", die sich entweder in der Friedensbewegung aktiv engagiert oder dieser zumindest aufgeschlossen gegenübersteht.

Da atomare Abschreckung und Aufrüstung nicht nur empirisch, sondern vor allem auch theologisch-ethisch unter zunehmenden Legitimationsdruck geraten und sich das typisch konservative katholische Milieu sozialstrukturell auflockert, wird der deutsche Katholizismus so oder so, mit der Amtskirche oder an ihr vorbei, von der Friedensbewegung „heimgesucht" werden.

d) *Medien*

In den rechten bzw. konservativen Publikationsorganen wurde in alter Tradition die neue Friedensbewegung primär unter dem Gesichtspunkt der angeblichen kommunistischen Unterwanderung sowie ihres vermeintlichen Anti-Amerikanismus thematisiert. (Das Spektrum reichte von der Darstellung der Bonner Friedensdemonstration am 10.10.81 als Marionettentheater Breschnews über die persönliche Diffamierung des Generals a.D. Gert Bastian als „Wasserträger Moskaus" in der FAZ bis zum obszönen Stürmer-Stil eines Kommentators im Bayerischen Rundfunk, der nicht nur die picklige Physis vieler Friedensdemonstranten bemerkenswert fand, sondern auch noch deren „kleine rachitische Seele" zu diagnostizieren vermochte.)

Das bundesdeutsche Fernsehen hielt sich angesichts des „heißen Eisens" Friedensbewegung zunächst „vornehm" zurück (es berichtete z.B. nicht live über die Bonner Friedensdemonstration vom 10.10.81), um dann in der üblichen „Ausgewogenheit" ein paar kritische wie auch sympathisierende Sendungen über die Friedensbewegung auszustrahlen.

Die liberale Presse, deren wichtigste Organe wie Spiegel, Stern, Frankfurter Rundschau und Die Zeit schon seit geraumer Zeit mit kritischer Sympathie über die neuen sozialen Bewegungen allgemein berichten, hat u.E. wesentlichen Anteil an der Entstehung und Verbreitung der kritischen Diskussion des NATO-Doppelbeschlusses und der Atomkriegsgefahr und damit an der Aufklärung einer breiten Öffentlichkeit über die eigentlichen Antriebe und Anliegen der neuen Friedensbewegung. Auch etliche Verlage stiegen mit informativen Taschenbuchreihen in das Thema ein und boten damit (aus welchen Motiven auch immer) der Friedensbewegung wie der Friedensforschung ein wichtiges Forum. Schließlich darf man die zunehmende Bedeutung einer autonomen alternativen Presse hierzulande nicht unterschlagen, die zumindest in der „Szene" selbst für adäquate Selbstdarstellungsmöglichkeiten der neuen Friedensbewegung gesorgt hat.

e) Internationales Umfeld

Die westdeutsche Friedensbewegung, die ja inzwischen nur eine unter den zahlreichen Massenbewegungen für den Frieden auch in anderen Ländern ist, nimmt im internationalen Rahmen dennoch eine gewisse Sonderstellung ein. Das liegt einmal an der besonderen militärischen und politischen Bedeutung der Bundesrepublik für das westliche Bündnis und zum anderen an ihrer prekären staatlichen Existenz als geteilte Nation. So kommt es, daß im östlichen wie im westlichen Ausland jede politische Regung mit höchster Aufmerksamkeit registriert wird, die an dieser Situation direkt oder indirekt etwas verändern könnte. Die Fundamentalopposition gegen die militärstrategische Risikoverschiebung innerhalb des westlichen Bündnissystems zu Lasten Mitteleuropas führt konsequenterweise zu einem Nachdenken über Alternativen zur jetzigen Bündnisstruktur und damit letztlich auch zur ungelösten deutschen Frage (vgl. dazu Diner 1982 und Bahro 1982: 68 ff.). Damit stellt die neue Friedensbewegung erstmalig seit der alten Friedensbewegung in den 50er Jahren die politische Prämissen der uneingeschränkten Westintegration erneut zur Debatte und rüttelt relativ selbstbewußt an den Tabus der nationalen Frage. Obgleich dies in der Friedensbewegung selbst noch alles offen und unausgegoren scheint und allenfalls einzelne „Vordenker" und Gruppierungen innerhalb der Friedensbewegung konkretere Vorstellungen in dieser Richtung entwickelt haben[48], wurden solche Neu-Thematisierungen, z.T. aus einem historisch verständlichen Mißtrauen gegenüber populistischen „Bewegungen" von unten in Deutschland, vom westlichen Ausland beunruhigt wahrgenommen und wohl auch absichtlich hochgespielt. Dies geschah vornehmlich unter den verzerrten Etikettierungen der neuen deutschen Friedensbewegung als „Anti-Amerikanismus" und „neuer Nationalismus".

In der Tat gibt es in der Friedensbewegung — wie Genscher es genannt hat — einen deutschen bzw. „europäischen Friedenspatriotismus", der die Ursache des unheilvollen Wettrüstens und der brisanten atomaren Schlachtordnung in Mitteleuropa nicht in den unterschiedlichen Interessen beider deutschen Teilstaaten, sondern vielmehr in deren Verhaftetsein in starren antagonistischen Bündnissystemen angelegt sieht. Er sucht deshalb den Ausstieg aus dieser zunehmend unhaltbar werdenden Situation gleichzeitig im (einseitigen) militärischen Disengagement *und* größerer politischer Autonomie. Da das eine ohne das andere kaum zu haben sein dürfte, kann dies wohl nicht als Ausdruck eines neu erstarkten kulturellen oder politischen Nationalismus interpretiert werden, der ja traditionell in Deutschland immer ein Großmachtstreben implizierte, sondern ist vielmehr eine pragmatische und legitime Selbstschutzbewegung und Überlebensstrategie im Zeitalter des atomaren „Exterminismus" (Thompson).[49]

Mit ihrem Grundanliegen steht die westdeutsche Friedensbewegung, die stark beeinflußt wurde durch die etwas „ältere" holländische Friedensbewegung, längst nicht mehr allein. Auch in der DDR und in vielen westeuropäischen Ländern sind überraschend schnell Basisbewegungen entstanden, die sich ebenfalls nicht nur gegen ein spezifisches neues Raketensystem, sondern z.B. für atomwaffenfreie Zonen einsetzen. Obwohl die politischen und gesellschaftlichen Bedingungen der jeweiligen Friedensbewegungen in Italien, Großbritannien, Holland usw., vor allem aber in der DDR, sich z.T. erheblich von denen in der Bundesrepublik unterscheiden (vgl. Kap. „Internationaler Kontext" in: Steinweg 1982), gibt es dennoch einen breiten Grundkonsens des Atompazifismus und für einseitige Abrüstungsmaßnahmen. Politisch am bedeutsamsten war aber die Entstehung einer mächtigen amerikanischen Friedensbewegung, die das Einfrieren aller Atomwaffen auf den jetzigen Stand fordert, da dieser Vorschlag innenpolitisch eine breite Welle der Unterstützung bis ins politische Establishment hinein auslöste, die letztlich den Aufrüstungs- und Konfrontationskurs der Regierung Reagan arg in Bedrängnis bringen könnte. Für die hiesigen Friedensbewegungen hat sie u.a. aber auch die nicht zu unterschätzende politisch-taktische Bedeutung, das Pauschalverdikt des „Anti-Amerikanismus" glaubhaft zurückweisen zu können.

Inzwischen reichen die Querverbindungen zwischen den einzelnen nationalen Friedensbewegungen von punktuellen gemeinsamen Einzelaktionen bis zu organisatorischer und programmatischer Zusammenarbeit einzelner Friedensgruppen.

Damit existiert zum ersten Male seit den Studentenunruhen von 1968, die (mit Ausnahme Frankreichs) weitgehend auf das universitäre Milieu beschränkt blieben, eine internationale Massenbewegung von unten, die einen scharfen Oppositionskurs zur offiziellen Sicherheits- und Abschreckungsideologie im Westen *und* im Osten verfolgt und das internationale Zusammenspiel von kalten Kriegern und Technokraten sowie die stillschweigende Hinnahme von Rüstungskosten und Kriegsrisiko durch die Öffentlichkeit nachhaltig in Frage stellt. Doch nicht allein die Internationalität und die Größenordnung dieser Massenbewegungen für den Frieden, sondern auch ihr weitgehend (basis)demokratisch-populistischer Charakter sind schon für sich eine neue historische Qualität, unabhängig davon, wieweit sie ihre Nah- und Fernziele zu realisieren vermögen. Da es in der Friedensbewegung langfristig jedoch nicht nur um ein „bißchen Frieden", sondern um eine generelle Umorientierung des Sicherheitsdenkens der Supermächte geht, wollen wir im letzten Abschnitt die Frage nach möglichen Erfolgen und Perspektiven der Friedensbewegung stellen.

6.7 Perspektiven der Friedensbewegung

Die politische Gesamtsituation ist nicht zuletzt dank der neuen sozialen Bewegungen offener denn je. Die Zukunft der westdeutschen Friedensbewegung hängt in hohem Maße von den Reaktionen und Entwicklungen des nationalen wie internationalen politischen Kraftfeldes ab. Innerhalb dieser Konstellation hat sie freilich ein großes Eigengewicht, obwohl sie in Praxis wie Programmatik noch kaum mehr ist als eine „Super-Bürgerinitiative" mit konkretem Verhinderungsziel und einem allgemeinen Menschheitsanliegen. Ihre Durchschlagskraft und Dynamik verdankt sie allein der Dramatik der atomaren Grenzsituation, die anläßlich des NATO-Doppelbeschlusses und der jüngsten amerikanischen Konfrontationspolitik jedermann plausibel gemacht werden kann. Da sich an dieser Pulverfaß-Situation in Mitteleuropa, die jederzeit durch politische Pyromanie wie durch technischen „Selbstlauf" in die totale Katastrophe umkippen kann, so schnell nichts ändern wird, wird auch die Friedensbewegung keine Eintagsfliege sein. Das gilt auch, wenn es in Verhandlungen oder sonstwie gelingen sollte, die NATO-Nachrüstung zu modifizieren, zu verschieben oder gar zu verhindern. Denn die Bewußtseinslawine, die durch die Friedensbewegung ausgelöst wurde, aber sich längst nicht mehr auf diese allein beschränkt, verfügt wahrscheinlich über genügend Eigendynamik, um nicht nur *ein* bestimmtes (westliches) Waffensystem als überaus friedensgefährdend zu begreifen, sondern mit der Logik des Abschreckungssystems insgesamt und seiner Sisyphusarbeit am Mythos des „Gleichgewichts" radikal zu brechen.

Ein Indiz dafür ist die höchst skeptische und zumeist ablehnende Haltung der Friedensbewegung gegenüber den Genfer Mittelstreckenraketen-Verhandlungen (INF), die zwar ohne die Existenz der Friedensbewegungen wahrscheinlich nicht zustande gekommen wären, die aber in der deutschen Friedensbewegung kaum eine Rolle spielen, da man sich hier bereits auf umfassende alternative Sicherheitskonzepte konzentriert. Diese Konzepte sind noch recht umstritten und konkretisierungsbedürftig. Wenn es einen „Minimalkonsens" gibt, dann den der Beseitigung der 5-7.000 taktischen Atomwaffen von dem Terrain der Bundesrepublik als auch den der Umrüstung der konventionellen Streitkräfte in eine Kraft mit rein defensiven Funktionen. Diese Forderungen sind, zusammen mit der Forderung nach Abschaffung der atomaren Ersteinsatz-Doktrin der NATO, nicht nur innerhalb der Friedensbewegung konsensfähig, sondern haben Chancen, auch in weiten gesellschaftlichen Kreisen bis in die Bundeswehr hinein positive Resonanz zu finden. Außerdem sind sie vereinbar mit weitergehenden Ansätzen in der Friedensbewegung, wie etwa dem Konzept der sozialen Verteidigung oder der Forderung nach Blockfreiheit bzw. Neutralismus.

Demgegenüber könnte u.E. das perspektivlose Starren auf die Raketenfrage und deren Verhinderung (mit oder ohne Gewaltfreiheit) die Friedensbewegung so oder so lähmen und isolieren. Wenn sich im Stationierungsfalle alles auf die „Machtfrage" vor Ort zuspitzt, kann man sich ausrechnen, wer letztlich „Sieger" bleiben wird; bürgerkriegsähnliche Zustände würden aber in besonderem Maße eine Friedensbewegung diskreditieren. Rein gewaltfreie Aktionen können mitunter zwar große moralische und symbolische Wirkungen erzielen, aber derzeit wohl kaum die tatsächliche Stationierung verhindern, was letztlich entmutigend wirken und in der Öffentlichkeit als Schwächebeweis ausgelegt würde. Ebenso könnte jedoch ein Überraschungserfolg hinsichtlich der „Minimalposition" auf die Friedensbewegung demobilisierend wirken, nämlich dann, wenn keine weiteren allgemein akzeptierten und konkretisierten Perspektiven zuhanden sind, die der Friedensbewegung eine konsequente und nahtlose Weiterentwicklung ermöglichen. Die Zukunft einer *autonomen* Friedensbewegung als außerparlamentarische Fundamentalopposition wird entscheidend davon abhängen, ob sie sich weitreichende und konsensfähige Ziele und Alternativen erarbeitet. (Falls die SPD ihre Zustimmung zur NATO-Nachrüstung doch noch verweigern sollte, bedürfte es ja gemäß der „minimalistischen" Position keiner eigenständigen Friedensbewegung mehr bzw. die SPD wäre dann tatsächlich „die" Friedensbewegung, für die sie sich heute schon hält.)

Soziale Bewegungen leben geradezu von ihrem programmatischen Überschuß. Nur staatstragende „Volksparteien" können sich ihre eigentümliche Mischung von perspektivlosem Pragmatismus und normativen Allerweltsfloskeln (zumindest eine Zeit lang) leisten. Die Friedensbewegung braucht jedoch nicht nur militärische Alternativkonzepte zur NATO-Strategie der atomaren „Vernichtungsverteidigung" (deren spiegelbildliche Reproduktion im Warschauer Pakt zu besichtigen ist), sondern vor allem *politische* Alternativen für einen möglichst glimpflichen Ausstieg aus dem Ost-West Konflikt (der ja gleichzeitig auch den Nord-Süd Konflikt anheizt). Angesichts der Tatsache, daß beide Bündnissysteme – zumindest politisch – kriseln und deshalb jede der beiden Hegemonialmächte derzeit auf ihre Weise versucht, mit höchst fraglichen Mitteln die alte Schlachtordnung wieder neu zu formieren (Polen ist da für das Verhalten beider Supermächte ein sehr lehrreiches Beispiel), dürfte es in Mitteleuropa langfristig nur die Alternative geben: entweder gilt im jeweiligen Bündnissystem (im Ernstfall) die Logik des mitgefangen-mitgehangen oder es wird eine blocküberwindende Politik des Neutralismus in Westeuropa, insbesondere der BRD eingeschlagen, die durch einseitiges (militärisches) Disengagement auf der hiesigen Seite gleichzeitig der Sowjetunion jegliche Plausibilität und Legitimation für ihre massive Präsenz in Osteuropa entzieht und damit eine wirkliche Entspannungspolitik in Mitteleuropa ermöglicht. Ein wesentlicher Schnittpunkt innerhalb der Friedensbewegung wie auch eine programmatische Abgrenzungslinie gegenüber der SPD (wie auch der DKP) wird also die Frage sein, ob man innerhalb oder jenseits der Blocklogik nach Wegen aus der Gefahr sucht.

Nachdem die neue Friedensbewegung mit Erfolg die prekäre Sicherheitslage in Mitteleuropa auf militärtechnischem und -strategischem Gebiet aufgearbeitet und in die Öffentlichkeit katapultiert hat, gilt es u.E. jetzt, das *politische* Defizit der Friedensbewegung abzubauen und die Ebene der reinen Raketenzählerei – so wichtig sie im einzelnen sein mag – zu verlassen, um nicht nur einzelne Vor- und Nachrüstungen zu bekämpfen, sondern alternative

politische, aus diesen Teufelskreisen herausführende Gesamtstrate-
gien vorzuschlagen, die machbar und konsensfähig sind. Sonst gibt
es zwar weiterhin viele Wellen, aber wenig Bewegung.

Kapitel 4
Bilanz und Perspektiven der neuen sozialen Bewegungen

In der ersten Hälfte der 70er Jahre hatte kaum jemand die spätere Bedeutung der neuen sozialen Bewegungen vorhergesehen. Der Zerfall der Studentenbewegung und die anfängliche Reformeuphorie der sozialliberalen Koalition hatten große Teile der oppositionellen Kräfte ins politische System, in inner-institutionelle Auseinandersetzungen eingebunden. Für andere Teile begann der Rückzug nach „Innen", in die spirituelle oder in die Psycho-Szene. Diverse Parteigründungen der Neuen Linken verkamen zur Bedeutungslosigkeit politischer Sekten; die breite aber zersplitterte Palette von Einzelprojekten und Protestaktionen, die sich in der Tradition der antiautoritären Bewegung, der Verbindung von politischer und gegenkultureller Veränderung verstanden, blieben mit Ausnahme der Kampagne gegen den § 218, der Rote-Punkt-Aktionen und der Hausbesetzungen in Frankfurt im Schatten der öffentlichen Aufmerksamkeit. Fernab von allem revolutionären und gegenkulturellen Pathos formierten sich daneben, nicht weniger vereinzelt, neue, überwiegend bürgerliche Protestpotentiale, die durch den Überhang enttäuschter Reformerwartungen stimuliert wurden und in der rasch in den Vordergrund tretenden Problematik der ökologischen und sozialen Wachstumsgrenzen einen thematischen Kristallisationspunkt fanden.

Erst ab Mitte der 70er Jahre gewann diese parzellierte Protestszene schärfere Konturen. Die Bauplatzbesetzung im badischen Wyhl war der Auftakt für die Eskalation der Kontroverse um die zivile Nutzung der Atomtechnologie. Dieser Streit erreichte etwa 1977, ungeachtet der nachfolgenden Demonstrationen noch größeren Maßstabs, seinen Höhepunkt. Bereits 1978 machte das Schlagwort von der „Zweiten Kultur" die Runde. Damit wurde angezeigt, daß Teilszenen der Protestbewegung im Begriff waren, einen eigenen sozio-kulturellen Zusammenhang in Abgrenzung zur dominanten Mehrheitskultur auszuformen. Heute, 1983, hat sich das Spektrum der Protestbewegungen in einem solchen Ausmaß erweitert und verdichtet, daß es möglich ist, eine zusammenfassende Zwischenbilanz zu ziehen. Vor dem Hintergrund des über die Einzelbewegungen (über ihre konkreten Entstehungsbedingungen, ihre Ziele, ihre soziale Basis, ihre organisatorische Form und ihren Entwicklungsverlauf) ausgebreiteten Materials versuchen wir dabei zunächst, das Spezifische dieser Protestbewegungen insgesamt festzuhalten (1). In einem zweiten Schritt wollen wir die Umrisse des „neuen" Vergesellschaftungsmodells skizzieren, das sich aus den Zielentwürfen der neuen sozialen Bewegungen sowie aus den praktischen Ansätzen gegenkulturellen Lebens und neuer politischer Organisationsformen als normativer Bezugspunkt und zugleich als Maßstab des „Neuen" ergibt (2). Bezogen auf diesen Maßstab fragen wir anschließend nach der Einlösung erklärter Zielsetzungen und nach den damit verbundenen Veränderungen der gesamtpolitischen Kräftekonstellation (3). Abschließend diskutieren wir – notgedrungen etwas spekulativ – die möglichen und die wahrscheinlichen Perspektiven der neuen sozialen Bewegungen (4).

1. Was ist das Spezifische an den neuen sozialen Bewegungen?[50]

Wir haben einleitend die Herausbildung neuer sozialer Bewegungen ganz generell auf eine „Krise der Modernität", auf die spezifischen Problemlagen und Widersprüche zurückgeführt, die durch den forcierten Industrialisierungs- und Bürokratisierungsprozeß der Nachkriegsjahrzehnte hervorgerufen wurden. Führte dies bereits in den 60er Jahren in fast allen westlichen Industriegesellschaften zur reaktiven Ausbildung gegenkultureller Strömungen, zu antiautoritären Jugend- und Studentenprotesten, so verdichten sich diese Problemlagen in den 70er Jahren zu einer allgemeinen Krisenerfahrung, die sich nunmehr auf die Form des industriellen Wachstums, auf das industrielle Fortschrittsmodell schlechthin erstreckt. In diesem historischen Kontext erhalten die heterogenen Protestmotive der von großtechnischen Industrialisierungsprozessen negativ betroffenen oder für deren Risiken und Folgelasten besonders sensiblen Bevölkerungsgruppen eine enorme Schubkraft, die zur Formierung neuer sozialer Bewegungen führt.

Weisen diese Protestbewegungen nun spezifische Merkmale auf, die es rechtfertigen, über das Moment des Aktuellen hinaus, von einem historisch „neuen" Typus sozialer Bewegungen zu sprechen? Wir glauben, aufgrund einer allein auf die Bundesrepublik begrenzten Darstellung – ohne einen systematisch angelegten historischen und internationalen Vergleich – noch keine schlüssige Antwort auf diese Frage geben zu können. Die hier diskutierten Einzelbewegungen zeigen jedoch eine Reihe von Eigentümlichkeiten, die es zumindest nahelegen, dieser Vermutung zu folgen.

a) Konstitutiv für die neuen sozialen Bewegungen ist ihre *antimodernistische Stoßrichtung.* Das gilt in eindeutiger Weise für die Ökologie-, für die Alternativ- und die Frauenbewegung, deren Kritik auf jeweils unterschiedliche Dimensionen des modernistischen Entwicklungsmodells zielt. Die *Ökologiebewegung* stellt zentral die technisch-produktivistische Form des Naturbezugs, die in der Großtechnik und im Parameter des wirtschaftlichen Wachstums geronnene Gleichgültigkeit gegenüber den natürlichen Voraussetzungen des gesellschaftlichen Lebens, gegenüber ökologischen Kreislauf- und ganzheitlichen Lebenszusammenhängen, in Frage. Die *Alternativbewegung* zielt primär gegen die konsumeristische Definition sozialer Bedürfnisse, gegen die industrielle Fragmentierung sozialer Lebenszusammenhänge (Arbeit, Freizeit, Familie), gegen kapitalistische Konkurrenz und Hierarchie, gegen die Eindimensionalität der instrumentellen Vernunft, kurz, gegen die vielfältigen Entfremdungs- und Herrschaftsphänomene moderner Industriegesellschaften, die in der zunehmenden „Maschinisierung" gesellschaftlicher Verhältnisse ihren treffendsten Ausdruck finden. Die *Frauenbewegung* rückt einen zentralen Aspekt der soziokulturellen und psychosozialen Dimension in den Mittelpunkt der Kritik: die in den geschlechtsspezifischen Wert-, Sozialisations- und Verhaltensmustern enthaltenen Herrschaftsmomente, die gesellschaftliche Dominanz männlicher, zweckrationaler, formaler Werte und Tugenden.

Nicht ganz so eindeutig ist die antimodernistische Stoßrichtung in der *Friedensbewegung,* geht es hier doch zunächst um atomare Abrüstung, um die Verhinderung des kollektiven Selbstmords, nicht um eine bestimmte Qualität des Lebens. Entsprechend breit sind auch die politischen Bündnismöglichkeiten. Die neue Friedensbewegung rekrutiert sich jedoch zu einem großen Teil aus den vorhin genannten Bewegungen, speist sich somit auch aus wachstums-, technik- und herrschaftskritischen Motiven. Die Rüstungsspirale erscheint aus dieser Perspektive nicht nur als (besonders bedrohliche) Sonderform des industriellen Wachstums, als Motor und als spezifischer Ausdruck des technisch-industriellen „Fortschritts", die Einbindung in die antagonistischen Rüstungsblöcke erweist sich auch als äußerer Garant des modernistischen Entwicklungsmodells oder umgekehrt, als die entscheidende machtpolitische Blockierung jeder grundlegenden Veränderung seiner zentralen Parameter.

Neu an diesen Protestbewegungen ist somit nicht die inhaltliche Stoßrichtung der Kritik. Aufgrund des umfassenden und tiefgreifenden Industrialisierungsprozesses der Nachkriegsjahrzehnte erlangen jedoch die Folgeprobleme der industriellen Zivilisation eine Universalität, die sie früher nicht besaßen. Der antimodernistische Protest gewinnt dadurch an gesellschaftlicher Plausibilität und Zentralität. Klassen- und schichtspezifische Probleme treten demgegenüber nicht in den Hintergrund; sie verlieren im Zuge der allgemeinen Wohlstandssteigerung aber an Brisanz und kommen aufgrund der Auflösung homogener Klassenmilieus, der Heterogenisierung sozialer Erfahrungs- und Konfliktlagen nur noch sehr gebrochen zum Ausdruck.

b) Konstitutiv für die neuen sozialen Bewegungen scheint weiterhin ihre *heterogene soziale Rekrutierung.* Das ist m.E. nicht, wie M. Vester (1981; 1982) in Analogie zur historischen Konstitution der Arbeiterbewegung vermutet, der Entstehungsphase der neuen sozialen Bewegungen zuzuschreiben, für die die bestehende Vielfalt einzelner Bewegungen und Rekrutierungsmilieus nur die Vorläufer darstellen. Dagegen spricht, daß sich kein privilegierter sozialer Ort, keine bestimmte soziale Klasse oder Kategorie mehr ausmachen läßt, die von den Folgeproblemen des industriellen Modernisierungsprozesses mit entsprechender Exklusivität betroffen wäre. Bei einer grundsätzlichen Betroffenheit der gesamten Bevölkerung sind es wechselnde soziale Gruppierungen und Regionen, die in besonderem Maße Belastungen ausgesetzt sind. Allerdings führt diese objektive Betroffenheit nur unter spezifischen Bedingungen zur Bereitschaft, sich in den neuen Protestbewegungen zu engagieren oder mit ihren Zielen zu sympathisieren. Generell ist die Protestbereitschaft um so höher, je konsistenter Betroffenheit, Interessenlage und subjektive Sensibilität zur Deckung kommen oder umgekehrt, je weniger die objektive Betroffenheit durch „cross-pressures", z.B. durch dominante materielle Interessenlagen, durch kurzfristige Interessen an der Erhaltung von Arbeitsplätzen oder auch durch sozio-kulturelle Traditionen (wie der traditionellen gewerkschaftlichen Hochschätzung des technischen Fortschritts) überlagert wird. Die höchste Konsistenz weisen in dieser Hinsicht sicher die in der Nachkriegszeit geborenen Gruppen der in Ausbildung befindlichen und der hochqualifizierten, im sozialen Dienstleistungsbereich beschäftigten *neuen Mittelschichten* auf. Durch hohe materielle Absicherung, mittelschichtspezifische Sozialisationsmuster, durch weiterführenden Schulbesuch und eine nicht an Sachen, sondern an Bedürfnissen orientierte Berufstätigkeit wird die Ausbildung „postmaterialistischer" Wert- und Orientierungsmuster gefördert, die mit einer hohen Sensibilität für die dehumanisierenden Folgen des industriellen Modernisierungsprozesses einhergeht. Anknüpfungsmöglichkeiten an die Thematik des antimodernistischen Protests bestehen aber auch für traditionalistisch orientierte Gruppen des *alten Mittelstands,* insbesondere für kleinbäuerlich-handwerkliche Kreise ländlicher Regionen. Die Entwicklung einer entsprechenden Protestbereitschaft erweist sich aber auch als eine Frage der Plausibilität alternativer Lösungsmodelle für „alte" wie „neue" Probleme, darüberhinaus als Frage gesellschaftlicher Lernprozesse, der Öffnung der Gewerkschaften etwa für Fragen der sinnvollen Arbeit, der ökologisch verträglichen Techniken oder der solidarischen Selbsthilfe in kleinen sozialen Netzen.

Da sich der Protest der neuen sozialen Bewegungen im weitesten Sinn gegen industriell-bürokratische „Enteignungs"- oder „Kolonialisierungsprozesse" lebensweltlicher Räume, gegen den Entzug selbstbestimmter oder nur traditionell verwurzelter Lebensformen und Lebensmöglichkeiten richtet, ist der Protest, auch wenn er sich zur nationalen Bewegung weitet, an konkrete Milieus, an örtliche Betroffenheiten, an gruppenspezifische Erfahrungslagen gebunden. Die Heterogenität der neuen Protestbewegungen, die Dezentralität des Widerstands, die Vielfalt seiner kulturellen Ausdrucksformen werden wesentliches Merkmal der neuen Konfliktformation bleiben.

c) Aus den unterschiedlichen sozialen und kulturellen Milieus der Trägergruppen der neuen sozialen Bewegungen erwachsen *unterschiedliche Deutungsmuster der Konfliktsituationen, unterschiedliche Zielentwürfe und Handlungsstrategien.* Wir haben, im Anschluß an Rucht (1981), in der Bürgerinitiativ- und Ökologiebewegung „konservative" bzw. „naturromantische", „ökologistische", „reformistische", „demokratisch"- oder „ökosozialistische", „antikapitalistisch-spontaneistische" und „orthodox-kommunistische" Strömungen unterschieden. Diese Unterscheidung gilt im großen und ganzen für alle neuen sozialen Bewegungen, auch wenn sich nicht alle Strömungen in der gleichen Gewichtigkeit in allen Teilbewegungen wiederfinden. Ideologische Konflikte und Polarisierungen eregeben sich aus dieser Konstellation in mehrfacher Hinsicht: zwischen spontaneistischen (autonomistischen) und institutionsbezogenen, reformistischen Veränderungsstrategien; zwischen gewaltfreien Positionen auf der einen, militant-„autonomen" Positionen auf der anderen Seite; zwischen konservativen, sei es naturromantischen oder traditionalistischen und linken, sei es radikaldemokratischen oder antikapitalistischen Richtungen. Gegenkulturelle und politische Veränderungsstrategien grenzen sich voneinander ab; romantisierende Konzeptionen vorindustriellen Lebens, archaische Mythen, genossenschaftliche Modelle und postindustrielle Zukunftsentwürfe stehen z.T. unvermittelt nebeneinander. Die starke Dominanz „postmaterialistisch" orientierter Trägergruppen und die damit verbundene Verankerung der Ziele und Wertmuster der neuen sozialen Bewegungen in breiten Kreisen der neuen Mittelschichten scheinen jedoch, trotz aller ideologischen Differenzen, eine gewisse Gewähr dafür zu bieten, daß sich universelle (und nicht sektenhafte), auf industriegesellschaftliche Problemlagen bezogene (und nicht aus romantischer Idealisierung der Vergangenheit gespeiste) Deutungsmuster und Zielentwürfe durchsetzen können. Die Schritt für Schritt erfolgende Konkretisierung der Utopien der „sanften" Gesellschaft in den Konzepten einer alternativen Sicherheits-, Energie- und Verkehrspolitik, ansatzweise auch in der Landwirtschaft, im Gesundheitswesen, in der Bekämpfung der Arbeitslosigkeit etc. und die dabei ins Blickfeld tretenden strukturellen Hindernisse und gegensätzlichen Interessenlagen weisen u.E. in diese Richtung.

d) Die charakteristischen Merkmale der neuen Protestbewegungen zeigen sich — neben ihren thematischen Bezugspunkten — insbesondere an den *Prinzipien ihrer internen Organisation.*

Im Gegensatz zu früheren populistischen und antimodernistischen Bewegungen, der Lebensreform und Jugendbewegung etwa, im Gegensatz auch zu den genossenschaftlichen Modellen und Kommunegründungen der utopischen Sozialisten, spielt der charismatische Führer in den neuen sozialen Bewegungen keine oder doch nur eine marginale Rolle. Mit Ausnahme der psycho-religiösen Szene an den Rändern der Alternativbewegung, in denen Gurus eine starke identifikatorische Bedeutung besitzen, sind die politischen Initiativen und Aktionsgruppen, die gegenkulturellen Projekte und Milieus explizit *anti-hierarchisch* strukturiert. Das schließt natürlich nicht die informelle Dominanz einzelner Gruppenmitglieder aus, die über mehr Energie, über mehr Durchsetzungsvermögen, über mehr rhetorische Kompetenz, vor allem auch über mehr Zeit verfügen. Dem wird gewöhnlich aber mit viel Sensibilität für gruppendynamische Prozesse entgegengesteuert — freilich nicht immer ohne neue Tabus aufzustellen, die dem faktisch vorliegenden Kompetenz- und Einflußgefälle nur andere Erscheinungsformen verleihen. Die Orientierung an den Normen der egalitären und kommunitären Interaktionsformen besitzt darüberhinaus sowohl in den einzelnen Bewegungen als auch in ihren verschiedenen Rekrutierungsmilieus unterschiedliches Gewicht. Während die Frauen- und Alternativbewegung unmittelbar auf die Entwicklung gegenkultureller Lebensformen und Milieus zielen, liegt der Akzent in den Initiativgruppen der Ökologie- und Friedensbewegung auf der politischen Aktion. In Bürgerinitiativen und gemeinsame Verhinderungsaktionen mischen sich in sehr viel stärkerem Maße Gruppierungen unterschiedlicher sozialer Herkunft und kultureller Prägung als in den Milieus der alternativen Szene. Die Sensibilität für neue soziale Interaktionsformen tritt hier notgedrungen hinter die Bemühungen zurück, das Aktionsziel zu erreichen, was gemeinsame, oft schmerzliche Lernprozesse auf allen Seiten nicht ausschließt. (Etwa im Verhältnis der großstädtischen alternativen Szene zu den ortsansässigen Mitgliedern ländlich-regionaler Bürgerinitiativen.)

Konstitutiv für neue soziale Bewegungen scheinen nicht nur die Ablehnung des charismatischen Führers, sondern, im Unterschied auch zur Arbeiterbewegung, die Ablehnung jeglicher Form organisatorischer Hierarchie, der entschiedene Vorrang des Prinzips der *Selbstorganisation.* Das ist nicht nur „bewegungssoziologisch" zu begreifen, als Ausdruck der in der Konstitutionsphase einer sozialen Bewegung notwendigen Betonung expressiver, „authentischer" Interaktions- und Handlungsmuster. Die mit dem Anspruch der Selbstorganisation verbundene entschiedene *Ablehnung des Avantgarde- und Stellvertreterprinzips* ließe sich so nicht erklären. Darin kommt vielmehr die Entmündigungserfahrung durch die bürokratischen Apparate der Parteien, Verbände, der kommunalen und staatlichen Verwaltungen zum Tragen — ob unter rechtem oder linkem Vorzeichen.

Das Prinzip der Selbstorganisation und, daran notwendig gekoppelt das *Prinzip der Dezentralität,* schlägt sich in den organisatorischen Strukturen der neuen sozialen Bewegungen jedoch nicht durchgängig in gleicher Weise nieder. Für eine jeweils andere Akzentuierung sind auch in diesem Fall unterschiedliche kulturelle und politische Rekrutierungsmilieus, unterschiedliche Ziele der Einzelbewegungen, im Fall grüner Parteien und alternativer Listen Zwänge der institutionellen Einbindung, der konsistenten Außendarstellung und der Entwicklung konkreter, verallgemeinerbarer Politikkonzepte verantwortlich. Inwieweit sich „basisdemokratische" Organisationsformen überhaupt auf die Ebene des Parteiensystems transformieren lassen, ist noch offen. Sicher scheint, daß dieser Anspruch die „Effektivität" der parlamentarischen Arbeit starken Belastungen aussetzt, die sich in interne Spannungen und Fraktionierungen übersetzen. Nicht zu übersehen sind darüberhinaus — eher an den Rändern der neuen sozialen Bewegungen— auch konservativ-ökologistische und von der Tradition kommunistischer Kaderparteien geprägte Gruppierungen, für die das Postulat der „Basisdemokratie", falls sie sich überhaupt darauf verpflichten, eher ein Lippenbekenntnis als ein regulatives Prinzip darstellt.

e) In unterschiedlicher Weise kommt das in weiten Teilen der neuen sozialen Bewegungen propagierte *neue Verhältnis von Individuum und Gesellschaft,* von privat und öffentlich zum Tragen. Konsequent geschieht das dort, wo praktische Lebensreform mit dem

Kampf um politische Veränderung verbunden wird. Das scheint in den gegenkulturellen Milieus der alternativen Szene am stärksten ausgeprägt. Hier werden neue kommunitäre Wohn-, Interaktions- und Kommunikationsformen, ein neues Verständnis von Sexualität und Sinnlichkeit, Modelle gesellschaftlich sinnvollen und subjektiv befriedigenden Arbeitens, basisdemokratische Entscheidungsstrukturen etc. erprobt, ansatzweise auch institutionell abgesichert. Diese Milieus der „zweiten Kultur" weisen jedoch zugleich starke Tendenzen der gesellschaftlichen Selbstausgrenzung, der freiwilligen Abkoppelung von den Zusammenhängen der „ersten Kultur" auf, die sich in illusionären Autonomie-Konzepten niederschlagen. Das kann den Rückzug in die Nestwärme des vertrauten Milieus, das kann aber auch politisch-aktionistische Handlungsmuster („Politik in erster Person") zur Folge haben, die sich um die öffentliche Vermittelbarkeit, um den gesamtgesellschaftlichen Bezug ihrer Aktion nicht weiter kümmern.

Eher der konventionellen Trennung von Politik und Privatbereich folgen die Organisationsmuster und Aktionsformen der Bürgerinitiativen. Die Dynamik und die Eskalation der öffentlichen Auseinandersetzung bewirken freilich auch in konventionell geprägten Milieus eine *Politisierung des Privatbereichs*, die sich nicht nur auf die Umschichtung des eigenen Zeithaushalts, sondern auch auf die Umstrukturierung der eigenen Wert- und Deutungsmuster erstreckt. (Filme über den Widerstand in Wyhl, in Gorleben und gegen die Startbahn-West dokumentieren sehr aufschlußreich derartige Lernprozesse und krisenerzeugte Umbrüche.)

f) Insgesamt weisen die neuen sozialen Bewegungen einen ausgeprägt *konjunkturellen Charakter* auf. Die Verbreitung und die öffentliche Resonanz der Einzelbewegungen unterliegt Themenkonjunkturen, die wesentlich von massenmedialen Aufmerksamkeitszyklen geprägt sind. Sofern die Einzelbewegungen über eine dicht vernetzte Infrastruktur verfügen, verändert sich damit nicht notwendig ihre innere Konsistenz; sie verlieren mit dem Abzug der öffentlichen Aufmerksamkeit allerdings die breite Mobilisierungsfähigkeit, die notwendig ist, um politisch relevanten Druck entfalten zu können. Bewegt sich aus verschiedenen Gründen an einer Themenfront nichts mehr, so wird die Handlungsbereitschaft der Aktivisten und Sympathisanten dieser Bewegung leicht von einer neuen Bewegungskonjunktur absorbiert. Der geringe Institutionalisierungsgrad, die dezentrale Organisation in örtlichen, überregional nur lose vernetzten Initiativen und Aktionsgruppen, die heterogene soziale Rekrutierung der neuen sozialen Bewegungen, nicht zuletzt ihre diffuse antimodernistische Stoßrichtung, die sich in Ein-Punkt-

Bewegungen keineswegs erschöpft, befördern diese hohe Fluktuationstendenz.

Der konjunkturelle, fließende Charakter der verschiedenen Einzelbewegungen ermöglicht andererseits eine fortschreitende *inhaltliche und soziale Generalisierung des Protests.* Die offene Struktur von Bürgerinitiativen, die Erfahrung eines oft über Jahre hinweg gemeinsam getragenen Widerstands, der mit dem Wechsel der thematischen Schwerpunkte verbundene Einbezug immer neuer Bevölkerungsgruppen in das Protestpotential der neuen sozialen Bewegungen setzt Lernprozesse in Gang, die zu einer Annäherung unterschiedlicher soziokultureller Erfahrungshorizonte und zu Ansätzen einer neuen, basisdemokratischen Form der politischen Kultur führen. Über die Identifikation und Auseinandersetzung mit thematisch wechselnden Bezugspunkten verallgemeinert und vertieft sich aber auch die inhaltliche Kritik und führt, unter dem öffentlichen Druck, konkrete Alternativen aufzuzeigen, zur Herausbildung eines zunehmend engmaschiger verknüpften gesellschaftlichen Gegenentwurfs. Mit der parlamentarischen Verankerung der neuen sozialen Bewegungen (über kommunale Listen und die Bundespartei „Die Grünen") findet der erreichte Grad an inhaltlicher und sozialer Generalisierung einen institutionalisierten Ausdruck. Ob und inwieweit sich dadurch auch die Durchsetzungschancen der neuen sozialen Bewegungen, die Möglichkeit, nachhaltige gesellschaftliche und politische Veränderungsprozesse in Gang zu setzen, verbessert haben, soll weiter unten diskutiert werden.

g) Versucht man die hier herausgestellten Merkmale der neuen sozialen Bewegungen in der Bundesrepublik mit denen der Protestbewegungen der 50er und 60er Jahre zu vergleichen, so zeigen sich sowohl signifikante Unterschiede als auch — vor allem hinsichtlich der 68er Bewegung — frappierende Ähnlichkeiten.

Der zentrale Unterschied besteht darin, daß die antimilitaristische Bewegung der 50er, überwiegend aber auch die außerparlamentarische Opposition der 60er Jahre noch von den Prämissen der industriellen Wachstumsgesellschaft ausgeht. Weder wurde in der „Kampf dem Atomtod"-Kampagne die Fortschrittlichkeit der Atomtechnologie bzw. der technisch-industrielle Fortschritt als solcher in Frage gestellt, noch standen in der Studentenbewegung die Formprinzipien der industriellen Vergesellschaftung oder die Notwendigkeit wirtschaftlichen Wachstums zur Debatte. Die kritisierten Phänomene der staatlich-autoritären Formierung, der Bedürfnis- und Meinungsmanipulation nach innen, der neoimperialistischen Repression nach außen (Vietnam, Iran etc.), wurden vielmehr in traditionell marxistischen oder neomarxistischen Kategorien ausschließlich der kapitalistischen Form des industriellen Entwicklungsprozesses, d.h. dem Herrschaftsinteresse des Kapitals zugerechnet. Die dem gegenkulturellen Protest entstammenden antiautoritären Momente der 68er Bewegung – die Kritik bürgerlicher Verkehrsformen, die „Politisierung des Alltags", die praktischen Versuche, subjektive Emanzipation mit dem Kampf um gesellschaftliche Veränderung zu verbinden, die Entwicklung hedonistisch geprägter politischer Aktionsformen („Politik als Happening") – wurden durch den organisatorischen und dogmatischen Verhärtungsprozeß der Neuen Linken rasch in das entstehende subkulturelle Milieu städtischer und ländlicher Gegenkulturen ausgegrenzt.

Der Bruch mit den traditionellen Werten der kapitalistischen Industriegesellschaft – Fleiß, Gehorsam, Ordnung, mit den zugehörigen Familien- und Sozialformen, gesellschaftlichen und politischen Herrschaftsmustern – war damit zwar vorgezeichnet, kam aber nur sehr unvollständig und widersprüchlich zum Ausdruck. Das traditionelle Politikverständnis holte weite Teile der Neuen Linken, entgegen der als fundamental verstandenen antikapitalistischen Stoßrichtung ihrer Kritik, zunächst ebenso wieder ein wie konkurrenz- und hierarchiegeprägte Umgangsformen oder das überkommene, rein technisch-instrumentelle Verhältnis zur Natur.

Die Entwicklung der neuen sozialen Bewegungen wäre andererseits ohne den durch die antiautoritäre Protestbewegung der 60er Jahre markierten und vorangetriebenen kulturrevolutionären Bruch gar nicht denkbar. Das betrifft die im gegenkulturellen Protest aufgeworfene Thematik der Industrialismus- und Konsumerismuskritik sowie die praktischen Ansätze einer an postmaterialistisch-hedonistischen Werten orientierten Form des Zusammenlebens; das betrifft die durch den antiautoritären Protest bewirkte Liberalisierung und Pluralisierung eines bis dato von kleinbürgerlich-autoritären Tugend- und Ordnungsvorstellungen geprägten politischen Klimas, was sich in der allgemeinen Verbreitung gesellschaftlicher Reformerwartungen und in der Entwicklung eines neuen bürgerschaftlichen Selbstbewußtseins und Engagements niederschlug; das betrifft nicht zuletzt die in der außerparlamentarischen Opposition geschaffenen Formen politischer Gegenöffentlichkeit, die Entwicklung autonomer, von politischen Großgruppen unabhängiger Organisationsstrukturen, direkter und symbolischer Aktionsformen sowie einer eigenen Infrastruktur politischer Kommunikation (eigene Medien, Buchläden, Kneipen etc.). Der Bruch mit den dominanten Werten der Industriegesellschaft hat sich seither jedoch entscheidend vertieft. Die in den 70er Jahren in den Vordergrund getretenen gesellschaftlichen Probleme, Krisenphänomene und Konfliktherde haben die immanenten Schranken und apokalyptischen Risiken

des industriellen Entwicklungsmodells — kapitalistischer wie realso-
zialistischer Ausprägung — ins öffentliche Bewußtsein gehoben. Die
gegenkulturelle Kritik des Industrialismus verliert damit ihren marginalen subkulturellen, oft auch exotischen Charakter und findet
Eingang in das Denken, das alltagspraktische Handeln und das politische Engagement breiterer Schichten der Bevölkerung.

Die Vertiefung dieses kulturellen Bruchs und die Verankerung
in einem grün-alternativen Milieu, das sich in den 70er Jahren her-
ausbildet und stark auf das gesellschaftliche und politische Umfeld
reformistisch orientierter Kreise ausstrahlt, hebt die neuen sozialen
Bewegungen in entscheidender Weise von ihren Vorläufern in den
60er Jahren ab und verleiht ihnen eine gewisse innere Konsistenz.
Das kommt, anders als in der 68er Bewegung, nicht in einer geschlossenen Ideologie zum Ausdruck; die neuen sozialen Bewegungen sind
— über den konkret gerichteten Protest hinaus — eher Suchbewegungen, auf dem Weg von der „ersten", dominanten Kultur in eine
andere oder „zweite" Kultur, in der verallgemeinerbare Lebensformen erst gefunden und erprobt werden müssen. Die innere Konsistenz der Protestbewegungen der 70er und frühen 80er Jahre besteht gerade darin, daß das überkommene Verhältnis zur Natur,
zum eigenen Körper, zum anderen Geschlecht, zur Arbeit und zum
Konsum in radikalerer Weise in Frage gestellt wird, als dies in den
60er Jahren geschah; daß neue Formen der Produktion, des Zusammenlebens und der politischen Organisation gesucht und entwickelt
werden und daß dies in Eigenregie, in der Form einer Basisbewegung „von unten" geschieht, die sich bürokratischen und technisch-
kommerziellen Formierungsprozessen zu entziehen sucht.

Bevor wir nun auf die Frage der Durchsetzungschancen und der
gesellschaftlichen Perspektive der neuen sozialen Bewegungen näher
eingehen, wollen wir, zugegebenermaßen etwas spekulativ, die Umrisse des neuen Vergesellschaftungsmodells skizzieren, das sich aus
der Kritik und den Zielentwürfen der verschiedenen Einzelbewegungen, aus den praktischen Ansätzen gegenkulturellen Lebens und autonomer politischer Organisation erschließen läßt.

2. Konturen eines neuen Vergesellschaftungsmodells

Insgesamt verweisen die verschiedenen Stränge der neuen sozialen
Bewegungen auf eine „kulturelle Revolution" (Guggenberger), die
die bisherige Realisierungsform des „Projekts der Moderne" (vgl.
Habermas, in DIE ZEIT v. 19.9.1980) und damit den Anspruch,
durch die Freisetzung des wissenschaftlich-technischen Fortschritts

von religiösen und moralischen Bindungen die universelle Befriedigung menschlicher Bedürfnisse zu erreichen, für gescheitert erklärt. „Der zweite Entwurf ist in Arbeit. Aber was das ausgehende 20. Jahrhundert in Anspruch nimmt, ist ...

— nicht mehr das technische Problem der Naturbeherrschung, sondern die soziale Frage der Beherrschung von Wissenschaft und Technik,
— nicht mehr die technokratische Veränderung der Welt nach dem Motto 'von der Utopie zur Wissenschaft', sondern ... die *soziale Rekonstruktion* der wissenschaftlich-technischen Welt." (Schäfer 1982: 43).

Stichwortartig benannt, ergeben sich aus der thematischen Verknüpfung der einzelnen Kritikstränge und gegenkulturellen Entwürfe der neuen sozialen Bewegungen folgende Umrisse eines neuen Vergesellschaftungsmodells:

— *Neubestimmung des Verhältnisses zur menschlichen Natur, zur eigenen Rationalität, Sinnlichkeit und Spiritualität*
An die Stelle des im Glauben und der öffentlichen Moral abgestützten Dualismus von Geist (Rationalität) und Körper (Irrationalität) tritt eine (durch die strukturellen Veränderungen des industriellen Vergesellschaftungsprozesses bewirkte) Entdifferenzierung dieser drei Ebenen. Das erschüttert sowohl den darin implizierten Herrschaftscharakter, die moralisch-rationale Selbstdisziplinierung der eigenen Affektivität und Sinnlichkeit, als auch die Trennung in öffentliches (unpersönliches, formales, selbstdiszipliniertes) und privates (persönliches, affektives, auch destruktiv-irrationales) Verhalten. Zugleich bilden sich neue Affektstrukturen aus, die durch eine starke Betonung hedonistischer Werte, durch eine stärkere Verschränkung von Rationalität und Affektivität und durch die Neubestimmung des Verhältnisses von Privatheit und Öffentlichkeit geprägt sind. Das kann einerseits eine stärker außen-konditionierte, konsumeristische Form annehmen. Dem stehen andererseits in den neuen sozialen Bewegungen die Zielvorstellungen und die praktischen Ansätze eines von humanistisch-emanzipativen Wertvorstellungen geleiteten Umgangs mit der eigenen, inneren Natur gegenüber:
a) die vereinseitigte instrumentelle Rationalität öffnet sich für bislang ausgegrenzte, spirituelle und ganzheitliche Denk- und Erfahrungsweisen;
b) die Sinnlichkeit des eigenen Körpers wird enttabuisiert, die verdrängten Bestandteile der triebhaften Bedürfnisse werden einer bewußteren, kommunikativen Form des Umgangs und der Befriedigung zugänglich;

252

c) die ins Private (oder in den Bereich des naturwüchsig Gesellschaftlichen) ausgegrenzten, autoritär sanktionierten, traditionellen Moralvorstellungen werden durch die Prinzipien einer diskursiven, hedonistisch-kommunitären Moral ersetzt.

— Neubestimmung des Verhältnisses zur äußeren Natur
Gegenüber einer ausschließlich technisch-instrumentell geprägten Form der Naturerfahrung und der Naturbeherrschung wird ein „soziales" Verhältnis zur Natur gefordert und beispielsweise in Landkommunen, in alternativen Technik-Gruppen, in den verschiedenen Ansätzen einer ganzheitlich orientierten Medizin auch praktisch erprobt. In den Produkten einer „mittleren Technologie" (wie sie beispielsweise in der von E.F. Schumacher gegründeten Intermediate Technology Development Group Ltd., London, entwickelt werden) finden diese Ziele einen eher pragmatischen, auf die Bedürfnisse der Dritten Welt zugeschnittenen Ausdruck.

Schwieriger als die Reintegration traditionellen ganzheitlichen Erfahrungswissens oder die Entwicklung und Anwendung „angepaßter" Technologien erweist sich die Suche nach einem neuen Verhältnis zur Natur in der wissenschaftlichen Forschung. Ohne daß die konkrete Gestalt einer „sozialen Naturwissenschaft" bzw. einer „alternativen Wissenschaft" generell (vgl. Böhme 1980) bereits in Sicht wäre, besteht doch insoweit Konsens, daß der vorherrschende, instrumentelle Typus von Wissenschaft und Forschung, der den Menschen, die Natur und die gesellschaftlichen Verhältnisse nur als Objekte möglicher (sozial-)technischer Verfügung erfaßt, in Frage gestellt wird.

— Neubestimmung des Verhältnisses zur Ökonomie
Das Primat des Wirtschaftswachstums als oberster Bezugspunkt aller gesellschaftlichen Interessen wird in Frage gestellt. Es geht nicht mehr nur um das Verhältnis „autonom (Privateigentümer)/abhängig (Lohnabhängiger)" und um die darauf bezogenen ökonomisch-politischen Veränderungs- und Umverteilungsstrategien, sondern auch um das Verhältnis „sinnvolle/sinnlose Arbeit". Neben das Postulat der Demokratisierung der Wirtschaft, des Abbaus ökonomischer Macht und innerbetrieblicher Herrschaft tritt das einer gebrauchswert- und bedürfnisbezogenen, d.h. auch einer ökologisch verträglichen Produktion. Das setzt, wie Eder (1982) zurecht betont, die Möglichkeit voraus, sich über „authentische" Bedürfnisse klar zu werden — warum, mit welchen Kosten wir Fleisch essen, Auto fahren, modische Kleider tragen, ins Kino gehen, etc., welches Verhältnis von Eigen- und Fremdarbeit (Dienstleistungs- und Warenproduktion), von Arbeit und Freizeit als sinnvoll und befriedigend erfahren wird.

Organisatorisch werden diese Postulate in die Forderung nach möglichster Dezentralität der Produktion, nach einem möglichst hohen Grad an regionaler und nationaler Selbstversorgung, nach einer Verschiebung der Tätigkeitsbereiche in Richtung auf mehr Eigenarbeit und gemeinschaftliche Selbsthilfe („Dualwirtschaft"), in die Forderung nach genossenschaftlichen Eigentumsformen sowie nach einer ressourcensparenden und ökologisch verträglichen „Kreislaufwirtschaft" umgesetzt.

— *Neubestimmung des Verhältnisses zur Politik*
Die für das liberale Politikverständnis und seine rechtsstaatlich-repräsentative Form konstitutive, historisch gleichwohl längst überholte Trennung von privat und öffentlich wird preisgegeben. Damit werden sowohl die „Privatisierung der Öffentlichkeit", die Grauzone der Verschränkung von mächtigen Privatinteressen und öffentlichen Anliegen, als auch die „Vergesellschaftung des Privaten", die zunehmende kommerzielle, bürokratische und massenmediale Prägung des individuellen und familiären Lebens, der öffentlichen Thematisierung zugänglich. Das aufklärerische Postulat, durch die öffentliche Diskussion allgemeiner Anliegen vernünftige, im allgemeinen Interesse liegende Entscheidungen zu gewährleisten, wird damit aktualisiert. Das betrifft zugleich die Form politischer Beteiligung. Wurde die Rolle des Staatsbürgers durch die faktischen Entmündigungsprozesse innerhalb des bürokratisch-repräsentativen Institutionengefüges auf den Status des politischen Konsumenten mit gelegentlichen Wahl- und Akklamationsmöglichkeiten reduziert, so führt die Radikalisierung der Forderung nach Öffentlichkeit auch zu einer Radikalisierung des Postulats gesellschaftlicher Selbstbestimmung, zu einer „partizipatorischen Revolution" (M. Kaase).

Die Prinzipien der Öffentlichkeit, des rationalen Diskurses und der gesellschaftlichen Selbstbestimmung erfordern somit nicht nur eine thematische Ausweitung des Gegenstandsbereichs politischer Entscheidung, eine „Politisierung des Alltags" wie der Grauzonen quasi-öffentlicher korporatistischer Entscheidungsprozesse, sondern auch eine Änderung der Politikform. Gegenüber den Bürokratisierungstendenzen von Parteien und Verbänden, angesichts einer fast zwangsläufigen Verselbständigung der Bestandsinteressen technokratischer Apparate gegenüber den Mitglieder- und Wählerinteressen werden neue Formen von „Basisdemokratie" gefordert und erprobt.

— *Neubestimmung des Verhältnisses zur Gesellschaft*
Die Erfahrung der fortschreitenden Vergesellschaftung des Privatbereichs, der ökonomischen und bürokratischen „Kolonialisierung der Lebenswelt", führt einerseits zur Radikalisierung des Autono-

mie-Postulats, zur radikalen Kritik technokratischer, sachzwangartiger Herrschaftsstrukturen und entmündigender Abhängigkeitsverhältnisse. Der überkommenen besitzindividualistischen Version dieses Postulats wird andererseits die Norm der konkurrenz- und hierarchiefreien Solidargemeinschaft, das Modell der genossenschaftlichen Selbsthilfe, der kleinen sozialen Netze, der verschiedenen Formen kommunitären Lebens entgegengestellt.

Falls es zutrifft, daß die hier skizzierten, aus den Zielentwürfen der neuen sozialen Bewegungen gewonnenen Konturen eines neuen Modells gesellschaftlicher Entwicklung konkurrenzlos in dem Sinne sind, daß keine anderen Entwürfe in gleicher Weise generalisierbare, der humanistischen Tradition der Moderne verpflichtete Alternativen darstellen, dann geben sie zugleich die Kriterien ab, an denen die Praxis der neuen sozialen Bewegungen gemessen werden kann.

Damit ist allerdings noch wenig über die Durchsetzungschancen und die Perspektiven der neuen sozialen Bewegungen ausgesagt.

3. Erfolge und Grenzen der neuen sozialen Bewegungen

Die neuen sozialen Bewegungen haben sich inzwischen zu einer unübersehbaren politischen Kraft entwickelt, doch gemessen an ihren hochgesteckten Zielen stehen sie noch fast am Anfang ihres Wegs. Welche konkreten Erfolge können sie vorweisen? Wie stabil oder labil ist ihr inneres Gefüge? Und welche gesamtpolitische Bedeutung kann ihnen derzeit zugesprochen werden?

Welche konkreten Nahziele wurden bislang erreicht?

Nimmt man die erklärten und konkret überprüfbaren Zielsetzungen der verschiedenen Protestbewegungen als Maßstab politischen Erfolgs, so ergibt sich ein differenziertes, im Ganzen aber doch ernüchterndes Bild.

Die *Bürgerinitiativbewegung* ist im Hinblick auf ihre wichtigste Forderung, die Ausweitung politischer Partizipation, nur ein Stück weit vorangekommen. Gewiß wurden bestimmte Mitspracherechte, etwa im Rahmen des Städtebauförderungsgesetzes oder des Bundesbaugesetzes, institutionell verankert; die Bundesländer Bremen und Hessen haben inzwischen das Verbandsklagerecht eingeführt; zahlreiche Kommunen experimentieren mit Modellen der Bürgerbeteiligung usw. Doch insgesamt sind die Terraingewinne — gemessen am Anspruchsniveau — eher dürftig. Einschneidende Änderungen der Verfassung und insbesondere des repräsentativen Systems sind bislang ausgeblieben; vielfach wurden statt der geforderten Mitwirkungsrechte lediglich Mitsprache- und Anhörungsrechte eingeräumt; oft genug entpuppten sich die Modelle der Bürgerbeteiligung als symbolische Partizipation. Auch soweit der Ruf nach mehr „Lebensqualität" nicht nur eine Demokratisierung, sondern eine Verbesserung der materiellen und psychisch-sozialen Existenzbedingungen einschloß, ist die Erfolgsbilanz eher mager, wobei es dahingestellt bleibt, ob die Kluft zwischen Anspruch und Wirklichkeit primär einer objektiven Verschlechterung oder einer gestiegenen Sensibilität und Erwartungshaltung geschuldet ist.

Dies zeigt sich besonders deutlich am Beispiel der *Ökologiebewegung* (vgl. Brand 1983). Ungeachtet der politisch-administrativen Erfolgsmeldungen etwa im Bereich des Umweltschutzes und einer möglichen Dramatisierung der Lage durch ökologische Gruppen — die Probleme der Reinhaltung von Gewässern, Luft, Boden, Nahrungsmitteln nehmen nicht ab, sondern zu; die Artenvielfalt in Flora und Fauna schwindet, auch wenn die bisher getroffenen Maßnahmen Schlimmeres verhütet haben mögen. Am prägnantesten scheint der relative Mißerfolg der Anti-Atomkraftbewegung. Einzelne Projekte wurden verhindert oder verzögert, aber die Atom- und Energieprogramme werden doch im Grundsatz realisiert. Gerade die juristischen und politischen Niederlagen an den symbolischen Brennpunkten in Wyhl, Brokdorf, Grohnde oder Kalkar, vor allem aber die relativ lautlose Verabschiedung der Dritten Fortschreibung des Energieprogramms der Bundesregierung zeigen an, daß der Widerstand gegen die Nutzung der Kernenergie stagniert oder gar zurückgeht. Wenn gleichwohl die Zukunft der Atomenergie auf dem Spiel stehen sollte, so scheinen primär ökonomisch-finanzielle Gründe ausschlaggebend zu werden.

heute noch Atomenergie? Neuester Stand

Auch der *Frauenbewegung* war bei ihrem ersten zentralen Brennpunkt, der Neuregelung der Abtreibungsfrage, nur ein Teilerfolg, in den Augen vieler Feministinnen sogar ein Mißerfolg beschieden. So sehr die Bewegung auch in anderer Hinsicht hinter ihren hochgesteckten Zielen nachhinken mag: allein die Etablierung der Vielzahl feministischer Projekte, der Aufbau einer eigenen autonomen Infrastruktur, die zunehmende Präsenz feministischer Positionen im Alltag wie in großen öffentlichen Streitfragen verdeutlichen die zurückgelegte Wegstrecke. Dabei ist zu berücksichtigen, daß der primäre Ansatz der Frauenbewegung „kulturrevolutionär" ist, also gleichsam die Ebene der juristisch-institutionellen Regelungen unterläuft. Demgegenüber kommt dem Kampf um den Abbau von Diskriminierung und Benachteiligung qua formeller Regelung (z.B. durch ein Anti-Diskriminierungsgesetz, das Verbot sexistischer Werbung, die Schließung von Peep-Shows, die Forderung nach geschlechtsspezifischen Quotenregelungen in männerdominierten Berufen usw.) eine zweitrangige Bedeutung zu.

Dies gilt in ähnlicher Weise für die *Alternativbewegung*. Sie sucht nicht in erster Linie auf Gesetzgebung, Parteipolitik und administrative Praxis Einfluß zu nehmen. Ihr geht es vorrangig um autonome Entfaltungsmöglichkeiten, um experimentelle Freiräume im oder in Abgrenzung vom etablierten System. Dieses Ziel kollidiert freilich im konkreten in aller Regel mit den gegebenen institutionellen Regeln und Verfahrensweisen. Typischerweise entzünden sich die manifesten Konflikte mit Ämtern, Behörden, Sicherheitskräften und privaten Gruppierungen an den Punkten, wo die Bedingungen des öffentlichen und privaten Rechts die Möglichkeit alternativer Lebenspraxis einschnüren oder verhindern (z.B. bei der Nutzung von Wohnraum oder von Jugendzentren, bei sozialpolitischen Projekten). Die Fragmentierung der einzelnen Teilbewegungen, Szenen und Projekte hat bislang eine Bündelung des Kräfteeinsatzes verhindert. Hat die Frauenbewegung noch eine halbwegs verbindliche politische Ideologie und die Fähigkeit zur fallweisen Mobilisierung einer größeren Anhängerschaft, so besitzen übergreifende Widerstandsaktionen der Alternativbewegung Seltenheitswert. Die Auseinandersetzungen beschränken sich meist auf den projektbezogenen und lokalen Konfliktgegenstand, während die Masse der übrigen Projekte mit ihren spezifischen Schwierigkeiten kämpft und sich allenfalls zu symbolischen Solidaritätsbekundungen aufraffen kann. Zielsetzungen, die sich auf die Umgestaltung politischer und rechtlicher Rahmenbedingungen richten, blieben so entweder eigentümlich abstrakt und vage (z.B. das Plädoyer für Autonomie, für gesamtgesellschaftliche Dezentralisierung, für eine gebrauchswertorientierte Ökonomie) oder äußerst konkret, insofern sie sich aus einem punktuellen Konflikt herleiten (z.B. Amnestie für Hausbesetzer, Zuschüsse für ein Jugendzentrum usw.). Auf beiden Ebenen sind die Erfolge aus ganz verschiedenen Gründen minimal.

Ungleich wichtiger sind jedoch die Veränderungs- und Gestaltungsansprüche in bezug auf die alltagspraktischen Strukturen der Lebens- und Arbeitsgemeinschaften. Der erklärte Prüfstein der Alternativbewegung liegt in der Modellfunktion ihrer eigenen Praxis; als entsprechende Maßstäbe gelten solidarische und egalitäre Beziehungen, Offenheit und Wahrhaftigkeit, der Ganzheitsanspruch in der Verbindung von Kopf und Bauch, Öffentlichkeit und Privatheit, Verantwortung und Betroffenheit, letztlich: die Aufhebung von Entfremdung. Maßstab der Alternativbewegung ist freilich auch die Existenzfähigkeit ihrer Projekte trotz oder auch wegen eines völlig konträr organisierten gesellschaftlichen Umfelds. Was die Lebensfähigkeit der Projekte angeht, so gebietet schon allein deren

Zähigkeit und rasche Expansion Respekt, obgleich es scheint, als hätten manche Teilbewegungen bereits ihren Zenit überschritten. Was die intendierte „lebensweltliche" Qualität angeht, so sind die Befunde sehr disparat. Allenfalls, so ließe sich sagen, sind einzelne Projekte Vorschein einer alternativen Lebensform, so weit sie formelle Hierarchien abgeschafft und informelle minimiert, bürgerliche Verhaltensstandards abgeschwächt und solidarischen, ganzheitlichen Lebensformen nähergekommen sind. Auf der anderen Seite zeigen aber doch kurze Existenzdauer, hohe personelle Fluktuation und subjektive Enttäuschungen in vielen Projekten das Maß an Schwierigkeiten an, die sich sowohl aus äußeren Zwängen wie aus inneren, sozialisationsbedingten „Zwanghaftigkeiten" ergeben. Daß z.B. zahlreichen Projekten „alternativer Ökonomie" nicht nur aus ökonomischen Gründen das Wasser bis zum Halse steht, ist kein Geheimnis. Andererseits möchte wohl die Mehrzahl der Beteiligten lieber mit diesen Schwierigkeiten leben, anstatt eine bequemere, aber auch angepaßtere Existenz zu führen.

Der spezifische Erfolg der alternativen Projekte liegt wohl primär in ihrer Signalfunktion. Zunächst eher belächelt, haben sie mit meist äußerst bescheidenen Mitteln den Beweis angetreten, daß manche gesellschaftliche Aufgaben in anderer, für viele Menschen sinnvollerer, ökologisch und sozial verträglicherer Weise erfüllt werden können. Daß dabei manche Projekte, etwa zur Rehabilitation von Drogenabhängigen oder Behinderten, nicht nur billiger, sondern auch wesentlicher erfolgreicher operierten, macht sie zunehmend auch für entsprechende administrative Instanzen attraktiv.

Die neue *Friedensbewegung* ist zunächst um eines ganz konkreten Ziels willen angetreten: der Rücknahme des NATO-Nachrüstungsbeschlusses. Dieses Ziel wurde bislang nicht erreicht und es ist fraglich, ob sie ihm wirklich nähergekommen ist. Aus dem Versuch der Öffnung und Fundierung dieser Debatte um die Nachrüstung ergaben sich jedoch weiterreichende Konsequenzen für die Friedensbewegung: die Forderung nach einer atomwaffenfreien (neutralen) Zone in Mitteleuropa, Ziele wie die Verkleinerung oder Abschaffung des atomaren, chemischen und biologischen Waffenarsenals, die Senkung der Rüstungshaushalte, die Preisgabe der bisherigen militärstrategischen Doktrinen zugunsten „alternativer" Sicherheits- und Verteidigungskonzeptionen und schließlich die „Demokratisierung" der gesamten friedenspolitischen Debatte. Soweit diese Forderungen auf einen mehr oder weniger radikalen Meinungs- und Verhaltenswandel der politischen und militärischen Eliten zielten, sind die Erfolge bislang gering. Allerdings zeigen sich Einbruchstellen nicht nur bei einzelnen politischen Funktionsträgern, sondern auch bei den Parteien.

Die Bewegung als Programm: Zum inneren Zustand der neuen sozialen Bewegungen

Gemäß dem Selbstverständnis neuer sozialer Bewegungen ist „die Bewegung" mehr als ein bloßes Instrument der politischen Interessenwahrnehmung. Die Form selbst avanciert zu einem Inhalt, insofern sie die Abwesenheit von bürokratischen Apparaten, formalistischen Reglements, Hierarchie und „Stellvertreterpolitik" zu gewährleisten verspricht. Positiv gewendet bedeutet dies: die Bewegung und nur die Bewegung scheint jenes hohe Maß an Identifikation, Engagement, Authentizität, Flexibilität, Basisdemokratie, Autonomie usw. bieten zu können, das in den emphatischen Begriff einer „neuen Politik", einer „Politik in erster Person" eingeht. So betrachtet würde die Verwandlung der Bewegung in eine konventionelle Interessenorganisation (und sei sie auch noch so effizient!) nicht die Preisgabe eines nachgeordneten Formprinzips bedeuten, sondern einen Rückfall in die „alte Politik", der die politische Kampfansage gilt.

Anti-institutioneller Anspruch und faktische Institutionalisierungstendenzen der verschiedenen Bewegungen wurden bereits im einzelnen erläutert, so daß hier wenige zusammenfassende Bemerkungen genügen mögen. Anti-institutionelle Affekte und radikaler Autonomieanspruch sind am stärksten innerhalb der Frauen- und Alternativbewegung präsent. Dagegen ist die Bürgerinitiativ- und Ökologiebewegung sehr stark von den Differenzen zwischen den stärker autonomistisch orientierten Strömungen und den eher zu verbands- und parteiförmigen Strukturen tendierenden Gruppen geprägt. Obgleich die Friedensbewegung sich zu einem guten Teil aus den Anhängern „konventioneller" Organisationen rekrutiert, allerdings rasch über diese hinauswuchs, spielte hier die Institutionalisierungsdebatte bislang eine nachgeordnete Rolle.

Weitgehend unterhalb der Aufmerksamkeitsschwelle der neuen sozialen Bewegungen zeichnen sich jedoch deutliche *Professionalisierungstendenzen* ab, die allerdings nicht notwendig mit dem Autonomiepostulat kollidieren müssen. In dem Maße, wie sich die einzelnen Projekte verstetigen, vergrößern und auf eine solidere finanzielle und ökonomische Basis gestellt werden, wird eine (Quasi-)Professionalisierung unausweichlich. Dies gilt in erster Linie für jene Einrichtungen, die — gewollt oder ungewollt — mit gleichartigen Projekten konkurrieren und/oder dem Druck rein kommerzieller Unternehmen standhalten müssen. Doch auch politischer Gegendruck und die zunehmende Einbindung in Fachkontroversen um den Sinn oder Unsinn konventioneller Problemlösungen führen zu einer verstärkten Professionalisierung, was wiederum den autonomistisch-spontaneistischen Gruppierungen zuweilen Anlaß zu Mißtrauen und Kritik bietet.

Die entscheidende Frage, die die Einzelbewegungen freilich in unterschiedlichem Maße tangiert, zielt auf die *Parlamentarisierung* des grünen und alternativen Protests: Bedeutet diese Entwicklung den Anfang vom Ende der Bewegungen, die unaufhaltsame Integration in das bestehende Machtgefüge oder ist sie vielmehr Flankenschutz, öffentlichkeitswirksame Erweiterung oder auch quasi-exekutiver Hebel des außerparlamentarischen Protests. Daß es nicht um den Ersatz, sondern allenfalls um die Ergänzung dieser Aktionsformen geht, betonen selbst die eifrigsten Befürworter grün-alternativer Parteien und Listen: „außerparlamentarisches Standbein, parlamentarisches Spielbein", so lautet die werbende Devise. Es sei nur am Rande bemerkt, daß auch innerhalb der parlamentarisch orientierten Protestgruppen die Institutionalisierungsfrage noch einmal in allen Details aufgeworfen wird. Imperatives Mandat, Rotationsprinzip, Diäten, kurz: interne Strukturdebatten im Zielkonflikt zwischen basisdemokratischen Ansprüchen einerseits und organisatorischer Effizienz, Routine und Berechenbarkeit andererseits werden für weiteren Konfliktstoff sorgen. So ist es eine Frage des vorgängigen Standpunkts, ob die bislang außerordentlich erfolgreiche parlamentarische Formierung von Teilen der neuen sozialen Bewegungen auf längere Sicht als Erfolg oder eher selbstverschuldeter Erosionsprozeß der Bewegungen zu bewerten ist. Pragmatiker und politische Routiniers tendieren eher zur ersten Position. Autonome, fundamentaloppositionelle Gruppen sehen in den parlamentarischen Ambitionen den ersten „Sündenfall" als Protestbewegung, der weitere Zugeständnisse und Kompromisse nach sich ziehen werde. Diese unterschiedlichen Einschätzungen schlagen auch auf die grün-alternativen Parteigruppen durch. Die Kluft zwischen Pragmatikern und Fundamentalisten (im Frankfurter Szene-Jargon: „Realos" und „Fundamentalos") besteht sowohl zwischen einzelnen Landesverbänden der GRÜNEN (etwa Baden-Württemberg versus Hessen) wie auch innerhalb der einzelnen Parlamentsfraktionen. Diese Polarisierung dürfte nicht zuletzt der neuen Bundestagsfraktion der GRÜNEN noch zu schaffen machen.

Bislang jedenfalls blieb die Verzahnung zwischen außerparlamentarischem und parlamentarischem Protest, zwischen Pragmatikern und Fundamentalisten weitgehend erhalten. Auch wenn die zuweilen endlos und ergebnislos scheinenden Strategiedebatten für Teilnehmer wie Beobachter ermüdend wirken mögen, so zeigt doch die bloße Fortsetzung des Diskurses, daß die Beteiligten sich für lernfähig halten und gemeinsame Ziele vor Augen haben.

Als ungleich prekärer für den inneren Zustand der Protestbewegungen und deren öffentliche Resonanz erwies sich bislang die

„Gewaltfrage". Obgleich sich der weitaus größte Teil der Protestgruppen ausdrücklich und geradezu stereotyp zur Gewaltfreiheit bekennt und allenfalls Aktionen des „zivilen Ungehorsams" unter bewußter Verletzung des Legalitätsgebots zu akzeptieren bereit ist, wird das öffentliche Bild des außerparlamentarischen Protests doch immer wieder durch militante Aktionen einer kleinen Minderheit beherrscht. Dabei geht es nicht allein um die spontaneistischen Jugendrevolten und unvorhergesehene, sich gegenseitig aufschaukelnde Eskalationen, sondern auch und vor allem um die planvolle Konfrontation mit der „Staatsgewalt", häufig im Schutz der Anonymität großer Massendemonstrationen und unter Berufung auf die autonome Wahl der Widerstandsformen. Seit 1977, der „Schlacht" am Baugelände des Atomkraftwerkprojekts Grohnde, kam es immer wieder zu derartigen Auseinandersetzungen. Ihr Effekt bestand nicht nur in der Einübung taktischer Flexibilität und der planvollen Aufrüstung auf Seiten der Sicherheitskräfte (was möglicherweise den militanten Gruppen als kämpferischer Anreiz und/oder als ideologische Bestätigung diente), sondern auch in einem ambivalenten Bild des Protests im Spiegel der öffentlichen Meinung und damit in der Verprellung eines bestimmten Sympathisantenpotentials. Dort, wo sich militante Aktionen gegen ein Großprojekt richteten, konnte es in keinem Fall entscheidend behindert oder gar verhindert werden. Dagegen hatten die ersten fliegenden Pflastersteine im Zuge der Auseinandersetzungen um Wohnungsnot, Spekulantentum und Hausbesetzungen ungeachtet ihrer moralischen und juristischen Qualität objektiv die Wirkung, daß sich eine breitere Öffentlichkeit des Problems anzunehmen begann (vgl. Malunat 1982).

Im Schatten der Organisations- und Gewaltfrage entwickelte sich vor allem im Rahmen der Alternativ- und Frauenbewegung eine weitere interne Konfliktlinie, die durch den Gegensatz von *rationalistischen* und antirationalistisch, *spiritualistisch* orientierten Gruppierungen markiert wird. Auch wenn dieser Konflikt nicht die Sprengkraft der beiden anderen Fragen entfaltet und für die öffentliche Meinung eher belanglos sein mag, so führte er doch zu einer gewissen Polarisierung. Ob sich durch den Rückgriff auf archaische Mythen, religiöse Versatzstücke, Astrologie und magische Kulthandlungen neue, gleichsam subversive Dimensionen des Widerstands gegen den Modernismus erschließen lassen oder nicht vielmehr eine Tendenz zur Entpolitisierung und inneren Emigration eingeleitet wird, sei hier dahingestellt. Innerhalb der Frauenbewegung jedenfalls, die stärker als die Alternativbewegung um ein politisch-ideologisches Profil bemüht ist, hat dieser Streit zu erheblichen Differenzen und Anzeichen der Selbstblockierung geführt.

Geht man über die auf konkrete institutionelle Reformen zielenden Bemühungen der einzelnen sozialen Bewegungen hinaus, so ergibt sich eine weitaus beeindruckendere Erfolgsbilanz. Jeder der genannten Bewegungen ist es auf ihre Weise und in ihrem spezifischen Aktionsfeld gelungen, sich überhaupt zu einer sozialen Bewegung in dem hier explizierten Sinne zu entwickeln, d.h. Konsistenz und Stetigkeit zu gewinnen, eine entsprechende Massenmobilisierung zu erreichen und ihr Thema öffentlichkeitswirksam zu präsentieren. So konnten vor allem die Anti-Atomkraftbewegung und die neue Friedensbewegung die öffentliche Meinung stark polarisieren und phasenweise ihr Thema zum zentralen innenpolitischen Konflikt ausweiten. Auch wenn hieraus noch keine Revision politischer Weichenstellungen resultiert, so ist doch ein längerfristig wirkender Bewußtseinswandel und Politisierungsprozeß wahrscheinlich.

Verfolgt man zeitliche Abfolge, personelle Überschneidungen, Entwicklungsdynamik und phasenspezifischen Themenkonjunkturen der verschiedenen Einzelbewegungen, so ist die Tendenz zur Generalisierung und Fundamentalisierung der Protestinhalte unverkennbar. Die Richtung der Kritik geht von einzelnen Mißständen zu den strukturellen Ursachen. Ist dieser Weg erst einmal für große Minderheiten beschritten, so stellen diese unabhängig von der Karriere des jeweiligen Themas gleichsam eine „kritische Masse" dar, die unter günstigen Rahmenbedingungen unterschiedlichen Protestthemen zur Konkunktur verhelfen kann. Jedoch wäre es falsch, diese Feststellung in eine Art Verschwörungstheorie umzumünzen oder anzunehmen, Themen könnten quasi beliebig in die politische Arena lanciert werden. Die neuen sozialen Bewegungen sind Ausdruck realer, nicht suggestiv erzeugter Betroffenheiten. Ihr gemeinsamer Problemhintergrund, die Krise der Modernität, bietet die Chance für die zunehmende Verbindung der Einzelbewegungen.

Fernab von allen tagespolitischen Erfolgen und Mißerfolgen muß die politisch-historische Bedeutung der neuen sozialen Bewegungen darin gesehen werden, daß sie (a) die Schattenseiten des modernistischen Fortschrittskonzepts aufgewiesen und ins öffentliche Bewußtsein gehoben, (b) dieses Konzept in seinen strukturellen wie in seinen wertbezogenen Dimensionen *grundsätzlich* in Frage gestellt und schließlich (c) erste, wenn auch noch vage Leitlinien für eine alternative Zukunft entwickelt haben. Ob sich die hieraus entstandenen konkreten Utopien als Seifenblasen, als Motor eines gesamtgesellschaftlichen Reformprozesses oder gar als politischer Sprengsatz entpuppen, ist eine ebenso spannende wie schwierige Frage.

4. Die Zukunft der neuen sozialen Bewegungen

Über die Perspektiven und die künftige Relevanz neuer sozialer Bewegungen lassen sich erst dann sinnvolle Aussagen treffen, wenn die mögliche und wahrscheinliche Dynamik objektiver Problemlagen sowie die darauf bezogenen systemischen Steuerungsmöglichkeiten und gesamtpolitischen Optionen zu den erklärten Absichten und erwartbaren Entwicklungen der Protestbewegungen in Beziehung gesetzt werden. Unter den gegebenen gesellschaftlichen Voraussetzungen bedeutet das Aufkommen von Protestbewegungen selbst noch einmal eine objektive Problemlage, so daß auch der strategische Umgang mit diesen Gruppen in das Kalkül einzubeziehen ist. Diese Vorüberlegungen verdeutlichen die Schwierigkeiten unseres Unterfangens, nämlich das Ineinandergreifen von in sich bereits äußerst komplexen Variablen abzuschätzen. Wir kennzeichnen deshalb den Status unserer Überlegungen bewußt als Spekulation und suchen lediglich einige Plausibilitätsannahmen zu kombinieren und die hieraus wahrscheinlichen Konsequenzen aufzuzeigen.

Zur Entwicklung objektiver Problemlagen

Noch in den 70er Jahren fielen der in aufrüttelnder Absicht propagierte Zweckpessimismus der Protestbewegungen und der in beruhigender Absicht verkündete Zweckoptimismus der politisch-administrativen Eliten weit auseinander. Heute, so scheint es, hat sich dieses Verhältnis zumindest partiell umgekehrt. Auf der einen Seite stellen politische Entscheidungsträger ihre Sorgenfalten zur Schau, um mit gedämpfter Stimme zu verkünden, es stünden harte Zeiten bevor und alle hätten den Gürtel enger zu schnallen. Auf der anderen Seite erwägen einzelne Sympathisanten neuer sozialer Bewegungen die Möglichkeiten eines superindustriellen Durchbruchs auf der Basis eines technologischen Innovationsschubs (vgl. Huber 1982), tendieren zu einer geradezu geschichtsnotwendigen Hypostasierung eines dualwirtschaftlichen Öko-Sozialismus (vgl. Gorz 1980) oder sehen sich bereits auf dem Weg in eine „sanfte" Gesellschaft.

Wahrscheinlicher erscheint uns auf absehbare Zeit eine Fortsetzung oder Zuspitzung der weltweiten ökonomischen Strukturkrise, eine Verschärfung des Nord-Süd-Konflikts und der internationalen wie nationalen Verteilungskämpfe, ein hohes Maß an Arbeitslosigkeit (die freilich durch eine drastische Umverteilung der gesellschaftlichen Arbeit potentiell zu beseitigen wäre) und ein Anwachsen ökologischer Probleme. Ebenso spricht wenig dafür, das der Prozeß der „Kolonisierung der Lebenswelt" seinem Ende entgegengeht. Vielmehr schreitet die Erosion sozialer und personaler Identität voran, während zugleich die angebotenen Surrogate eines immer aufwendigeren und raffinierteren Werbeaufwands bedürfen. Unter diesen Bedingungen dürfte die Scheidung zwischen einem hoch integrierten „produktivistischen Leistungskern" (den ökonomischen, politisch-administrativen und technischen Eliten, der qualifizierten Facharbeiterschaft, den primär ökonomisch ausgerichteten Zweigen des Dienstleistungssektors) einerseits und den professionellen Sinnvermittlern (vor allem im Bereich der Humandienstleistungen), den marginalisierten Gruppen (Alte, Gastarbeiter, Arbeitslose) und sich selbst ausgrenzenden Rückzugs- und Verweigerungspotentialen andererseits voranschreiten. Nicht nur Politik und Kultur treten auseinander, wie es Daniel Bell bereits frühzeitig gesehen hatte. Vielmehr vollzieht sich daneben, aus teils ganz anderen Gründen, ein ökonomisch bedingter Segregationsprozeß mit neuen Konfliktfronten, ohne daß diese Scheidelinien ganz zur Deckung kämen. Zusätzlich können unterschiedliche gesamtpolitische Optionen diese Linien konturieren oder brechen, so daß wir erst nach der Skizze dieser generellen Lösungsmuster systematischer auf die möglichen gesellschaftlichen Konfliktlinien eingehen können.

Die gesamtpolitischen Optionen: Neokonservatismus, Sozialdemokratie oder „Dritter Weg"?

Sieht man einmal von den spezifischen historisch-politischen Konstellationen in den USA und in Japan ab, so lautet die Preisfrage in allen entwickelten westlichen Industriegesellschaften: Neokonservatismus oder Sozialdemokratie? Diese Frage wird freilich *innerhalb* der Voraussetzungen und Leitlinien der herkömmlichen Fortschrittsidee gestellt — neue soziale Bewegungen liegen jedoch quer dazu, auch wenn ihre Affinität zur Sozialdemokratie ungleich größer ist. Die modernismusimmanente Grundsatzentscheidung findet ihren Kern in der Alternative „mehr Markt" oder „mehr Staat", obgleich sie weit darüber hinausreicht. Letztlich ist der Streit zwischen den ökonomischen Schulen der Monetaristen und der Fiskalisten nicht ein wissenschaftlicher Diskurs über die Optimierung von Steuerungsinstrumenten, sondern er ist eingebunden in gesamtgesellschaftliche Wertvorstellungen und daraus abgeleitete politische Prioritäten.

So ist unverkennbar, daß der Neokonservatismus an die materielle Einlösung des Gleichheitspostulats nicht glauben kann und will; daß er in der „partizipatorischen Revolution" (Kaase) den Weg in eine führungslose, anarchische und sich in Konflikten paralysierende Gesellschaft sieht. Umgekehrt will die Mehrheit der Sozialdemokratie nicht nur eine Gleichheit der Startchancen, sondern auch eine Gleichheit der Rennbahnen. Daß nicht alle zugleich ins Ziel kommen, soll von ihrer *Anstrengung* zur Leistung, nicht von ihrem tatsächlichen Leistungsvermögen abhängen. Wen zudem Steine auf seiner Bahn behindern, der soll Anspruch auf kollektive Hilfe haben. Die frühbürgerliche, bereits von Hobbes verwendete Metapher der Rennbahn bleibt jedoch in beiden Fällen unangetastet. Erst mit den postmaterialistischen und anti-modernistischen Wertvorstellungen kam in politisch relevanter Form die Frage auf, warum denn jeder wie besessen zu laufen hätte und ob nicht unter den heutigen Bedingungen der Lauf in eine Sackgasse führe. Bezeichnenderweise finden heute auch die ,,Altkonservativen'', die sich diese Frage von jeher zu ihrem Anliegen gemacht hatten, unter den neuen Protestgruppen verstärkt Gehör, auch wenn sie angesichts konkreter Problemlagen mit leeren Händen dastehen mögen.

Haben die Sozialdemokraten ihr Instrumentarium gesellschaftspolitischer Steuerung und des darauf folgenden Krisenmanagements entweder nicht zur Anwendung bringen können oder weitgehend ausgereizt (und sind deshalb durchwegs ernüchtert), so wirken der rhetorische Schwung und die Aufbruchstimmung der Neokonservativen eigentümlich hohl: Selbst wider alle Anzeichen angenommen, die Weltwirtschaft käme kraft neokonservativer Rezepte in Trab, so wäre nur ein Teil der Probleme gelöst. Das Wachstum, zumal unter konservativen Rahmenbedingungen, hätte seinen sozialen und ökologischen Preis, bestimmte Folgekosten und Konflikte wären vorprogrammiert. Eine sozialdemokratische Regie hätte zumindest unter dem Druck objektiver Problemlagen wie unter dem politischen Druck modernismuskritischer Kräfte die potentielle Fähigkeit, neue Wege zu beschreiten. Ein solcher ,,Dritter Weg'' existiert derzeit allenfalls als schemenhafter Wegweiser. Er wird weder der ideologischen Enge des ,,Dritten Weges'' der Anthroposophen noch den rasch verblichenen Spuren eines ,,Prager Frühlings'' und des daraus abgeleiteten ,,Dritten Weges'' (Ota Sik) folgen können. Seine Konturen, jedoch noch nicht notwendig seine Durchsetzungschancen, werden allenfalls dort erkennbar, wo sich der aufklärerische, postmaterialistische und anti-modernistische Gehalt neuer sozialer Bewegungen verbindet. Nicht die Moderne, nicht die Industrie und auch nicht die Technologie stehen dabei — allen Mißverständnissen zum Trotz — in Frage.

In weitgehender Anlehnung an die von Brand (1982: 155 ff.) skizzierten gesellschaftlichen Konfliktdimensionen von rechts/links, materialistisch/postmaterialistisch und modernistisch/anti-modernistisch versuchen wir im folgenden die wahrscheinlichen Kräftekonstellationen zu benennen. Die erste Dimension umschreibt das seit dem 19. Jahrhundert dominierende Konfliktmuster in bezug auf Fragen der Verteilungsgerechtigkeit und damit des Zugangs zu den ökonomischen und politischen Schalthebeln. Diese Frage trennt auch heute noch Konservative und Sozialdemokraten/Sozialisten, obgleich sich mit der Einrichtung des modernen Sozialstaats die Positionen zunehmend angenähert haben. Dagegen finden sich beide politischen Fraktionen gemeinsam auf der Seite des Materialismus wie des Modernismus, sieht man einmal von den traditionalen Strömungen des Anti-Modernismus im konservativen Lager und den postmaterialistischen Minderheiten im sozialdemokratischen Lager ab. Die Mehrheit der Träger neuer sozialer Bewegungen wiederum vertritt linke, postmaterialistische und anti-modernistische Positionen, während eine kleine Minderheit im konservativen Lager, eine stärkere Minderheit im sozialdemokratischen Lager verwurzelt bleibt. Der harte, tendenziell gegenkulturelle Kern neuer sozialer Bewegungen wird dort ausgeformt, wo sich linke, postmaterialistische und anti-modernistische Standpunkte überschneiden und zugleich radikalisiert werden. Entsprechend kann auch ein harter Gegenpol im etablierten Lager identifiziert werden. Zwischen diesen Extremen ist jeglicher direkte Brückenschlag aussichtslos. Somit plädiert der etablierte Kern gegenüber seinem Antipoden für eine konsequente Strategie der Ausgrenzung und Stigmatisierung, die jedoch unter den gegebenen parteipolitischen Konstellationen mehr oder weniger stark gebrochen wird.

Zumindest in der Bundesrepublik präsentieren sich mit der CDU/CSU konservative Gruppen als weitaus stärkste politische Kraft. Von der nach rechts gerückten und zugleich geschwächten F.D.P. dürfte nur eine geringe Bremswirkung ausgehen. Somit ist gegenüber den Protestbewegungen eine klare Politik der Distanzierung oder aber — weitaus wahrscheinlicher — eine Doppelstrategie der Integration gegenüber den „Gutwilligen" und „Gutgläubigen" und der Ausgrenzung gegenüber den notorischen „Systemveränderern" zu erwarten. Die Sozialdemokratie, ohne die partielle Zusammenarbeit mit den Grün-Alternativen zunehmend an Bedeutung verlierend, wird sich so stärker für die „neuen" Themen und Gruppen öffnen; es sei denn, die ökonomische Situation verschärft sich in einem derartigen Ausmaß, daß im Sog möglicher Arbeitskämpfe auch die Sozialdemokraten und die Gewerkschaften eine erneute Aufwertung erfahren. Eine faktische Polarisierung von „Ökonomie versus Ökologie“, so verkehrt diese Alternative auch sein mag, würde zweifellos traditionelle linke Positionen revitalisieren.

Die Sozialdemokratie steht vor der Frage, ob sie in fallweiser Zusammenarbeit mit den Grün-Alternativen eine auf inhaltliche Gemeinsamkeiten abgestützte Oppositionsrolle wahrnehmen oder aber sich nach zwei Seiten zugleich strikt abgrenzen soll. Letzteres beinhaltet eine teilweise Rücknahme ihres Charakters als catch-all-party und somit eine Verengung des Wählerspektrums, verspricht jedoch die Möglichkeit einer parteipolitischen Profilierung und programmatischen Erneuerung. Die erste Möglichkeit könnte auf längere Sicht — in Verbindung mit den Grün-Alternativen — das politische Übergewicht, zumindest aber einen starken Bremseffekt gegenüber den Neokonservativen bedeuten. Der wechselseitige Preis dieser Option ist abzusehen: Verzicht auf Fundamentalopposition auf Seiten der neuen Protestparteien, materielle Zugeständnisse sowie Entfaltungs- und Experimentierräume in Sachen „neuer Politik“ auf Seiten der Sozialdemokraten. Derzeit gibt es noch keine klare Mehrheiten für die eine oder die andere Lösung. Dennoch sprechen die objektiven Problemlagen langfristig eher dafür, daß die Gemeinsamkeiten zwischen Sozialdemokraten und Grün-Alternativen stärker ins Blickfeld rücken. Unterscheidet man bei den Grün-Alternativen grob zwischen dem konservativ-anthroposophischen Lager (stark vertreten in Baden-Württemberg), den fundamentaloppositionellen Gruppierungen (Wortführer: Rudolf Bahro) und den pragmatischen Öko-Sozialisten (z.B. Thomas Ebermann), so spricht sich derzeit nur die letzte Gruppe eindeutig für eine enge Zusammenarbeit mit der Sozialdemokratie und den Gewerkschaften aus. Konservative Standpunkte und Topoi sind jedoch innerhalb der Grün-Alternativen nicht mehrheitsfähig und werden zudem von neokonservativer Seite okkupiert; fundamentalistische Positionen wiederum werden unter dem Druck von Kompromißzwängen ihre politische Unschuld verlieren. Die somit in Aussicht stehende Annäherung von Sozialdemokraten und Grün-Alternativen stellt beide Gruppen potentiell auf eine Zerreißprobe. Gleichwohl ist nicht zu erwarten, daß sich aus den kooperationswilligen Teilen beider Gruppen eine neue, eigenständige und kompakte Kraft formt, während zugleich rechte Sozialdemokraten zu den Konservativen abwandern und radikale, autonomistische Strömungen — freiwillig oder unfreiwillig — in ein subkulturelles Getto driften.

Gleich, welche dieser oder anderer Konstellationen man für möglich und wahrscheinlich halten mag: Nicht den zentralen Antagonisten, sondern den intermediären Gruppen zwischen den Extremen wird die künftige gesellschaftspolitische Schlüsselrolle zukommen. Nach allen Befunden langfristiger ökonomischer, sozialstruktureller und wertbezogener Wandlungen tendiert die „neue Mittelklasse" im Prinzip, wenn auch nicht mit gleicher Intensität und Konsequenz, zu den übergreifenden Zielen der neuen sozialen Bewegungen.

Bedingungen und Perspektiven einer anderen Gesellschaft

Die These, daß die neuen sozialen Bewegungen lediglich als Avantgarde einen breiteren sozialen Wandel ankündigen und damit eine historische Zäsur markieren, hat eine große Beweislast und wird sich letztlich erst ex post bestätigen oder widerlegen lassen. Daß sich die neuen Protestbewegungen entgegen vielen vorschnellen Prognosen nicht als Eintagsfliegen entpuppt haben, ist nicht mehr als ein schwaches Indiz für unsere starke Behauptung. Weder Lebensreformern, historischer Frauenbewegung oder bündischer Jugendbewegung, allesamt von längerer Dauer als die bisherigen neuen sozialen Bewegungen, gelang es, eine neue Ära einzuläuten.

Gerade in einer Phase, in der die „Wende" (Eppler) oder die „Umkehr" (Bahro) gefordert und in Zeitdiagnosen eine epochale „Mutation" (Touraine) in Aussicht gestellt wird, ist Nüchternheit geboten. Was vom bisherigen Bestand soll oder muß preisgegeben werden? Und was wird dafür eingetauscht? Neigen nicht alle Protestgruppen dazu, sich als Bewegung auszugeben und ihre eigene Mission als eine „historische" zu überhöhen?

Die hier vorgelegte Analyse des außerparlamentarischen Protests in der Bundesrepublik — aufschlußreich ist auch ein Blick in die europäischen Nachbarländer (vgl. Touraine 1982) — scheint die Vermutung zu bestätigen, daß er nur dann den Charakter einer breiten sozialen Bewegung annimmt, daß er nur dann die Universalität und Zentralität der „neuen" Probleme gegenüber den Sachzwängen des modernistischen Entwicklungspfades zur Geltung bringen kann,

a) wenn er die Kritik, die alternativen Entwürfe und die Realisierungsformen aus einer Radikalisierung der humanistisch-emanzipativen Werte der Moderne gewinnt,
b) wenn er die verschiedenen Momente des „Neuen" nicht vereinseitigt und in wechselseitiger Abgrenzung entwickelt,
c) wenn die Art der vorliegenden Probleme, der zentrale Konfliktgegenstand und die eigentlichen Konfliktgegner angemessen, d.h. auf der Höhe „spätkapitalistischer" oder „postindustrieller" Vergesellschaftung gedeutet werden.

Inwieweit sind diese Bedingungen gegeben oder in absehbarer Zukunft einlösbar?

— Die politisch und kulturell dominanten Gruppierungen innerhalb der neuen sozialen Bewegungen knüpfen in der Tat, wenn auch nicht immer auf dem Boden eines historischen Bewußtseins, am Werthorizont der Moderne an, um dessen aufklärerisch-emanzipativen Gehalt zu reaktivieren. Dafür sprechen der hohe Rang von Demokratisierungs- und Partizipationspostulaten, die Suche nach egalitären und solidarischen Gemeinschaften, die starke anti-autoritäre Komponente, das Mißtrauen gegenüber allen Formen von Fremdbestimmung und Bevormundung. Dagegen stehen staatsfixierte, autoritative Gesellschaftsentwürfe und konservativ-reaktionäre Wertorientierung eindeutig im Hintergrund. Dies gilt in gleicher Weise für traditionale, vormoderne Einsprengsel innerhalb der neuen sozialen Bewegungen wie für die bewußt anti-rationalistischen Strömungen innerhalb der Frauen- und Alternativbewegung, wenngleich romantisch-rückwärtsgewandte Topoi und Sozialutopien gerade unter der erdrückenden Vorherrschaft des modernistischen Entwicklungspfades eine beträchtliche Faszinationskraft ausüben. Die bei aller „Sanftheit" erkennbare Intoleranz und der moralische Rigorismus dieser Gruppen rühren aus einer gesteigerten Sensibilität gegenüber der Verdrängung sinnlicher Erfahrung und emotionell-expressiver Bedürfnisse, doch sie tragen den Keim des Sektenhaften in sich und drohen in ihrem spezifischen Anti-Modernismus hinter das aufklärerische Potential der Moderne zurückzufallen. Die Kritik technisch-instrumenteller Vernunft wird dort zu einem bornierten Unterfangen, wo sie dieses Vernunftprinzip als solches preisgibt, anstatt es lediglich in gesamtgesellschaftlich sinnvolle und weniger zerstörerische Bahnen zu lenken.

Ähnlich problematisch sind Freund-Feind-Schemata, Intoleranz und aktionistischer Tatendurst (bis hin zu „revolutionärer Ungeduld") im Lager militanter Gruppierungen. Hier geht die Sensibilität für neue Qualitäten der Protestbewegungen und ganz generell jegliches Differenzierungsvermögen verloren. Während die konventionelle Politik samt ihrer bürgerlich-rechtsstaatlichen Errungenschaften nur noch als „Schweinesystem" wahrgenommen wird, scheut man sich zugleich nicht davor, durch handgreifliche Zensur- und Racheakte Andersdenkende innerhalb der Protestbewegungen auf den „richtigen" Kurs zu bringen.

— Weitaus eindeutiger scheint die Einlösung der zweiten Bedingung. Die zunächst aus punktuellen Betroffenheiten und Leidenserfahrungen entwickelten Momente einer Neubestimmung des Verhältnisses zur menschlichen Natur, zur äußeren Natur, zur Ökonomie, zur Politik und zur Gesellschaft entfalteten sich anfangs weitgehend getrennt und fanden in den verschiedenen Bewegungen und politisch-ideologischen Positionen auch einen unterschiedlichen qualitativen und quantitativen Niederschlag. Erkennbar ist jedoch vor allem in den letzten Jahren eine zunehmende Verschränkung und Generalisierung dieser „neuen" Elemente, die schließlich einen vagen, ganzheitlichen Entwurf einer anderen Gesellschaft abgeben. Nur die gegenseitige Abschottung der an spezifischen neuen Momenten anknüpfenden Protestgruppen und die Vereinseitigung einzelner Elemente eines alternativen Paradigmas könnte den erkennbaren Trend umkehren. Zweifellos gibt es, etwa in der Überbetonung von Bewegungs- *oder* Organisationsprinzipien, in der Verabsolutierung rationalistischer *oder* spiritualistischer Momente, Anzeichen einer möglichen Desintegration. Doch der generelle Trend weist doch in die Richtung eines *gemeinsamen* Zukunftsentwurfs.

— Ob die Problem- und Politikperzeptionen und ob die gesellschaftlichen Zukunftsentwürfe neuer sozialer Bewegungen „auf der Höhe der Zeit" angesiedelt sind, ist vor allem eine Frage einer „angemessenen" Gesellschaftstheorie. Allein die Quellen von Alltagserfahrung und Intuition, die Freisetzung von Phantasie und der Mut zu neuen Experimenten werden hier nicht zureichen. Auf *analytischer* Ebene hat die Kritik modernistischer Gesellschaften als ein reflexiver Verständigungsprozeß über die „Bewegungsgesetze" dieser Gesellschaft abzulaufen. Sie muß über Freund-Feind-Klischees, Verdinglichungen, organizistische oder technizistische Analogien und „Patenterklärungen" hinauskommen. Auf *konstruktiver* Ebene müssen die Untiefen eines kurzfristig orientierten Pragmatismus wie auch eines falschen, d.h. auf Scheinkonkretheit und Reißbrettplanungen fixierten Utopismus umgangen werden. Nicht Vordenker, sondern massenhafte praktische Erfahrungen und Experimente in den unterschiedlichsten Bereichen können eine adäquate konkrete Utopie liefern — eine Utopie, die nicht als fertiger Bauplan, sondern nur als vielschichtiger, permanenter Erfahrungs- und Lernprozeß der Komplexität heutiger Problemlagen gerecht werden könnte. Auf *strategischer* Ebene schließlich wären die von traditionell-militärischer oder revolutionärer Logik geprägten Denkkategorien preiszugeben. Unter den heutigen Bedingungen sind eindeutige Frontlinien oder alles entscheidende Feldschlachten mehr als unwahrscheinlich. Dem bisherigen Fortschrittskonzept liegen abstrakte Funktionsprinzipien zugrunde, die nicht „über Nacht", nicht durch einen wie immer gearteten „Machtwechsel" außer Kraft gesetzt werden können. Langer Atem und beharrliche, diskursive Kärrnerarbeit müßte sich mit utopischer Radikalität verbinden. Freilich wäre es ebenso naiv zu glauben, eine andere Gesellschaft ließe sich auf „sanftem" Wege, also fernab von Macht- und Verteilungskonflikten durchsetzen.

Will man die genannten Bedingungen als kritische Maßstäbe akzeptieren, so wird deutlich, in welch unterentwickeltem und prekärem Stadium sich die neuen sozialen Bewegungen in ihrer großen Mehrheit befinden. Erst wenn sie in ihrer emphatischen Programmatik nicht hinter ihre großen Vorläufer, die bürgerlich-revolutionäre Aufklärung und die Arbeiterbewegung, zurückfallen, erlangen sie jene inhaltliche Generalisierung und jene rationale *und* moralische Qualität, die sie dazu befähigen könnte, ein neues Gesellschaftsmodell zu befördern. Und erst wenn sie ihre eigene Struktur (und damit auch die Kritik gesamtgesellschaftlicher Strukturen) dauerhaft an emanzipative Werte binden, ließen sich die im Modernismus auseinandergefallenen Elemente von Zweck und Mittel, von Inhalt und Form, zusammenfügen. Alle auf institutionelle Lösungen zielenden Entwürfe der neuen sozialen Bewegungen sind bislang nicht mehr als Stückwerk — oft in sich widersprüchlich (etwa hinsichtlich der Organisation der Ökonomie), überabstrakt oder allzu konkretistisch.

So bleibt als Fazit der Befund, daß die neuen sozialen Bewegungen inmitten eines Gärungsprozesses stecken, der freilich mehr Hoffnungen als Befürchtungen weckt. Wenn überhaupt, so sind die neuen sozialen Bewegungen derzeit allenfalls Indikatoren, aber nicht schon die Garanten einer anderen und besseren Gesellschaft. Selbst wenn sie als solche den potentiellen Rang einnehmen können, den ihnen etwa Touraine zuweist, halten wir es für fraglich, ob sie jene singuläre Identität gewinnen, die in der Hoffnung auf *eine* soziale Bewegung anklingt.

Anmerkungen

1 Die nicht zu leugnenden Tendenzen einer „Renaturalisierung", eines verstärkten Regionalismus, einer Renaissance des Heimatgedankens etc. in den alternativen Bewegungen sind u.E. nicht unbedingt gleichzusetzen mit einer Regression auf vergangene wirkliche oder vermeintliche Gemeinschaftsidyllen. Sie können sehr wohl auch Ausdruck einer bewußten und gewollten Entscheidung sein für eine Abbindung der menschenverachtenden Ort- und Substanzlosigkeit der modernen Superstrukturen zugunsten von Überschaubarkeit, Basisdemokratie, kultureller Identität und unentfremdeten, naturfreundlichen Lebensstilen. (Vgl. auch Fetscher 1980: 79 und Dahrendorf in: Habermas 1979: 218)

2 Robert Spaemann hierzu: „Das Neue in dieser Situation (in der die Natur selbst in den Verantwortungsbereich menschlicher Freiheit rückt) liegt ... darin, daß diese potentielle Freiheit ihre sinnvolle Realisierung nicht mehr durch ein Tun, sondern nur durch ein Lassen finden kann." (Spaemann in: Löw 1981: 112)

3 Atomenergie, Gen-Manipulationen und Überwachtungstechniken sind nur einige Beispiele, wo das „vorgestellte malum die Rolle des erfahrenen malum übernehmen" muß (Jonas 1979: 64). Jonas plädiert daher für eine „Heuristik der Furcht" als „erste Pflicht der Zukunftsethik".

4 „Diese radikale Trennung, deren Äquivalent die Lohnarbeit ist, bewirkt, daß 'das Produkt der Arbeit nichts mit Bedürfnissen zu tun' hat. Sie ist nicht nur die Wurzel der Frustrationsmechanismen in der Konsumgesellschaft, sie ist überhaupt konstitutiv für die Industriegesellschaft: Ungehemmte Arbeitsteilung, ständige Erhöhung der Produktivität, Umformung der Arbeit wie nahezu aller Produkte in Waren, Verselbständigung der Technik, der ganze 'entfremdende' Rattenschwanz ist angewachsen an der Trennung von Produktion und Konsum, dem Urelement des Industrialismus." (Strasser/Traube 1981: 67)

5 Habermas spricht vom „hypertrophe(n) Wachstum der mediengesteuerten Subsysteme, welches ein Übergreifen administrativer und monetärer Steuerungsmechanismen auf die Lebenswelt zur Folge hat" (1981: 489).

6 Das ausschließlich taktische Verhältnis der SPD zur „Volksbefragung" wird in der von Otto (1977) zitierten Äußerung besonders deutlich. „Am 13. Juni 1958 äußerte Carlo Schmid — der die SPD im Volksbefragungs-Verfahren vor dem BVerfG vertrat — in einem Rundfunkgespräch, er sei grundsätzlich gegen Plebiszite; auch die Frage der atomaren Rüstung solle durch die gewählten Organe, nicht durch Volksabstimmungen entschieden werden." (Otto 1977: 62)

7 Vgl. ausführlicher dazu: Fichter/Lönnendonker 1977; Bauß 1977; Kukuck 1977; Langguth 1977; Mosler 1977.

8 Mayer-Tasch unterscheidet in seiner neu bearbeiteten Monographie über die Bürgerinitiativbewegung nur grob zwischen einem „erste(n) Stadium

eher punktuell ansetzender Initiativarbeit" und einem ab Mitte der 70er Jahre erkennbar werdenden „zweite(n) Stadium der thematischen Generalisierung und Programmatisierung der Bewegung. Die parteipolitische Formierung des 'grünen Protests', ..., wird man als eine Sonderform dieser Generalisierung und Programmatisierung der Bürgerinitiativbewegung betrachten müssen." (1981: 220). Diese Sichtweise entspricht weitgehend der von Guggenberger (vgl. 1980: 102 ff.), der allerdings ab etwa 1975 eine differenzierte Stufenfolge ausmacht. Wird hier in den drei ersten Phasen auf die Art der Problemhandlung, dann auf die Form der Bewegung abgestellt, so projiziert Rammstedt (vgl. 1980: 493 ff.) einen aus verschiedenen historischen Realtypen abstrahierten idealtypischen Entwicklungsgang sozialer Bewegungen auf die Bürgerinitiativen. Der *potentielle* Entwicklungsverlauf seines Modells ist vorgezeichnet durch eine Krisensituation, die von einer Bewegung aufgregriffen, dramatisiert und schließlich ideologisch verarbeitet wird. Mit zunehmender Organisierung und Institutionalisierung der Bewegung gibt diese ihre konstitutive Formbestimmung preis und kann nun — auf der Grundlage wechselseitiger Zugeständnisse — durch das System der etablierten Politik in ihrem oppositionellen Gehalt neutralisiert und personell integriert werden. Ruch wiederum interpretiert die Entwicklung der Bürgerinitiativbewegung als kumulative politische Lernschritte und typisiert — ähnlich wie Rammstedt — verschiedene Etappen entsprechend den strategischen Konfliktmustern, ohne allerdings von einer „geschlossenen" Modellvorstellung ausgehen zu wollen. Einen Überblick gibt folgende Zusammenstellung:

Schema: Entwicklungsphasen der Bürgerinitiativbewegung

Zeitverlauf	Mayer-Tasch	Guggenberger	Rammstedt	Ruch
ca. 1967			1. Propagierung der Krisenfolgen	1. Nebeneinander von Ein-Punkt-Aktionen
1973	1. punktuell ansetzende Initiativarbeit	1. pragmatische Einzelfallanalyse	2. Artikulation des Protests	2. Formierung als soziale Bewegung
1975				- organisatorische Verflechtung
1976	2. thematische Generalisierung und Programmatisierung der Bewegung	2. theoretische Aufarbeitung des Problemspektrums		- thematische Erweiterung
			3. Intensivierung	- Radikalisierung des Protests
1977		3. programmatische Phase		3. Suche nach Alternativen
1978				- parlamentarischer Weg
				- außerparlamentarische Aktion
1980		4. organisatorische Phase	4. Artikulation der Ideologie	- Gegenentwürfe
				- neuer Lebensstil
				- strategische Unsicherheit

274

9 Thaysen (1980: 196 ff.) unterscheidet die lose koordinierten, spontan ins Leben gerufenen und meist als lokale oder kommunale Selbsthilfegruppen auftretenden Bürgerinitiativen der *ersten* Generation von den eher planvoll entstandenen und auf regionaler oder überregionaler Ebene agierenden Initiativen der *zweiten Generation*, die sich etwa ab 1973/74 verstärkt ausbreiten. Eine ähnliche Sichtweise vertritt Karl (1981: 79 ff.), der Tendenzen „vom isolierten Anlaß zur Kooperation/die Koordination über Regional- und Bundesvereinigungen/vom partikularen Problem zur gesamtgesellschaftlichen Sichtweise" ausmacht. Guggenbergers Phasenbestimmung — bis etwa 1975 „pragmatische Einzelfallanalyse", dann „theoretische Aufarbeitung des Problemspektrums" — entspricht inhaltlich in etwa der hier vorgelegten Interpretation, setzt jedoch mit dem Jahr 1975 die Zäsur deutlich später an.

10 In der bislang einzigen empirischen Studie zu den internen Kommunikationsstrukturen von Bürgerinitiativen registriert M. Schenk (1982) — allerdings auf der Basis von nur zwei untersuchten Gruppen und mit z.T. fragwürdigem methodischem Instrumentarium — eine deutliche Differenzierung von „Kernmitgliedern" und „Nicht-Kern-Mitgliedern". Letztere sind von den zentralen Kommunikations- und Entscheidungsprozessen weitgehend abgekoppelt. Dieses Ergebnis steht in krassem Widerspruch zu dem Anliegen von Bürgerinitiativen, „oligarchische Organisationsstrukturen" zu überwinden. Schenks Befund ist nicht gerade überraschend und ist nahezu jedem Aktivisten bekannt, wäre jedoch erst aussagekräftig, wenn er zur Kommunikationsstruktur von Verbänden, Parteien, Kirchen usw. in Relation gesetzt würde.

11 So wurde z.B. die Zahl der Bürgerinitiativen von Bieber (1977) auf 38.000, von Stein-Ruegenberg (1976) gar auf 50.000 geschätzt (vgl. Rüdig 1980: 135). Ebenso wurde jahrelang die Mär verbreitet, der Bundesverband Bürgerinitiativen Umweltschutz repräsentiere etwa 300.000 Menschen.

12 Nach wie vor besteht ein dichtes Netz von Anti-Atomkraftinitiativen, so daß man zu Recht von einer Anti-Atomkraft*bewegung* sprechen kann. Die Kontinuität des Widerstands in Wyhl und Gorleben, die Einbindung des unerwartet heftigen Widerstands an den Standorten geplanter Wiederaufarbeitungsanlagen in Hessen, Bayern und Rheinland-Pfalz, bundesweite Projekte wie die Erstellung einer Massenbroschüre, die Herausgabe von regelmäßigen Anti-Atomzeitschriften, die Existenz von überregionalen, projektbezogenen Arbeitskreisen und die anvisierte Fortsetzung der Bundeskonferenzen belegen dies.

13 So verweist Roth „auf eine Schwäche der westdeutschen Bürgerinitiativen. Sie haben es nur in bescheidenen Ansätzen vermocht, sich als soziale und politische Bewegung zu konstituieren. Es fehlt noch in vielen Bereichen ein eigenes übergreifendes Kommunikationsnetz und eine experimentelle, gegenkulturelle Scene, die ihr auch gegenüber der politischen Bühne eine gewisse Eigenständigkeit verleihen könnte." (1980: 94). Legen diese Formulierungen jedoch nahe, die Bürgerinitiativbewegung befinde sich (noch) in einem Vorstadium, so vermuten wir eher, die Bewegung sei bereits in einer Phase der Auflösung bzw. Entmischung.

14 Vgl. auch die Interpretation von Zyklen der Ökologiebewegung bei Kitschelt (1980a: 110 f.). Der Autor registriert — freilich im engeren Sinne für die Anti-Kernkraft-Bewegung — einen ersten Aufschwung im Jahre 1978, eine erneute Mobilisierungswelle 1979, die jedoch im Herbst des gleichen Jahres bereits wieder abklingt.

15 Als einer der ersten forderte der Schriftsteller Theodor G. v. Hippel (Über die bürgerliche Verbesserung der Weiber, Berlin 1792) die bürgerrechtliche Freiheit und Gleichheit für Frauen. Ähnliche Positionen vertrat Anfang des 19. Jahrhunderts Thomas Paine, ein Anhänger Rousseaus.

16 So wurde z.b. der „Verein zur Förderung der Erwerbstätigkeit des weiblichen Geschlechts" (nach seinem ersten Vorsitzenden auch „Lette-Verein" genannt) von Männern geleitet. Er war zunächst dem „Allgemeinen Deutschen Frauenverein" an Mitgliederzahl und Finanzkraft überlegen. Bezeichnenderweise lehnte der „Lette-Verein" die „politische Emanzipation und Gleichberechtigung der Frauen", und sei es auch für „noch so ferne Jahrhunderte", auf das entschiedenste ab.

17 Die „Vereinigung konservativer Frauen", der dem Zentrum zugeordnete „Windhorstbund", der betont konservative „Deutsch-Evangelische Frauenbund" und Teile des „Katholischen Frauenbunds Deutschland" lehnten das Stimmrecht für Frauen ab. Auf der anderen Seite trat die Mehrheit des „Bunds Deutscher Frauen" für das Stimmrecht ein.

18 In den Worten von Clara Zetkin: „Die Sache der Frau und die Sache der Arbeiter gehören untrennbar zusammen und finden ihre letzte Lösung nur in einer sozialistischen, auf Emanzipation der Arbeit vom Kapitalisten begründeten Gesellschaft. Die Frau hat darum für ihre volle Emanzipation nur von der sozialistischen Partei etwas zu erwarten. Die Bewegung der bloßen Frauenrechtlerinnen kann in einzelnen Punkten gewisse Vortheile erzielen, sie kann jedoch nie und nimmer die Frauenfrage lösen." (Zit. nach Krechel 1975: 57 f.)

19 Der unmittelbare Anstoß zu diesen Projekten kam vom „Aktionsrat zur Befreiung der Frau". Während des Vietnam-Kongresses im Februar 1968 in Berlin hatten die Mütter erstmals ihre Kinder mitgebracht und betreuten sie abwechselnd in der Vorhalle des Veranstaltungsraumes. Nach dieser Aktion wurden innerhalb von wenigen Monaten in verschiedenen Berliner Stadtteilen Kinderläden gegründet, die ab August 1968 den „Zentralrat der sozialistischen Kinderläden West-Berlins" konstituierten.

20 Eine Inhaltsanalyse der Frauenemanzipations-Literatur von 1968 bis 1973 (vgl. Nave-Herz u.a. 1975) operiert mit vier Grundkonzepten (das humanistisch-aufklärerische Konzept, das marxistisch- und radikal-sozialistische Konzept, das Gleichberechtigungskonzept und das radikal-feministische Konzept; kritisch dazu Schröder 1976). Dabei wird speziell für das Jahr 1972 ein hoher Anteil der marxistisch- und radikal-sozialistischen Literatur registriert, der dann rapide zurückgeht.

21 Vor allem das zuerst 1975 erschienen Buch „Häutungen" von Verena Stefan (1976 bereits in fünfter Auflage) signalisierte einen neuen Umgang mit der Sprache und wirkte bahnbrechend. Eine sehr informative Analyse der Begrifflichkeit der feministischen Bewegung bietet Hoffmann (1979).

22 Nach Hagemann-White u.a. existierten 1981 in der Bundesrepublik bereits rund 60 Frauenhäuser. Die Berliner „Tageszeitung" vermerkt in einem Bericht (26.10.1982) über das zehnte nationale Treffen von Vertreterinnen der autonomen Frauenhäuser, daß es bereits 120 Frauenhäuser gäbe. Hier werden vermutlich bestehende Frauenhäuser und Initiativen zur Gründung solcher Einrichtungen zusammengezählt. Trotz der großen Zahl von Frauenhäusern sollte u.E. der Begriff der sozialen Bewegung nicht inflationiert werden, indem man — wie etwa Hagemann-White (1983) — von einer Frauenhausbewegung spricht.

23 Der Aspekt der ungleichzeitigen Entwicklung der neuen Frauenbewegung in den Metropolen und in der Provinz wird eindrucksvoll herausgearbeitet bei Dornemann (1981). Als einen Grund für das Nachhinken von Teilen der Frauenbewegung nennt die Verfasserin das „'Ausbluten der provinziellen Szene', durch den freiwilligen und unfreiwilligen Wegzug von Aktivistinnen", der „permanent die ohnehin mühsame Aufrechterhaltung der Kontinuität in der politischen Arbeit" sabotiere (1981: 89).

24 Dieser Begriff findet sich zuerst im Frauenjahrbuch '76 (S. 63), konnte sich jedoch nicht durchsetzen. Als Synonym dafür steht heute meist der Begriff des „radikalen Feminismus", wie ihn z.B. die Redaktion der Zeitschrift „Emma" für sich reklamiert, ohne freilich das durchaus breitere Spektrum der Radikalfeministinnen abdecken zu können oder zu wollen.

25 Schwarzer sieht in Tendenzen der „neuen Weiblichkeit" den Einbruch einer „Konterrevolte" in die Reihen der Frauenbewegung (vgl. 1981: 5); Doormann beklagt den Hang zum Irrationalen, die Theorie- und Organisationsfeindlichkeit, die Selbstbeschränkung aufs Private als Symptome, welche radikalfeministische Gruppen mit der Sponti- und Alternativbewegung teilten (vgl. 1979: 69); Schenk, die die Parallelen zwischen altem und neuem Weiblichkeitsmythos aufzeigt, bezeichnet diesen schlicht als „reaktionär", weil er freiweillig eine kulturell zugeschriebene Regieanweisung für Weiblichkeit übernimmt" (1981[2]: 162).

26 Die „Fraueninitiative 6. Oktober" entstand einen Tag nach der Bundestagswahl 1980 mit dem Ziel, künftig — trotz Beibehaltung der unterschiedlichen ideologischen und organisatorischen Positionen — das Anliegen der Frauenemanzipation wirksamer im Feld der institutionalisierten Politik zu vertreten. Allerdings konnten die Differenzen hinsichtlich des „richtigen" Wahlverhaltens (Wahlboykott, Wahl der SPD oder der GRÜNEN, Stimmensplittung) nicht beigelegt werden. Damit ist die Initiative weit von dem holländischen Vorbild entfernt, wo sich die Frauenorganisationen der sechs größten Parteien auf eine gemeinsame Plattform einigen konnten.

27 Treibende Kraft dieser Bemühungen ist Hannelore Mabry, die sich jedoch in der Frauenbewegung schon seit Jahren isoliert hat. Ihr geradezu manischer „Kampf um's Mikrophon" (Der Feminist 1/1982, S. 25) führte bereits mehrfach zu einem handgreiflichen Rausschmiß Mabrys aus verschiedenen Veranstaltungen (so bei der zweiten „...Hamburger Frauenwoche" im März 1982 und bei der sechsten Berliner „Sommeruniversität für Frauen" im Oktober 1982...). Die Gruppe um Mabry sieht gegen den von ihr propagierten „politischen Feminismus" eine „Einheitsfront von Neomarxismus, DKP und Lesbinismus" am Werk.

28 Unter dem Titel „Der Weiblichkeitswahn" veröffentlichte Betty Friedan ihr erstes, für die Frauenbewegung sehr einflußreiches Buch (die Originalausgabe erschien 1963). Die Autorin wurde Gründungsmitglied und erste Präsident der National Organization for Women (NOW), die derzeit rund 150.000 Mitglieder hat. Friedan glaubt heute, daß die damals propagierte Politik der Separierung von den Männern und der wütenden Attacken nun überwunden werden müsse. Erforderlich sei die Abkehr von der Form einer reinen „Gegenbewegung", die Hinwendung zum gemeinsamen Kampf mit den Männern, zur stärkeren Berücksichtigung der Familie usw. Diese Konversion Friedans (vgl. dazu auch DIE ZEIT v. 29.2.1982, S. 70, „Die Mutter der Revolution schilt ihre Kinder") rief

v.a. bei den Radikalfeministinnen in der Bundesrepublik heftige Gegen-
reaktionen hervor.

29 Von Außenstehenden wird sowohl die Zahl als auch die „strategische" Bedeutung der Lesbierinnen in der Frauenbewegung unterschätzt. Das Urteil
von Sabine Zurmühl ist u.E. durchaus zutreffend: „Innerster Kern dieser
Frauenprojekte sind mit Sicherheit die (lesbischen, die Verf.) Frauenprojekte. Die bilden inzwischen die eigentliche Kommunikationsstruktur."
(in: Haase-Schur u.a. 1983: 190) Im Gespräch mit Feministinnen ist zu
erfahren, daß sich „Heterofrauen" in ursprünglich „gemischten" Frauen-
projekten von Lesbierinnen regelrecht herausgedrängt sehen. Eine deutliche
Kritik am „Separatismus" der Lesbierinnen übt z.B. Grace Ti-Atkinson
(vgl. Courage 8/1982); etwas verhaltener, aber analog argumentiert Friedan (1982).

30 So heißt es z.B. in einer Diskussionsvorlage von Kathrin Trautmann zur
6. Berliner Sommeruniversität für Frauen: „Die 'Frauenbewegung' ist
tot. Sie bewegt sich nicht mehr. Sie ist zu einem Frauenzustand geworden. Die (sog.) 'Frauenbewegung' wurde ins System integriert." (Tageszeitung v. 4.10.1982, S. 10). Für die amerikanische Frauenbewegung zieht
die Radikalfeministin Grace Ti-Atkinson (vgl. Courage 8/1982) eine ver-
nichtende Bilanz, die auch in der bundesdeutschen Frauenbewegung eine
lebhafte Diskussion auslöste. Das z.T. durch Beispiele untermauerte Fazit
lautet: „Die Frauen haben in den vergangenen 15 Jahren *nichts* erreicht.
Sie haben sich nur vorgemacht, daß substanzielle Veränderungen erreicht
wurden." (zit. nach Tageszeitung v. 5.8.1982, S. 7)

31 Der Umfang und die Bedeutung anthroposophischer Gemeinschaften wird
weiterhin unterschätzt: Die anthroposophische Gesellschaft Deutschlands
soll an die 60.000 Mitglieder zählen. Sie stützt sich auf eine weitverzweigte
Infrastruktur von Krankenhäusern, Genossenschaftsbanken, selbstverwal-
teten Kindergärten und Schulen, Verlagen, alternativen Heil- und Therapie-
einrichtungen, Tagungsstätten, freien Kunstakademien, Arzneimittelfabri-
ken, biodynamischen Landwirtschaftsbetrieben usw. (Vgl. Huber 1979, in:
Kursbuch 55)

32 Der Buback-Nachruf findet sich u.a. abgedruckt in: Glotz Peter, Die Innenausstattung der Macht. München 1979, S. 169 f. Zur gerichtlichen Auseinandersetzung um die Veröffentlichung des Nachrufs vgl. Knödler-Bun-
ter u.a. 1978 (Abschnitt II).

33 Vgl. dazu: Brandes/Schön 1981; Haller 1981; Kursbuch 65, Der große
Bruch — Revolte 81; Müller-Münch 1981; Karasek 1981; Aust/Rosenbladt
1981; Laurisch 1981.

34 Das steht zu den weiter oben aus der Shell-Studie '81 zitierten Befunden
nicht in Widerspruch. Die überwiegende Rekrutierung der Jugendlichen,
die den konventionellen Lebensentwurf ablehnen, aus der oberen Mittelschicht bezieht sich auf die Gesamtheit der in den neuen sozialen Bewegungen engagierten Jugendlichen — nicht im speziellen auf die Träger der
Jugendrevolte 1980/81.

35 Dies ist zugleich ein wichtiges Unterscheidungsmerkmal zwischen der „alten" und der„neuen" Friedensbewegung: „In der Bewegung „Kampf dem
Atomtod" Ende der Fünfziger Jahre war nicht umstritten, daß Atome für
den Krieg schlimm, für den Frieden gut seien." (Eppler 1981: 36)

36 Bereits 1979 schrieb der BBU in seinem „Forderungskatalog für ein Öko-
Konzept in der BRD": „Die ökologische Bewegung ist auch eine Friedensbewegung: denn Rüstung und Krieg sind die sinnlosesten Arten der Res-
sourcen-Vergeudung, Umweltverschmutzung und Naturzerstörung..."

37 Noch 1978 z.B. klagte der damalige Bundespräsident Walter Scheel auf der Kommandeurstagung der Bundeswehr in Saarbrücken ein: „Ich glaube, eine derartige Scheu, sich mit den Grundlagen der eigenen Sicherheitspolitik vertraut zu machen, eine solche Angst, das Thema Militär auch nur in Gedanken zu berühren, findet sich nur in unserem Lande." (zitiert aus: Barth u.a. 1981: XX) Darauf, daß die Abwesenheit von öffentlicher Thematisierung nicht mit Zustimmung verwechselt werden darf, macht Ralf Zoll aufmerksam. Er konstatiert vielmehr ein „konstant ambivalentes Bild" der öffentlichen Meinung in Bezug auf Integration und Legitimität der Streitkräfte in der BRD. Bereits 1978 schreibt er: „Die Unkenntnis über die gültige Militärstrategie und ihre Implikationen ist sicher stärker zu werten als nur eine Informationslücke. Wenn die gültige Militärdoktrin beinhaltet, daß zur Verteidigung der Bundesrepublik notfalls auch Atomwaffen auf dem eigenen Gebiet eingesetzt werden, und wenn weiterhin nur noch 16,5 Prozent der Bevölkerung unter diesen Umständen der Ansicht sind, die Bundesrepublik solle sich überhaupt einem militärischen Angriff auf ihrem Territorium mit Waffengewalt widersetzen, dann muß im Rahmen des demokratietheoretischen Ansatzes hieraus auf ein erhebliches Legitimationsdefizit geschlossen werden." (1978: 34)

38 Spätestens mit dem sogenannten (geheimen) „Leitlinien-Dokument" des Pentagon, das inzwischen den offiziellen Stempel des amerikanischen Präsidenten trägt und das seinem Verteidigungsminister Caspar W. Weinberger als Grundlage für den neuen sicherheitspolitischen Fünfjahresplan (1984-88) dient, gehen die USA weit über die bisherige Abschreckungsstrategie des gesicherten Gegenschlages und selbst über die sogenannte Carter-Direktive 59 der selektiven strategischen Zielplanung hinaus und peilen eine umfassende und möglichst frühzeitige Zerstörung des sowjetischen Regimes an („war winning strategy"). Dabei sollte „im Extremfall" auch ein bis zu sechs Monaten anhaltender Atomkrieg („protracted conflict") für die USA letztlich siegreich überstehbar sein (vgl. SZ vom 17.8.1982 sowie v. Borch 1982: 6). Die Übersetzung des „New York Times"-Berichtes vom 31. Mai 1982 über das „Leitlinien-Dokument" ist abgedruckt in: Blätter für deutsche und internationale Politik; Dok. 8/82, S. 1011 ff.) Die bereits 1980 von Colin S. Gray in seinem berühmt-berüchtigten Aufsatz „victory is possible" (Foreign Policy No. 39) vorgeschlagene Atomstrategie der „Enthauptung" (decapitation) der UdSSR und der globalen Eskalationsdominanz (vgl. ders. 1982) hat sich damit endgültig durchgesetzt. (Gray wurde inzwischen strategischer Berater des US-Präsidenten)

39 Das erklärt auch u.E. plausibel einige Widersprüchlichkeiten in der Geschichte des sogen. Nachrüstungs-Beschlusses. Hatte Helmut Schmidt in seiner berühmten Londoner Rede 1977 nur allgemein von der Notwendigkeit gesprochen, angesichts des strategischen Patts der Supermächte ein regionales funktionales Gegengewicht zum sowjetischen Mittelstreckenwaffenpotential zu schaffen und dabei an eine Seestationierung gedacht, so entdeckten die zunächst zögernden Amerikaner inzwischen aus den oben genannten Gründen ihr großes Interesse an diesen „Nachrüstungswaffen", während die SPD neuerdings in der Opposition am liebsten die Pershing II — unabhängig vom Ausgang der sogenannten INF-Verhandlungen in Genf — von der möglichen „Nachrüstung" ausnehmen will.

40 Während der Harvard Professor Eliot A. Cohen (1982: 734) ernsthaft „den unschätzbaren Vorteil (der Europäer, die Verf.) der Nähe zum Schlachtfeld" preist, bemerkt sein Harvard-Kollege Stanley Hoffmann trocken:

„Westeuropa ist die Bratpfanne auf einem Herd, der von anderen bedient und kontrolliert wird." (1982: 26)

41 Eine umfassende, wenn auch nur Doktrin-immanente Darstellung der derzeit (noch) geltenden NATO-Posture gibt K.-Peter Stratmann (1981, hier einschlägig S. 56 ff. und 91 ff.) Im besten militärtechnokratischen Jargon heißt es da z.b. „Er (gemeint ist der nukleare Ersteinsatz, die Verf.) wird als Mittel der Kommunikation mit dem Kriegsgegner begriffen..." (93) Zu wichtigen Strategie-Fragen und Interessengegensätzen im Bündnis siehe auch Stanley Hoffmann (1982).

42 Bei einem zweiten Treffen der „Krefelder Initiative" im November 1981 stellten allerdings einzelne prominente Vertreter der Initiative wie General a.D. Gerd Bastian und Petra Kelly von den GRÜNEN klar, daß auch die sowjetische Raketenrüstung zu bekämpfen sei (vgl. Schaub/Schlaga 1982: 387 f.). Ausdrücklich nach Ost und West richtet sich der DGB-Aufruf „Frieden durch Abrüstung", in dem eine „allgemeine, ausgewogene und kontrollierte Abrüstung" sowie die „Beendigung der Besetzung Afghanistans und die Ratifizierung des SALT-II-Abkommens" gefordert werden. Ebenso bemüht sich die vom Arbeitskreis Frieden der SPD Rhein-Neckar formulierte „Heidelberger Erklärung" um „Ausgewogenheit", die u.a. ein Einfrieren aller atomaren Vernichtungspotentiale fordert. Der „Bielefelder Appell": „Mut für eine bessere Zukunft", der vom linken Flügel der SPD an die eigene Partei adressiert ist, betont über die Ablehnung des NATO-Raketen-Beschlusses hinaus den Zusammenhang von militärischer Aufrüstung bzw. Waffenexport und sozialer Abrüstung. (Appelle sind abgedruckt bei Apel u.a. 1981 sowie in: Mechtersheimer 1981: 249 ff.)

43 Z.B. deshalb, weil sie prinzipiell nichts gegen Atomkraftwerke hat, sondern sie nur unter dem „kapitalistischen Profitprinzip" sowie der möglichen militärischen Konversion wegen im Westen als unsicher und unnötig ablehnt (vgl. Heimbrecht, 1982: 41).

44 Rudolf Bahro: „Die DKP ist die Agentur des anderen Blocks in unserer Bewegung, ein Fremdkörper, ein Fossil aus der Zeit des Kalten Krieges. Sie ist mit ihrer Gesamtpolitik eines der Rädchen in dem Mechanismus der Blockkonfrontation, den den Krieg hervortreibt." (Spiegel Nr. 15/1982, S. 30) Auf der Vorbereitungskonferenz am 4.4.82 zur Demonstration am 10. Juni 82 warf der ehemalige SPD-Bundestagsabgeordnete Karl-Heinz Hansen daraufhin Bahro vor, er „habe nichts geboten als den hysterischen Minimalkonsens des Antikommunismus." (zitiert nach „Stern" v. 14.6.82, S. 197) Vordergründig ging es dabei um den Text für den 10. Juni-Aufruf „Aufstehn für den Frieden", der am 4. April von 800 Delegierten aus mehr als 300 Friedensinitiativen und politischen Organisationen verabschiedet worden war. Die GRÜNEN bemängelten hier vor allem die Nicht-Erwähnung der (nicht-staatlichen) Friedensbewegung in der DDR sowie die ihrer Ansicht nach zu „weich" formulierten Passagen zu Polen und Afghanistan und zögerten ihre Unterschrift unter den gemeinsamen Aufruf bis Ende April hinaus. Schließlich brachten sie ihre Positionen in eine „Präambel" ein, die zu einer auch von den übrigen Veranstaltern gemeinsam getragenen „Erklärung" führte, daß man Menschenrechte, Frieden und Freiheit für unteilbar halte und sich den Friedensbewegungen in allen Ländern verbunden fühle, „sowohl in den USA als auch in der DDR". Dieser sicherlich auch wahltaktisch motivierte Profilierungs- und Abgrenzungsversuch gegenüber dem DKP-Spektrum innerhalb der Friedensbewegung brachte den GRÜNEN freilich auch harte Kritik ein u.a. vom BBU und Vertretern der evangelischen Friedensgruppen, die z.B. Schwierigkeiten von der DDR-

Regierung für die dortige autonome Friedensbewegung befürchteten, wenn sie von der hiesigen Friedensbewegung offen und offiziell unterstützt würde.

45 So berichtet z.B. Alice Schwarzer von der 4. Berliner Frauen-Sommeruniversität im Herbst 1979: „Hier wurde erstmals und lange vor irgendeiner „Friedensbewegung" öffentlich an die SPD die Forderung gestellt, sich gegen die sogenannte „Nachrüstung" zu stellen, (verbunden mit der Drohung eines Wahlboykotts!) ..." (1981: 106) Im Herbst 1979 wurde dann ein Kongreß gegen Atom und Militär durchgeführt und im Dezember 79 beschlossen die SPD-Frauen eine Unterschriftensammlung „gegen die Produktion neuer Mittelstreckenraketen und deren Stationierung in der Bundesrepublik und Europa." (Vgl. Billstein/Neumann 1981, S. 39 u. 224 ff.)

46 F.J. Strauß: „Die Amerikaner wollten ursprünglich nur einen Beschluß, nämlich die Modernisierung der Waffen der NATO in Europa... Ich vertrete (...) die Meinung, daß der Nachrüstungsbeschluß allein und die glaubhafte Haltung der Verbündeten, ihn zu verwirklichen, viel früher zu echten Verhandlungen geführt hätten..." (Rede auf dem CSU-Parteitag am 12. Juli 1981 in München; auszugsweise abgedruckt in: Mechtersheimer 1981: 193 f.)

47 In diesem Zusammenhang könnte man auch ein — zukünftig wahrscheinlich wichtiger werdendes — gemeinsames Interesse von Teilen der SPD und Teilen der Friedensbewegung nennen, nämlich das langfristige Interesse an mehr Eigenständigkeit und Handlungsspielraum deutscher und europäischer Politik diesseits und jenseits der Mauer, um eine konsequente Entspannungspolitik in Mitteleuropa auch gegen gegenläufige Interessen der „großen Brüder" durchsetzen zu können. Der entscheidende Gegensatz liegt freilich bis auf weiteres darin, daß die SPD dieses Ziel mit und innerhalb der Blöcke verfolgt, während die Friedensbewegung (zumindest relevante Teile von ihr) für einen Ausstieg aus der versäulten Blockstruktur plädiert.

48 Zu nennen ist hier die von der Alternativen Liste in Berlin herausgegebene Broschüre „Paktfreiheit für beide deutsche Staaten, Atomwaffenfreies Europa vom Atlantik zum Ural, Einheit für Deutschland", deren Thesen von einer seit 1980 bestehenden Arbeitsgemeinschaft entwickelt wurden (vgl. allgemein Brandt/Ammon 1981; Brandt/Minnerup 1982 sowie Bahro 1982).

49 Nach dem Aufsatz des Historikers und Sprechers der britischen Friedensbewegung Edward P. Thompson „Exterminismus als letztes Stadium der Zivilisation" (1980a). Thompsons Theorie, die von einem inhärenten Drang zur Auslöschung allen Lebens („Exterminismus") durch die verselbständigten militärisch-industriellen Komplexe der USA und der UdSSR ausgeht, spielt in großen Teilen der neuen Friedensbewegung eine wichtige Rolle, da aus ihr das Konzept einer die Blockgrenzen überschreitenden Friedensbewegung folgt, die gleichermaßen illoyal gegenüber den jeweiligen Militärbündnissen diese „exterministischen" Machtkomplexe von unten aufzulösen versucht. Vor allem vom DKP-Spektrum wird diese Variante einer negativen Konvergenztheorie heftig bekämpft (vgl. Harich 1982).

50 Vgl. dazu Melucci, Habermas 1981, Eder 1982 a, Brand 1982.

Literaturverzeichnis

Ästhetik und Kommunikation (1979): *Linker Konservatismus?*, Heft 36
Amery, Carl (1982): *Der Ost-West-Konflikt und unsere Totalgefährdung*, in: Abermals: Kampf dem Atomtod. Europäische Friedenssicherung, Frankfurter Hefte, Extra 4 (1982), S. 13 ff.
Anders, Günther (1980): *Die Antiquiertheit des Menschen*, 2 Bde, München
Apel, Hans u.a. (1981): *Sicherheitspolitik contra Frieden?* (Ein Forum zur Friedensbewegung), Berlin/Bonn
Armbruster, Bernt (1979): *Lernen in Bürgerinitiativen — Ein Beitrag zur handlungsorientierten politischen Bildungsarbeit*, unter Mitarbeit von Michael Buse, Berthold Kappe, Siegfried Papst, Jürgen Bernd Runge und Clemens Zimmermann, Baden-Baden
Armbruster, Bernt/Leisner, Reiner (1975): *Bürgerbeteiligung in der Bundesrepublik*, Göttingen
Atomwaffenfreies Europa. Diskussions- und Informations-Initiative der Russell-Friedens-Initiative atomwaffenfreies Europa, 1981, Berlin
Aust, Stefan/Rosenbladt, Sabine (Hrsg.) (1981): *Hausbesetzer. Wofür sie kämpfen, wie sie leben und wie sie leben wollen*, Hamburg

Bahro, Rudolf (1982a): *Die SPD vor der Friedensbewegung*, in: Pestalozzi 1982, S. 101 ff.
— (1982b): *Wahnsinn mit Methode. (Über die Logik der Blockkonfrontation, die Friedensbewegung, die Sowjetunion und die DKP)*, Berlin
Barnet, Richard J. (1981): *Wie es zur neuen Politik der Stärke kam*, in: Bittdorf, Wilhelm (Hrsg.): Nachrüstung, Hamburg, S. 171 ff.
Barth, Peter u.a. (1981): *Sicherheitspolitik und Bundeswehr*, Frankfurt a.M.
Bauß, Gerhard (1977): *Die Studentenbewegung der sechziger Jahre in der Bundesrepublik und Westberlin*, Handbuch, Köln
Behr, Wolfgang (1982): *Jugendkrise und Jugendprotest*, Stuttgart
Bell, Daniel (1976): *Die Zukunft der westlichen Welt. Kultur und Technologie im Widerstreit*, Frankfurt a.M.
Berger, Peter L./Berger, Brigitte/Kellner, Hansfried (1975): *Das Unbehagen in der Modernität*, Frankfurt/New York
Bergmann, Klaus (1970): *Agrarromantik und Großstadtfeindschaft*, Meisenheim am Glan
Beywl, Wolfgang (1982): *Die Alternativpresse — ein Modell für Gegenöffentlichkeit und seine Grenzen*, in: Aus Politik und Zeitgeschichte, B 45/1982, S. 18 ff.
Biedenkopf, Kurt (1982): *Rückzug aus der Grenzsituation*, in: Die Zeit, Nr. 45 vom 30. Oktober 1981
Biermann, Wolfgang (1982): *Positionen der SPD zur Friedenspolitik und zum Verhältnis von SPD und Friedensbewegung*, in: Pestalozzi 1982, S. 92 ff.

Billstein, Heinrich/Naumann, Klaus (Hrsg.) (1981): *Für eine bessere Republik*, Köln

Bittdorf, Wilhelm (1983): *Raketen töten nicht — Menschen töten*, in: Der Spiegel 8 und 9, 1983

Böhme, Gernot (Hrsg.) (1980): *Alternativen der Wissenschaft*, Frankfurt a.M.

Bopp, Jörg (1979): *Vatis Argumente. Apo-Generation und heutige Jugend*, in: Kursbuch 58, Berlin

— (1979): *Der linke Psychodrom*, in: Kursbuch 55, Berlin

Borch, Herbert v. (1982): *Nach dem atomaren Schlagabtausch ein Neubeginn für die Nation*, in: Süddeutsche Zeitung v. 26.8.1982, S. 6

Bossel, Hartmut (1978): *Die vergessenen Werte*, in: Brun, Rudolf (Hrsg.): Der grüne Protest. Herausforderung durch die Umweltparteien, Frankfurt a.M., S. 7 ff.

Boström, Jörg/Günther, Roland (Hrsg.) (1976): *Arbeiterinitiativen im Ruhrgebiet*, Berlin

Brand, Karl-Werner (1982): *Neue soziale Bewegungen. Entstehung, Funktion und Perspektive neuer Protestpotentiale*, Opladen

— (1983): *Ökologiebewegung und technisch-industrielle Entwicklung*, in: Technik und Gesellschaft, Jahrbuch 2, hrsg. v. Bechmann, Gotthard u.a., Frankfurt/New York

Brandes, Volkhard/Hirsch, Joachim/Roth, Roland (Hrsg.) (1980): *Leben in der Bundesrepublik. Die alltägliche Krise*, Berlin

Brandes, Volkhard/Schön, Bernhard (Hrsg.) (1981): *Wer sind die Instandbesetzer. Selbstzeugnisse, Dokumente, Analysen. Ein Lehrbuch*, Bensheim

Brandt, Peter/Ammon, Herbert (Hrsg.) (1981): *Die Linke und die nationale Frage*, Hamburg

Brandt, Peter/Minnerup, Günter (1982): *Die deutsche Frage aus sozialistischer Sicht*, in: Prokla 47, S. 91 ff.

Bremen, Klaus (1983): *Neue soziale Bewegungen — Das Beispiel der 'Stollwerck'-Besetzung in Köln*, in: Grottian, Peter/Nelles, Wilfried (Hrsg.): Großstadt und neue soziale Bewegungen, Basel

Brokamp, Barbara/Klaus, Lissi (Hrsg.) (1981): *... kein schwach Geschlecht*, Dortmund

Brückner, Peter (1970): *Nachruf auf die Kommunebewegung*, in: Kerbs, Diethart (Hrsg.): Die hedonistische Linke, Neuwied/Berlin

Brun, Rudolf (Hrsg.) (1978): *Der grüne Protest*, Frankfurt a.M.

Bundesministerium für Jugend, Familie und Gesundheit (1981): *Jugend in der Bundesrepublik heute. Aufbruch oder Verweigerung*, November, Bonn

Bundesministerium für Jugend, Familie und Gesundheit (1981): *Zur alternativen Kultur in der Bundesrepublik Deutschland*, in: Aus Politik und Zeitgeschichte, B 39/1981, S. 3 ff.

Buro, Andreas (1978): *Historische Erfahrungen und außerparlamentarische Politik*, in: Hallerbach, Jörg (Hrsg.): Die eigentliche Kernspaltung. Gewerkschaften und Bürgerinitiativen im Streit um die Atomkraft, Darmstadt und Neuwied

— (1982): *Zwischen sozial-liberalem Zerfall und konservativer Herrschaft. Zur Situation der Friedens- und Protestbewegung in dieser Zeit*, Offenbach

Callenbach, Ernest (1980): *Ökotopia*, Berlin

Cohen, Eliot A. (1982): *Die permanente Krise des Atlantischen Bündnisses*, in: Europa Archiv 24/1982, S. 719 ff.

Christen im Streit um den Frieden (1982), hrsg. v. Aktion Sühnezeichen/Friedensdienste, o.O.

Commoner, Barry (1971): *Wachstumswahn und Umweltkrise*, München

Dahrendorf, Ralf (1979a): *Der sozialdemokratische Konsensus bröckelt*, in: Molden, Otto (Hrsg.): Wissen und Macht. Europäisches Forum Alpbach 1978, Wien u.a., S. 154 ff.

— (1979b): *Kulturpessimismus versus Fortschrittshoffnung. Eine notwendige Abgrenzung*, in: Habermas, Jürgen (Hrsg.): Stichworte zur ,,Geistigen Situation der Zeit", Bd. I, Frankfurt a.M., S. 213 ff.

— (1980): *Widersprüche der Modernität und die Zukunft der Freiheit*, in: Branchling, Emil u.a. (Hrsg.): Die Zukunft der westlichen Gesellschaft, Bern/Stuttgart, S. 9 ff.

Das geheime Pentagon — Programm zur umfassenden Kriegsvorbereitung, in: Blätter für deutsche und internationale Politik, Dokumentation, 8/1982

Demele, Thomas (1979): *Leben & Lernen in Landkommunen. Die Landkommune als alternatives Erziehungsmodell*, Herford

Dertinger, Antje (1981): *Weiber und Gendarm. Vom Kampf staatsgefährdender Frauenspersonen um ihr Recht auf politische Arbeit*, Köln

Diner, Dan (1982): *Die ,,nationale Frage" in der Friedensbewegung. Ursprünge und Tendenzen*, in: Steinweg, Reiner (Hrsg.): Die neue Friedensbewegung, Frankfurt a.M., S. 86 ff.

Doormann, Lottemi (Hrsg.) (1979): *Keiner schiebt uns weg. Zwischenbilanz der Frauenbewegung in der Bundesrepublik*, Weinheim und Basel

— (1980): *Die Frauenbewegung und die Linke*, in: Gremliza; Hermann L./ Hannover, Heinrich (Hrsg.): Die Linke. Bilanz und Perspektiven für die 80er Jahre, Hamburg

Dornemann, Margarethe (1981): *Die Frauenfrage in der Stadt Konstanz. Entstehung, Entwicklung, Perspektive*, (unveröffentl. Zulassungsarbeit), Konstanz 1981

Ebert, Theodor (1977): *Von den Bürgerinitiativen zur Ökologiebewegung*, in: Ebert, Theodor u.a.: Ökologiebewegung und ziviler Widerstand, in: Vorgänge 3/1977, S. 64 ff.

Eder Klaus (1982 a): *A new social movement?* in: Telos 52, S. 5 ff.

— (1982 b): *Was ist neu in den neuen sozialen Bewegungen?*, Referat am Soziologentag 1982 in Bamberg

Eidgenössische Kommission für Jugendfragen (1980): *Thesen zu den Unruhen 1980, November*, Bern

,,Eine gewisse Würdelosigkeit". Friedensbewegung in der Weimarer Republik, in: Der Spiegel 23/1982, S. 72 ff.

EMNID-Untersuchung (Spiegel-Umfrage) (1981): in: Der Spiegel Nr. 48/49/ 50/1981

Enquête-Kommission des Deutschen Bundestags (1982a): *Jugendprotest im demokratischen Staat, Zwischenbericht*, FR v. 19.6.1982

— (1982b): *Jugendprotest im demokratischen Staat*, hrsg. von Wißmann, Matthias/Hauck, Rudolf

Eppler, Erhard (1981): *Die Energiediskussion als Signal*, in: Scheidewege, Jg. 11, S. 32 ff.

— (1975): *Ende oder Wende? Von der Machbarkeit des Notwendigen*, Stuttgart

Erikson, Erik H. (1971): *Kindheit und Gesellschaft*, Stuttgart

Evans, Richard J. (1979): *Sozialdemokratie und Frauenemanzipation im deutschen Kaiserreich*, Berlin/Bonn

— (1976): *The Feminist Movement in Germany 1894-1933*. London u.a.

Extra Journal: *Gewalt gegen Frauen*, (1975): Hrsg.: Verlag Frauenoffensive, München

Faßbinder, Helga (1971): *Kapitalistische Stadtplanung und die Illusion demokratischer Bürgerinitiative*, in: Probleme des Klassenkampfes, Sonderheft 1/1971

Fetscher, Iring (1980): *Überlebensbedingungen der Menschheit*, München

Fichter, Tilman/Lönnendonker, Siegward (1977): *Kleine Geschichte des SDS. Der Sozialistische Deutsche Studentenbund von 1946 bis zur Selbstauflösung*, Berlin

Forsthoff, Ernst (1971): *Der Staat der Industriegesellschaft*, München

Frauenjahrbuch 1 (1975), hrsg. und hergestellt von Frankfurter Frauen, Frankfurt

Frauenjahrbuch '76 (1976), hrsg. von der Jahrbuchgruppe des Münchener Frauenzentrums, München

Frecot, Janos u.a. (1978): *Abriß der Lebensreform*, in: Kraushaar, Wolfgang (Hrsg.): Autonomie oder Getto?, Frankfurt

Friedan, Betty (1970): *Der Weiblichkeitswahn oder die Selbstbefreiung der Frau*, Reinbek bei Hamburg

— (1982): *Der zweite Schritt. Ein neues feministisches Manifest*, Reinbek bei Hamburg

Friedensmanifest, hrsg. vom Bundesvorstand der GRÜNEN, o.J.

Gamson, William A. (1975): *The Strategy of Social Protest*. Homewood, Illinois: The Dorsey Press

Garaudy, Roger (1982): *Der letzte Ausweg. Feminisierung der Gesellschaft*, Heiterheim

Gershuny, Jonathan (1981): *Die Ökonomie der nach-industriellen Gesellschaft*, Frankfurt a.M.

Glätzer, Harald (1978): *Landkommunen in der BRD — Flucht oder konkrete Utopie?*, Bielefeld

Glotz, Peter (1979): *Die Innenausstattung der Macht*, München

Goetz, Rolf (1980): *Von der Landkommune zur Dorfgemeinschaft — Ökologische Modelle zwischen Anarchie und Spiritualität*, Herford

Gorz, André (1980): *Ökologie und Freiheit. Beiträge zur Wachstumskrise 2*, Reinbek bei Hamburg

Gray, Colin S./Payne, Keith (1980): *Victory is Possible*, in: Foreign Policy No. 39, Summer 1980, S. 14 ff.

Gray, Colin S. (1982): *Das Konzept der strategischen Überlegenheit*, in: Blätter für deutsche und internationale Politik, Dokumentation 10/1982

Greven-Aschoff, Barbara (1981a): *Die bürgerliche Frauenbewegung in Deutschland 1894-1933*, Göttingen

— (1981b): *Sozialer Wandel und Frauenbewegung*, in: Geschichte und Gesellschaft, Heft 3/4/1981, S. 328 ff.

Gruhl, Herbert (1975): *Ein Planet wird geplündert. Die Schreckensbilanz unserer Politik*, Frankfurt a.M.

Guggenberger, Bernd (1979): *Die „Kulturrevolution" der Bürgerinitiativen*, in: Im Gespräch, hrsg. vom Institut für Begabtenförderung der Konrad-Adenauer-Stiftung, 2/1979

— (1980): *Bürgerinitiativen in der Parteiendemokratie. Von der Ökologiebewegung zur Umweltpartei*, Stuttgart u.a.

Guha, Anton-Andreas (1982): *Die Neutronenbombe oder die Perversion menschlichen Denkens*, Hamburg

Habermas, Jürgen (Hrsg.) (1973): *Legitimationsprobleme im Spätkapitalismus*, Frankfurt a.M.
- (Hrsg.) (1979): *Stichworte zur „Geistigen Situation der Zeit"*, 2 Bde, Frankfurt a.M.
- (1981a): *Theorie des kommunikativen Handelns*, 2 Bde., Frankfurt a.M.
- 1981b): *New social movements*, in: Telos 49, S. 33 ff.
Haase-Schur, Ilse/Schmidt, Gaby/Slupik, Vera /Zurmühl, Sabine (1983): *Was wird aus der Frauenbewegung? Ein Gespräch*, in: Nevermann, Knut (Hrsg.): Lokal 2000. *Berlin als Testfall*, Reinbek bei Hamburg, S. 170 ff.
Häsing/ Stubenrauch/ Ziehe (Hrsg.) (1979): *Narziß – Ein neuer Sozialisationstyp?*, Bensheim
Hagemann-White, Carol u.a. (1981): *Hilfen für mißhandelte Frauen. Abschlußbericht der wissenschaftlichen Begleitung des Frauenhauses Berlin*, Stuttgart
- (1983): *Die Frauenhausbewegung*, in: Grottian, Peter/Nelles, Wilfried (Hrsg.): Großstadt und neue soziale Bewegungen, Basel, S. 167 ff.
Haller, Michael (Hrsg.) (1981): *Aussteigen oder rebellieren. Jugendliche gegen Staat und Gesellschaft*, Hamburg
Hanrieder, Wolfgang (1982): *Amerika und Europa. Wohin führt der Weg?*, in: Die neue Gesellschaft, 4/1982, S. 355 ff.
Harich, Wolfgang (1981): *Fünfzehn Thesen zur Friedenspolitik*, in: Das Argument 127, S. 315 ff.
- (1982): *Zur Problematik der „Exterminismus"-Theorie*, in: Das Argument 131, S. 68 ff.
Haugg, Frigga (1981): *Vorstoß zur Gründung einer Frauenredaktion im Argument*, in: Das Argument 129, S. 627
Heimbrecht, Jörg (1982): *Ökologie und Friedensbewegung*, in: Marxistische Blätter 2/82, S. 39 ff.
Hervé, Florence (Hrsg.) (1982): *Geschichte der deutschen Frauenbewegung*, Köln
Hildebrandt, K./Dalton, R.J., (1977): *Die neue Politik*, in: Wahlsoziologie heute. Analysen aus Anlaß der Bundestagswahl 1978, PVS 18. Jg., Heft 2/3
Hirsch, Fred (1980): *Die sozialen Grenzen des Wachstums. Eine ökonomische Analyse der Wachstumskrise*, Hamburg
Hirsch, Joachim (1980): *Alternativbewegung – eine politische Alternative*, in: Roth, Roland (Hrsg.): Parlamentarisches Ritual und politische Alternativen, Frankfurt/New York
- (1980): *Der Sicherheitsstaat. Das „Modell Deutschland", seine Kosten und die neuen sozialen Bewegungen*, Frankfurt
Hoffmann, Ulrich (1979): *Sprache und Emanzipation. Zur Begrifflichkeit der feministischen Bewegung*, Frankfurt/New York
Hoffmann, Stanley (1982: *Kernwaffen und NATO*, in: Aus Politik und Zeitgeschichte, B 28/1982, S. 15 ff.
Hoffmann-Axthelm, Dieter u.a. (Hrsg.), o.J.: *Zwei Kulturen? Tunix, Mescalero und die Folgen*, Berlin
Hoffmann-Axthelm, Dieter/Knödler-Bunte, Eberhard (Hrsg.), 1982: *Wie souverän ist die Bundesrepublik?*, in: Ästhetik und Kommunikation, Bd. 9, Sonderheft
Hollstein, Walter (1979): *Die Gegengesellschaft. Alternative Lebensformen*, Bonn

Hollstein, W./Penth, B. (1980): *Alternativprojekte*, Reinbek
Huber, Josef (1979): *Astral-Marx. Über Anthroposophie, einen gewissen Marxismus und andere Alternativen*, in: Kursbuch 55, Berlin
— (1980): *Wer soll das alles ändern. Die Alternativen der Alternativbewegung*, Berlin
— (1981): *Der Sozialstaat an den Grenzen des Wachstums*, in: Aus Politik und Zeitgeschichte, B 1/1981, S. 3 ff.
— (1982): *Die verlorene Unschuld der Ökologie. Neue Technologien und superindustrielle Entwicklung*, Frankfurt a.M.
Hübsch, Hadayatullah (1980): *Alternative Öffentlichkeit. Freiräume der Information und Kommunikation*, Frankfurt

Illich, Ivan (1979): *Entmündigung durch Experten. Zur Kritik der Dienstleistungsberufe*, Reinbek
Inglehart, Ronald (1977): *The silent revolution. Changing values and political styles among Western Publics*, Princeton, N.J.: Princeton University Press

Jäger, Uli/Schmid-Vöhringer, Michael (1982): „*Wir werden nicht Ruhe geben ...*" *Die Friedensbewegung in der Bundesrepublik Deutschland 1945-1982. Geschichte, Dokumente, Perspektiven*, hrsg. vom Verein für Friedenspädagogik Tübingen e.V., Tübingen
Jänicke, Martin (1979): *Wie das Industriesystem von seinen Mißständen profitiert*, Opladen
Jansen-Jurreit, Marielouise (1976): *Sexismus. Über die Abtreibung der Frauenfrage*, München
Jarchow, Klaas/Klugmann, Norbert (1980): *Heumarkt. Versuche anderen Lebens zwischen Stadt und Land*, Berlin
Jonas, Hans (1979): *Das Prinzip Verantwortung*, Frankfurt/M.
— (1981): *Diskussionsbeitrag*, in: Löw Reinhard u.a. (Hrsg.): Fortschritt ohne Maß? Eine Ortsbestimmung der technisch-wirtschaftlichen Zivilisation, München
Jugendwerk der Deutschen Shell AG, (1981): *Jugend '81. Lebensentwürfe, Alltagskulturen, Zukunftsbilder*, Hamburg

Kaase, Max (1979): *Legitimationskrise in westlichen demokratischen Industriegesellschaften: Mythos oder Realität?* In: Klages, Helmut/Kmieciak, Peter (Hrsg.): Wertwandel und gesellschaftlicher Wandel, Frankfurt/New York 1979
Karasek, Horst (1981): *Das Dorf im Flörsheimer Wald. Eine Chronik vom alltäglichen Widerstand gegen die Startbahn West*, Darmstadt u.a.
Karl, Fred (1981): *Die Bürgerinitiativen. Soziale und politische Aspekte einer neuen sozialen Bewegung*, hrsg. vom Institut für Marxistische Studien und Forschungen, Frankfurt a.M.
Kempf, Udo (1978): *Bürgerinitiativen — Der empirische Befund*, in: Guggenberger, Bernd/Kempf, Udo: Bürgerinitiativen und repräsentatives System, Opladen
Kerbs, Diethart (Hrsg.), 1970: *Die hedonistische Linke. Beiträge zur Subkultur-Debatte*, Neuwied/Berlin
Kitschelt, Herbert (1980): *Kernenergiepolitik. Arena eines gesellschaftlichen Konflikts*, Frankfurt/New York
— (1980 a): *Parlamentarismus und ökologische Opposition*, in: Roth, Roland (Hrsg.): Parlamentarisches Ritual und politische Alternativen, Frankfurt/

New York, S. 97 ff.

Klönne, Arno (1982): *Neue Friedensbewegung — Neue Jugendbewegung?*, in: Steinweg, Reiner (Hrsg.): Die neue Friedensbewegung, Frankfurt a.M., S. 166 ff.

Knirsch, Hanspeter/Nickolmann, Friedhelm (1976): *Die Chance der Bürgerinitiativen. Ein Handbuch*, Wuppertal

Knödler-Bunte, Eberhard u.a. (Hrsg.) (1978): *Normalzustände. Politische Kultur in Deutschland*, Berlin

Kogon, Eugen/Jungk, Robert (1981): *Die ökologische Frage — weltweit*, in: Ökologische Zwischenbilanz, Frankfurter Hefte, Extra 3, Frankfurt a.M., S. 7 ff.

Kohlenberger, Lothar/Schwarz, Hanns-Albrecht (1982): *Abschlußbericht des Projekts „Zum Problem einer 'Zweiten Kultur' in West-Berlin*, Berlin

Kommission für wirtschaftlichen und sozialen Wandel (1977): *Wirtschaftlicher und sozialer Wandel in der Bundesrepublik Deutschland*, Göttingen

Kommune II (1971): *Die Revolutionierung des bürgerlichen Individuums*, Köln

Korczak, Dieter (1979): *Neue Formen des Zusammenlebens. Erfolge und Schwierigkeiten des Experiments „Wohngemeinschaft"*, Frankfurt

— (1981): *Rückkehr in die Gemeinschaft. Kleine Netze: Berichte über Wohnsiedlungen*, Frankfurt a.M.

Krause/Lehnert/Scherer (1980): *Zwischen Revolution und Resignation. Alternativkultur, politische Grundströmungen und Hochschulaktivitäten in der Studentenschaft*, Bonn

Kraushaar, Wolfgang (Hrsg.) (1978): *Autonomie oder Getto?*, Frankfurt/M.

— (Hrsg.) (1983): *Was sollen die Grünen im Parlament?*, Frankfurt/M.

Krechel, Ursula (1975): *Selbsterfahrung und Fremdbestimmung. Bericht aus der Neuen Frauenbewegung*, Darmstadt und Neuwied

Kreuzer, Helmut (1968/71): *Die Boheme. Analyse und Dokumentation der intellektuellen Subkultur vom 19. Jahrhundert bis zur Gegenwart*, Stuttgart

Küchler, Manfred (1981): *18 bis 35 + Abitur = Aktivgruppe*, in: Der Spiegel 48/1981, S. 65 ff.

Kursbuch 48 (1977): *Zehn Jahre danach*, Berlin

Kursbuch 65 (1981): *Der große Druck — Revolte 81*, Berlin

Kurz, Gerda (1979): *Alternativ leben? Zur Theorie und Praxis der Gegenkultur*, Berlin

Lafontaine, Oskar (1982): *Die Sozialdemokratie und der Friede*, in: Lafontaine, Oskar: Kampf dem Atomtod. Europäische Friedenssicherung, Frankfurter Hefte, Extra 4, S. 71 ff.

Lange, Jochen (1982): *Kriegsdienstverweigerung in der BRD — der harte Kern der Friedensbewegung*, in: Pestalozzi 1982, S. 125 ff.

Laudowicz, Edith (1982): *Frauen und Friedensbewegung. Überlegungen zur aktuellen Diskussion*, in: Blätter für deutsche und internationale Politik 1/1982

Leinen, Jo (1982): *Wie sich die Ökologiebewegung zur Friedensbewegung erweiterte*, in: Kelly, Petra/Leinen, Jo (Hrsg.): Prinzip Leben. Ökopax — die neue Kraft, Berlin, S. 15 ff.

Leineweber, B./Schibel, K.-L., 1975: *Die Revolution ist vorbei — wir haben gesiegt. Die community-Bewegung. Zur Organisationsfrage der Neuen Linken in den USA und der BRD*, Berlin

Linnhoff, Ursula (1974): *Die Neue Frauenbewegung. USA-Europa seit 1968*, Köln

Literaturmagazin 9 (1978): *Der neue Irrationalismus*, Reinbek
Lo, Clarence Y.H. (1982): *Countermovements and conservative movements in the contemporary U.S.*, in: Annal Review of Sociology 8 (1982), S. 107 ff.
Löw, Reinhard/Koslowski, Peter/Kreuzer, Philipp (Hrsg.) (1981): *Fortschritt ohne Maß?*, München
Luhmann, Niklas (1970a): *Soziologie als Theorie sozialer Systeme*, in: ders.: Soziologische Aufklärung, Bd. 1, S. 113 ff.
— (1970b): *Soziologische Aufklärung. Aufsätze zur Theorie sozialer Systeme*, Opladen

Malunat, Bernd M. (1982): *Eigentum und Hausbesetzung*, in: PVS 3/1982, S. 257 ff.
Marcuse, Herbert (1967): *Der eindimensionale Mensch. Studien zur Ideologie der fortgeschrittenen Industriegesellschaft*, Darmstadt und Neuwied
— (1974): *Marxismus und Feminismus*, in: Jahrbuch Politik 6, Berlin; (wiederabgedruckt in: Marcuse Herbert, 1975: Zeit-Messungen, Frankfurt)
Mayer-Tasch, Peter Cornelius (1978): *Von der Bürgerinitiativbewegung zur Grünen Partei – Perspektiven und Probleme*, in: Brun Rudolf (Hrsg.): Der grüne Protest, Frankfurt a.M., S. 47 ff.
— (1981): *Die Bürgerinitiativbewegung. Der aktive Bürger als rechts- und politikwissenschaftliches Problem*, (4., völlig neu bearbeitete Auflage), Reinbek bei Hamburg
Meadows, Dennis u.a. (1972): *Die Grenzen des Wachstums. Bericht des Club of Rome zur Lage der Menschheit*, Stuttgart
Mechtersheimer, Alfred (Hrsg.) (1981): *Nachrüsten?*, Hamburg
— (1982): *Rüstung und Wahnsinn (Der Widersinn der Sicherheitspolitik)*, München
Mehr, Max Thomas (Hrsg.) (1982): *Drachen mit tausend Köpfen. Spaziergänge durch linkes und alternatives Milieu*, Darmstadt u.a.
Melluci, Alberto (1980): *The New Social Movements: a Theoretical Approach*, in: Social Science Information 19 (2/1980), S. 199 ff.
Menschik, Jutta (1977): *Feminismus. Geschichte, Theorie, Praxis*, Köln
Mescalero (1979): *Memoiren eines im Amt ergrauten Stadtindianers oder: Versuch, eine Karriere in Nichts aufzulösen*, in: Kursbuch 5
Meyer, Herbert (1981): *Zur neueren Entwicklung der Bürgerinitiativbewegung im Bereich Kernenergie*, (Dipl. Arbeit an der Ruhr-Universität Bochum), Bochum
Meyer-Abich, Klaus Michael/Schefold, Bertram (1981): *Wie möchten wir in Zukunft leben*, München
Miermeister, Jürgen/Staadt, Jochen (1980): *Provokationen. Die Studenten- und Flugblattrevolte in ihren Flugblättern 1965-1971*, Darmstadt und Neuwied
Mildenberger, Michael (1979): *Die religiöse Revolte. Jugend zwischen Flucht und Aufbruch*, Frankfurt
Mosler, Peter (1977): *Was wir wollten, was wir wurden. Studentenrevolte – zehn Jahre danach*, Reinbek
Müller, Martin (1983): *Bürgerinitiativen in der politischen Willensbildung*, in: Aus Politik und Zeitgeschichte, B 11/1983, S. 27 ff.
Müller-Münch, Ingrid u.a. (1981): *Besetzung – weil das Wünschen nicht geholfen hat. Köln, Freiburg, Gorleben, Zürich und Berlin*, Reinbek
Müschen, Klaus (1982): *„Lieber lebendig als normal!" Selbstorganisation, kollektive Lebensformen und alternative Ökonomie*, Bensheim

Murphey, Detlef u.a. (1979): *Protest. Grüne, Bunte und Steuerrebellen. Ursachen und Perspektiven*, Reinbek

Narr, Wolf-Dieter (1979): *Die Bundesrepublik Deutschland — Modell einer nachliberalen Gesellschaft*, in: Die Linke im Rechtsstaat, Bd. 2, Berlin
— (1980): *Zum Politikum der Form*, in: Leviathan 2/1980
Nave-Herz, Rosemarie u.a. (1975): *Die Ziele der Frauenbewegung. Eine Inhaltsanalyse der Emanzipations-Literatur von 1968 bis 1973*, in: Aus Politik und Zeitgeschichte, B 50/1975
Niggemann, Heinz (1981): *Emanzipation zwischen Sozialismus und Feminismus. Die sozialdemokratische Frauenbewegung im Kaiserreich*, Wuppertal
Nödinger, Ingeborg (1979): *Für Frieden und Gleichberechtigung, einige Streiflichter zur Arbeit des DFD*, in: Hervé, Florence (Hrsg.): Brot & Rosen. Geschichte und Perspektive der demokratischen Frauenbewegung, Frankfurt

Oberschall, Anthony (1973): *Social Conflict and Social Movement*. Englewood Cliffs: Prentice Hall
OECD-Report (1981): *Die Zukunftschancen der Industrienationen. (Technical Change and Economic Policy)*, Frankfurt/New York
Offe, Claus (1972): *Bürgerinitiativen und Reproduktion der Arbeitskraft im Spätkapitalismus*, in: ders.: Strukturprobleme des kapitalistischen Staates, Frankfurt a.M.
— (1979): *Die Logik des kleineren Übels*, in: Die Zeit, Nr. 46 vom 9. November 1979, S. 76
— (1980a): *Am Staat vorbei? Interview mit Claus Offe*, in: Das Argument 24, S. 809 ff.
— (1980b): *Konkurrenzpartei und kollektive politische Identität*, in: Roth, Roland (Hrsg.): Parlamentarisches Ritual und politische Alternativen, Frankfurt/New York, S. 26 ff.
Otto, Karl A. (1977): *Vom Ostermarsch zur APO. Geschichte der außerparlamentarischen Opposition in der Bundesrepublik 1960-70*, Frankfurt/New York

Peinemann, S.B. (1975): *Wohngemeinschaft — Problem oder Lösung*, Frankfurt a.M.
Pestalozzi, Hans A./Schlegel, Ralf/Bachmann, Adolf (Hrsg.) (1982): *Frieden in Deutschland. Die Friedensbewegung: wie sie wurde, was sie ist, was sie machen kann*, München
Piven, F.F./Cloward, R.A. (1977): *Poor people's movements: why they succeed, how they fail*, New York: Pantheon
Polanyi, Karl (1978): *The Great Transformation*, Frankfurt a.M.
Politischer Protest in der Bundesrepublik Deutschland. Beiträge zur sozialempirischen Untersuchung des Extremismus. Eine Arbeit der Infratest Wirtschaftsforschung GmbH Stuttgart u.a., 1980
Prokop, Ulrike (1983): *Weiblichkeit*, in: Frauenhandlexikon, hrsg. von Beyer, Johanna/Lamott, Franziska/Meyer, Birgit, München (im Erscheinen)

Rammstedt, Otthein (1978): *Soziale Bewegung*, Frankfurt a.M.
Rodenstein, Marianne (1978): *Bürgerinitiativen und politisches System. Eine Auseinandersetzung mit soziologischen Legitimationstheorien*, Lahn/Gießen

Roth, Roland (1980): *Notizen zur politischen Geschichte der Bürgerinitiativen in der Bundesrepublik*, in: ders. (Hrsg.): Parlamentarisches Ritual und politische Alternativen, Frankfurt/New York, S. 74 ff.

– (Hrsg.) (1980): *Parlamentarisches Ritual und politische Alternativen*, Frankfurt/New York

– (1981): *Leben scheuert am Beton. Streiflichter aus der Geschichte der Hausbesetzungen in der BRD*, in: Brandes Volkhart/Schön Bernhard (Hrsg.): Wer sind Instandbesetzer?, Bensheim

– (1982): *Die Indianer sind fern. „Jugendunruhen" und neue soziale Bewegungen in der Bundesrepublik*, in: Widersprüche 4/1982

– (1982a): *Neue soziale Bewegungen. Trendbericht*, in: Literatur Rundschau, Heft 7/1982

Roth, Wolfgang (Hrsg.) (1971): *Kommunalpolitik – für wen? Arbeitsprogramm der Jungsozialisten*, hrsg. im Auftrag der Kommunalpolitischen Konferenz der Jungsozialisten, Frankfurt a.M.

Rucht, Dieter (1980): *Von Wyhl nach Gorleben. Bürger gegen Atomprogramm und nukleare Entsorgung*, München

– (1981): *Bürgerinitiativen als Teil einer intermediären politischen Kultur*, in: Journal für Sozialforschung 4/1981, S. 389 ff.

– (1982a): *Planung und Partizipation. Bürgerinitiativen als Reaktion und Herausforderung politisch-administrativer Planung*, München

– (1982b): *Unkonventionelle Verbände? – Bürgerinitiativen zwischen Protest und Integration*, in: Sozialwissenschaftliche Informationen für Unterricht und Studium 1/1982, S. 36 ff.

– (1982c): *Neue soziale Bewegungen oder: Die Grenzen bürokratischer Modernisierung*, in: Politikwissenschaft und Verwaltungswissenschaft, hrsg. v. Hesse, Jens J., PVS Sonderheft 13/1982, Opladen, S. 262 ff.

– (1983 a): *Recht auf Widerstand? Aktualität, Legitimität und Grenzen „zivilen Ungehorsams"*, in: Demokratie und Recht 2/1983

– (Hrsg.) (1983b): *Flughafenprojekte als Politikum. Eine vergleichende Analyse der Flughafenkonflikte in Frankfurt, München und Stuttgart* (noch unveröff. Manuskript)

Rüdiger, Wolfgang (1980): *Bürgerinitiativen im Umweltschutz. Eine Bestandsaufnahme der empirischen Befunde*, in: Hauff, Volker (Hrsg.): Bürgerinitiativen in der Gesellschaft. Politische Dimensionen und Reaktionen, Villingen/Schwenningen, S. 119 ff.

Rupp, Hans Karl (1970): *Außerparlamentarische Opposition in der Ära Adenauer. Der Kampf gegen Atombewaffnung in den fünfziger Jahren*, Köln

– (1978): *Politische Geschichte der Bundesrepublik Deutschland*, Stuttgart u.a.

– (Hrsg.) (1980): *Die andere Bundesrepublik*, Marburg

Ruß-Mohl, Stephan (1982): *Dramaturgie politischer Reformen. Reformkonjunkturen, neue soziale Bewegungen und politisches Krisenmanagement*, in: Aus Politik und Zeitgeschichte B 26/82, S. 3 ff.

Salzinger, Helmut (1982): *Rock Power oder Wie musikalisch ist die Revolution*, Reinbek

Spaemann, Robert (1981): *Unter welchen Umständen kann man noch von Fortschritt sprechen?*, in: Löw, Reinhard u.a. (Hrsg.): Fortschritt ohne Maß?, München

Schäfer, Wolf (1982): *Soziale Naturwissenschaft*, in: Michelsen, Gerd u.a., Der Fischer Öko-Almanach 82/83, Frankfurt a.M., S. 43 ff.

Scharioth, Joachim (1977): *Gesellschaftliches Engagement der Bürger*, in: Matthöfer, Hans (Hrsg.): Bürgerbeteiligung und Bürgerinitiativen. Legitimation und Partizipation in der Demokratie angesichts gesellschaftlicher Konfliktsituationen, Villingen, S. 332 ff.

Schaub, Anette/Schlaga, Rüdiger (1982): *Verbände, Gruppen und Initiativen der westdeutschen Friedensbewegung*, in: Steinweg, Reiner: Die neue Friedensbewegung, Frankfurt a.M., S. 377 ff.

Schenk, Herrad (1981[2]): *Die feministische Herausforderung. 150 Jahre Frauenbewegung in Deutschland*, München

Schenk, Michael (1982): *Kommunikationsstrukturen in Bürgerinitiativen*, Tübingen

Schild-Kreuzinger, Kornelia (1980): *Die Organisierbarkeit der Frauen*, Bonn

Schiller-Dickhut, Reiner u.a. (1981): *Alternative Stadtpolitik. Grüne, bunte und rote Arbeit in den Rathäusern*, Hamburg

Schimank, Uwe (1982): *Neoromantischer Protest im Spätkapitalismus*, Diss., Bielefeld

Schlaga, Rüdiger/Spanger, Hans-Joachim (1982): *Die Friedensbewegung und der Warschauer Pakt: Ein Spannungsverhältnis*, in: Steinweg, Reiner (Hrsg.): Die neue Friedensbewegung, Frankfurt a.M., S. 54 ff.

Schmid, Günther (1982): *Zur Soziologie der Friedensbewegung und des Jugendprotestes*, in: Aus Politik und Zeitgeschichte, B 24/1982, S. 15 ff.

Schmidt, Helmut (1968): *Verteidigung oder Vergeltung*, Stuttgart-Degerloch

Schneider Michael (1977): *Von der alten Radikalität zur neuen Sensibilität*, in: Kursbuch 49, Berlin

Schrader-Klebert, Karin (1969): *Die kulturelle Revolution der Frau*, in: Kursbuch 17, Berlin

Schröder, Hannelore (1976): *Zum politischen und ökonomischen System des Patriarchalismus*, in: Aus Politik und Zeitgeschichte, B 31/1976, S. 17 ff.

— (Hrsg.) (1979): *Die Frau ist frei geboren. Texte zur Frauenemanzipation*, Bd. I: 1789-1870, München

Schubert, Christoph/Steinmetz, Burkhard (1981): *Friedensarbeit konkret. Abrüstungsinitiativen — ihr Programm — ihre Arbeit — ihre Erfolgsaussichten*, Waldkirch i. Br.

Schülein, Johann August (1977): *Von der Studentenrevolte zur Tendenzwende oder der Rückzug ins Private. Eine sozialpsychologische Analyse*, in: Kursbuch 48, Berlin

Schütte, Joachim A. (Hrsg.) (1980): *... vor uns die Mühen der Ebenen. Alltagsprobleme und Perspektiven von Wohngemeinschaften*, Gießen

Schütte, Johannes (1980): *Revolte und Verweigerung. Zur Politik und Sozialpsychologie der Spontibewegung*, Gießen

Schwarz, Hans-Peter (1982): *Entspannungspause*, in: Aus Politik und Zeitgeschichte, B 50/1982, S. 27 ff.

Schwarzer, Alice (1981): *10 Jahre Frauenbewegung. So fing es an!*, Köln

Schwendter, Rolf (1978): *Theorie der Subkultur. Neuausgabe mit einem Nachwort, sieben Jahre später*, Frankfurt a.M.

— (Hrsg.) (1978a): *Zur alternativen Ökonomie*, Bd. 1, 2, 3. Materialien der AG SPAK, Berlin

Stefan, Verena (1975): *Häutungen. Autobiografische Aufzeichnungen, Gedichte, Träume, Analysen*, Berlin

Stegmann, Carl/Hugo C. (1897): *Handbuch des Sozialismus*, Zürich

Steigerwald, Robert (1982): *Neue Friedensbewegung — Schlagwort und Wirklichkeit*, in: Marxistische Blätter 2/1982, S. 59 ff.

Steinmann, Elly (1979): *Die Westdeutsche Frauenfriedensbewegung (WFFB)*, in: Hervé, Florence (Hrsg.): Brot & Rosen. Geschichte und Perspektive der demokratischen Frauenbewegung, Frankfurt

Steinweg, Reiner (1982): *Die Bedeutung der Gewerkschaften für die Friedensbewegung*, in: Steinweg, Reiner (Hrsg.): Die neue Friedensbewegung, Frankfurt a.M., S. 189 ff.

Stracke, Ernst (1980): *Stadtzerstörung und Stadtteilkampf in Frankfurt am Main*, Köln

Strässer, Christoph (1982): *Der Krefelder Apell*, in: Pestalozzi, Hans A./Schlegel, Ralf/Bachmann, Adolf (Hrsg.): Frieden in Deutschland. Die Friedensbewegung: wie sie wurde, was sie ist, was sie werden kann, München, S. 87 ff.

Strasser, Johano/Traube, Klaus (1981): *Die Zukunft des Fortschritts. Der Sozialismus und die Krise des Industrialismus*, Bonn

Stratmann, Klaus-Peter (1981): *NATO-Strategie in der Krise?*, Baden-Baden

Tarrow, Sidney (1982): *Social Movements, Resource Mobilization and Reform during Cycles of Protest: A Bibliographic and Critical Essay*, Occasional Paper No. 15, Center for International Studies, Cornell University

Tenbruck, Friedrich H. (1976): *Die Glaubensgeschichte der Moderne*, in: Zeitschrift für Politik 1/1976, S. 1 ff.

Thaysen, Uwe (1980): *Stellung der Parteien zu den Beteiligungsmöglichkeiten und Beteiligungsformen der Bürgerinitiativen*, in: Hauff, Volker (Hrsg.): Bürgerinitiativen in der Gesellschaft. Politische Dimensionen und Reaktionen, Villingen/Schwenningen, S. 187 ff.

Thompson, Edward P. (1980): *Plebejische Kultur und moralische Ökonomie. Aufsätze zur englischen Sozialgeschichte des 18. und 19. Jahrhunderts*, hrsg. von Groh, Dieter, Berlin

— (1980 a): *Der Exterminismus als letztes Stadium der Zivilisation*, in: Befreiung 19/20/1980 (wiederabgedruckt in: Das Argument 127/1981, S. 326 ff.)

Tilly, Charles (1978): *From Mobilization to Revolution*. Englewood Cliffs: Prentice Hall

Tömmel, Sieglinde (1975): *„Männlicher" Kapitalismus und „weiblicher" Sozialismus*, in: Das Argument 93, S. 835 ff.

Touraine, Alain u.a. (1982): *Die antinukleare Prophetie. Zukunftsentwürfe einer sozialen Bewegung*, Frankfurt/New York

Twellmann, Margit (1976): *Die deutsche Frauenbewegung. Ihre Anfänge und erste Entwicklung 1843-1889*, Kronberg

Ullrich Otto (1977): *Technik und Herrschaft*, Frankfurt a.M.

— (1979): *Weltniveau. In der Sackgasse des Industriesystems*, Berlin

Vester, Frederic (1972): *Das Überlebensprogramm*, München

Vester, Michael (1981): *Der Mythos der Arbeiterbewegung als Blockade für das Verständnis neuer sozialer Bewegungen*. Referat auf der Fachtagung der DVPW am 1./2.10.81 in Essen

— (1982): *Die „neuen Plebejer". Thesen zur Klassen- und Schichtstruktur und zu den Entwicklungsperspektiven der neuen sozialen Bewegungen*. Referat auf dem Kongreß der DVPW vom 4.-7.10.82 in Berlin

Vogt, Roland (1981): *Eine soziale Institution im Wachsen*, in: graswurzelrevolution — Sonderheft „Soziale Verteidigung", Hamburg, S. 4 ff.

– (1982): *Strategie der Friedensbewegung*, in: Pestalozzi, Hans A./Schlegel, Ralf/Bachmann, Adolf (Hrsg.): Frieden in Deutschland. Die Friedensbewegung: wie sie wurde, was sie ist, was sie werden kann, München, S. 173 ff.

Vollmar, Klaus-B. (1976): *Alternative Selbstorganisation auf dem Lande. Beiträge zur Theorie und Praxis von Gruppen in der BRD*, Berlin

Weizsäcker, Carl Friedrich von u.a. (Hrsg.) (1971): *Kriegsfolgen und Kriegsverhütung*, München

– (1977): *Wege in der Gefahr*, München/Wien

Wichtigeres als Frieden? Eine Handreichung für die Friedensbewegung aus Anlaß des NATO-Gipfels und des Reagan-Besuchs in Bonn, in: Blätter für deutsche und internationale Politik 5/1982, S. 523 ff.

Willers, Peter (1982): *Den Tiefschlaf der Altparteien stören. Vom Auf und Ab der „Grünen Liste" in Bremen*, in: Mettke, Jörg R. (Hrsg.): Die Grünen. Regierungspartner von morgen?, Reinbek bei Hamburg

Wir waren die stärksten der Parteien ... Erfahrungsberichte aus der Welt der K-Gruppen, Berlin 1977

Ziebura, Gilbert (1982): *Die deutsch-amerikanischen Beziehungen und die Krise des westlichen Bündnissystems*, in: Österreichische Zeitschrift für Politikwissenschaft 2/1982, S. 175 ff. (in neubearbeiteter Fassung wiederabgedruckt in: Weltpolitik. Jahrbuch für Internationale Beziehungen 2, hg. von U. Albrecht u.a., Frankfurt 1982)

Zimmermann, Ekkehard (1981): *Krisen, Staatsstreiche und Revolutionen*, Opladen

Zinn, Karl Georg (1980): *Die Selbstzerstörung der Wachstumsgesellschaft*, Hamburg

Zoll, Ralf (1978): *Militär und Gesellschaft in der Bundesrepublik Deutschland*, in: Aus Politik und Zeitgeschichte, B 36/1978, S. 24 ff.

Register